살아남아라, 내 아들아

Stay Alive, My Son by Pin Yathay
© 1987 Pin Yathay
Originally published in 1987 by The Free Press, Publishers, New York.
This Korean edition published 2024 by Marco Polo Press, Sejong.

이 책의 한국어판 저작권은 저자와의 독점계약으로 마르코폴로 출판사에 있습니다. 저작권에 따라 한국 내에서 보호를 받는 저작물이므로 무단 전재와 복제를 금합니다.

Stay Alive, My Son

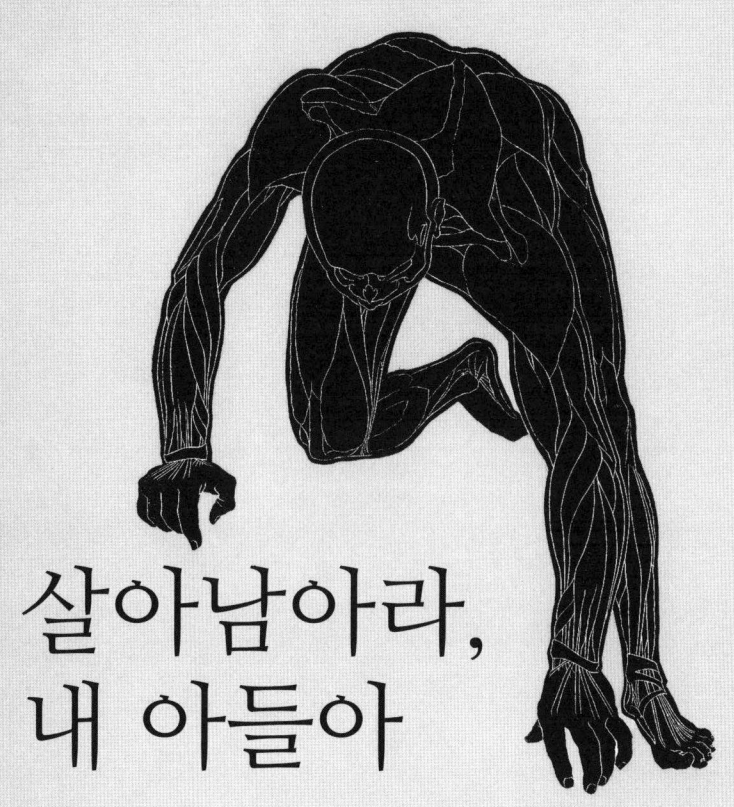

살아남아라,
내 아들아

핀 야싸이 지음 · 황진규 옮김

마르코폴로

목차

서문 8

감사의 말 16

I. 혁명 18

II. 소개(疏開) 52

III. 해방구 80

IV. '정화'의 시작 114

V. 유령도시 140

VI. 죽음의 밀림 162

VII. '앙카르'의 징벌 214

VIII. 돈에이 탈출 268

IX. 증오의 불을 키우면서 312

X. 숲속으로 338

XI. 혼자서 384

XII. 해방 414

에필로그 448

"Memorial Stupa, Killing Fields of Choeung Ek Genocidal Center"
by Arian Zwegers is licensed under CC BY 2.0

이것은 실화입니다. 저는 이 책을 내 아이들과 아내, 부모님, 다른 일가친척들의 기억에, 또한 수백만 동포의 기억에 바칩니다.

핀 야싸이

서문

나는 남태평양에 위치한, 아름답고 부유한 프랑스령 뉴칼레도니아 바닷바람 아래서 내 이야기를 새로 썼다. 마치 환생과도 같은 경험이었다. 이 과정에서 나 자신을, 20여 년 전에 우리나라에서 끔찍한 대량 학살을 헤쳐나온 그 사람과 동일시하는 게 거의 불가능하다는 것을 깨닫게 되었다.

1975년 4월에 내전이 끝난 뒤로 기대했던 평화가 다시 찾아오는 대신, 내가 어린 시절부터 알던 캄보디아는 악몽으로 변했다. 크메르 루주는 도처에서 적을 찾아내 국가와 그 국민, 가족, 사회, 문화, 지식, 신념 그리고 모든 긍정적인 감정, 심지어 사랑마저도 분쇄하려 들었다. 이 시도는 여러 측면에서 성공했다. 캄보디아는 국가 전역에 걸친 전체주의 이념의 실험장이 되었다. 증오, 공포, 파괴가 지배했다. 도시, 사유재산, 화폐, 시장, 교육, 예술은 금지되었다. 수백만 명이 추방, 중노동, 기아, 죽음을 겪었다. 이 나라는 하나의 거대한 강제수용소가 되었다.

나는 단 27개월 만에 사랑했던 모든 이(일가 가운데 17명과 셀 수도 없는 친구들)와 소중했던 많은 것을 잃었다. 남은 것은 추억뿐이었다. 따라서 이 책을 통해 그 추억들이 계속 살아가게 하고 싶었다. 내 아이들과 아내, 부모님, 형제자매들, 조카들, 사촌들이 모두 어떻게 마구잡이로 살해되었는지 전 세계에 알리고 싶었다. 하지만 이와 동시에 나 자신과 가족들이 겪은 고통이 다른 수백만 명에게 일어났던 일을 내빈해 주길 바란다. 굉신도들이 어떻게 정의와 평등이라는 그럴싸한 이상을 왜곡해 잔인한 압제와 평등한 불행을 만들어낼 수 있었는지 독자 여러분께서 알게 되기를 바란다.

다행스럽게도, 이 급진 공산주의자들의 통치는 고작 3년하고도 8개월 그리고 12일밖에 이어지지 않았다. 1979년 1월에 베트남군이 캄보디아를 마치 잘 익은 과일처럼 쓸어갔고, 크메르 루주 정권은 권좌에서 내쫓겼다. 거의 모든 국민이 베트남의 간섭을 반겼다. 바로 그 때문에 폴 포트Pol Pot의 잔인무도한 유토피아에서 구출될 수 있었으니 말이다.

그러나 시간이 지남에 따라, 캄보디아인들은 장기화되는 조국에 대한 외국의 점령과 베트남의 지원하에 곧바로 수립된 새 사회주의 정권인 캄푸치아 인민공화국 정부에 적대적으로 변해갔다. 1979년 말 무렵에는 수십만 명의 동포들이 위험과 그들이 처한 끔찍한 상황에도 불구하고 태국으로 도망칠 수 있었다.

어떤 사람들은 해외에서 거주지를 찾고자 했다. 그들 대부분은 난민으로서 여러 해 동안 태국과 캄보디아 사이 국경을 따라 흩어져 살았다. 그들은 시아누크를 지지하는 민족통일전선과 손 산Son Sann 전 수상이 이끄는 크메르민족해방전선, 크메르 루주 강경파로 이루어진 반反베트남 저항 세력에 가담했다. 1982년 6월, 이 세 정파는 망명 연립정부를 결성해 서방 국가들 및 중국의 지지를 얻었으며 국제연합(UN)의 승인을 받았다.

게릴라 전쟁은 이후 10년간 더 이어지다가 1991년 10월 파리 평화협정의 서명과 함께 끝났다. 냉전의 종식과 맞물려 일어난 사건이었다. 비록 미흡한 점 때문에 비판을 많이 받기는 했지만, 협정 이행을 담당한 유엔 캄보디아 인수위원회(UNTAC)은 대략 36만 명에 달하는 난민을 태국으로부터 평화롭게 송환했으며 1993년 5월에는 최초의 공정한 총선거를 시행했다.

크메르 루주의 참가 거부와 협박에도 불구하고 선거는 대체로 평온한 분위기에서 치러졌고, 등록된 유권자 476만 명 가운데 90퍼센트가 투표권을 행사했다. 선출된 의원들이 구성한 국회가 자유민주주의 원칙에 기초한 새로운 헌법을 채택했으며 군주제로 복귀했다. 이에 따라 노로돔 시아누크Norodom Sihanouk 왕은 왕위를 회복했다.

UNTAC이 출범한 뒤로 캄보디아는 대외에 문호를 개방했고, 경제 성장과 정치적으로 불안정한 가운데서도 다당제를, 또 전체주의에 대한 민주주의의 명목상 승리를 경험하게 되었다. 총선거는 일정대로 1998년 7월에 다시 시행되었다. 선거 전후로 많은 사건이 있었지만, 선거에서 승리한 두 정당인 캄보디아 인민당(삼데치 찌어 심Samdech Chea Sim이 이끌었다)과 왕당파 푼신펙[1](Funcinpec, 노로돔 라나리드Norodom Ranariddh 왕자가 이끌었다)은 같은 해 12월에 삼 레앙시[2]Sam Rainsy 당을 제외한 채 훈 센Hun Sen 수상이 이끄는 연정을 수립했다. 그럼에도 불구하고, 캄보디아가 자존감 있고 현대적인 국가가 되려면 이제야 태동하는 민주주의와 법치, 인권 존중 등의 가치를 계속해서 장려하고 공고히 할 필요가 있다.

같은 시기에 크메르 루주는 무장 투쟁을 계속했으며, 이는 1988년에 그들의 부대가 대거 이탈하고 최고지도자 중 두 사람, 이엥 사리Ieng Sary와 그의 아내 키우 티릿Khieu Thirith이 등을 돌림으로써 그들의 조직이 완전히 와해될 때까지 지속되었다. 이후 손 센Son Sen과 그의 아내 윤 얏Yun Yat이 처형되었고, 폴 포트는 숙청되고 사망한 뒤 시체가 '낡은 쓰레기처럼 불태워졌'으며, 남은 최고지도부는 투항하거나 체포되었다. 키우 삼판Khieu Samphan, 누온

---

1) 독립적이고 중립적이며 평화롭고 협조적인 캄보디아를 위한 민족통일전선(Front uni national pour un Cambodge indépendant, neutre, pacifique et coopératif)의 약칭.
2) 삼 레앙시(1939~)는 캄보디아의 정치가로, 삼 레앙시 당과 그 후신인 캄보디아 구국당을 이끌었다.

찌어Nuon Chea, '도살자' 타 목Ta Mok, 그리고 그들의 수석 사형집행관인 두치Duch가 그들이었다.

마지막 두 명을 제외하면 이들 가운데 대부분이 현재 캄보디아에서 자유롭게 살고 있다. 지금까지도 크메르 루주 지도자들은 자기네가 자행한 집단 학살에 대해 법정에 선 적이 단 한 번도 없다. 더 최근에 구 유고슬라비아나 르완다 같은 곳에서 벌어진 인권 침해 사건의 가해자들은 재판에 회부되었는데도 말이다. 언제쯤 UN과 캄보디아 정부가 UN 법률 전문가 패널이 권고한 대로 크메르 루주 지도자들을 대량 학살과 반인도적 범죄 혐의로 기소할 특별 재판소를 설치하게 될까? 언제쯤 캄보디아 사람들이 정의가 실현되는 것을 보게 될까?

수많은 희생자와 생존자를 위해 이 대량 학살자들을 법의 심판대에 세우는 것은 우리 시대의 가장 중요한 도덕적 의무 가운데 하나이다. 이는 캄보디아 국민과 전 세계가 이 중대한 인권 참사의 진실을 온전히 알게 되는 계기가 될 것이며, 그럼으로써 캄보디아 역사의 어두운 장을 마무리하는 유일한 방법이 될 것이다.

이 범죄자들의 신원을 확인하고 처벌함으로써 캄보디아 사람들은 마침내 삶에서 가장 비극적이었던 시기를 뒤로한 채 비참한

---

3) 누온 찌어는 2019년에 93세를 일기로 사망했다. 타 목은 1999년에 체포되어 2000년 당시에는 구금된 상태였으며 2006년에 사망했다. 키우 삼판은 현재 교도소에 수감되어 있다.

4) 키우 삼판, 키우 티릿, 이엥 사리 등이 체포되어 기소된 것은 2007년 이후의 일이다.

5) '킬링 필드' 책임자들을 단죄하기 위한 유엔/캄보디아 특별재판부(ECCC)는 2006년에 출범했다.

서문

과거의 상처를 치유하고, 유죄 판결을 받지는 않았지만 어떤 식으로든 크메르 루주 운동에 가담했던 자들을 일소할 수 있게 될 것이다. 따라서 캄보디아에서 처벌받지 않는 것을 근절하고 캄보디아인 사이에 의혹과 불신을 제거하려면 크메르 루주가 과거에 자행한 범죄와 만행에 반드시 책임을 지워야 한다. 이는 결국 진정한 국가적 화해를 이룸으로써 우리나라가 항구적 평화와 발전을 도모하는 계기가 될 것이다.

국제 사회는 캄보디아와 관련해 도덕적 실패를 여러 차례 겪은 바 있기에, 크메르 루주 지도자들을 기소하기 위한 뒤늦은 노력을 지지할 책임이 있다. 캄보디아 국민뿐만 아니라 새천년을 맞이한 인류 문명 전체의 존엄성을 위해서도, 크메르 루주 정권의 범죄에 대해 정치적 간섭 없는 완전하고 공정하며 독립적인 처벌이 내려져야만 한다.

캄보디아는 조직적인 폭력과 대량 학살을 겪은 최초의 사례가 아니었다. 흔히 역사는 미래의 거울이라고 말한다. 꼭 그렇지는 않기를 기원한다. 이 회고록이 그와 같은 공포가 다시 찾아오는 것을 막는 데 이바지하게 되기를 기원한다. 그렇게 된다면, 적어도 한 가지 측면에서는 내 일가와 다른 수백만 명의 캄보디아 사람의 죽음은 헛된 것이 아니게 될 것이다.

핀 야싸이
뉴칼레도니아의 누메아에서, 2000년 5월

서문

감사의 말

동남아시아의 난민들을 위해 힘쓴 여러 국가적·국제적 자선기관에 감사의 뜻을 표하고자 합니다. 여기에는 종교 단체 및 인도주의 단체, 국제적십자사, 유엔난민기구, 태국 정부 그리고 캄보디아 난민들을 받아들인 모든 나라가 포함됩니다.

생존자들의 이야기를 출판함으로써 캄보디아의 비극에 대한 국제적인 여론을 일깨운 모든 기자와 편집자에게, 또한 캄보디아에 정치적 해법을 제공함으로써 평화를 가져다준 UN에 특히 감사드립니다.

이 책의 한국어판을 내는 과정에서 마르코폴로 출판사의 김효진 대표와 번역자 황진규 씨가 보여준 노고에 감사합니다. 이들의 지지와 격려가 없었다면 이 회고록의 한국판은 출판할 수 없었을 것입니다.

I. 혁명

전쟁의 소음, 호루라기와 포탄 소리에 잠이 깼다. 누워있는 동안 다른 소리도 들려왔다. 느릿하게 움직이는 자동차 소리, 소가 끄는 수레가 삐걱대는 소리에 간간이 고함도 섞여 있었다. 시계를 보니 오전 5시였다. 침대에서 미끄러지듯 빠져나와 창가로 가서 경악한 채 바라보았다. 거리는 동트기 전의 창백한 새벽빛 속에서 인파와 각종 탈것으로 느리게 물결치고 있었다. 나라 전체가 이 도시로 밀어닥치고 있는 것 같았다. 그날은 1975년 4월 17일이었고, 당시 나는 내전이 마침내 거의 끝나간다는 것을 알고 있었다.

"싸이Thay, 여보?" 아니도 깨어나 있었다. 어둠 속에 조용히 누운 채였다. 내 반응을 기다리면서 나를 주시하고 있었던 모양이다.

"아니Any, 서둘러요." 내가 느낀 것은 공포가 아니라 행동할 때가 왔다는 것을 깨달은 데서 온 긴장감이었다. 전투를 피하려면 빨리 움직여야 했다. "끝이오. 크메르 루주가 곧 여기 들이닥칠 거요."

아니는 내 말을 곧바로 인지했다. 침대에서 벌떡 일어나 나온 다음 스커트와 블라우스를 걸쳤다. 아니의 움직임은 민첩하면서도 우아했고, 머리를 한 번 흔드는 것만으로 어깨까지 오는 머리를 정돈했다. "어떻게 되는 걸까요?"

"걱정하지 말아요." 물건을 챙기려고 거실로 서둘러 가면서 대답했다. "당분간은 힘들겠지만 곧 모든 게 정상으로 돌아갈 거요." 우리 목소리에 아이들이 깨어났다. 손위인 수닷Sudath은 아홉 살이었고 나왓Nawath은 다섯 살이었다. 둘은 내 처가의 일부이자 우리가 살았던 방 두 개짜리 별채에서 서로 쫓아다니기 시작했다. "하지만 일단 아이들 옷부터 입힙시다. 그런 다음에 서둘러서 시내로 가요. 군대가 들어오기 전에 말이오."

"나왓!" 아니가 불렀다. 나왓은 침대에서 수닷과 레슬링을 하느라 전혀 못 들은 것 같았다. "나왓, 들었으면 이리 와!" 더 큰 목소리로 다시 불렀다. 이따금 아내가 아이들을 너무 거칠게 다룬다고 생각했지만, 두 아이는 워낙 개구쟁이였기에 단호한 손길이 필요했다. 아니는 도망치는 나왓을 재빠른 손길로 잡아챈 다음 떼를 쓰는 것도 무시하고 옷을 입히기 시작했다. 아기인 스타웃Staud은 하품을 하면서 바로 앉더니 졸린 눈으로 두리번거렸다. 나는 맏이한테 말했다. "수닷, 어서 옷 입어라. 우리가 서두르는 게

안 보이니?"

필요한 것이 많지 않아 꾸리는 데 오래 걸리지는 않았다. 4월 21일에 미국인들이 철수함으로써 캄보디아의 크메르 루주Khmer Rouge 반군과 론 놀Lon Nol 원수가 이끄는 공화국 정부 사이에 천천히 격화되어 오던 내전이 거의 끝났다는 것을 우리가 깨닫게 된 지 일주일이 지났다. 유일한 의문은 크메르 루주가 언제, 어느 방향에서 오느냐였다. 이틀 전에 전투가 다가오는 소리가 우리에게 경고해 집이 포탄에 맞을 경우를 대비해 피난하도록 잠정 합의하도록 했다. 나는 부모님을 찾아가 최악의 상황이 오면 시내 중심가 근처에 사는 사촌 오안Oan네 집에서 일가 전체가 모이기로 합의했다. 우린 차마다 휘발유를 가득 채웠다. 이제 할 일은 여행 가방 두 개에 옷가지와 아니의 보석, 그간 모아둔 돈과 내가 가진 외화를 쑤셔넣는 것이었다. 100달러짜리 지폐로 3천 달러어치였다. 나는 뉴스를 접하는 데 유용할 작은 라디오와 여분의 배터리가 들어 있는 카세트 녹음기를 챙겼다. 직업적인 면에서 쓸모가 있을 몇 가지 물건도 던져 넣었다. 관개 및 계단식 밭을 일구는 데 대한 기술 서적과 불영사전 한 권, 펜과 종이 같은 것들이었다.

아니는 나왓에게 억지로 신발을 신기려 했고, 나왓은 그런 자기 엄마를 발로 걷어차고 있었다. 바로 그 순간에 처형인 아늉Anyung이 부산스레 들어와서는 자기와 내 처부모가 갈 준비가 됐다고 말했다.

아늉이 스타웃의 기저귀를 벗기고 티셔츠와 반바지를 입히는 동안, 아니는 아이들이 먹을 비스킷과 과자를 챙겼다. 나는 책, 손목시계, 돈, 신분증명서, 라디오, 카세트 플레이어 같은 소지품을 확인하고 나서 마지막으로 한 바퀴 둘러보았다. 결국 가족을 해외로 보내야 하는 것인지 자문하면서 말이다. 아니, 나는 론 놀의 부패한 정권에 다른 이들만큼이나 반대했다. 크메르 루주를 두려워할 이유는 하나도 없었다.

가족들을 서둘러 데리고 나와 이미 오스틴[6]에서 기다리고 있던 처부모와 합류시킨 다음 짐가방을 내 피아트 차에 밀어 넣었다. 내가 고함치듯 지시하는 소리에 혼돈에 빠진 도시의 소음이 섞여들었다. 기관총 쏘는 소리, 멀리서 포탄이 터지는 소리, 각종 엔진이 계속해서 윙윙거리면서 울부짖는 소리 같은 것들 말이다. 우린 천천히 집 앞 차도를 빠져나왔다.

프놈펜Phnom Penh의 여러 대로 중 하나였던 길거리는 인파와 차, 자전거 및 삼륜 자전거, 트레일러, 오토바이, 사람과 물건을 실은 짐수레 따위로 넘쳐났으며, 모두 창백한 새벽빛 속에서 흘러가고 있었다. 어떤 가족들은 걸어갔다. 아버지들은 집안 세간을 실은 자전거를 끌고 갔으며 어머니들은 아이들을 엉덩이께에 매어놓고 있었다. 모두 겁에 질려 얼굴을 찡그리고 있었지만 이상할 정도로 조용했다. 차량 운전자들은 부자연스러울 정도로 묵묵

---

6) 영국의 대중차 브랜드이다.

했으며, 경적 한 번 울리지도 않은 채 사람들의 걸음걸이에 맞춰 표류하고 있었다. 며칠 전까지만 해도 미친 듯한 질주가 일상이었던 프놈펜의 교통 상황에서는 상상할 수 없던 모습이었다. 이제는 무너진 공화국 정부의 군인들이 어깨에 소총을 건 채 삼삼오오 짝을 지어 걷는 모습도 보였다. 그들은 겁에 질리기는커녕 농담을 주고받고 있었다. 전쟁이 끝나 기뻤던 것이다.

이 인파 속에서 나무토막처럼 천천히 나아가 100야드쯤 갔을 때 폭발 소리가 들렸다. 오른편 저쪽으로 우리 집 모퉁이 너머에서 엄청난 양의 연기가 공중으로 피어올랐다. 몇 분 지나지 않아 구급차 몇 대와 소방차 한 대가 벨을 울리고 빛을 번쩍이면서 우리 앞을 가로질러 갔다. 잠깐 멈출 수밖에 없었다.

주위의 군중이 풍기는 급박함과 전투가 임박했다는 느낌에도 불구하고, 우리가 정말로 위험에 처해 있다는 생각은 들지 않았다. 수년간에 걸친 내전과 크메르 루주의 실체에 대해 아버지께서 하셨던 경고에도 불구하고, 나는 이전에 알았던, 내전이 시작되기 전 캄보디아에서 그랬던 것처럼 만사가 다시 그렇게 흘러가리라고 믿었다.

■

나는 원래 프놈펜에서 북쪽으로 25마일(약 40킬로미터) 떨어진 마을인 오우동Oudong 출신이었다. 아버지 치호르Chhor는 거기서 영세 상인으로 생계를 꾸렸다. 아버지는 부자가 아니었지만(붉은 타일을 붙인 우리 집은 방이 고작 세 개뿐이었고 바닥은 딱딱한 흙바닥이었다), 당신과 어머니 로안Loan은 다섯 아이 중 맏이인 내게 큰 기대를 걸고 있었다. 부모님은 나를 프놈펜으로 보내 양질의 고등학교 교육을 받게 했다. 나는 뛰어난 학생이었다. 열일곱 살 때는 내 학년에서 수학 과목 전국 최우수였을 정도다.

당시에는 정치에 관심이 없었다. 내 십대 시절은 그 이후와 비교해 보면 일종의 안정된 황금시대였다. 캄보디아는 중립국이었고 우리의 통치자 시아누크Sihanouk 왕자는 인기를 누렸으며, 우리 조국은 시련을 겪지 않고 발전할 것처럼 보였다. 베트남 전쟁은 강 건너 불이었다. 동남아시아에 대한 미국의 개입을 거론하는 이도 없었다.

영리한 학생이었던 나는 국비로 해외 유학을 떠날 기회를 얻을 수 있었다. 캄보디아 학생들은 프랑스에 가는 것이 전통이었지만 프랑스는 시아누크 반대파의 중심지가 되었기 때문에, 나는 다른 몇 사람과 함께 대신 캐나다로 보내졌다. 몬트리올의 폴리테크닉대학에서 공부하는 동안 나는 사회적으로 활발하게 활동했고, 대학교 내 외국인 학생의 연합회인 '코스모폴리스'의 의장으로 선출되기도 했다.

토목 전공으로 학위를 받고 졸업한 뒤 1965년에 캄보디아로 돌아가 새로운 삶을 살게 되었다. 공공사업부Ministry of Public Works

에 들어갔고, 첫 아내인 싸리Thary와 결혼한 뒤 (신혼부부가 대개 그랬듯이) 처부모님과 함께 살았다. 집은 컸고 장인인 쩸Khem 씨는 재무부 소속의 부유한 공직자였다. 1967년에는 아들 수닷이 태어났다. 우리 미래는 그저 장밋빛으로 보였다.

하지만 되돌아보면 당시에 이미 불온의 조짐이 있었다. 시아누크는 자칭 국부였다. 머잖아 정실인사와 부패에 대한 소문이 자자했다. 게다가 이제는 베트남 전쟁이 절정에 달했다. 강력한 이웃과 좋은 관계를 유지하고 싶었던 시아누크는 북베트남이 캄보디아 동부 지역 국경지대를 통해 남베트남으로 인력과 무기를 수송할 수 있도록 하는 비밀 협약을 맺었다. 이는 자연히 미국의 주의를 끌게 되었다. 캄보디아가 전통적으로 추구했던 중립 정책은 훼손되었다.

상황이 이렇게 된 데 대한 반발로, 캄보디아에서 반군 세력인 크메르 루주가 급조되었다. 주로 프랑스에서 교육받은 지식인들이 이끌었던 이 반군은 그들의 영향을 받은 캄보디아 사람들에게서 꾸준한 지원을 받았다.

이런 문제는 우리의 삶에 거의 영향을 미치지 않았다. 내 문제만 걱정하기에도 바빴던 것이다. 1969년에 비극이 닥쳤다. 당시 우리는 다음 아이의 탄생을 앞두고 있었지만, 고작 스물네 살이었던 싸리가 간염으로 쓰러지고 말았다. 그녀는 회복하지 못했고, 출산 도중에 엄마와 아기 모두 죽고 말았다. 이후 1년간 나는 싸리의 두 여동생에게 의지하면서 아내를 애도했다. 아늉은 스물한 살이었고, 내가 특히 의지했던 아니는 열아홉 살이었으며 내가 일하는 동안 수닷을 돌봤다.

결국 나는 세상에서 가장 자연스러운 일이라도 되는 것처럼 아니와 사랑에 빠졌다. 아니는 어깨까지 내려오는 검은 머리카락과 날씬한 체형을 지닌 아름다운 여인이었다. 스무 살이었던 그녀는 가사라는 짐을 기꺼이 떠맡았고 수닷을 친자식처럼 사랑하게 되었다. 우린 결혼했다. 1971년에는 둘 사이의 첫아들인 나왓이, 1973년에는 스타웃이 태어났다.

1970년대 초에 나는 승진해서 부처 내 '신사업 및 장비국'의 국장이 되었고, 이 직책은 격화하는 내전의 정치적·경제적 여파에서 나와 가족을 지켜주었다. 아니는 자기 부모님 집안 이외에 다른 삶은 전혀 알지 못했으며, 내 정치적 의견을 물어본 적도 없었다. 내 생각에 당시 우리는 알고 지내던 대다수 사람처럼 그저 당시 처지에 안주하고 있었던 것 같다.

모든 이를 만족시키려는 시아누크의 정책은 이미 중립성의 모든 측면을 심각하게 훼손하고 있었다. 국내에는 대략 4만 명으로 추산되는 북베트남인이 있었고, 닉슨 대통령은 이들을 폭격하라고 지시함으로써 은밀하게 확전을 꾀하고 있었다. 이 행위는 장차 그 자신과 우리에게 파멸적인 결과를 가져오게 된다. 공습의 결과는 의도한 것과 정반대였다. 공산주의자들을 캄보디아 안으로 더 깊숙이 내몰았던 것이다.

1970년에 시아누크는 국무총리이자 군 통수권자였던 론 놀에게 축출되었고, 론 놀은 부패를 뿌리 뽑고 베트남인을 몰아내겠다고 약속했다. 시아누크는 베이징으로 달아났고, 놀랍게도 자신의 적이었던 게릴라 전사들인 크메르 루주를 지원하겠다고 선언했다. 그는 점점 늘어가는 농민으로 이루어진 이 반군을 이제는 해방자라고 불렀다. 그들의 공산주의 이념은 대단찮게 여기면서 말이다.

처음에 우리는 론 놀에게 큰 기대를 걸었다. 하지만 시간이 지남에 따라 그는 자신이 짊어진 임무에 걸맞은 사람이 아니라는 게 분명해졌다. 론 놀은 뇌졸중을 겪은 뒤로 신체 일부가 마비된 상태였다. 행정부와 군부 세력은 여전히 부패와 자기만족 속에 빠져 있었다. 미국의 도움이 있었음에도 군대는 북베트남과 크메르 루주 어느 쪽에도 타격을 주지 못했다. 크메르 루주는 중국의 지원이라는 이점을 누리고 있었다.

캄보디아는 전면적인 내전으로 치달았고, 해외여행도 다닐 수 있었던 우리는 파멸적인 물가 상승 때문에 외화, 특히 미국 달러를 모아둘 수밖에 없었다. 1970년에 1달러가 60리엘에 상당했던 것이 1975년에는 2,000리엘이었다.

이상하게도 프놈펜에서는 론 놀의 명백한 무능 때문에 우리, 말하자면 전문직과 지식인들은 반군 세력이 공산주의자라기보다는 민족주의자라는 시아누크의 노선을 믿는 경향이 있었다. 실제로 시아누크가 베이징에서 기초한 캄푸치아 전국 연합 전선National United Front of Kampuchea이 승인한 그들의 강령에는 공산주의가 언급되지 않았으며, '캄보디아 인민', '독립 국가', '중립', '자유', '민주주의' 등 안심이 되는 구절이 많았다. 크메르 루주는 자기네의 지하 라디오 방송을 통해, 자신들이 승기를 거둔 뒤에는 평화가 회복될 것이며 일곱 명의 '만고역적'이라고 칭한 공화국의 최고 지도층 일부만이 처형될 것이라고 약속했다.

나 역시 론 놀 반대파에 가담해 '꿀벌 클럽'이라고 부른 단체를 결성했다. 이것은 관료나 대학교수, 공무원, 일부 반대파 정치인 등 뜻이 일치하는 전문직 사람들이 모인 사회 포럼이었다. 우리는 전체주의자, 공산주의자, 론 놀 정권 모두 배격했지만 누구도 특별히 지지하지는 않았다. 우리는 미국인들을 양날의 칼로 여겼다. 그들은 반공주의자였지만 동시에 인망 없고 무능한 론 놀을 지원했다. 우리는 거국적인 정부, 다시 말해 가능하다면 크메르 루주까지 아우르는 연립정부를 원했다.

'크메르 루주는 그저 애국자일 뿐'이라는 얘기를 믿지는 않았다. 그들을 지지하는 사람들을 많이 알고 있었기 때문이다. 그중 일부는 직접 가담했으며, 특히 내가 사무총장으로 재임했던 크메르 공학자 협회의 일부 좌익 회원 가운데 그런 사람들이 있었다. 1972년에 가족과 함께 도시로 옮기기 전에 셀 수 없이 많은 피난민을 보았고 대화도 나눴던 아버지는 내가 틀렸다고 되풀이해 말씀하셨다. 나는 아버지가 정부의 선전을 너무 곧이곧대로 믿는다고 우기면서 너무 비관하시지 말라고 말씀드렸다. 시아누크는 게릴라 내부에 자신의 충복들을 두고 있으며 동포를 죽이거나 사원을 부수는 부류의 작자들을 지원하지 않을 것이라고 말이다. 일부는 공산주의자일지도 모르지만, 그들도 우선 그리고 무엇보다도 우리처럼 캄보디아인이라고 말이다.

1975년 3월 초에는 크메르 루주가 론 놀을 축출함으로써 정권이 교체되리라는 느낌이 있었지만, 우리는 이것이 새로운 체제의 질서정연한 확립으로 이어질 것이라고 예상했다. 나는 시아누크가 어떻게든 정치적 해법의 일부가 되리라고 상상했다. 그게 무엇이건 간에.

사실 많은 사람이 짐을 싸서 떠났으며, 론 놀 정권에서 자리를 맡았던 고위 공직자라면 무서워할 이유가 충분했다. 하지만 론 놀은 4월 1일에 설득 끝에 사임했으며, 이로써 롱 보렛Long Boret이 관리하는 이름뿐인 정부를 남겨놓음과 동시에 신정부 수립을 향한 마지막 장애물을 제거했다. 옛 체제가 무너진 것이나 다름없었기 때문에, 이제 두려워할 것이 없을 줄 알았다. 나는 한낱 공학자였다. 우리가 조국을 떠날 필요는 없었다. 나는 전쟁이 끝나고 새로운 캄보디아에서도 한몫할 수 있기를 기대했다.

■

강을 향해 뻗어 있는 주택 지구인 프사르 실렙Psar Silep 지구로 향하는 길은 몇 마일에 걸쳐 군중을 헤치고 가느라 꼬박 두 시간이나 걸렸다. 이 지역은 프놈펜이 전성기에 있던 시절에 이 도시의 심장부였으며, 널찍하고 가로수가 우거진 길거리와 점점이 흩어진 프랑스 식민지 양식의 저택들이 특징이었다. 유리와 콘크리트로 이루어진 단조로운 블록들 사이에 위치한, 나무와 정원이 들어설 자리가 많은 넓고도 탁 트인 곳이었다. 내 사촌인 오안은 그 지역에 있는, 머리까지 오는 높이의 벽돌담과 쇠로 된 정문으로 에워싸인 멋진 이층집에 살았다. 오안의 아내와 아들은 그의 처부모와 함께 몇 주 전에 캄보디아를 떠난 상태였고 오안 혼자만 그 큰 집에 남아 있었기 때문에 모두가 모이기에 안성맞춤인 곳이었다.

내 처부모와 아늉이 이웃 블록에 사는 아주머니 집으로 피신하러 가는 동안, 나는 오안네 집 옆 골목에 피아트를 세웠다. 집에 들어선 나는 친척들이 북적대는 모습에 놀랐다. 오안은 물론 그의 두 여동생 일가와 내 두 여동생 및 두 남동생, 그들의 가족, 내 부모님까지 모두 서른 명쯤 되었다. 모두가 우리 쪽으로 떼지어 몰려들었다. 우릴 보고 안심한 기색이었다. 다들 벌써 한 시간가량 기다리면서 우릴 걱정하고 있었던 것이다.

아이들은 정원에서 사촌들과 놀려고 달려갔고, 여자들은 남자들과 계속 이야기했던 내 여동생 부오치Vuoch를 빼고 전부 음식을 차리기 시작했다. 스물한 살이었던 부오치는 우리 집안의 지식인이었다. 대학교에서 공학을 전공한 지 3년째였는데, 이는 캄보디아 여성으로서는 지극히 이례적인 선택이었다. 부오치는 간결한 말투와 단순한 옷차림을 추구했다. 캄보디아의 전통적인 여성상에서 벗어나 남자의 세계에서 자기 권리를 주장하기로 작정한 것처럼 말이다. 여동생은 어머니나 아니 또는 아이들에게 말할 때는 언니인 켕Keng만큼이나 사근사근했지만, 확실히 상처를 더 잘 받았다. 정치 관련 논쟁이 벌어질 낌새만 보일라치면 뭘 하고 있었건 간에 희미한 미소를 지으면서 1~2분 안에 돌아오겠다고 말한 뒤 자리를 뜨곤 했다.

협탁에 놓은 라디오는 켜져 있었지만 뉴스는 없었다. 군대 음악만 계속 울릴 뿐이었다. 남동생인 쎙Theng은 라디오에 대고 경멸적으로 손을 흔든 다음 내게 시내에서 무슨 일이 일어나는 것 같으냐고 물었다. 쎙은 나보다 두 살밖에 어리지 않았고, 결혼해 아들 둘과 딸이 있었다. 하지만 정치적 문제에서는 내 의견을 따르는 편이었는데, 내가 형이어서 그런 것이기도 했지만 어쨌든 내가 정부에서 일했기 때문이기도 했다. 쎙은 초등학교 교사였고 여전히 부모님과 함께 살았으며, 정치보다는 농구에 훨씬 관심이 많았다. 농구를 하려고 몸을 단련했기 때문에 힘을 쓸 일이 있는 경우에는 꽤 도움이 되었다. 나는 아는 척하면서 말했다. "오, 아마 양측에서 협정을 체결하고 있을 거야. 그리고⋯."

"그럼 왜 라디오로 공표하지 않는 거지?" 부오치가 끼어들었다.

"그러게, 그거 이상하네." 나는 여동생을 보지 않은 채로 말했다. 곧장 맞받아치는 것처럼 보이고 싶지는 않았다.

"어쨌든 걱정할 건 없어. 시아누크 왕자가 권력을 되찾고 새 정부를 꾸릴 테니까. 두고 봐."

"글쎄, 그가 똑같은 실수를 또 저지르지 않아야 할 텐데."

짧은 침묵이 있었다. 누군가가 분위기를 바꿔보려고 말했다.

"어떻게 생각해요, 사룬?"

우리 모두 눈짓을 주고받았다. 불쌍한 사룬…. 그는 2년 전까지만 해도 교사였지만 오토바이 사고로 머리에 심각한 부상을 입었고, 그 뒤로는 전과 같을 수 없었다. 툭하면 농담을 던졌던 외향적인 인물이 이제는 음울하고 종잡을 수 없는 사람이 되어버렸다. 대체로 어린애처럼 소심하면서도 충분히 명석한 모습을 보였지만, 이따금 화를 내면서 폭력을 일삼거나 대화 주제와 아무런 상관이 없는 엉뚱한 말을 하곤 했다. 물론 학교에서는 계속 그가 일하게 둘 수 없었지만, 그는 그 이유를 알지 못했다. 변하지 않은 건 단 하나, 다섯 살 난 딸 스레이 랏Srey Rath과 아내에 대한 사랑뿐이었다.

사룬은 평소처럼 온화한 미소를 지으면서 말했다. "어떻게 생각하느냐고요? 모르겠어요. 하지만 시아누크가 다시 권력을 잡는

다면 저도 일자리를 되찾을 수 있겠죠. 어떻게 생각해요, 싸이?"

그는 자신이 모종의 끔찍한 음모에 희생된 것이라고 믿었고, 지금 그 문제로 논쟁을 벌이는 것은 해서는 안 될 짓이었다. 나는 미소를 지으면서 어깨를 으쓱했다.

"싸이 오빠, 왜 웃으시는 거죠?" 부엌 문가에서 켕이 부드럽게 나무라는 소리가 들려왔다. "사룬은 일이 진정되면 일자리를 되찾을 수 있을 거예요. 여보, 이제 스레이 좀 데려올래요? 식사 준비가 거의 다 됐어요."

우리 모두 켕에게 찬탄했다. 켕의 애정과 보호는 사룬에게 신의 선물이나 마찬가지였다.

다행히도 이 순간에 끼익하고 브레이크 잡는 소리가 나더니 자전거가 벽에 털썩 부딪히는 소리가 울려 대화가 중단되었다. 건장한 사촌동생 심Sim이 문가에 서 있었다. 그는 재미 삼아 도시를 한 바퀴 돌고 오기라도 한 것처럼 얼굴 가득 씩 웃으면서 주위를 돌아보았다.

오안이 놀라 말했다. "심! 여기서 뭐 해? 부모님은 어쩌고?"

"어, 안 계세요? 계실 줄 알았는데…." 그는 과장되게 얼굴을 찌푸리면서 말을 멈췄다.

"이런, 심." 심이 나이만 들었지 철부지라는 것을 알고 있던 아버지께서 입을 열었다. 심은 열여덟 살이었고 아직 고등학교에 다니고 있었지만 똑똑하다고는 할 수 없었다. 하는 일이라고는 친구들과 어울려 자전거로 질주하는 게 다였고, 친척들은 그의 자유분방한 일탈에 조금 질려 있었다. 하지만 그는 어떻게 해서든지 별 탈 없이 넘어가곤 했다. 그의 미소와 결백을 주장하는 말에는 누구도 저항할 수 없었다.

"큰아버지, 두 분 다 여기 계실 줄 알았어요. 불이 난 집을 보러 나갔다가 부모님이 안 보이길래 여기로 온 거거든요. 나가서 다시 찾아봐야겠어요."

"아냐, 아냐, 어리석은 녀석 같으니. 괜찮으실 거야. 여기 있어라. 다시 나가는 건 너무 위험해."

우리는 아무 데나 앉아서 아니와 다른 사람들이 부엌에서 갖다주는 밥과 고기, 과일을 먹었다. 골목길 끄트머리를 지나 피난하는 군중이 내는 둔중한 소음과 라디오에서 나오는 거슬리는 음악을 들으면서, 우리는 무슨 일이 일어날지에 대해 다시 토론하기 시작했다. 나는 정치적인 해법이 있으리라는 믿음을 되풀이해 말했다. 대다수 사람은 동의하거나 침묵을 지켰다. 쎙도 말수가 적었지만 내 둘째 남동생인 쓴Thoeun은 더했다. 그는 집에서 멀리 떨어진 곳에서 자랐고 자기 처부모와 함께 살았으며, 스스로 우리 집안에서 일종의 이방인으로 느끼고 있었다. 부오치도 자기 할말을 했다. 아니는 사람이 많을 때는 으레 그랬듯이 말문을 닫은 채, 말하고 있는 사람을 큰 눈으로 쳐다보기만 했다. 오안도 별로 말이 없었다. 우리가 자기 집에 있는 것인데도 말이다. 그는 잘 살았지만 특별히 머리가 잘 돌아가서 그런 것은 아니었다. 운이 좋아서 부자 집안에 장가를 간 것이었다(그의 장인은 극장 몇 개를 소유하고 있었다). 그래선지 정치 관련 논쟁에서는 이해력이 조금 딸리는 편이었다.

하지만 아버지는 이번만큼은 말을 아끼지 않으셨고, 크메르 루주가 공산주의자 집단이라는 비관적인 경고를 되풀이하셨다. 아버지는 키가 크고 강인한 분이었다. 신체적으로뿐만 아니라 성격 면에서도 강인했고 참을성이 많았으며, 말수는 적었지만 분별력이 있어서 많은 존경을 받았다. 하지만 당신의 음울한 예언은 나를 짜증 나게 했다. 다 전에 들었던 얘기였다. 걱정하지 마시라고 재삼재사 말씀드렸다.

"아버지, 다 뜬소문이에요. 그저 선동이라고요." 나는 짜증을 드러내지 않으려 애쓰면서 말했다. "그 사람들 강령을 보세요, 공산주의 얘기가 어디 있나. 그쪽 사람들 가운데는 제 친구들도 있다고요. 거짓말할 녀석들이 아니에요. 왜 그러겠어요? 우리나라는 잘 살잖아요. 사람들을 먹이겠다고 모진 짓을 할 이유가 없다고요."

아버지는 잠이 드셨다. 이제는 어머니께서 말씀하실 차례였다. 어머니는 허약해 보였고 자신의 딸들보다 몇 인치는 작았으며 평생을 우리 마을에서 살면서 가족들을 부양하신 분이었다. 하지만 입을 여실 때는, 부오치의 호전적인 정신이 어디서 비롯한 것인지 금방 알 수 있었다.

"싸이, 아버지 말씀 좀 귀담아들어라." 어머니는 차분하지만 단호하게 말했다. "우린 피난을 떠났거나 가족이 살해된 사람들, 집이 불타버린 사람들하고 얘기해봤어. 크메르 루주는 나쁜 놈들이야. 중국의 마오주의자들처럼 공산주의자라고. 그들이 다스리게 되면 우리 신앙은 끝장날 거야. 행복이 뭔지도 잊어버릴 수 있다고."

나는 말했다. "아, 어머니! 무슨 말씀이세요, 공산주의자라뇨? 그들 가운데 일부는 그럴 수도 있겠죠. 하지만 그들도 캄보디아 사람들은 공산주의를 받아들이기엔 너무 신앙심이 깊고 삶을 사랑한다는 걸 알아요. 그들은 첫째로 애국자이고 둘째로 공산주의자인 거예요. 그들은 국민의 뜻에 따라 행동할 거예요." 당시엔 내 말이 옳은 줄 알았다. 어쨌든 나는 지인들에게서 고급 정보를 얻고 있었다. 게다가 해외 체류 경험도 있으므로 더 넓은 시각을 가졌다. 그리고 그저 작은 마을의 영세 상인과 그 아내에 불과한 부모님이 정치 문제에 대해 뭘 알 수 있었겠는가?

우리는 한 시간쯤 이야기를 나눴다. 아이들의 고함소리와 이따금 멀리서 포탄이 터지는 소리에 간간이 대화가 끊겼지만 말이다. 그러다 갑자기 열 시 무렵에 라디오에서 나오던 군대 음악이 어떤 목소리로 끊겼다. 전에는 국영방송에서 들어본 적 없는 새된 목소리였다. "주목하십시오! 중대 발표가 있을 예정이므로 대기하시기 바랍니다!" 모두가 서로 조용히 시키면서 동시에 부엌과 뜰에 있던 친척들을 불러들였다. 나는 아니를 손짓으로 불렀고, 그녀는 나왓이 뜰에서 사촌들과 즐겁게 놀고 있는 모습을 재빨리 훑어본 뒤 서둘러 다가왔다.

침묵이 깔렸다.

라디오에서 승왕僧王 후엇 탓Huot Tat의 힘 없는 목소리가 흘러나왔다. 우리는 서로 쳐다본 뒤 안심해서 미소를 지었다. 후엇 탓은 캄보디아의 종교계에서 가장 높은 어른일 뿐만 아니라 안정의 상징 자체였다. 그는 아버지의 삼촌에 해당했으므로 우리의 일가 친척이기도 했다.

나는 그분께 각별한 애착을 느꼈다. 당신은 내 교육에 각별한 관심을 보였으며, 그 결과로 내가 학창 시절에 불교의 교의 안에서 힘을 찾기 시작한 것이라고 확신한다. 그 교의는 내 포부와 성격에도 맞아 보였다. 부처님은 구원이 자기 자신에게 달려 있다고 가르치셨다. 스스로 솔선수범하려 하지 않으면 신도 할 수 있는 일이 없는 것이다. 모든 덕행과 악행은 현생에서든 내세에서든 효과를 발휘하지만, 명확한 관점을 얻도록 이끌어주길 기도하거나 선행을 베풂으로써, 또 타고난 기량과 덕성을 최대한 이용함으로써 자기 자신을 향상하거나 공덕을 쌓고 도덕심을 가다듬는 것은 언제든지 자유롭게 할 수 있는 것이다. 나는 분명히 최선을 다했고, 그럴 수 있었던 데는 후엇 탓의 영향 덕이 적지 않았다.

따라서 나는 다른 누구만큼이나, 아니 어쩌면 다른 누구보다도 이 유덕한 노인의 말에서 안심할 만한 것을 찾으려고 열심이었다. 그의 지위는 의문의 여지도 없었고, 아무래도 새 정권 역시 그의 가르침과 축복을 구하고 있었을 터였다.

그는 말했다. "불안해하지 마십시오. 싸움을 멈추십시오. 평화가 오고 있습니다. 우리나라는 어려운 시기를 헤쳐나왔습니다. 우리는 다시 일어서야 합니다." 그게 전부였고, 또 그게 필요한 전부였다.

다른 목소리가 방송으로 흘러나왔다. 공화국군 참모총장인 메이 시찬Mey Sichan 장군이었다. "우리 형제들과의 협상이 계속되는 동안, 유혈 사태를 피하기 위해 모든 군인은 무기를 내려놔야 합니다."

나는 다 끝났다고 생각했다. "멋진걸." 아니를 껴안으면서 속삭였다. 우리는 안심한 나머지 서로 둘러보면서 미소를 지었다.

하지만 장군의 목소리는 곧바로 혼선음에 삼켜져 버렸다. 그러다가 또 다른 목소리가 억지로 끼어들었다. 마치 누군가가 마이크를 잡아채기라도 한 것 같았다. "이 전쟁은 무기로써 이긴 것이지 협상으로 이긴 게 아니다! 정부군은 항복했다. 반군이 승리했다! 이제 전쟁은 끝났다!"

그러다 갑자기 당혹스럽게도 모든 게 끊겼다. 음악도 없었고 오직 잡음뿐이었다. 우리가 짓고 있던 미소는 사라졌다. 누군가가

시험 삼아 라디오를 계속 껐다 켰다 했다. 아무 일도 없었다. 우리는 눈을 크게 뜬 채 서로를 바라보았다.

정적이 흐르는 가운데, 길거리에서 중얼거리는 말소리와 엔진 소리가 들려왔다. 우리와 이웃들은 각자의 집을 단단히 잠갔지만, 밖에서는 수만 명이 프놈펜 중심가로 밀려들고 있었다. 다들 어디로 가는 것일까? 전쟁이 끝날 때까지 사원이나 대학교, 공공건물에 딸린 뜰 등에 천막을 치고 버티려는 것이라고 짐작할 수 있을 뿐이었다.

한 시간이 지났다. 아이들은 계속 놀고 있었고, 어른들은 자기네끼리 조용히 이야기를 나누고 있었다. 그러다 멀리서 환호성이 들려왔다. 심이 무슨 일인지 보려고 밖으로 뛰어나갔다가 도로 달려 들어오면서 외쳤다. "크메르 루주예요!"

그렇다면 정말로 모든 게 끝난 것이었다. 우린 황급히 나가 문이란 문은 죄다 열고 주시했다.

길거리 여기저기에, 집집마다 창문마다 흰색이 점점이 찍혀 있었다. 사람들은 셔츠와 시트, 수건 할 것 없이 찾을 수 있는 하얀 것을 죄다 흔들어대고 있었다. 그러다 군중이 저 멀리서 우리 쪽으로 몰려들기 시작했다. 약 100야드쯤 떨어진 데서 우리 옆길을 남북으로 가로지르는 대로인 프레아 모니봉Preah Monivong에서 벌어지는 일종의 행진을 구경하려고 그러는 것이라는 게 명확해졌다. 나는 아니에게 나가지 말고 아이들과 함께 있으라고 손짓한 다음, 다른 사람 몇몇과 함께 어깨로 사람들을 밀치고 앞으로 나갔다. 크메르 루주 군인을 눈으로 본 것은 그때가 처음이었다.

도로는 탁 트여 있었고, 사람들은 인도 쪽으로 밀려나 있었다. 도로 한가운데에는 약 50명씩 한 조를 이루어 한 줄로 걷는 군인들의 대열이 있었다. 이런 광경은 한 번도 본 적이 없었다. 영화와 사진으로 곧 전 세계에 유명해질 모습이었지만, 당시 우리는 그들이 어떤 사람들인지 경고받지 못했다. 모두가 검은 옷을 입고 있었다. 파자마처럼 보이는 그 제복은 장식 없이 단순한 모양이었지만 깔끔하게 단추가 달려 있었다. 다들 검은색 중국식 모자를 쓰고 호치민식 샌들, 즉 자동차 타이어 조각에 길게 잘라낸 튜브 안쪽을 이어 만든 신발을 신고 있었다. 어떤 사람은 AK47 소총을 들었고, 로켓 발사기를 지닌 사람도 있었다. 다들 체크무늬의 '크라마'Kramars, 즉 두건을 목이나 모자에 두르고 있었다. 딱히 보조를 맞춘 것은 아니었지만 풀어진 모습도 보이지 않았다. 그저 웃음기 없는 얼굴로 앞을 똑바로 보고 있을 뿐이었다. 그들 가운데 누구도 열여덟 살을 넘어 보이지 않았다. 나는 딱히 뭘 예상한 것도 아니었고 놀라지도 않았으며 종말이 임박했다고 인식하지도 않았다. 하지만 저 십대 청소년들의 돌처럼 굳은 얼굴에는 뭔가 불안감을 주는 데가 있으며, 환영받는 자리였던 만큼 더욱 그랬다. 사람들은 행렬을 따라가면서 모든 두려움이 사라진 데 대한 안도감을 박수와 환호로써 표출하고 있었다. 하지만 군중의 열광은 냉담한 청소년들에게 어떤 인상도 주지 못했다. 다들 기계처럼 무표정하고 냉담하게 앞만 바라보고 있을 뿐이었다.

하지만 우리는 너무 안도한 나머지 그들의 행동에서 어떤 의미를 포착하지 못했다. 전쟁은 끝났다. 우리는 다치지 않은 채 헤쳐나왔다. 젊은이들이 서로 껴안고 흰 옷조각을 흔들어대는 것도 무리가 아니었다.

나뿐만 아니라 우리 모두 두려움과는 거리가 멀었다. 다들 크메르 루주의 침착함에 안도하고 있었다. 전투가 이처럼 갑작스럽게 멈췄다는 것, 우리 모두의 예상과는 달리 군인들이 폭력을 저지르지 않고 도시 중심가를 지나갔다는 것은 놀라운 일이었다.

두려움을 느낀 것은 딱 한 번뿐이었다. 옆길에서 공화국군 병사가 모는 군용 트럭이 나타났다. 아마 더 이상 싸우지 않아도 된다는 데 기뻐하면서 집으로 가는 길이었으리라. 크메르 루주 하나가 손을 쳐들어 나오라고 신호했다. 병사는 무장하지 않은 채 뛰어내려 도망쳤다. 다른 크메르 루주가 무기를 움켜쥔 채 그를 뒤쫓아 달려가 잡았다. 그는 병사를 벽에 밀어붙였고, 소총을 그에게 겨눴다. 긴 시간이 지난 뒤, 크메르 루주는 병사에게 군복 재킷을 벗고 트럭을 놔둔 채 떠나라고 차분하게 명령했다. 병사는 들은 대로 했고, 크메르 루주는 등을 돌려 가버렸다. 나는 다시금 마음을 놓았고, 모든 게 괜찮아질 거라고 전보다 더 확신하게 되었다.

우린 의기양양해져서 떠들고 농담을 던지며 계획을 늘어놓으면서 오안네 집으로 돌아왔다. 나는 가족을 집으로 데려가야겠다고 말했다. 다른 이들은 축하하러 해변으로 가겠다고 했다. 모든 게 정상으로 돌아가려는 듯했다. 오스틴 차를 탄 아니의 부모님은 댁으로 돌아가는 길에 멈췄다. 우리가 막 떠나려는 찰나에 오안이 말했다. "더 있다가 점심 먹지 그래?" 안 될 게 뭐람? 우리가 도착할 때까지 내 처부모께서 우리 집을 봐주실 것이다. 아이들은 뜰에서 놀고 있었다. 아직 오전 11시밖에 안 되었다. 서두를 필요는 없었다. 우린 계속 머물면서 담소를 나눴다.

우리는 점심을 먹는 중이었고, 나는 벌써 내일 평소처럼 일하러 가야 할지 고민하고 있었다. 그때 한 남자가 숨을 헐떡이며 들어왔다. 크메르 루주의 진군로 뒤쪽으로 대략 한 마일 반쯤 떨어진 곳에 사는 오안의 처부모댁 수위였다. 그들은 몇 주 전 오안의 아내와 아이들을 데리고 캄보디아를 떠날 때 이 사람에게 집을 맡겼다. 지금 그가 우리의 문간에 헝클어진 머리와 두려움에 질린 표정으로 서 있었다. "크메르 루주가 우릴 집에서 쫓아냈어요! 우리더러 도시를 떠나래요! 우리 전부요!" 그는 심란해 보이는 표정으로 말했다. "어떻게 해야 하죠?"

분위기는 일변했다. 우린 식사를 멈추고 그에게 질문 공세를 퍼붓기 시작했다.

"확실해요?"

"왜죠?"

"오해하신 거겠죠!"

"그들이 그렇게 말한 건 들은 적이 없어요."

그가 장난을 치고 있었던 것일까? 소개疏開라니, 얼마나 터무니없는 생각인가!

우린 더 알아봐야 했기에 나가서 이웃들에게 무슨 일이 일어난 것인지 물었다. 그들도 소개에 대한 소문을 들었다고 했다. 하지만 라디오에서는 아무 얘기도 나오지 않았다. 공식적인 소식이 없는 것으로 미루어 보아 낙관적인 태도를 유지해도 좋을 것 같았다.

뭘 해야 할지 더 이상 알 수 없었다. 다들 오안네 집을 떠나야 하는 것일까? 무슨 계획이라도 세우기에는 정보가 턱없이 부족했다. 나는 우리 집안의 어른인 승왕 후엇 탓과 상의해 보자고 제안했다. 승왕은 2마일쯤 떨어진 강변에 위치한 오날롬Onalom 사원에 살고 있었다. 그분은 분명 상황이 어떻게 돌아가는지 알고 있을 것이었다. 우린 그분에게서 조언뿐만 아니라 어느 정도까지는 보호도 받을 수 있었다.

아무도 이보다 더 나은 방안을 생각해내지 못했다. 우리 모두 차 세 대, 그러니까 내 피아트와 쩽의 푸조, 오안의 메르세데스에 나눠 탔다. 우린 다시 피난민의 느린 대열에 합류하게 되었다. 거리는 여전히 꽉 막혀 있었다. 이제 변두리에서 시내 중심부로 향하는 사람들과 집에서 쫓겨난 사람들이 섞여들었다. 사람들은 충격을 받은 것 같았지만 혼란이나 잡음은 없었고, 단지 앞을 향해 느리게 소용돌이치며 나아가는 군중, 걸어가는 사람들과 자전거 및 삼륜 자전거, 자동차의 물결만이 있었다. 이따금 멀리서 총소리가 울렸다. 전쟁을 상기시켜 주는 이 소리는 우리를 바짝 긴장하게 했다. 누가 누구에게 총을 쏘는 것인지 알 도리가 없었기 때문이다. 갑자기 모두가 대단히 준법적이고 정중해졌으며, 교통질서를 빈틈없이 준수하고 있었다. 아마 사고를 일으키거나 그럼으로써 눈에 띄는 것을 두려워해서 그런 것 같았다.

한 시간 동안 내가 크메르 루주를 본 것은 딱 한 번이었다. 서른 명이 인접한 거리에서 나와 길 한가운데를 일렬종대로 말없이 행진하고 있었다. 주변의 군중은 안중에 없다는 식으로 말이다. 차량과 걸어가는 사람들 모두 그들이 지나갈 수 있도록 한쪽으로 비켰다. 그들은 우리를 전혀 주목하지 않은 채 행진해 지나갔다. 마치 우리에게서 뭔가 옮는 것을 피하기라도 하는 듯했다.

승왕이 사는 사원은 별도의 경내에 자리잡고 있었다. 노란색 기와를 얹은 가파른 지붕 주위로 열주列柱 현관들 위를 눈썹처럼 감싼 작은 지붕들이 있는 커다란 2층짜리 건물로, 강둑에서 조금 물러난 곳에서 메콩Mekong강과 톤레삽Tonle Sap강이 만나는 지점의 광대한 물줄기를 굽어보고 있었다. 두 강은 북쪽에서 굽이쳐 내려와 일단 합류한 뒤 다시 메콩강 본류와 바싹Bassac강으로 나뉘어 남쪽으로 흐른다. 나무들과 화원들 사이로 샛노란 가사를 입은 승려들이 사는 일군의 건물이 늘어서 있었다.

우리는 주차를 마친 다음 아이들을 데리고 승왕의 거처로 갔다. 벽 없이 타일을 바닥에 깐 현관은 이미 백 명쯤 될 듯한 사람들로 가득 차 있었다. 우리 가운데 일부, 즉 부모님과 나, 오안, 내 형제들은 나머지 가족을 현관에 놔둔 채로 승왕의 접견실로 들어갔다.

승왕은 장의자에 앉아 있었다. 85세라는 연세치고는 놀라울 정도로 정정해 보였고, 삭발한 머리를 꼿꼿이 치켜들고 있었다. 그의 넓적한 얼굴은 훨씬 젊은 사람 같았다. 한쪽 어깨를 드러낸 채 황색 승복을 입은 그는 승려와 민간인들에게 에워싸여 있었다. 우리처럼 이리로 와서 상황을 알아보고 승왕의 보호를 구하려 한 사람이 족히 수십 명은 되었을 것이다. 사람들 가운데 둘은 한눈에 알아볼 수 있었다. 론 놀 장군의 부관이었던 찜 찌후언 Chhim Chhuon 장군과 작전사령관인 마오 쑴 껨 Mao Sum Khem 장군이었다. 무척이나 거들먹거렸던 두 사람이 이제는 겸손하고 소심해 보였다. 사복을 입은 다른 이들은 그들의 경호원인 게 분명했다. 우리는 바닥에 다른 사람들과 섞여 무릎을 꿇었고, 이마 앞으로 합장한 채 세 번 절을 올렸다. 그런 다음 책상다리를 하고 앉아서 오가는 대화에 귀를 기울였다.

두 가지 중대한 쟁점이 있는 듯했다. 공화국군 장교들은 승자들에게 어떤 태도를 취해야 하는가? 그리고 소문에 따르면 도시 전체가 소개된 듯한데, 도시 주민들이 집을 떠나 피신해야 할 이유는 무엇인가? 승왕은 진정하라고 당부했다. 전면적인 소개는 없으리라는 것이었다. 크메르 루주의 강령에는 강제 이송에 대한 언급은 일절 없었다. 그 때 승왕의 말씀이 들렸다. "소개가 있으리라는 건 합당한 주장이 아니오. 차분하게 지시를 기다리도록 하시오."

승왕은 어느 승려에게 전화를 걸라고 지시했다. 먼저 캄보디아 적십자 총재에게, 그다음에는 야당인 민주당의 총비서인 짜우 사우Chau Sau에게 말이다. 거기 모인 사람들이 보기에는 이 두 사람이 뭔가 소식을 알려줄 수 있을 듯했던 것이다. 하지만 적십자가 르 프놈 호텔Hotel Le Phnom과 프랑스 대사관을 중립 지역으로 지정했다는 사실을 빼면, 뭔가 아는 사람은 아무도 없었다.

누군가 승왕 곁의 탁자에 놓은 트랜지스터 라디오를 가리키면서 조용히 하라고 말했다. 국영 방송국이 방송을 재개하면서 무척 짤막한 메시지를 전하고 있었다. 각료와 공화국군의 고위 장교 전원은 그날 오후 네 시까지 정보부Ministry of Information로 오라는 것이었다. 승왕이 입을 열었다. "이제 뭘 해야 할지 아시겠지요. 나도 대리인을 보내야겠소."

장군들과 승려 한 사람이 자리를 뜬 뒤, 우리는 이리저리 서성거리면서 서로에게 이게 다 무슨 뜻이냐고 물었다. 여기 계속 있어야 할지 아니면 프랑스 대사관이나 르 프놈 호텔에 있어야 할지 고민하면서 말이다. 승왕은 책상다리를 한 채 차분히 앉아 기다리고 있었다.

오후가 흘러감에 따라 기다림은 점점 더 견디기 어려워졌다. 나는 우리가 떠나야 할지 고민했지만, 기이한 예감과 자신감의 결여, 피난 도중에 붙잡힐 가능성, 어떤 계획도 세울 수 없다는 불가능성 등 어떤 이유로도 가자고 말할 수가 없었다. 한번은 긴장감을 달래려고 승왕에게 프랑스 대사관에 전화하는 것을 허락해달라고 요청했다. 내가 망명을 요청하면서 지금 '덕망 높은 분'과 함께 피신처를 찾는 중이라고 말하자, 반대편에서 어떤 캄보디아인도 프랑스 대사관에 들어갈 수 없다고 말하는 목소리가 들렸다. 크메르 루주가 정문을 굳게 경비하고 있다는 것이었다. 그는 말했다. "승왕이 문으로 오더라도 크메르 루주는 지나가지 못하게 막을 겁니다." 나는 승왕의 권위를 부정하는 캄보디아인이 있다는 사실에 충격을 받은 채 수화기를 내려놓았다. 우리가 덫에 걸렸다는 사실이 처음으로 실감나기 시작했다.

처부모와 아늉이 집에 있는지 전화로 확인하려고 해봤다. 응답이 없었다. 기다리는 것 외에 다른 방도가 없었다. 나는 왔다갔다하면서 아니를 진정시키려 애썼고 방금 했던 통화에 대해 말했으며, 아이들과 몇 마디 나누었다. 아이들은 또래 아이들과 놀고 집 안팎을 뛰어다니면서 즐거워 보였다.

동틀녘인 오전 6시경에 승왕의 대리인이 돌아왔다. 그는 조용히 하라는 뜻으로 한 손을 치켜든 채 군중을 뚫고 승왕에게 나아갔고, 나는 그를 뒤따랐다. 그의 얼굴에서 희소식을 읽어내려고 애썼지만, 그는 완전히 무표정했다.

공화국군 고위 장교 및 각료 다수가 회담에 참석했고, 그 가운데는 총리인 롱 보렛도 있었다고 했다. 승왕의 대리인은 크메르 루주 장교 옆에 앉았고 그에게서 정중한 태도로 인사를 받았다. 그 장교는 크메르 루주의 미덕을 찬양하면서, 이제 전직 관료와 지식인, 기술자들의 도움으로 재건을 시작할 수 있을 것이라고 말했다. 승려가 소개에 대해 묻자 장교는 고개를 내저었다. 그런 명령은 말이 안 되는 것이었다. 경제가 정상화되려는 시점에 신체 건강한 남자들을 소개할 이유가 뭐란 말인가? "그는 제게 이렇게 말했습니다. '제 명예를 걸고 말씀드리건대 그런 명령은 들은 적이 없습니다. 그건 제국주의자들의 책동입니다. 그들의 수하들은 사람들에게 공황의 씨앗을 뿌리고 싶어 합니다.'"

나는 안도했고, 소개에 대한 소문은 사실이 아니라고 장담하려고 아니에게 갔지만, 여전히 사원으로 밀려들던 피난민들에게서는 소개가 아직도 진행되는 중이라는 말만 들을 수 있었다. 점점 더 혼란스럽고 불안해졌다. 그 장교가 잘못 알았거나 거짓말을 하고 있거나 둘 중 하나였다. 오안이 질문했을 때 그 승려는 이렇게 말했다. "아니, 아니요. 그 장교가 거짓말을 했을 리는 없어요. 하지만 어쩌면 그가 겉보기만큼 아는 게 많지 않았을 수도 있겠지요."

밤이 되었다. 나는 다시 처부모에게 연락을 시도했다. 여전히 응답이 없었다. 벌써 이 도시에서 쫓겨난 것일까? 최악의 상황이 떠올랐다. 장인어른과 장모님, 처형 아늉은 정처 없이 피난민의 물결 속에 던져졌다. 나는 아니와 눈빛을 주고받은 뒤, 그녀가 나와 같은 걱정을 하고 있는지 궁금해하면서 안심시키려고 웃어 보였다.

우리는 기나긴 하루와 근심에 지친 채로 사원 바닥에 깐 자리에 누워 자게 되었다. 총 서른 명이었던 우리는 가족끼리 나뉘었고, 아이들은 나왓까지 포함해 모두 낯설고 혼란스러운 느낌에 움츠러들어 고분고분해졌다. 나는 라디오를 옷가지 아래에 쑤셔 넣은 뒤 무슨 뉴스가 있을까 싶어 '미국의 소리' 방송에 주파수를 맞췄다. 아무것도 없었다. 스위치를 껐지만 잠이 오지 않았다. 새로 도착한 사람들이 누울 자리를 찾아 끊임없이 들락거렸고, 도착한 사람 개개인이 소개 작업이 아직 진행되는 중임을 확증해주었다. 수백 명이 사원 건물과 경내에 북적거렸고, 수천 명이나 되는 사람들이 사원을 지나 도시를 빠져나가고 있었다.

우리 가운데 대다수가 잠든 지 얼마 되지 않아(아마 오후 9시 30분경이었을 것이다) 한 크메르 루즈 장교가 손에 권총을 든 채 홀로 들어왔다. 그는 30대 초반, 그러니까 나와 비슷한 연배로 보였다. 그는 눈에 거슬리는 전등빛을 받으면서 우리를 미심쩍게 둘러본 뒤, 반발을 예상하기라도 했다는 듯 바닥에 늘어진 사람들을 권총으로 가리켰다. 그러다가 그의 시선이 문가에 대 놓은 자전거 여섯 대와 오토바이 세 대에 꽂혔다.

"이 오토바이 누구 거요?" 그가 고함쳤지만 아무도 대답하지 않았다. 그는 총을 총집에 도로 꽂은 다음 오토바이들을 살펴보더니 아주 새것처럼 보였던 파란색 혼다 오토바이를 움켜잡았다. 그 오토바이는 사슬로 다른 오토바이 두 대와 묶여 있었다. 그는 두 번 되풀이해 말했다. "이 오토바이 임자가 누구요?" 그러더니 이렇게 덧붙였다. "앙카르Angkar한테 필요하오!"

'앙카르'. '조직'이라는 뜻이다. 이 단어가 그런 식으로 사용된 것을 들어본 것은 그때가 처음이었다.

여전히 아무도 대답하지 않았다. 장교는 오토바이를 바닥에 쓰러뜨린 다음 총을 뽑아 안전 체인에 겨눴다. 그는 재빨리 두 발을 연달아 쐈다. 체인은 부서졌다. 아이들이 흩어진 채 잠들어 있던 고요하고도 붐비던 홀에 울린 그 소리는 무시무시한 충격을 주었다. 아이들은 잠에서 깨어 놀란 표정으로 두리번거렸다. 잠시 뒤에 그 장교는 오토바이를 갖고 가버렸다. 우리를 경악에 찬 침묵 속에 내버려둔 채로 말이다. 아니는 나를 쳐다봤고, 나는 그냥 조용히 있으라고 손짓했다.

잠시 뒤에 아니가 내게 속삭였다. "어떻게 저럴 수가 있어요?"

나는 대답했다. "우리가 뭘 할 수 있겠소?"

아버지는 나를 오랫동안 뚫어지게 바라보셨다.

"글쎄요, 설마 저들이 다 저렇지는 않겠죠." 나는 방어적인 태도로 말씀드렸다. 여전히 속삭이면서 말이다.

15분쯤 뒤에는 다른 군인 둘이 와서 아무 말도 없이 다른 오토바이 두 대를 가져갔다.

이런 행동이 단순한 도둑질이나 몰수 이상의 의미를 지닌다는 것은 나뿐만 아니라 우리 모두에게 분명해졌다. 승왕은 자신의 종교적인 역할을 훨씬 넘어서는 중요성을 지닌 인물이었다. 그는 캄보디아의 가장 외진 마을에서도 존경받았다. 하지만 우리는 승왕에게 존경심을 보여주기는커녕 자기네가 어디 있는지조차 전혀 신경쓰지 않는 게 분명한 사람을 연달아 셋이나 보았다. 그것은 수 세기 동안 전해 내려온 도덕적 가치가 전복되려 하고 있음을 알리는 첫 번째 징후였다.

다시 잠이 들기 전에 맏이인 수닷이 물었다. "아빠, 우린 언제 집에 가게 돼요?" 나는 침묵했고, 아니가 대신 대답했다. "자렴, 얘야, 내일이면 집에 있게 될 거야." 그럴 수 있으리라고는 더 이상 믿을 수 없었다. 아내 자신도 믿지 않았을 것이다.

I. 혁명

II. 소개(疏開)

 다들 동이 트기도 한참 전에 함께 깨어났다. 우린 아이들이 계속 자게 놔둔 채로 천천히 짐을 꾸리기 시작했다. 누구도 말을 많이 하지 않았다. 우린 곧 다른 사람들과 마찬가지로 명령을 받게 될 것이라고 확신했다. 정말로 그랬다. 동이 완전히 트기도 전에 크메르 루주 병사 셋이 문가에 나타났다. 방은 적막에 잠겼다.
 "동무들! 이제 가야 하오!" 그들 중 하나가 말했다. 그의 말에 오싹해진 것은 그 명령이나 어조 때문이 아니었다. 명령은 우리가 예상한 것을 확인하는 데 불과했고, 어조는 딱히 무례하게 들리지 않았다. 내가 충격을 받았던 것은 승왕의 말이 또다시 무시되었다는 사실이었다. "우린 도시를 정화해야 하오!" 장교가 말을 이어갔다. "하지만 짐을 많이 가져가지는 마시오. 고작 사흘이니까. 미국인들이 도시를 폭격할 것이기 때문에 떠나야 하는 거요."

따지고들 생각은 없었다. 라디오에서 그의 말에 반하는 소식이 하나도 없었던 것이다. 우리는 짐을 다 싼 뒤에 어떻게 하는 게 최선일지 대화를 나눴고, 나는 소개가 불가피하다면 오안네 집으로 돌아가서 담요랑 부엌세간을 챙기는 게 상책이라고 말했다. 아니는 우리 집에 가서 더 많은 것을 가져오고 처부모를 살피고 싶어 했지만, 시내를 가로질러 곧장 돌아가는 것은 시간이 너무 걸릴뿐더러 위험할 수도 있었다. 무슨 일이 있어도 우리는 한데 뭉쳐 있어야 했다. 흩어지게 되면 언제, 어떻게 다시 만나게 될지 알 수 없었다.

준비를 마친 다음 가족들을 승왕의 방에 데리고 들어갔다. 마지막으로 인사를 드리려 했던 것이다.

당신은 노란 가사를 입은 승려들에게 둘러싸인 채 의자에 앉아 있었다.

우리가 절을 올렸을 때 그는 조용히 말했다. "이제 가야 한다, 조심하거라."

나는 물었다. "할아버지, 어떻게 하실 건가요?"

"내 걱정은 말아라, 난 어딜 가기에는 너무 늙었어. 무슨 일이 일어나든지 여기 있어야 한다. 너 자신과 네 가족, 아이들을 챙겨라. 잘못된 일은 하지 말고."

그가 말했을 때, 다시는 그를 볼 수 없으리라는 생각이 스쳐갔다. 그 생각과, 죽음에 직면해서도 평온함을 잃지 않는 노인의 태도에 눈물이 났다. 나는 말했다. "얘들아, 인사드려야지." 아이들이 작별 인사를 드리자, 승왕은 앞으로 걸어나와 두 손을 아이들의 머리 위에 하나씩 차례로 얹었다. 그는 아이들 하나 하나에게 말했다. "나의 아이들아, 너희가 좋은 삶을 살기를 바란다. 착하게 살아라."

우리가 사원에서 나와 경내를 가로질러 붐비는 길거리에 주차한 차로 가는 동안, 나는 장교가 했던 말의 뜻을 되씹고 있었다. 미국인들이 폭격할 거라고? 미국인들은 4월 12일, 우리 수도가 함락된 날에 우리를 떠났다. 그러니까 그들이 크메르 루주를 폭격하려 했다면 도시가 무너지기 전에 했을 것이다. 지금에서야 할 이유가 뭐란 말인가? 그리고 왜 고작 사흘만 떠나 있으라고 하는 걸까? 미국인들이 도시를 폭격할 예정이라면, 우리를 더 오랫동안 나가 있게 해야 하지 않을까? 그 장교의 말은 이치에 닿지 않았다.

차를 타고 오안네 집으로 돌아가는 동안, 우리는 인파를 헤치고 나아가야 했다. 판에 박은 듯이 무표정한 사람들이 짐을 자전거나 오토바이, 삼륜차, 손수레 등에 실은 채 끌면서 걷고 있었다. 이 도시 구역 전체가 북쪽으로 움직이는 것 같았다. 하지만 반 마일쯤 지나고 나니 인파가 점차 잦아들기 시작했다. 남쪽으로 가라고 들은 사람들만 남쪽으로 움직이는 것 같았다. 이제는 낙오한 사람 몇밖에 남지 않았다. 우리 눈앞에서 도시가 죽어가고 있었고, 거의 죽어버린 심장에서 마지막 남은 생명마저 빠져나가고 있었다. 이렇게 잘못된 방향으로 차를 모는 것은 위험을 자초하는 짓이라는 생각이 떠올랐다. 하지만 탈출이 엄격하게 감시받는 것은 아니었다. 인적이 끊긴 지역에 들어섰을 때 병사 한 무리를 본 게 다였다. 우리는 그들을 피하려고 옆길로 차를 돌렸다. 크메르 루주를 가득 태운 지프차나 자가용차가 반대 방향에서 온 적도 두세 번 있었다. 그들은 빠른 속도로 우리를 지나쳤고, 우리 일행을 주목하는 사람은 하나도 없었다.

오안네 집에 도착한 것은 오전 8시경이었다. 그 구역의 집 대부분은 이미 비어 있었지만, 우리 이웃 가운데 일부는 떠날 준비가 되지 않은 채로 남아 있었다. 오안과 나는 자기네 집을 막 나서는 어느 일가와 이야기했다. 그들이 받은 명령도 우리와 비슷했다. 미국의 폭격이 임박했다는 것이었다. 모두가 사흘 동안 떠나 있어야 했다. 크메르 루주는 따지고 들거나 핑계를 대는 사람에게는 차분하고 그럴듯하게 대답했다.

"뭣 하러 고작 사흘 갖고 난리를 피웁니까? 왜 가족들 때문에 이 난리요? 여러분 재산에 대해서는 걱정하지 마시오. 우린 여러분을 해방하기 위해 여러 해 동안 가족 없이 살았소. 사흘은 아무 것도 아니오. 그런 다음에는 돌아오게 될 겁니다. 걱정하지 마시오."

우리는 이미 갖고 있던 옷가지에 더해 함께 음식과 담요, 부엌 세간을 모으기 시작했고, 여자들은 아이들에게 뭐가 가장 좋을지를 두고 논의했다. 아니도 나도 잘은 모르는 사람도 몇 명 있었다. 쎙의 아내인 라오Lao와 라오의 어머니, 쓴의 아내로 임신 5개월째였던 아엥Aeng, 아엥의 부모님, 오안의 누이들과 그 일가족이 그들이었다. 하지만 여자들은 이미 어머니의 단호한 지시 아래 함께 잘해나가고 있었다. 어머니는 옷가지가 가장 중요하다고 단언했다. 오우동을 지나온 피난민들이 말하길 크메르 루주가 통제하는 이른바 '해방구'에서는 옷이야말로 실제적인 가치를 지니는 유일한 물건이라고 했다는 것이다. 이번에도 나는 어머니의 충고를 무시하려 했다. 어쨌든 고작 사흘만 떠나 있으면 된다지 않는가.

'고작 사흘', 그 말에는 마음을 놓게 하는 뭔가가 있었다. 미국의 폭격이 임박했다는 말은 믿을 수 없었지만, 사흘만 피해 있으면 된다는 말은 나뿐만 아니라 모두가 받아들였다. 사흘이라는 말은 은총의 기간처럼 들렸다. 이 기간 동안, 재건을 계획하는 문제에 당면한 새로운 체제에 적응할 수 있을 터였다.

누가 무엇을 지니고 갈 것인지 정하는 동안, 우리 일가 중 일부는 급하게 오가면서 지나가는 가족들과 이야기를 나눴다. 저마다 다른 사정이 있었고, 혼란에 빠진 도시의 이야기와 비극을 품고 있었다. 한 가족은 십대인 아들이 승리자들에게 환호하러 밖으로 나갔다가 사라져버렸다고 말했다. 어떤 사람들은 가족과 헤어져 혼자 도시를 빠져나가는 길이었다. 그날 볼일이 있어서 시내를 가로질렀던 몇몇 가장은 다시는 돌아오지 않았다. 손주 셋을 데리고 있던 어느 할머니는 아이들 할아버지가 아이들 엄마를 병원에 데려갔다가 돌아오지 않았다고 이야기했다. 모두가 강에서 북쪽이나 남쪽 아니면 서쪽으로 피난하는 것 같았고, 어느 방향을 향하느냐는 그들이 크메르 루주가 당도했을 때 어디에 있었느냐에 달린 듯했다. 우린 운이 좋아 사원 주위를 돌던 순찰대와 곧바로 마주치지 않을 수 있었던 것이다.

한번은 아니가 우리 집에 다시 전화해서 처부모님 안부를 살펴보라고 말한 적이 있었다. 이번에도 응답이 없었다. 무슨 일이 일어났는지 가서 살펴야 하나? 아니, 처자식과 떨어지는 위험을 감수할 수는 없었다. 나는 여전히 속으로 논쟁하고 있었다. 걱정할 이유가 대체 뭐란 말인가? 어쨌든 고작 사흘만 떠나 있으면 되는데.

우리 모두(신중하게 세어본 결과 스물세 명이었다)는 차 세 대에 몸을 구겨넣어 탔다. 아니는 스타웃을 안은 채 나와 함께 앞에 탔고, 다른 두 아이와 내 부모님 및 켕의 어린 딸인 스레이가 뒤에 탔다. 켕 자신은 부오치의 오토바이 뒷자리에 앉았다. 다른 사람들은 쎙과 오안의 차에 탔다. 나는 음식과 옷가지를 꾸리면서 우리가 전날에 차량 연료통을 가득 채웠을 뿐만 아니라 여분의 기름통을 살 정도로 선견지명이 있었다는 데 기뻐했다. 오안의 친척 중 하나가 오토바이를 갖고 있어서 쓴을 태워주었다. 내 사촌 동생 심은 자기 자전거를 탔다.

II. 소개

우리는 줄지어 가로수가 죽 늘어선 프레아 모니봉 대로로 나왔다. 이 대로는 2~3층짜리 사무용 빌딩으로 가득한 구역과 우아한 저택들을 지나 남쪽으로 뻗어 있었다. 우리는 또다시 인파에 휩쓸렸다. 보행자와 각종 탈것이 뒤엉켜 똑같이 느릿하게 움직이고 있었다. 다른 이들과 마찬가지로 우리 목표도 도시를 벗어나는 것뿐이었다. 어디서 밤을 보내게 될지는 생각조차 나지 않았다.

집에서 멀지 않은 곳에 시체 두 구가 보였다. 공화국 병사들이었는데 포장도로에 엎어져 있었다. 누구도 그들에게 신경쓰지 않았다. 어제는 구급차가 화재 현장을 향해 달려가는 소리가 들렸다. 오늘은 공공 서비스가 전혀 이루어지지 않는 것 같았다.

그때 몇백 야드 전방에서 크메르 루주가 사람들에게 집에서 나오라고 손짓하는 게 보였다. 남녀 가릴 것 없이 다들 울부짖고 있었다. 우리는 걷는 속도로 이동하고 있었고 차창을 열어두었기에 사람들이 자기 집 문간에서 크메르 루주에게 애원하는 것을 들을 수 있었다. 다들 이마 위로 합장한 채 아이나 어머니를 기다릴 수 있도록, 아니면 몇 가지 소지품을 챙길 수 있도록 간청하고 있었다. 크메르 루주는 정중하기는 했지만 요지부동이었다. 다음과 같은 짤막한 말이 계속해서 들려왔다. "울지 마시오…. 사흘은 아무것도 아니오…. 그때가 되면 당신네 가족 전부를 보게 될 거요…." 협박은 없었고 오직 무자비한 명령의 꾸준한 흐름만이 있었다. 크메르 루주가 짜증난 기색을 내비친 것은 딱 한 번뿐이었다. "서두르시오! 벌써 하루가 지났소. 미국놈들은 어느 때라도 우리에게 폭격을 가할 수 있소!"

처부모 아니면 그분들을 아는 누군가를 볼 수 있지 않을까 하는 희미한 희망 속에서 군중을 탐색하고 있을 때, 고위 관료나 공학자, 교사라고 알고 있는 이들이 보였다. 의사와 간호사도 몇 명 있었는데, 여전히 흰옷을 입은 채였다. 누구도 크메르 루주의 검거에서 벗어나지 못한 것 같았다. 어느 청년은 병에 걸린 아버지를 등에 업은 채 걸어가고 있었다. 여자들은 엉덩이께에 아기들을 매단 채 걸었고, 절름발이는 목발을 짚고서 절뚝거렸다. 환자가 누워 있는 이동식 병원 침대를 친족들이 밀고 가는 광경도 두 번 보았다. 몇몇 사람은 먹거리나 옷가지 꾸러미를 지녔고, 닭이나 오리를 어깨에 걸머진 사람도 있었다. 그런가 하면 가진 거라곤 입고 있는 옷밖에 없는 사람도 있었다. 7~8세쯤 되어 보이던 어느 꼬마는 군중을 헤치고 돌아다니면서 애처로운 목소리로 엄마를 찾으며 울고 있었다. 아는 사람을 만날까 싶은지 어른이란 어른은 다 올려다보면서 말이다. 사람들이 친구나 지인 혹은 잃어버린 가족을 찾아 필사적으로 주위를 둘러보는 모습에는 뭐라 말하기 어려운 긴장감 같은 것이 있었다. 며칠 전까지만 해도 자기네 삶을 규정하던 것들을 죄다 빼앗긴 상태였던 그들은 어떤 종류가 됐건 안심할 만한 근거를 찾고, 손짓과 눈짓으로 지나가는 낯선 사람들과 연결고리를 찾으려 하는 것 같았다.

보행자와 자전거의 행렬 사이에 삼륜 자전거와 자동차도 섞여 있었다. 다들 가족이 타고 있었고, 일부는 소지품을 높이 쌓아 놓고 있었다. 자그만 시트로엥과 낡은 소형 화물차 위로 옷가지 묶음과 커튼, 서로 어울리지 않지만 귀한 물건들(요리 기구, 소파, 찬장 등)이 넘쳐흘렀고, 어느 화물차 뒤에는 돼지 한 마리가 매달려 있었다. 메르세데스나 푸조처럼 더 큰 차에는 텔레비전이나 카세트테이프 플레이어 등 이전의 부를 상징하는 물건들이 가득했다. 어느 일가의 차 위는 온통 거대한 냉장고 한 대가 차지하고 있었다. 우리는 왜, 어디로 가는 것이었던가? 이 차 저 차 지나갈 때마다 우린 의견과 질문을 교환했고, 이 고생은 단지 사흘에 불과하다고 서로를 안심시켰다.

이미 오전 10시경이었고, 열기가 점점 더해가고 있었다. 캄보디아에서는 4월이 1년 중 가장 더운 달이었다. 건기가 끝나갈 무렵이었고, 몇 주 동안 비라고는 구경조차 할 수 없었다. 이 도시 혹은 적어도 그 일부는 하나의 거대한 교통체증이 되었고, 자동차와 오토바이는 느릿하게 움직이는 보행자들 때문에 주춤거렸다. 차 안의 온도가 오르고 내 셔츠가 땀에 축축하게 젖었으며 밤에 잠을 설친 아이들은 꾸벅꾸벅 졸았다. 이런 상황에서 내가 보기에 이 달팽이 같은 속도는 크메르 루주의 명령에 무의식적으로 저항하는 방법 같았다. 누구도 불평하지 않았지만, 다들 프놈펜에서 떠나는 것을 지체함으로써 되돌아올 가능성을 높이고자 애쓰는 것 같았다.

고작 반 마일쯤 나아갔을 때 총성이 들렸다. 다들 무슨 일이 벌어진 건지 보려고 목을 뺀 채로 주위를 돌아보았다. 그와 거의 동시에 총성이 한 번 더 들렸다. 길가에 면한 어느 주택의 계단에 청년의 시신이 누워 있었다. 그는 18세가량 되어 보였고 장발이었다. 학생인 모양이었다. 그에게서 15야드쯤 떨어진 곳에 군인 하나가 서 있었고, 그의 AK47에서는 아직도 연기가 느릿하게 피어오르고 있었다. 주변 사람 모두 서로에게 무슨 일이 벌어진 것인지 물었다. 머잖아 전해 들은 바로는, 그 청년은 뭔가 깜빡하고 집에 둔 채 나왔다는 것이었다. 그는 군인의 명령을 무시한 채 되돌아갔고, 자기 집에 다시 들어서려는 참에 군인이 그를 쐈다고 했다. 그 군인은 이렇게 외쳤다. "반항하면 이렇게 되는 거요!"

희한하게도 이 장면은 어떤 폭력적인 반응도 불러일으키지 않았다. 우리는 뉴스를 들었을 때처럼 침묵에 잠겼고, 돌아선 다음 계속 갈 길을 갔다.

한 시 무렵, 법무부 건물이 점점 가까워졌다. 길이가 대략 100야드쯤 되는 3층짜리 거대한 현대식 건물이 길가에서 약간 떨어진 채 서 있었다. 한숨 돌릴 기회였다. 나는 아직 비교적 한산한 주차장을 가리켰고, 다들 찬성하는 뜻으로 고개를 끄덕였다. 다들 배가 고팠고 휴식이 필요했다. 우린 천천히 사람들을 헤치고 앞마당으로 들어가 주차했다. 검은 제복을 입은 크메르 루주들은 아무런 이의도 제기하지 않고 명령도 하지 않는 채로 그저 탈주 행렬을 지켜볼 뿐이었지만, 그 모습 자체가 우리를 재촉하는 것 같았다. 그곳은 같은 생각을 떠올린 사람들로 이미 우글거리고 있었다.

우리는 먹을거리나 소지품을 모으는 동안 본관 복도에 빈자리가 있음을 발견했다. 1층에 딸린 거대한 베란다였다. 우리는 응달 가장자리에서 물러나 앉았다. 여자들은 우리가 가져온 음식들로 밥상을 차리기 시작했고, 아버지와 오안, 나는 식사를 하면서 이곳이 우리가 집을 떠나 사흘을 보내기에 어느 곳보다도 좋은 장소가 되리라는 결론을 내렸다.

밥을 다 먹고 난 뒤, 우리는 차에서 담요와 돗자리, 요리 도구를 가져와 지낼 곳을 만들었고 쉬려고 애썼다. 다들 잠이 절실히 필요했다. 차에 있는 동안 잠을 잤던 아이들만 예외였다. 심은 언제나처럼 아이들에게 쫓아와 보라고 놀려대면서 술래잡기를 하기 시작했다. 아버지께서 좀 얌전히 굴라고 타이르실 때까지 말이다. 하지만 그즈음에는 아이들 여섯 명, 즉 나왓과 수닷, 쩽의 두 아들, 쓴의 딸 사라Sarah, 켕과 사룬의 어린 딸 스레이 모두가, 각자 소지품을 쌓아둔 다른 일가들 사이를 누비면서 복도 기둥 주위에서 서로 쫓아다니고 있었다. 그런 소란을 피워도 좋다고 허락할 수는 없는 일이었다. 스레이와 사라, 수닷은 부르는 소리에 곧잘 돌아왔지만, 나왓은 쩽의 두 아들인 비솟Visoth과 아맙

Amap이랑 너무 정신없이 노느라 주의를 기울이지 않았다. 아니는 품에 스타웃을 안고 어르면서 미안해하는 미소를 띤 채 주위를 둘러보다가 나왓이 옆을 스쳐갈 때 다시 불렀다. "나왓, 당장 이리로 와! 한 대 맞고 싶니?" 결국 놀이를 끝낸 것은 부오치였다. 나왓을 붙잡은 채 끔찍한 벌을 주겠다는 협박을 속삭임으로써 아이가 눈을 휘둥그렇게 뜬 채 잠잠해지게 만든 것이다. 아니는 고마움에 찬 미소를 지었고, 마침내 평화가 찾아왔다.

아이들이 쉬는 동안 복도는 점점 더 붐비게 되었다. 우리가 일찍 도착한 것은 행운이었다. 늦게 온 사람들은 베란다 가장자리나 건물 밖의 풀 위에 자리잡아야 했다. 고된 사흘이 될 터였다. 화장실은 이미 혼잡하고 더러웠으며, 수도꼭지는 단 두 개만 멀쩡했다. 하지만 화를 내거나 밀치는 사람은 없었다. 다들 그저 최선을 다하고 있다는 데 만족하는 것 같았다.

오후가 지나는 동안 나는 사람들이 어느 커다란 건물에서 식량 통조림이나 꾸러미를 갖고 나온다는 것을 눈치챘다. 그 건물의 지붕은 경내를 둘러싼 나무들 위로 뚜렷하게 보였다. 곧 모두가 진상을 알게 되었다. 그 건물은 커다란 시립 협동조합 식품점이었다. 문은 열려 있었고, 사람들은 그저 물건을 쓸어담기 바빴다. 거기 있던 몇 안 되는 크메르 루주는 동물들을 보는 것처럼 초연한 표정이었고, 사람들을 막으려 들지 않았다. 도둑질은 결국 난투극으로 전락했다. 내 남동생 둘, 쎙과 쓴은 무슨 일이 일어나는 것인지 보러 갔다. 둘이 도착했을 무렵, 그곳은 선반에서 음식을 훔치는 사람들로 넘쳐나고 있었다. 내 동생들은 쌀 두 자루, 설탕 몇 파운드와 대두 약간을 움켜잡는 데 성공했다. 나중에 우리는 사람들이 너무 북적이는 바람에 두 사람이 죽을 정도로 소란이 일어났다는 것을 알게 되었다. 각각 100킬로그램 나가는 쌀자루에 깔려 질식사한 것이었다.

그날 저녁, 해가 진 뒤에 무장한 크메르 루주 병사 두셋이 우리 얼굴에 횃불을 비춰가면서 인원을 확인했다. 나는 뭔가 외부 소식을 들을 생각에 라니오를 옷으로 싸 베개 모양을 만들었지만, 감히 켜볼 생각은 하지 않았다. 그 대신 우리는 소리를 죽여 이야기했으며, 저들의 횃불이 근처에서 어른거릴 때는 침묵을 지켰다.

이튿날은 앞마당과 거리에 진을 친 군중 때문에 약탈이 더 심해졌다. 가정집을 터는 사람도 많았다. 사람들은 위스키 병, 트랜지스터 라디오, 카메라 등을 실은 채 돌아다녔다. 우리 눈앞에서 새로운 경제가 형성되고 있었다. 약탈자들은 자기가 쓰려고 물건들을 노린 게 아니라 터무니없는 가격에 팔려고 그런 것이었다. 그 돈은 음식을 가지고 있는 사람에게서 마찬가지로 터무니없는 가격으로 음식을 사는 데 사용되었다. 우리 근처에 중국인 상인이 다소 가련한 몰골로 혼자 있는 게 보였다. 우리는 그가 가족과 생이별했다고 추측했다. 그는 여전히 돈이 가득 든 자루를 움켜쥐고 있었다. 그가 갖고 있었던 건 그게 전부였다. 여분의 옷도, 쌀도, 개인 소지품도 없었지만 걱정하는 기색은 없었다. 필요한 것은 뭐든 살 수 있을 테니까. 나도 몇 가지 물건을 살 수 있었다. 간장, 옥수수, 네스카페 두 병, 연유 깡통 다섯 개였다. 어떤 혼란도 폭력도 없었지만 우울한 광경이었다. 크메르 루주는 우리들의 집을 돌보겠다고 약속했었다. 이게 그들이 제공할 수 있는 최선이었을까?

다음 이틀, 즉 19일과 20일에는 여기저기 돌아다니면서 잡담을 주고받는 것밖에는 할 일이 별로 없었는데, 이따금 아는 사람들을 만나 깜짝 놀랐다. 일 때문에 한두 번씩 만나본 사람들이었다. 사실 겉보기만큼 대단한 우연의 일치는 아니었다. 프놈펜의 공직자 사회는 그리 크지 않았고, 그 태반이 도시를 빠져나와 같은 방향으로 향하고 있었기 때문이다. 다들 당혹스러워했지만 절망하고 있지는 않았다. 어느 젊은 기술자는 자기가 크메르 루주의 행동을 잘 이해하고 있다고 열렬히 주장했다. 그들은 상황을 잘 판단해야 했고, 우리가 그들을 더 많이 도울수록 모든 것은 더 빨리 정상으로 돌아갈 것이었다. 그는 어찌 됐든 간에 우리 같은 사람들은 괜찮을 것이라고 말했다. 우리는 어쨌든 기술 관료였고, 어느 정권에서도 없어서는 안 될 존재였으니까.

내가 마주친 사람 중에는 이전 상관이었던 전임 국방부 장관 겸 공공사업부 장관 싸빠나 응인 Thappana Nginn 장군도 있었다. 그는 자기 가족 및 부하인 롱 만Long Man 대령과 함께 나무 아래에 진을 치고 있었다. 둘 다 제복을 벗고 민간인 복장을 하고 있었는데, 눈에 띄지 않으려고 그랬던 것이다. 이전 정권과의 관계를 암시할 수 있는 군사적 외관을 포기한 사람은 그들만이 아니었다. 땅바닥에는 이미 군사용 판초 우의와 바닥 깔개가 널려 있었다.

나는 장군에게 최근 사태에 대한 견해를 물었다. 공화국 정부가 어떻게 그리 빨리 무너졌단 말인가? 다부진 체격을 지닌 50대의 장군은 주위를 힐끗 둘러봐 엿듣는 사람이 없다는 것을 확인하고는 낮은 목소리로 이야기하기 시작했다. 공화국 정부는 크메르 루주한테 속아 넘어갔다는 것이었다. 그의 말에 따르면, 공화국 정부 최고위급 인사 두 명이 크메르 루주 지도층과 접촉했고, 정부를 설득해 완전 무장을 한 크메르 루주 200명을 모집해 대열을 이탈하게 했다고 한다. 정부는 이 200명을 전선으로 보내 자기네 이전 동료들의 탈주를 선동케 할 예정이었다. 당연히 정반대 결과가 일어났다고 장군은 숨죽여 말했다. 크메르 루주는 자기네가 승리한 다음 일반 사면을 베풀 것이라고 약속함으로써 공화국 군인들에게 항복하도록 설득했다.

그게 전부가 아니었다. 프놈펜 함락 이전에 다른 비밀 협상들이 있었다. 소련이 공화국 지도층에게 언질을 주었다는 것이다. 그에 따르면 미국이 손을 떼면 러시아는 새로운 무기와 장비를 제공해 시아누크가 국가수반으로 복귀하는 것을 돕고, 공화국 세력과 '크메르 롬도스Khmer Romdos(캄보디아 해방자)'로 알려진 지하 세력의 온건파 사이를 중재하여 더 급진적인 모택동주의 분파에 저항하는 연합을 결성하도록 지원하겠다는 것이었다. 크메르 루주는 휴전하는 대가로 협상하는 데 원칙적으로 동의했다. 수상인 롱 보렛과 다른 공화국 정부 지도자 가운데 일부, 예를 들어 시소왓 사릭 마탁Sisowath Sarik Matak 왕자나 항 쑨 학Hang Thun Hak 같은 사람이 도시가 함락되었을 때 도주하지 않았던 것은 그 때문이었다. 하지만 그건 모두 속임수였다고 장군은 힘주어 말했다. 그들은 권력을 장악하자마자 이전에 했던 약속들을 뒤집었다. 롱 보렛과 그의 산하 각료들은 모두 체포되었고 상당수는 벌써 죽었을 것이라고 했다. 러시아 대사관은 이미 폐쇄되었고, 러시아인들은 프랑스 대사관으로 피신해야만 했다.

그의 말을 듣고 있자니 비로소 이해할 수 있을 것 같았다. 불과 몇 시간 전에 이상한 이야기를 들었는데, 나는 그것을 그날 들었던 많은 뜬소문 중 하나에 불과하다고 일축했었다. 또 다른 공화국군 장교와 이야기를 나누면서 그에게, 왜 공화국 정부가 그렇게 빨리 무너졌느냐고 물었다. 다른 사람들에게도 했던 질문이었다. 그는 이렇게 대답했다. "오, 그건 공화국군만의 잘못은 아니에요." 미국인들이 이 나라의 몰락을 고의적으로 부추겼다는 것이었다. "우리 부대들과 교신할 때 쓰는 암호가 있는데요," 그는 설명을 이어갔다. "매번 우리 부대들과 교신하려고 할 때마다 크메르 루주 장교의 목소리가 들리더군요. 미국인들이 우리 암호를 저쪽에다 넘긴 게 분명합니다."

터무니없게 들렸다. 미국인들이 자기네 동맹을 일부러 저버릴 이유가 뭐란 말인가? 하지만 이제 장군의 말을 듣고 보니 모든 게 이상하게도 말이 되기 시작했다. 두 이야기가 서로 맞아떨어졌던 것이다. 어쨌든 미국인들은 재앙에 직면했다. 하지만 그들은 크메르 루주가 두 분파로 나뉘어 있었다는 것을 알고 있었다. 한쪽은 급진적인 친중국파였고, 다른 한쪽은 시아누크를 지지하며 현재 러시아인들과 접촉하고 있는 것으로 보이는 온건파였다. 미국의 관점에서 보면 이 나라의 새로운 통치자들이 친러시아인 것보다는 친중국인 편이 더 나을 터였다. 따라서 미국이 친러시아 연합을 결성하려는 계획을 훼방하려고 시도했을 가능성도 있었다.

장군의 말을 듣는 동안 화가 치밀기 시작했다. 외교적 흥정 속에서 우리 모두 얼마나 무력했는지 알게 되었던 것이다. 우리의 이전 지도자들은 일반 국민을 보호하는 것보다 자기네 권력을 보전하는 데 더 관심이 있었다. 그리고 여기, 내 바로 앞에 있는 것은 이런 혼란을 초래한 무능과 자기기만의 한 사례였다.

하지만 분노는 곧 사그라들었다. 우리 모두, 특히 기술 관료들은 어떤 면에서 책임이 있는 게 아니던가? 권모술수는 정치 영역의 일이었다. 그러나 우리는 사태를 더 잘 파악해야 했음에도 그저 묵종했다. 지도자들이 우릴 기만한 것이 사실이라 해도, 우리 역시 우리 자신을 기만했다. 그리고 장군이 어떤 일을 했든 간에, 그도 이제는 나와 같은 처지의 희생자였다.

한참 머뭇거린 끝에, 그에게 민간인 옷을 입고 있다고는 하지만 누가 알아볼까 봐 두렵지 않으냐고 물었다. 그는 그런 생각을 해본 적이 없는 게 분명했다. 그는 슬그머니 주위를 둘러보더니 곧바로 가족들을 찾아 나섰다. 나중에 그들이 사람들 속으로 피신할 작정으로 불룩한 여행 가방을 들고 본관 쪽으로 향하는 게 보였다.

소용없는 짓이었다. 크메르 루주가 그와 부하를 체포해 팔을 등 뒤로 결박한 채 연행했다는 것을 나중에 알게 되었다. 둘 중 어느 쪽도 다시는 볼 수 없었다.

둘째 날 늦은 오후, 법무부 건물은 혼란에 빠져 있었다. 수도꼭지는 말라버렸다. 다행히 우리에겐 아침에 그릇으로 받아놓은 물이 여전히 남아 있었지만 말이다. 게다가 근처에서는 음식을 구할 수 있는 곳이 더 이상 없었다. 각 가족은 자기네가 이미 확보한 것으로 버텨야만 했다. 두셋씩 짝을 지어 돌아다니는 크메르 루주는 우리를 전혀 주목하지 않았고, 도우려는 어떤 행동도 하지 않았다. 다들 그저 계속 기다리기만 했다. 내가 그랬던 것처럼 내일이나 모레쯤에는 귀가를 허락받을 수 있으리라고 믿으면서 말이다.

그러나 넷째 날 아침에 군중을 헤치고 나아가던 크메르 루주 셋이 우리에게 계속 움직여야 한다고 간단히 말했다. 그들은 전에도 그랬듯이 정중했고 또 무자비했다. 우리 중 누구도 감히 이렇게 묻지 못했다. "왜 계속 가야만 합니까? 언제쯤 우리한테 되돌아가라고 할 건가요?"

난 우리가 그냥 계속 가야 한다고 말했다. 무엇을 언제 할 것인가를 결정하는 권한은 내게 주어진 듯했다. 오안은 의견을 제시하는 데 능하지 못했고, 쎙과 쓴은 언제나처럼 맏형인 내 의견을 따랐으며 아버지는 조언자의 역할을 더 선호했다. 나는 복종하는 것만이 희망이라고 말했다. 물도, 식량도, 정보도 없는 상황에서는 크메르 루주와 다투려야 다툴 근거가 없었다. 우리에겐 정말로 선택지가 없었다.

차 세 대로 이루어진 우리의 작은 행렬은 다시금 오안의 처남과 부오치가 오토바이를, 심이 자전거를 타고 호위하는 가운데 도시를 떠나는 피난민들의 흐름에 합류했다.

두 개의 주요 간선도로인 프레아 모니봉과 프레아 노로돔Preah Norodom 대로의 교차로에 이르면 두 가지 선택지가 있을 터였다. 다리를 통해 바싹 강을 건너가느냐, 아니면 강을 따라 나아가느냐. 하지만 다리는 엉킨 철조망으로 막혀 있었다. 우리는 여전히 걷는 속도로 강을 따라 남쪽으로 나아갔다.

나는 분위기가 변했다는 것을 알아차렸다. 이제 부자와 빈자 사이의 구별은 완전히 사라진 듯했다. 한때는 부유층 여성이 입었던 비단 블라우스가 이제는 농부들의 면직 셔츠만큼이나 지저분하고 땀에 절어 있었다. 어느 커다란 차에서 뚱뚱한 중년 여성을 본 적이 있다. 안락한 삶에 익숙해 있었을 게 분명했지만 얼굴에는 화장한 흔적이 없었고 머리는 산발이었다. 다른 사람들과 마찬가지로 그녀도 가난한 사람처럼 보이고 싶었던 것이다.

여전히 기어를 1단으로 놓은 채 천천히 나아가고 있으려니 어느 젊은이가 나를 향해 웃으면서 손을 흔들더니 공손하게 고개를 숙이는 게 보였다. 공공사업부에서 잡역부로 일했던 사람이었다. 그를 보고 나니 갑자기 걱정스러워졌다. 어느 크메르 루주라도 우릴 본다면 내가 한때 관직에 있었던 사람이라는 걸 알아차렸을 것이다. 차창 너머로 그를 손짓해 부른 다음, 주위를 살펴보면서 조용히 말했다. "스리Sry, 그러지 말게. 이젠 모든 게 달라졌어. 우린 완전히 동등하네. 그냥 옛친구인 척하게."

부자들이 부유하다는 증거를 모두 내버렸기 때문에, 이 느리고 조용한 행렬은 끔찍하리만치 획일적이었다. 소개 첫날 만연해 있던, 불안에 찬 기운은 온데간데없었다. 이제는 누구도 주위를 둘러보지 않았고, 군중을 뚫고 가려고 들거나 조급한 몸짓을 하지도 않았다. 경적이나 자전거 벨 소리, 고함도 없었다. 낮게 울리는 자동차 엔진 소리와 발걸음 소리, 바퀴가 삐걱대는 소리 외에는 거의 아무것도 들리지 않았다. 우리는 벌어진 상처에서 나오는 피처럼 느리고 꾸준히 흘러갔다. 죽어가는 프놈펜을 뒤로한 채로. 우리는 밥을 좀 먹으려고 잠시 길가에 차를 세웠던 것 말고는 온종일 이동했지만 고작 4~5마일쯤 갔을 뿐이었다. 그날 저녁에 타크마우Takhmau 근교에 접어들었을 때 구름이 밀려왔다. 건기가 끝나고 그해의 첫 폭우가 시작되려 하고 있었다. 나는 지역 고등학교를 가리키면서 여기서 밤을 보내는 게 좋겠다, 그러지 않으면 흠뻑 젖게 될 거라고 말했다. 이번에도 우린 운이 좋았다. 약 쉰 명에 달하는 우리 피난민은 서로 붙어 있는 교실을 차지했다. 간신히 담요를 폈을 때 폭풍이 불어닥쳤다. 우린 창가에 서서 길가에 임시 야영지를 차린 사람들이 나무나 지붕 아래에서 비를 피하려고 자전거나 삼륜 자전거를 버린 채 길가에서 사방으로 흩어지는 모습을 지켜보았다. 적어도 비는 열기를 식히고 갈증을 달래주었다. 지붕에서 물이 쏟아지기 시작하자, 우리는 그릇을 들고 베란다 가장자리로 달려가 물을 가득 받았다.

■

다음날, 우리는 다시 기어를 1단이나 2단으로 놓은 채 같은 속도로 끊임없이 움직였다. 어제와 똑같이 걸어가는 사람들과 삼륜 자전거들이 우리와 섞여 남쪽으로 밀려 나갔다. 부오치, 오안의 처남 그리고 심은 우리와 나란히 혹은 우리 사이에서 이동하면서 때로는 앞으로, 때로는 뒤로 물러나 우리가 연락을 주고받으면서 서로 기분이 괜찮은지 확인하는 것을 도왔다.

아니와 어머니는 이야기를 나누기 시작했다. 아이들과 함께 비좁은 곳에 끼어 앉은 두 사람은 서로에게서 힘을 얻었다. 어머니는 내가 아니와 결혼한 데 대해 언제나 기뻐했고, 이렇게 말씀하시곤 했다. "걔는 착한 아이야. 수닷을 정말 사랑하거든." 그리고 당신께서 격려의 말과 아니의 부모님과 아늉이 무사하리라는 장담을 해줌으로써 이런 호의를 직접적으로 보여주신 것은 무척이나 좋은 일이었다.

사실 아니에게는 그럴 필요가 있었다. 자기 부모와 떨어져 본 것은 이때가 처음이었던 것이다. 어쩌면 지금 일어나는 일들을 아내가 이처럼 차분하게 받아들일 수 있었던 것은 내 어머니의 격려 덕분일 수도 있었다. 나왓은 우리가 멈출 때마다 비스킷을 달라고 보챘고, 그럴 때마다 아니는 다른 아이들에게도 비스킷을 조금씩 나눠주었다.

그날 우리는 고작 10마일쯤 나아갔다. 다음날도 마찬가지였다. 우린 이제 시골에 있었다. 왼편으로는 강이 흘렀고 오른편으로는 과수원 사이로 장대 위에 세운 나무집이 흩어져 있었다. 낙담해서 침묵에 잠긴 이 군중 가운데, 유일하게 젊은 사람들만이─그들은 크메르 루주가 프놈펜에 진입했을 때 환호했다가 이제 가족이나 친구와 이별하는 처지가 되었다─태연해 보였다. 그들은 두셋씩 짝을 지어 모였고, 과수원에서 과일을 서리하거나 빈집을 터는 것으로 먹고 살았다.

밤에 우리는 별 아래서 쉬었다. 우리 가운데 일부는 차 안에서, 다른 사람들은 땅바닥이나 버려진 집에서 밤을 보냈다. 매번 멈출 때마다 오안네 집안과 우리 집안은 각각 하나씩 불을 피웠다. 어머니는 다른 나이든 여자들의 도움을 받아가면서 아니와 다른 네 명의 젊은 여자들이 요리하고 음식을 나누어줄 수 있도록 질서를 잡았다. 누구도 말을 많이 하지 않았다. 그러기에는 요리나 야영 준비 또는 아이들을 통제하는 데 너무 몰두해 있었다. 아이들은 야영을 엄청난 모험으로 여기고 있었다.

피난 행렬은 천천히 한산해지기 시작했다. 이제 우리는 도시의 소개란 것이 정말 뜻하는 바가 무엇인지 어렴풋이나마 깨닫기 시작했다. 사람들은 지치고 낙담한 채로 오직 계속 움직이는 데만 신경쓰면서 군중 속으로 밀려들어갔다. 수도에서 멀어질수록 더 많은 피로가 환자나 다친 사람, 절름발이, 노인들을 붙잡아놓은 것을 볼 수 있었다. 그들은 주저앉은 채 공허한 눈으로 지나가는 군중을 쳐다봤다. 자기네 운명을 무감각하게 받아들이는 것 같았다. 고속도로 가장자리에 널브러진 시체가 점점 더 눈에 띄었다. 우리가 거기에 더 이상 놀라지 않게 될 때까지 말이다. 우린 각자의 차에 틀어박힌 채 다른 가족 그룹과는 거의 대화를 나누지 않았다.

하지만 나무에 목을 맨 여성의 시신이 두 번 눈에 띄었을 때는 충격을 받았다. 자살이었다. 자살은 불교 교리상 용납할 수 없는 것이었다. 인간 생명의 등급[7]에서 높은 등급의 생명을 누릴수록 거기에 부과되는 의무 또한 많아진다. 인간으로서 삶이란 모든 선물 가운데서도 가장 큰 것이며, 자신의 생명을 내던지는 것은 모든 죄 가운데서도 가장 큰 죄였다. 이보다 그 사람의 절망감을 더 잘 보여주는 것은 없었다.

도처에서 전쟁의 흔적이 보였다. 많은 집이 부서지고 불탔다. 전부 버려진 채였다. 공화국군이 철조망과 모래주머니로 둘러싸 요새화한 목조 포좌들은 여전히 남아 있었다. 포탄 구덩이가 시골 여기저기에 흩어져 있었고, 사탕야자 나무들은 포화 때문에 산산조각이 나 있었다.

여러 마일 지나가는 동안에 연료가 바닥난 차들이 생기기 시작했다. 도로변에는 버려진 차량이 점점 더 어지럽게 널려 있었다. 어떤 사람들은 쓸모없게 된 차량을 밀고 감으로써 (우리 모두 그랬듯이) 신분 과시에 집착하는 모습을 보였다. 차량 가운데 일부에는 옷가지나 전자기기, 달러 다발이나 보석 꾸러미 같은 재산이 실려 있을 게 분명했지만, 이제 그런 사람들도 부유한 기색을 보이지 않았다. 남자들의 셔츠는 땀으로 얼룩져 있었고 여자들은 걱정스러운 표정과 퉁퉁 부은 눈을 하고 있었다. 우리가 지나친 사람 중에는 며칠 전까지 사무실에서 일했던 중년의 남성도 있었다. 그는 커다란 회색 BMW 옆에서 땀에 흠뻑 젖은 채 씨근

---

7) 깨닫지 못한 인간이 윤회를 거듭하며 겪게 되어 있는 여섯 가지 삶의 형태, 즉 육도(六道)를 뜻한다.

덕거리고 있었다. 옆에 있던 아내는 여전히 꽉 끼는 치마를 입고 하이힐을 신은 채였다. 곁눈질로 흘끗 보니 그 여자는 좌절감에 빠져 차체를 쾅쾅 두들기다가 손톱이 부러져 고통에 몸을 움찔하고 있었다. 우리가 언제쯤 비슷한 처지게 놓이게 될지 궁금했다. 우리 차 가운데 어떤 것이 먼저 휘발유가 바닥날까? 우리도 하나라도 더 건지기 위해 차량을 밀어대는 신세에 놓이게 될까?

다들 우리처럼 과거를 벗어던졌고, 남아 있는 단 하나의 현실이 그들을 지탱하고 있었다. 가족이 그것이었다. 가족과 함께 있는 사람들은 용기와 힘, 도움, 음식, 미래에 대한 희망의 원천을 가진 것이었다. 반면에 혼자 남은 사람들, 특히 노인들은 희망도 잃고 어디로 가야 할지도 모르는 채 표류하고 있는 것처럼 보였다.

■

이레째 되는 날 밤에 우리가 오토바이를 옆에 세워둔 채 돗자리를 바닥에 깔면서 잠자리를 만드는 동안, 스무 살쯤 되어 보이는 크메르 루주 병사 하나가 총을 쥔 채로 다가왔다. 우린 눈길을 끌지 않으려고 다들 그를 외면했다.

"실례하오, 동무들." 그는 부오치의 오토바이를 가리키면서 정중하게 말했다. "저건 누구 오토바이요?"

침묵이 따랐다. 아무도 대답하지 않았다.

"저건 누구 오토바이요?" 그는 목소리를 높이지 않은 채 다시 물었다. "앙카르에는 저것이 필요하오."

부오치는 잠시 망설이더니 일어나 그에게 다가갔다. "이 오토바이는 제 거예요." 누이는 오토바이 손잡이에 방어적으로 손을 얹은 채 말했다. "제 짐을 나를 수 있는 건 이게 전부예요. 차라리 자전거를 가져가시는 게 어떨까요?"

심은 자기 운송 수단을 잃을 수 있다는 생각에 경악해 눈을 크게 뜬 채로 서 있었다.

그 군인은 두 사람 다 무시한 채 되풀이했다. "앙카르에는 저 오토바이가 필요하오." 그러고 나서 똑같이 정중하지만 음침한 태도로 힘을 주어 말했다. "앙카르는 동무한테서 저것을 빌릴 것을 제안하오. 받아들이겠소, 말겠소?"

"죄송하지만 드릴 수 없어요." 부오치는 언제나 자기 소유물에 좀 지나치게 집착하는 버릇이 있었다. "필요하다고요. 아니면 어떻게 제 짐을 나르나요?"

그 군인은 눈을 크게 떴다. 그는 자기 총을 풀어 내린 다음 치켜들고 부오치를 쏘아보면서 말했다. "감히 앙카르에게 '아니오'라고 말하는 거요?" 그러더니 갑자기 누이의 면전에서 허공을 향해 총을 쏘았다.

물론 우린 모든 걸 들었지만 그러지 않은 척하고 있었다. 이제 우린 놀라서 벌떡 일어났다. 부오치의 허세는 무너져버리고 말았다. 누이는 울음을 터뜨리면서 손으로 얼굴을 가리더니 어머니에게 달려갔고, 어머니는 부오치를 팔로 꼭 안았다. 그 군인은 우리 모두를 어디 움직일 테면 움직여 보라는 듯이 노려보았다. 나는 두려움에 질려 꼼짝도 못했다.

하지만 아버지는 아니었다. 그는 그 군인에게 느릿하게 다가가면서 조용히 말했다. "동무, 오토바이를 가져가셔도 좋소이다. 딸아이를 용서하시구려. 너무 어린 탓에 이해하지 못한 거요." 그 군인은 마지막으로 한 번 더 노려본 뒤 총을 도로 어깨에 메었고, 부오치의 짐을 천천히 풀더니 아버지에게 조심스레 넘겼다. 그러고 나서 오토바이에 앉아 엔진을 켠 다음 타고 가버렸다. 분노와 공포 그리고 난생처음 겪는 무력감에 휩싸인 채 자기를 노려보는 부오치를 뒤에 남겨둔 채로 말이다.

■

날마다 절망감을 북돋우는 장면이 눈에 띄었다. 한 남자가 처자식에게서 떨어져 쌀을 얻으러 다가왔다. 그는 손을 차창 너머로 맞잡은 채 말했다. "돈 낼게요! 리엘이 있다고요!" 누구도 그의 돈을 원치 않았다. 단 며칠 사이에 돈은 의미를 상실했다. 다른 이들은 그냥 구걸했고, 그중 상당수는 눈물을 흘리고 있었다. 불교 신자라면 대개는 너그럽게 내주기 마련이었지만, 우리는 전부 거절했다. 손주를 데리고 있던 어느 할머니한테 내가 쌀을 한 움큼 내준 것을 빼면 말이다. 그 할머니는 내 어머니일 수도 있었고, 나는 그녀에게 마음이 쓰였다. 하지만 그녀가 인파와 탈것의 행렬 쪽으로 멀어지자, 어머니가 뒷좌석에서 말했다. "다시는 그러지 마라, 싸이. 네 가족부터 생각해야지." 대답은 하지 않았지만, 어머니의 말씀이 옳다는 것을 깨달았다. 이제부터는 이기심이, 타인을 배척하고 자기 가족만 챙기는 태도가 살아남는 방법 가운데 하나가 될 터였다.

더 길을 가다가 어느 버려진 마을에서 외톨이 중국인을 다시 보았다. 지폐가 가득 찬 자루를 갖고 도시를 떠났던 사람이었다. 그는 그새 더 말라 있었고 옷은 해어져 있었으며, 힘없이 돈자루를 질질 끌고 있었다. 그의 얼굴에서 그가 파멸했다는 것을 알 수 있었다. 가족도, 직장도, 가진 것도 다 잃은 데다 이제 지닌 돈마저도 소용이 없었다.

그날 밤에 잠자리를 차리고 있자니 사람들이 강가에 모여 있는 게 눈에 띄었다. 그 중국인이 강물에 뛰어들어 익사한 것이었다. 강둑에는 쓸모없는 리엘화로 가득 찬 자루가 놓여 있었다.

III. 해방구

프놈펜이 함락된 지 9일째인 4월 26일, 우리는 '해방구', 즉 이미 크메르 루주의 통제하에 있는 지역으로 들어섰다. 가옥들은 대체로 전쟁의 참화를 입지 않았고, 농민들 혹은 크메르 루주가 지칭한 바대로 '구인민'이 거주했다. 우리처럼 쫓겨난 자들은 더 낮고 멸시받는 계층인 '신인민'이었다.

우린 새로 처한 지위를 아직 인식하지 못했다. 지위를 증명할 수단, 즉 집과 소지품, 돈, 상수도, 편안한 침대 따위를 사실상 전부 빼앗긴데다, 일주일 동안 떠돌아다녔던 것이다. 하지만 차량과 먹을 것을 챙긴 덕에 최악의 상황은 면하고 있었다. 아이들은 여행의 리듬에 익숙해졌고, 뜨거운 낮을 느릿하게 움직이는 피난민을 구경하거나 잠을 자면서 보냈다.

우리는 프렉 토치Prek Toch에 들어섰다. 해방구에서 처음 도착한 마을이었다. 늦은 오후였고, 점점이 흩어진 사탕야자는 햇빛을 받아 논과 풀이 무성한 논두렁에 긴 그림자를 드리우고 있었다. 바삭 강의 빈번한 홍수를 피하고자 기둥 위에 지어놓은 나무 초가집 수십 채가 보였다. 피난민들은 마침내 지붕 아래서 잠을 잘 수 있으리라는 희망을 품게 되었다. 사람들은 집 사이로 흩어졌다. 오안은 적당해 보이는 집 한 채를 가리키고는 집주인이 자신과 딸린 식구 여섯을 받아줄지 봐야겠다고 말했다. 챙겨야 할 사람이 네 배는 되었던 나는 주변을 살펴본 다음 기와지붕을 한 큰 목조주택으로 정했다. 그 건물이 워낙 당당해 보였던 탓인지 다른 누구도 거기에 다가가려 하지 않았다. 집 안에는 사롱을 입은 남자가 있었다.[8] 그는 문가에 불쑥 나타난 내 머리를 놀란 눈으로 쳐다보았다. 나는 머뭇거리면서 여기 묵어도 되겠느냐고 물었다.

그가 물었다. "몇 명이나요?"

나는 대답했다. "스물다섯 명입니다."

놀랍게도 그는 이렇게 말했다. "좋습니다. 까짓거 그러시죠."

이윽고 서로에 대해 안심하게 된 우리는 서로 이야기하기 시작했다. 그가 정확히는 진짜 '구인민'이 아니라 지주였다는 사실이 밝혀졌다. 그는 크메르 루주를 좋아하지 않는다고 고백했다. 어머니의 지시로 아니와 다른 네 여자가 음식을 준비하고 아이들을 돌보는 동안, 그는 나와 아버지에게 수도에서 소개가 정확히

---

8) 남아시아와 동남아시아에서 남녀 구분 없이 허리에 둘러 입는 옷.

어떻게 이루어졌느냐고 물었다. 그의 질문은 부오치의 관심을 끌었고, 누이는 어머니에게 속삭이면서 양해를 구한 뒤 우리 쪽으로 건너와 대화에 끼어들었다.

내가 해준 이야기는 집주인에게 근심을 더해준 것 같았다.

나는 그를 안심시키려고 애썼다. "저를 보세요." 부오치의 쏘는 듯한 눈길을 회피한 채 나 자신도 갖지 못한 확신을 가장한 채로 말했다. "전 쫓겨난 신세지만 아직 희망을 버리진 않았습니다." 우린 사흘이라고 들었다. 글쎄, 사흘은 그리 긴 기간이 아니었다. 분명히 앙카르는 상황을 수습하기 위해 할 일이 엄청나게 많을 것이고, 다 하려면 몇 주는 걸릴 것이다. 그러고 나면 우린 돌아가게 될 것이다.

그를 납득시키려고 애썼던 것은 그게 나 자신도 안심시키는 것이었기 때문이다. 나는 우리가 곧 돌아가게 되리라고 여전히 믿고 있었다. 어쨌든 나는 기술자이고 공학자이니만큼 나라의 재건에 도움이 될 사람이었다. 게다가 집주인에게 깊은 인상을 주고, 나를 잘 대하는 게 더 나은 앞날을 대비하는 데 얼마나 중요한가를 깨닫게 하고 싶기도 했다.

그는 말이 별로 없었다. 우리가 앉아서 대화하고 여자들이 아이들을 돗자리에 눕혀서 재울 준비를 하는 동안, 그는 아마도 내가 순진할 정도로 낙천적이라고 여겼을 것이다. 그는 크메르 루주를 아버지보다도 더 잘 알고 있는 게 분명했다. 아버지도 지금은 별말 없이 듣고만 계셨다. 돌이켜보면, 그런 역경에 직면해서도 그처럼 관대함을 잃지 않은 사람을 우리가 찾을 수 있었다는 게 신기하기만 하다.

다음날 피난민 몇 명을 보았다. 딸린 식구가 적었고 일을 할 수 있어서 프렉 토치에 남은 사람들이었다. 하지만 누구도, 우리 전부는 고사하고 오안네 식구들에게도 안정적인 거처를 내주려 하지 않았다.

게다가 계속 이동해야 할 다른 이유도 있었다. 나는 차로 이 길을 여러 번 다녀봤기 때문에 다음 마을이 더 잘 산다는 것을 알고 있었다. 내겐 반쯤 구체화해서 아니와 아버지 계획도 있었다. 우리가 이런 식으로 계속할 수밖에 없고 상황이 나아지지 않는다면, 프놈펜으로 곧 돌아갈 허락을 받지 못할 것 같으면, 베트남 국경지대로 옮긴 다음 난민으로 등록하자는 것이었다. '미국의 소리' 방송의 크메르어 서비스를 여전히 몰래 들었던 덕에 미국인들이 아직 떠나지 않았다는 것을 알고 있었다. 거기라면 최소한 위기가 지나갈 때까지는 안전할 터였다.

우린 자전거를 타거나 걸어가는 사람들 또는 몇 남지 않은 차를 누비면서 계속해서 이동했다. 이제는 길이 덜 붐벼서 한결 빨리 움직일 수 있었다.

우리 일행은 정오쯤에 어느 버려진 사원에 이르렀다. 그 사원은 피난민들의 중심지 같은 게 되어 있었다. 수백 명이나 되는 사람이 구내에 우글거렸고, 가족과 먹을 밥을 짓고 있었다. 여기서 우리 식량을 보충할 수 있을 것 같았다. 나는 나머지 가족들에게 길가에 차를 대라고 손짓한 다음, 나왓을 차에서 꺼내 들고 사원에서 가장 주된 안마당으로 앞장서 들어갔다. 급조된 확성기가 눈에 띄었고, 다른 이들에게 그것을 가리켜 보이면서 어쩌면 우리에게 어떤 일이 벌어질지 알 수도 있을 것 같다고 말했다.

사람들 틈바구니에서 큰 나무 그늘 아래 앉아 밥을 먹고 있는 동안, 캄보디아 전력 회사Cambodian Electricity Company와 상수도국State Waterworks Department 소속 직원들에게 공지가 내렸다. 프놈펜으로 돌아가려면 지역 책임자에게 출두하라는 것이었다. 여섯 명이 미소를 띤 채 크메르 루주 장교들에게 가는 게 보였다.

그러나 그들이 가족에게 돌아갔을 때는 안색이 변해 있었다. 그들 중 한 사람에게 무슨 일이냐고 물었다. 크메르 루주는 그들에게 가족 없이 단신으로 프놈펜에 가라고 명령했다는 것이었다. 왜 이렇게 멋대로 가족을 서로 떼어놓는단 말인가? 모르긴 해도 가족들은 나중에 따라가게 될 터였다. 그들 중 한둘이 자신과 가족이 다시 만날 수는 있는 거냐고 큰 소리로 묻자 크메르 루주 병사들은 놀란 표정을 지었다. "동무들, 뭘 걱정하는 거요? 여러분이 살던 데가 어딘지 알잖소? 동무들 처자식도 동무가 어디 살았는지 기억할 것 아니오? 동무들, 가시오! 앙카르가 여러분을 필요로 하오. 가족은 더 이상 염려하지 마시오. 다들 나중에 만나게 될 거요. 앙카르를 최우선으로 생각하시오." 더는 반발이 없었다.

흉흉한 소문과 일 자체의 성격을 감안했을 때, 지금까지 탈출 과정은 대체로 놀라우리만치 평화롭게 이루어진 편이었다. 그러나 이 평화는 오래가지 못했다. 이튿날 아침에 프놈펜 남쪽으로 70마일 떨어진 코쏨Koh Thom의 어귀에서 길가에 있던 크메르 루주 넷이 우리 일행을 멈춰 세웠다. 그들은 보도에 흩뿌려진 책과 종이 무더기 옆에 서 있었다.

군인 중 하나가 우리에게 차에서 내리라고 지시했다. "동무들, 차에 뭐가 있소?" 그가 물었다. "인쇄물 가진 것 있소?"

"어떤 것 말씀인가요?"

"뭐든지. 차에서 인쇄물을 전부 꺼내시오. 종잇장 하나까지도!" 그가 하는 말을 믿을 수 없을 지경이었다. "그렇소! 책도 전부 꺼내시오! 글이 적힌 건 뭐든지!"

아마 반혁명적인 선전물을 찾고 있었던 것 같았다. 이해할 만한 일이었다. 그에게 내 불영사전과 기술서 몇 권을 보여주었다. 댐과 제방, 수로, 도로를 건설하는 데 이런 책들이 얼마나 유용한지 설명하면서 말이다.

하지만 그는 책이라곤 하나도 모르는 농민 출신 젊은이였다. "이 책들에는 제국주의적 사상이 담겨 있소!" 그가 말했다. "거기다, 땅에다 놔두시오! 다른 인쇄물 가진 것 있소?"

그에게 불어로 적힌 내 피아트의 등록증을 넘겨주었다.

"제국주의자의 글이로군! 던져버리시오."

"그럼 이것들은 가지고 있어도 됩니까?" 내가 물었을 때 교사인 내 두 남동생 쩽과 쓴 및 학생인 여동생 부오치는 자신들이 가진 크메르어 책을 끄른 뒤 애매한 자세로 잡고 있었다.

"아니, 아니, 아니오! 모두 제국주의요! 전부 봉건 문화의 유물이란 말이오!"

우리는 어리둥절한 채로 가지고 있던 인쇄물(신분증, 운전면허증, 잡지, 책 등)을 전부 꺼낸 다음 보도에 던져 쌓았다. 나는 지갑에 든 3,000달러 때문에 겁에 질려 있었다. 다행히 그들은 나를 수색하지는 않았다. 노획물에 만족한 그들은 우리에게 가도 좋다고 말했다. 나는 길에 던져진 각종 문서와 책, 잡지들을 타넘어 걸어갔다. 그것들이 바람에 흩어지도록 내버려둔 채로.

갑자기 내 사촌 오안이 머뭇거렸다. 그가 말했다. "싸이, 우리끼리 얘기해 봤는데…, 우리 친구들이 여기서 멀지 않은 데 있어. 저기 타케오Takeo에 말야. 내 생각엔 그들과 함께 지내는 게 좋겠어. 너도 같이 갈 수 있지?"

그의 그룹은 총 일곱 명이었고, 그가 충분히 감당할 만한 수였다. 나는 아버지와 형제들을 쳐다보았다. 아니, 베트남 국경 쪽으로 빨리 이동하려면 계속 남쪽으로 가는 게 상책이었다. 우리 수가 적을수록 일이 더 쉬워질 게 분명했다.

우린 다정하게 악수를 나눴고, 서로에게 행운을 빌어주었다.

오안과 나는 서로의 눈을 천천히, 오랫동안 바라본 뒤 미소를 지었다. 우리 모두 프놈펜으로 돌아가는 대로 만나자고 약속하면서 말이다. 크메르 루주 몇 명이 말없이 주시하는 가운데, 그는 차를 돌려 떠나갔고, 그의 처남이 남아 있는 오토바이를 타고 그 뒤를 따라갔다. 우리 가운데 나머지는 그들이 걸어가거나 자전거를 타고 가는 군중 사이로 사라질 때까지 지켜보았다.

■

우린 서로를 쳐다보지 않은 채로 느리게 움직였다. 이젠 차 두 대와 자전거 하나만 남았다. 갈 길이 그리 많이 남지 않았고 빨리 움직일 수도 없었기에, 사룬과 쓴은 걷겠다고 말했다. 심은 조심해서 타겠다고 약속한 뒤에 부오치를 자기 자전거 짐받이에 태웠다.

길을 따라 1마일 정도 가서 마을 중심부에 이르자 두 번째 검문소가 나왔다. 젊은 병사 하나가 손을 들었다.

"동무들, 전부 나오시오." 그는 열려 있는 창문 안에서 말했다. 나는 대답했다. "하지만 우린 남쪽으로 가야 하는데요. 언제쯤 다시 운전할 수 있을까요?"

텅 빈 채로 서 있는 차들이 보였기에 답은 이미 짐작하고 있었다.

그 병사는 말했다. "동무, 차는 필요 없을 거요. 앙카르가 보살필 것이오. 앙카르가 인수증을 발급할 것이오." 그는 정말로 그럴

게 했다. 지금 돌아보면 희한해 보이지만, 당시 나는 그저 어깨를 으쓱하고 말았을 정도로 그의 말을 믿고 싶었다. 며칠 전만 하더라도 모종의 항의도 하지 않고 차를 넘기지는 않았을 것이다. 하지만 이제는 그 문제에 대해 별다른 느낌이 들지 않았다. 어쨌든 다들 똑같은 곤경에 처해 있었으니까. 그리고 나는 인수증을 받아 챙겨둔 상태였으니까. 그저 프놈펜으로 돌아가는 길에 차를 다시 돌려받으면 될 터였다.

아버지의 시선을 피한 채로, 모두에게 내려서 짐가방과 옷가지, 담요, 부엌세간 등을 내리라고 얘기했다. 심은 우리에게 남은 유일한 운송 수단인 자전거 뒤에서 짐가방을 풀어 내렸다.

주위를 둘러보았다. 느리게 우왕좌왕하는 사람들 너머로 탁자 앞에 앉은 병사들이 보였다. 크메르 루주 소년 하나가 우리에게 다가오라고 손짓했다. 사람들을 어깨로 밀치면서 앞으로 나가자, 일종의 설문조사를 실시하는 게 보였다. 사병 하나가 질문하고 있었고, 다른 하나는 받아 적었다. "이름? 직업? 나이?" 앙카르의 '제안'이 두려웠던 나는 손목시계와 볼펜을 주머니에 집어넣어 눈에 띄지 않게 했다. 라디오와 카세트 녹음기는 이미 옷가지로 싸서 짐가방 중 하나에 넣어둔 상태였다. 이때 나를 비롯한 우리 일가의 남자들은 우리가 사람들 앞에 서 있다는 것을 깨달았고, 질문이 연달아 우리 중 누군가에게 쏟아지고 있었다.

우리는 일행의 이름과 각자의 직업을 밝혔다. 꽤 솔직하게 말이다. 나는 나와 아니, 우리의 세 아이, 부모님의 이름을 말했다. 그 다음에는 내 동생 쩽괴 제수 라오, 둘의 세 아이와 라오의 어머니, 켕과 매제 사룬(그는 빙긋 웃고 있었다) 및 둘의 어린 딸인 스레이 랏, 내 사촌동생 심, 내 다른 남동생 쓴과 그의 어린 두 아이, 그의 아내와 그녀의 일가 중 일부(그녀의 자매와 부모님), 마지막으로 부오치를 신고했다. 모두 스물다섯 명이었다. 나는 모두의 명단을 작성하는 데 점차 익숙해지고 있었다.

그 사병은 이름을 받아적은 다음 물었다. "달러 가진 것 있소?" 그가 말하길, 리엘에는 관심이 없지만 달러를 소지한 사람은 그것을 앙카르에 내야 한다는 것이었다. 내 앞의 피난민 몇 명이 달러를 건네는 게 보였지만 나는 머뭇거렸다. 왜 그랬는지는 모르겠다. 내 달러는 그냥 지갑에 꽂혀 있었지만 수색을 당하지 않았다. 그 군인들은 앙카르에 감히 '노'라고 할 사람은 없을 거라고 여기는 듯했다. 그건 사실이었다. 나는 아무 말도 하지 않았으니까. 동시에 너무나 많은 질문이 쏟아졌고, 너무나 많은 사람이 대답하고 있었기에 군인들은 내게 특별히 주목하지 않았다.

우리가 뒤에 남아 있던 나머지 일가와 다시 합류한 뒤, 쓴은 자기네가 조사를 좀 해봤다고 말했다. 동생은 이 지역에 처가의 친척들이 산다고 말하면서 그들을 찾아내고 싶어 했다. 아엥이 임신 중이니 할 수만 있다면 자기 일가는 거기에 남는 게 낫겠다는 것이었다. 주위에 수소문한 끝에 마침내 그의 장인이 친척들을 찾아냈고, 쓴은 남아도 되겠냐고 물었다. 어른이 다섯이고 아이는 둘밖에 없었으니, 그들은 환영할 만한 인력이었다.

우리 중 남은 18명(그 가운데 셋은 노인이었고 일곱 명은 어린애였다)은 계속 남쪽으로 이동해야 했다. 내가 염두에 둔 목표는 두 가지였다. 하나는 가족을 풍족한 지역에 정착시켜 식량을 넉넉히 댈 수 있도록 하는 것이었고, 다른 하나는 가능하다면 베트남 국경지대로 이동하는 대안을 유지하는 것이었다. 우리는 다음 마을인 체우크마우Cheu Khmau로 계속 이동할 작정이었다. 코쏨에서 4마일 더 가면 나오는 그 마을은 국경까지 8마일밖에 떨어져 있지 않았다.

우리는, 적어도 우리 모두가 거기까지 걸어서 갈 수는 없었다. 우리가 가진 짐의 양을 감안하면 더욱 그랬다. 수닷은 괜찮겠지만 나왓이나 켕의 어린 딸 스레이, 쎙의 네 살 난 자식은 그렇지 않을 게 뻔했다. 내 부모님은 물론이고 아니와 라오에게도 힘든 일이었다. 그 둘은 아기까지 안고 가야 했다.

하지만 바싹 강을 오르내리는, 보호용 차양이 달린 50인승짜리 소형 증기선이 있었다. 운만 좋다면 그것을 잡아탈 수도 있을 터였다.

오후 4시경에 증기선이 곧 체우크마우로 떠날 거라는 얘기가 돌았다. 나는 쓴 및 그의 가족과 서둘러 작별 인사를 나눴다. 서로 포옹하고 억지웃음을 지으면서 곧 프놈펜에서 다시 만나자고 약속한 뒤 나는 일행을 배에 태웠고, 모두가 여행 가방과 짐꾸러미를 서로에게 넘겨주었다. 심은 터무니없을 정도로 짐을 많이 실은 자전거를 끌고 갔다. 배가 떠날 때, 어머니와 아버지는 난간에 기대서서 쓴이 우리한테 손을 흔드는 모습을 지켜보고 있었다. 표정은 없었지만 입술이 움직이는 게 보였다. 기도를 하고 있었던 것인지 울음을 참느라 그랬던 건지는 모르겠다.

우리가 체우크마우에 도착했을 때, 물 너머에서 음악 소리가 들려왔다. 조그만 확성기에서 혁명가가 울려 퍼지고 있었다. 우리는 놀라서 서로를 쳐다보았다. 아무래도 이곳은 좀 더 조직화된 것 같았다.

실제로 그랬다. 크메르 루주 병사들은 우리를 뭍에 오르게 한 뒤 강변도로를 따라 200 야드 내려간 곳에 있는 사원으로 데려갔다. 풀이 무성한 경내에서 벌써 우글거리고 있는 사람들 사이를 가로질러 양옆이 트여 있는 중앙 홀로 갔더니 거기도 이미 수백 명이 점거하고 있었다.

우리가 경내에 돗자리와 담요를 펴고 앉았을 때, 나는 안쪽에서 무슨 일이 벌어지고 있다는 것을 알아차렸다. 크메르 루주가 식량을 배급하고 있었다. 좋은 일이었다. 프놈펜을 떠난 뒤로 처음 얻게 된 식량이었다. 모두에게 줄을 서라고 말하려는 찰나에 다른 일도 벌어지고 있다는 것을 알아차렸다. 먹어도 좋다는 허락을 받기 전에 모두가 수색을 당했던 것이다.

혼란이나 시끄러운 질문은 없었지만 주머니와 가방마다 낱낱이 철저하게 수색당했다. 아마 무기를 찾느라 그런 듯했다. 그러나 크메르 루주는 동시에 외화도 찾아 몰수하고 있었다. 이 과정은 모두 차분하고 정중하게 진행되었으며, 누구도 달러나 프랑을 갖고 있다는 이유로 비난을 받지 않았다. 우리가 당장 안전하다는 점은 놀랍거나 두렵지 않았지만 우리 앞날이 걱정되었다. 잘 싸서 내 주머니에 넣어둔 3,000달러는 우리가 가진 전 재산이었다. 우리가 탈출한다면 이 돈이 목숨줄이 되어줄 터였다.

다른 사람들과 제대로 된 계획을 짤 시간이 없었다. 나는 주위를 흘끗거리면서 긴장감을 달래고 있었다. 우린 밀집된 군중 속에서 한데 뭉쳐 있었다. 다른 가족들이 앞뒤에서 우릴 밀어대고 있었다. 한쪽에서는 아이들이 다른 가족들과 떨어져 놀고 있었고, 크메르 루주는 아이들에게 신경쓰지 않았다. 갑자기 한 가지 생각이 떠올랐다.

나는 아버지 뒤에 웅크리고 앉아 앞에 있던 크메르 루주의 시선을 피했다. "나왓." 나는 아들을 끌어당기면서 소리 죽여 말했다. "저 아이들을 보렴, 재미있게 놀고 있잖니. 너도 재들과 함께 놀지 않을래?"

아니를 쳐다보자, 그녀는 미소로 동의했다. 나는 말하면서 주머니에 손을 넣어 달러 뭉치를 꺼냈다. 나왓은 고개를 끄덕였다.

"좋아, 그럼…." 나는 말했다. "하지만 네가 이런 모습으로 있게 둘 수는 없구나." 나는 나왓의 셔츠 끝을 반바지 속으로 밀어놓고 정돈하면서 달러를 그의 주머니 안으로 슬쩍 밀어넣었다. "이제 가봐라. 그 다발을 떨어뜨리지만 마, 알았지? 수닷, 나왓을 저기 데리고 가서 우리가 밥 먹으라고 부를 때까지 다른 애들이랑 어울려 놀아라."

다행히도 크메르 루주는 옷은 물론 아니의 장신구에도 관심을 보이지 않았다. 그들은 그저 무엇이 있는지 목록만을 작성했고, 아내에게 가도 좋다고 허락했다. 내 라디오와 카세트 녹음기를 봤다면 가져갔겠지만, 순전한 우연 덕에 그들은 묶여 있던 옷가지를 풀어헤치지 않았다.

그리고 나서 우리는 식량을 얻은 채 돌아왔다. 아이들은 새로 찾은 자유에 기뻐하면서 다른 피난민 가족들 사이에서 또래를 찾아내 함께 즐겁게 놀고 있었다. 나는 아이들을 불렀다. "나왓! 수닷! 와서 먹어라!" 아이들이 뛰어왔고, 나는 나왓을 붙잡아 셔츠를 다시 매만진 다음 돈다발을 거둬들였다.

식사가 끝나자 크메르 루주는 우리더러 그 자리에서 자라고 명령했다. 우리가 머물 곳은 내일 찾아주겠다고 했다.

그날, 그러니까 4월 28일 저녁에 언제나처럼 옷꾸러미를 베개인 양 베고 누운 채 옷가지에 조심스럽게 싸둔 라디오로 '미국의 소리'를 듣던 중, 미국인들이 사이공을 떠났다는 사실을 알게 되었다. 프놈펜을 허겁지겁 떠났던 것처럼 예고 한마디 없이 말이다.

숨이 막혔고, 옷가지를 통해 불분명하게 나오는 소리를 더 잘 들으려고 머리를 바짝 갖다 댔다. 미국이 믿을 만한 맹방이 아니라는 것은 알고 있었지만, 10년에 걸친 전쟁 끝에 이런 결정이라니 놀라운 일이었다.

"미국인들이 베트남을 떠났소!" 나는 급박하게 아니에게 속삭였다. "우린 결국 거기 갈 수 없게 됐소!" 덫에라도 걸린 기분이어야 했겠지만 사실은 그렇지 않았다. 이상하게도 안심이 되었다. 이제 더 갈 필요가 없었다. 선택지가 사라졌고, 동시에 내게서 큰 짐이 덜어졌다.

아니의 반응도 똑같았다. "아이들이랑 당신 부모님하고 같이 걷는 건 위험하고 어려운 일이 됐을 거예요." 그녀가 속삭임으로 대답했다. "적어도 여긴 위험하지 않잖아요."

■

이튿날, 마을에 여러 대 설치된 확성기에서 혁명 음악 및 혁명가가 끊임없이 울려대는 가운데 피난민들은 지역 가구家口들에 숙박을 배정받았다. 우리 일가는 가장 인원이 많은 축에 속했고, 따라서 적절하게 배치하기가 가장 어려웠다. 하지만 이번만큼은 이 규모가 이득이 되었다. 크메르 루주는 우리에게 어느 승려가 살던 버려진 오두막을 내줬다. 대나무로 지었으며 기둥으로 떠받친 이 오두막은 길을 사이에 두고 사원과 마주보고 있었다. 풀로 이은 지붕은 좀 훼손됐지만 나머지는 그럭저럭 괜찮았다.

우리는 법무부 건물을 떠날 때 가져온 쌀 가운데 일부로 아침 식사를 하고 집을 정리했다. 어떤 구인민의 눈도 미치지 않는 데 있다는 사실에 감사하면서 말이다. 따로 살면서 사생활을 지킬 수 있다는 것은 정말이지 특권이나 다름없었다.

오후가 되자 확성기로 기괴하게 왜곡되어 울리던 음악이 멈추고 목쉰 목소리가 들렸다. 우리는 사원 복도에서 한 시간 뒤에 열릴 정치 집회에 참석하라는 지시를 받았다. 예정된 시각이 되었을 때 우리는 아이들을 모아서 길을 건너갔다. 아니는 아기 스타웃을 안았고, 나는 나왓의 손을 잡은 채 누군가의 이야기를 들어야 한다고 설명했다. 어머니는 부오치의 부축을 받으면서 아버지의 손을 움켜잡았고, 우리는 모두 말없이 사원 안으로 들어갔다.

복도 건너편에 험상궂은 얼굴을 한 크메르 루주 장교 여섯 명이 한 남자 곁에 모여 있었는데 내가 보기엔 그가 촌장 같았다. 남녀 할 것 없이 모두가 똑같이 검은 제복을 입고 검은색 고무 샌달을 신었으며 크라마, 즉 흑백 혹은 적백 체크 스카프를 둘렀다. 탁자에는 마이크가 놓여 있었으며 기둥에는 확성기가 붙어 있었다. 색깔 있는 낡은 옷을 입은 우리 신인민들은 크메르 루주와는 무척 다른 모습이었고, 슬픔과 피로, 체념에 잠긴 채 가족 단위로 삼삼오오 모여 있었다. 몇몇 여자는 어찌나 울었던지 눈이 새빨갰고 부어 있었다.

부오치가 눈을 크게 뜬 채 주위를 바라보는 모습이 보였다. 누이의 젊은이다운 기쁨은 이제 온데간데없었다. 오로지 심만이 어린애 같은 무심함으로 일어나는 모든 일을 받아들이면서 영향을 받지 않는 것 같았다. 사룬은 얼굴을 찌푸렸고, 켕은 그에게 염려스러운 눈길을 보냈다. 남편이 뭔가 당황스럽거나 더 나쁘게는 곤경에 휘말릴 말을 할까 봐 걱정하는 태도가 역력했다. 우리는 다른 사람들과 부대끼거나 이렇다 할 소음을 내지 않은 채 고분고분하게 자리를 잡았다. 주위를 둘러보았더니 웃는 사람이 아무도 없었다. 모두가 좀비 같았다. 대화를 나누는 사람도 없었다. 오직 어린애 몇만이 울면서 정적을 깨고 있었다. 우리는 모종의 종교적 고요함 속에서 연설이 시작되길 기다렸다.

"아버지, 어머니, 형제자매들, 사랑하고 존경하는 동무 여러분!" 연설자가 말을 시작했다. 자신이 누구며 크메르 루주 조직 내에서 어떤 역할을 하고 있는지는 일절 밝히지 않은 채였다. "여러분은 이곳에서 앙카르에 의해 받아들여진 것을 행운으로 여길 수 있어야 하오. 제국주의자들이 판치던 시절에는 신분증 없이 여행할 수가 없었소. 이제 그런 것은 더 이상 필요 없소. 여러분을 수치스럽게 했던 그 문서는 말하자면 개에게 달린 인식표 같은 것이었소. 이제 여러분은 더 이상 그런 것을 필요로 하지 않소. 우리의 새로운 혁명 사회에서는 세금을 낼 필요도 없소…."

이런 생각이 들었다. '저 사람이 주장하듯이 앙카르가 우리에게 세금을 면제해 줄지는 모르지만, 다른 모든 걸 앗아갔잖아.' 그는 제대로 된 교육을 받지 못했던 게 분명했다. 상투적인 혁명 구호를 기계적으로, 아무렇게나 주워섬기고 있었다. 하지만 우리가 그보다 똑똑하다는 걸 알게 되었다 해서 딱히 위안이 되는 건 아니었다. 어쨌든 우리는 그가 하는 말을 참아내야 했다. 우리는 속삭임으로 아이들을 조용히 시키면서 무표정하고 텅 빈 얼굴로 가만히 들었다.

긴 연설이었다. 그 대부분은 곧바로 잊어버렸지만, 이후 몇 주 동안 이런 어구들을 어찌나 자주 들었던지 결국 내 일부분이 되었다. 그 장광설은 이런 식으로 진행되었다.

"여러분은 자유이며, 제국주의자들에게서 해방되었소. 여러분은 자유인이오. 제국주의자들은 겁쟁이오. 그 새가슴들은 도망쳤소. 이 나라에서 도망치지 않은 자들은 말살되었소. 제국주의자들은 여러분을 저버렸지만, 앙카르는 자비롭소. 동무들이 이전 정권에 부역했음에도 불구하고 앙카르는 동무들을 포용했소. 이제 동무들은 가진 게 아무것도 없고, 앙카르 쪽으로 전향했소. 앙카르는 관대하오. 동무들이 옛 관습과 서양의 복식을 버린다면, 앙카르는 동무들에게 먹을 것과 집을 줄 것이오. 동무들은 제국주의, 봉건주의, 식민주의의 흔적을 일소해야만 하오. 여자애들만큼 머리가 긴 남자애들이 있소. 이것도 제국주의자의 영향이오. 동무들은 그 모든 것을 단념하고 앞으로 맡게 될 정치적인 과업만을 생각해야 하오. 앙카르에 할 말이 있거든 하시오. 앙카르에는 아무것도 숨기려 들지 마시오. 앙카르는 말하지 않지만 어디에나 눈과 귀를 두고 있소. 앙카르 당국은 여러분을 지켜보고 있소…." 이런 식으로 같은 어구가 순서만 달리하면서 끝없이 되풀이되었다.

그는 두 시간 뒤에 갑자기 말을 끝냈다. "여러분이 앙카르의 말을 들으러 와준 데 감사하오. 이제 집에 가시오."

■

집으로 돌아가면서, 우리는 상황이 더 나빠질 수도 있었다는 데 의견이 일치했다. 열하루 동안 견뎌낸 것에 대해 우리는 만족했다. 나는 크메르 루주가 황폐해진 조국의 재건에 손을 보태달라고 내게 요청하리라 생각했다. 희망과 의도적인 자기기만이 아직 한동안 나를 따라다녔다.

이튿날 아침 오전 5시 30분, 확성기 소리가 우리를 깨웠다. "동무들! 일어날 시간이오! 여섯 시 정각에 사원으로 오시오! 일할 준비를 하시오!" 다들 가야만 했고, 여자도 예외가 아니었다. 하지만 나는 자식들이 있었고 아버지도 몸이 좋지 않았다. 사정을 설명하자 크메르 루주는 어머니가 쎙의 연로한 장모님과 함께 집에 남아서 아이들과 아버지를 돌보면 된다고 답했다.

우리 가운데 나머지(다른 여자들과 이제 아홉 살 난 수닷까지도)는 사원 경내에서 서서 기다리고 있던 다른 사람들과 합류했다. 크메르 루주 여섯 명이 한쪽에서 도끼와 마체테를[9] 나눠주고 있었다. 줄을 서서 도구를 받은 뒤 우리는 서로 나뉘었다. 나는 심, 사룬, 쎙과 함께 이백 명의 남자 그룹에 배정되었고, 아니와 켕, 라오, 부오치는 여자 그룹에, 수닷은 아이들 무리와 함께 서라는 말을 들었다. 우리는 발을 질질 끌고 이리저리 움직이면서 무슨 일을 하게 될지에 관한 질문을 중얼거렸고, 서로 아내와 남편을 부르면서 일과가 끝난 다음에 다시 만나자고 약속했다. 그런 다음에야 세 그룹은 헤어졌다.

우리는 논과 과수원을 지나 마을에서 1마일쯤 떨어진 곳에 있는, 개간하지 않은 수풀로 이끌려 갔다. 거기서 일대의 관목을 제거해 옥수수밭을 만들어야 한다는 말을 들었다. 나중에 아니가 말해준 바에 따르면 여자들도 멀지 않은 곳에서 비슷한 일을 했다고 한다.

온종일 자르고 나르는 일의 연속이었다. 이런 일에 익숙해 있지 않았던지라 곧 손이 욱신거리고 팔다리가 쑤셨다. 하지만 불평할 생각은 없었다. 아직 그렇게까지 상태가 나쁘지는 않았다. 아이들이 죽는 것도 봤고, 늙은이들이 탈진해서 길가에 드러누운 모습도 봤다. 그들과 비교해 보면 나는 운이 좋은 편이었다. 가족은 무사했다. 게다가 크메르 루주의 존재는 억압적이거나 위협적이지 않았다. 그들 가운데 몇 명만이 있었고, 그들은 평소처럼 차

---

9) 숲이나 밀림에서 벌채할 때 주로 쓰는 커다란 칼. 벌목도라고도 부른다.

분하고 정중한 말투로 말을 걸면서 우리와 함께 일했다. 이 모든 게 다행이라고 생각했다.

이렇게 우리는 밤낮과 천천히 바뀌는 계절의 리듬에 따라 노동자로서 살아가기 시작했다. 작업은 두 가지 범주로 구분되었다. 들일(개간, 물대기, 쟁기질, 파종)과 주로 수로 굴착과 관련한 대규모 노동이었다. 후자의 경우 다른 마을에서 온 사람들과 함께 일했다. 삶은 가혹하지만 잔혹하지는 않은, 꾸준하고도 획일적인 연옥이 되었다. 나는 그것을 받아들였고 다른 이들에게도 받아들이라고 촉구했다(어차피 다른 선택지가 있었던 것도 아니었다). 왜냐하면 이것을 한정된 기간 안에 끝나는 시련으로 생각했기 때문이다. 우리는 모종의 목적을 위해 개혁되고 있었고, 그 목적은 불분명할지는 몰라도 실재하는 것이었다. 나는 이즈음의 나날을, 나날이 다달이 되었을 때조차도 일종의 도전으로 바라보았다. 언제나 그랬듯이 나는 응전했다. 앙카르의 눈에 잘 보임으로써 내 가족에게 괜찮은 생활을 보장하고 싶었다. 어쨌든 나는 신인민이었다. 가능한 한 빨리 구인민의 지위를 획득해서 집으로 돌아가기로 굳게 마음먹었다. 나 그리고 우리 모두는 그 목적을 감안하여 단조로운 긴축 생활을 불평 없이 감내했다.

이 삶에 위안거리는 없다. 화장품이나 유행 복장은 모두 자본주의와 외국 제국주의, 서구 퇴폐 문화의 잔재로 간주되었다. 우리가 지닌 옷은 경멸의 대상이었다. 우리는 가능한 한 구인민들과 닮도록 애써야 한다고 들었고, 지닌 옷을 새까만 진흙에 처박아 짓밟거나 '마클로어'macloeur, 즉 이 지역 과일의 까만 즙으로 물들여 입으라는 조언을 받았다. 안경조차도 어떤 이유에서인지 금지되었다. 크메르 루주는 선글라스를 용인하지 않았고, 시력 교정용 안경을 선글라스가 상징하는 폐해와 동일시하는 듯했다. 작업조가 자주 바뀌었기 때문에 우정마저도 변덕의 대상이 되었다. 우리는 여행할 수 없었고, 다른 마을로 마실을 갈 수조차 없었다. 우리의 일상식량은 밥과 소금이었고 이따금 건어물이 추가되었다. 외국산 음식이나 음료수는 자취를 감췄다. 어쨌든 그걸 살 수단도 없었다. 화폐와 시장은 철폐되었다. 우편제도, 전화, 학교는 과거에 속했다. 스포츠를 비롯해 모든 오락 활동은 금지되었다. 의료 시설도 없었다. 도시민 대다수가 두통이나 설사, 미열 등 간단한 병증을 해소할 약을 충분히 가져오기는 했지만 말이다.

이 상황은 아마도 아이들에게 가장 가혹했을 것이다. 장난감도, 책도, 학교도 없으니 시간을 보낼 방법이 없었다. 심과 부오치는 각자의 방식으로 아이들의 기분을 북돋아 주었다.

심은 마치 자기가 아이들 가운데 하나인 것처럼 애들과 놀면서 대부분의 시간을 보냈다. 씨름이나 숨바꼭질 같은 것을 하면서 말이다. 하지만 내가 기억하기로 한번은 그가 일을 마치고 집에 돌아와서는 수닷과 나왔을 부르더니 종이비행기를 만들어준 적이 있었다. 그 종이가 어디서 났는지는 알 수 없었지만, 그 장난감은 환성을 불러일으켰다. 그러자 당연하게도 비솟과 아맙이 나타나 서로 날려보겠다고 아우성을 쳤다. 그때 심은 종이비행기를 세 개나 더 만들어둔 상태였고, 이후 온종일 아이 넷은 그걸로 즐겁게 놀았다. 아이들이 처음으로, 그리고 유일하게 가져본 장난감이었다.

나로서는 놀랍게도, 부오치는 이야기꾼으로서 숨은 재능을 발휘했다. 여동생은 타고난 권위를 지녔기에 좋은 선생님이 될 수도 있었을 것이다. 아이들이 누이 주위에 둘러앉은 채 이야기를 듣는 모습을 볼 때마다, 잠시나마 아이들을 걱정할 필요가 없으리라는 것을 알 수 있었다. "이번 이야기는 아체이Achey에 관한 거야. 수닷, 너 아체이 기억하니? 그래, 항상 궁지에서 벗어났던 영리한 젊은이 말이야. 자, 옛날 옛적에 말이지…."

한 주에 두세 차례는 정치 교육 시간이 있었다. 이런 집회에서 우리는 지루한 어구들이 끝도 없이 괴롭히는 동안 종교에 가까운 경건함을 가장해야 했다. 크메르 루주는 조는 사람이 있을라치면 거칠게 깨운 다음 '재교육'하러 보내버렸다. 이는 장교가 규율을 어긴 이에게 자기 잘못을 고백하고 앞으로는 더 잘하겠다고 약속하도록 가하는 질책을 뜻했다.

소수의 크메르 루주 장교가 우리의 모든 활동을 감시했다. 의장, 부의장, 비서가 교육, 징계, 보건을 담당하는 보좌관들을 지휘했다. 공식적인 제보자인 '츨롭'[10] chlop이 크메르 루주에게 우리 행동에 대해 보고했다. 그는 지역 행정 당국이 선임한 구인민으로, 우리가 무엇을 하고 있는지 보고 우리 대화를 엿듣기 위해 신인민들의 집 주위를 어슬렁거리곤 했다. 우리는 경계심을 갖게 되었고, 논에 외따로 있거나 작업을 마친 후 강에서 저녁 목욕을 할 때까지 생각을 숨기는 법을 배웠다.

나는 5월과 6월 내내 숲속에서 큰 공터를 개간하는 것을 도왔다. 마체테와 손도끼로 대나무와 덤불, 나무, 가시덩굴을 자르면서, 이런 삶이 지속될 수는 없다는 생각에 사로잡혔다. 쩽과 나 그리고 작업장 동료들은 앙카르의 구호만큼이나 진부해진 말로써 서로를 안심시켰다. "저들은 우리를 시험해보려 하는 거야." 나는 크메르 루주의 정책에 대한 부오치의 신랄한 질문 중 하나에 대한 응답으로서 이렇게 말하곤 했다. "저들은 우리의 능력을 증명하려고 애쓰고 있어. 저들은 속죄의 시간이 끝나면 우릴 프놈펜으로 돌려보낼 거야. 언젠가는 앙카르도 기술자와 교사들을 필요로 하게 되겠지."

두말할 것도 없이 많은 이가 죽었다. 죽은 사람들은 지극히 간단한 의식을 거쳐 매장되었다. 남편이나 아내는 일을 쉬고 애도하는 것이 허용되었지만, 승려들의 도움은 더 이상 없었다. 승려는 대부분 크메르 루주의 압박에 굴복해 기존 관습을 버렸지만,

---

10) 일종의 보안 담당 경찰이다. 이들에 대한 상세한 설명은 제9장에 나온다.

그렇게 하지 않은 승려가 열 명 있었다. 시주에 의지하기보다 일 하도록 강요당했고 어떤 의식에도 참여하는 것이 금지되었으며 망자를 위해 염불조차도 할 수 없었던 상황에서도 그들은 도무지 노란 가사를 벗으려 들지 않았으며, 적어도 체우크마우에서는 크메르 루주가 이런 결단을 존중해 주었다.

우리의 가장 큰 힘은 가족이었다. 이따금 아이들이 자기네 할아버지 할머니를 귀찮게 해서 내 꾸지람을 듣는 경우도 있었다. 하지만 열한 명의 어른은 모두 함께 뭉쳤다. 부모님은 일을 하지 않았지만 일과를 짰고, 음식을 나누고 식량을 분배했다. 낮에는 부모님들이 어린아이들을 보살폈고, 그동안 다른 어른들은 물론이고 수닷마저도 일을 하러 갔다.

아니와 그보다 더 어린 세 여자는 놀라우리만큼 서로를 잘 보살폈다. 내 남동생 쩽과 결혼한 라오는 아니보다 두세 살 많았지만, 우리나라에서 전통적으로 손윗동서에게 지녀야 하는 존중심을 보여주었다. 제수는 아니보다 더 억척스러웠고 쩽이 출세하기를 갈망했기에 자신의 위치가 버거웠을 수도 있었다. 하지만 아니의 나서지 않는 태도는 사실상 그녀의 힘과 신중한 지혜를 드러냈고, 아내의 재치 덕에 불화의 조짐은 전혀 없었다. 부오치의 주장은 언제나 정치에 국한되었고, 누이는 이를 자유롭게 표현하는 데 조심스러워했다. 다들 그랬듯이 말이다. 켕은 성품이 상냥했고, 사룬을 편들 때 빼고는 우리 가운데 가장 순종적이었다. 누구를 힐뜯는 일도 없었다. 심지어 크메르 루주조차도 말이다. "다 운명이죠." 켕은 이렇게 간단히 말함으로써, 자신과 아니 사이에 특별한 유대를 형성한 것처럼 보이는 영혼의 평정심을 표현하곤 했다. 우리는 일가를 하나로 묶어준 단결심 덕분에 사기士氣라고 할 만한 것을 유지할 수 있었다. 우리는 가진 것을 똑같이 나누었고, 서로에게 곧 집에 가게 될 것이라고 끊임없이 말하면서 북돋아 주었다. 한동안은 가진 물건들 덕에 크메르 루주 정권이 미치는 최악의 영향을 피할 수 있었다. 치약은 없었지만 비누가 있었다. 옷도 아직 많이 남았다. 나만 해도 바지 네 벌과 셔츠 열두 벌이 있었다. 식량도 있었다. 다양한 종류의 통조림과 적잖은 양의 설탕 같은 것 말이다. 어머니와 아니가 냄비, 중국 냄비, 프라이팬, 몇 가지 금속 그릇을 가져왔기 때문에 요리하는 데 문제는 없었다.

하지만 천천히, 은연중에 식량 부족이 드러나기 시작했다. 날마다 열두 시간씩 일한 결과 우리는 이전 모습의 빼빼 마른 그림자에 지나지 않게 되었다. 두 살 난 아기였던 스타웃은 비타민 결핍으로 고통받기 시작했다. 그의 팔다리는 가늘어졌고, 배는 부어올랐다. 아니의 달거리도 멎었다. 그녀는 다른 여자들도 상당수가 월경이 멈췄다는 것을 알게 되었다. 이것은 프놈펜 함락 이후 벌어진 변화로 인해 받은 충격 때문일 수도 있었고, 어쩌면 식량 부족과 가혹한 노동 때문일 수도 있었다.

식량이 다 떨어져 갈 무렵, 다른 종류의 구원이 찾아왔다. 구인민들, 즉 지역 농민들은 식량을 많이 갖고 있었다. 그리고 우리에게는 그들이 갖고 싶어 하는 물건들이 있었다. 몇 달이 채 되지 않아, 신인민과 구인민 사이에 물물교환에 기초한 새로운 형태의 경제가 자리잡기 시작했다.

바깥세상은 우리에게 거의 영향을 주지 않았다. 신인민 대다수가 한 집에 스무 명꼴로 구인민의 집에 배당되어 지냈기 때문에, 신인민과 구인민이 접촉할 기회는 많았다. 하지만 크메르 루주는 군인이든 민간인 관리든 간에 각자의 집에 따로 살았다. 우리는 이웃 마을들에 대해 아는 바가 사실상 아무것도 없었으며, 캄보디아의 다른 지역들에 대해서는 아예 깜깜이었다. 이따금 대포 소리가 들렸고, 밤에는 멀리서 뭔가가 폭발하는 불꽃이 보이기도 했다. 우리는 베트남 쪽 국경에서 뭔가 소요가 있는 모양이라고 짐작했다. 때때로 검은 제복을 입은 크메르 루주 병사들의 행렬이 마을을 가로질러 남쪽으로 향하기도 했다. 하지만 정확히 무슨 일이 일어나고 있는지는 우리 중 누구도 몰랐다.

■

7월의 어느 날, 우리가 체우크마우에 있은 지 석 달이 지난 시점이었다. 비가 퍼부어 새로 모내기한 논이 넘쳤다. 이때 열린 정치 집회에서 크메르 루주는 콤퐁스페우 및 캄폿 성省에서 온 사람 가운데 살던 마을로 돌아가고 싶은 이가 있는지 물었다. 우리 부모님은 콤퐁스페우의 오우동에 살았었다. 그 순간 이것이야말로 학수고대했던 귀가의 시작이라는 생각이 든 나는 손을 들었고, 부모님도 나를 보고는 따라서 손을 들었다.

이튿날, 도합 80명쯤 되는 자원자가 강가에 대 놓은 배를 타기 위해 모였다.

하지만 그 배는 우리 모두 탈 만큼 공간이 넉넉지 않았다. 크메르 루주는 우리 가운데 일부는 강을 따라 걸어가야 할 것이라고 말했다. "걱정하지 마시오. 우리는 강 상류 쪽으로 두 시간 떨어진 곳에 있는 사원에서 다시 모이게 될 거요."

이것은 우리 모두 두려워하던 일이었지만, 어쩔 도리가 없었다. 부모님은 배를 타야만 했고, 우리는 큰 아이들을 태울 수 없었다. 나는 부모님과 나왓, 쎙의 두 아들이 앉을 자리를 찾도록 도와주었다. 아버지는 가방 몇 개도 맡아줄 수 있다고 말씀하셨다. 우리 가운데 나머지는 더 작은 나룻배로 강을 건넌 다음에 둑길을 따라 걸어가야만 했다.

우리가 길을 나서기도 전에 나룻배가 움직이기 시작했다. 우리는 불안한 마음으로 손을 흔든 다음 출발했다. 아니와 라오는 각자의 아기를 안고 있었고, 나머지 인원은 남은 짐꾸러미를 배에 실었다.

한 시간이 지나자 우리는 코쏨에 도착했다. 남쪽으로 가는 길에 잠시 멈췄던 곳이었다. 마을 너머 들판을 건너다보고 있는데,

충격과 거의 잊어버렸던 감정들로 나를 가득 채운 광경이 눈에 들어왔다. 수십 대쯤 되는 다른 차량 사이에 내 피아트가 볼썽사납게 기우뚱한 모습으로 놓여 있었다. 타이어는 사라졌고 가장자리에는 녹이 슬었으며, 앞유리는 깨지고 좌석은 찢어져 있었다. 갑자기 향수가 물밀듯이 밀려왔다. 지난 석 달 동안 날마다 겪었던 생존 투쟁이 과거를 지워버렸다. 나는 내 피아트에서 과거의 흔적을 보았고, 모두 파괴된 상태였지만 그것이 그리워졌다. 내가 받은 인수증을 건네주기만 하면 여전히 완벽한 상태에 있는 차를 타고 가족들과 함께 프놈펜으로 돌아갈 수 있으리라 믿었었다니!

아니는 내가 말없이 멀리 떨어져 있다는 것을 알아차렸다. "무슨 일인가요, 싸이?" 그 생각과 감정은 입밖에 낼 수 없는 것이었다. "아무것도 아니오, 아니. 피곤해서 그래요."

■

한 시간 더 지난 다음, 우리는 프렉타두엉Prek Taduong에 있는 사원에 도착했다. 배가 도착한 지 시간이 좀 지났기 때문에 그곳은 이미 붐비고 있었다. 부모님은 벌써 아이 셋을 데리고 배에서 내린 상태였다. "저기 보이니?" 아니가 나왓에게 말했다. "걱정할 것 없어. 여기서 우리 모두 다시 만났잖니."

경내에 담요랑 소지품을 늘어놓아 우리 자리를 마련한 뒤, 나는 마을을 거닐고 대화를 들으면서 친구들에 대한 소식을 얻으려고 애썼다. 그러다가 프놈펜에서 온 내 학생 중 하나와 우연히 마주쳤다. 그는 자기 부모와 함께 있었다. 프렉타두엉이 그의 고향이었던 것이다. 그는 모든 이를 알고 있었고 성품이 너그러웠기 때문에 내게 카사바를[11] 갖다주겠다고 말했다.

그가 카사바를 갖고 돌아왔을 때, 우리는 음식 문제를 논의하던 참이었다. 그는 내 손목시계와 고기잡이 그물 두 개를 바꾸자고 제안했다. 자기가 아는 어느 무슬림과 거래할 수 있다는 것이었다. 망설여졌다. 손목시계를 잃고 싶지 않았다. 하지만 아니의 말이 내게 분별력을 일깨워주었다. "어서요! 크메르 루주가 언제든 어떤 식으로든 가져갈 수도 있잖아요. 그물을 얻고 물고기를 잡아서 아이들한테 주는 게 나아요." 무슨 말을 할 수 있었겠는가? 나는 동의했고, 학생과 함께 강으로 갔다. 그가 배에 앉아서 물고기를 잡고 있던 사람을 소리쳐 불렀다. 그는 그물을 걷은 다음 우리 쪽으로 노를 저어왔다. 단 몇 분 만에 거래가 성사되었다. 나는 손목시계를 건네주고 그물 두 개를 받았다. 꽤 좋은 물건이었다. 가볍고 강했으며 새로 만든 것들이었으니까. 체우크마우에서 강을 조금만 거슬러 올라가면 되는 이곳에서 크메르 루주가 훨씬 더 관대하다는 게 기이해 보였다.

사원으로 돌아가 아버지께 이 일을 말씀드리자 당신도 이야

---

[11] 길쭉한 고구마처럼 생긴 덩이뿌리 식물로, 남미 원산이며 아프리카를 거쳐 동남아시아에 전파되었다. 유독하나 가공을 거쳐 녹말을 이용한다.

기를 하셨는데, 나는 그 이야기를 듣고 어안이 벙벙해졌다. 어떤 노인이 거룻배에 탄 채 강으로 들어서면서 앙카르에 대해 비판적인 말을 몇 마디 했다고 했다. 그는 질책을 들은 뒤 수색당했다. 크메르 루주는 그가 주머니마다 달러를 가지고 있다는 것을 확인했다. 아마 합계 천 달러는 되었을 것이다.

어린 크메르 루주 병사가 돈다발을 쳐들면서 그 늙은이에게 소리질렀다. "동무는 제국주의자의 돈을 계속 가지고 있군!" 그런 다음 결연하고도 갑작스럽게 그 돈다발을 강에 집어던졌다. 선객들은 깜짝 놀라 서로 쳐다보았다. 왜 달러를 가져가지 않고? 그냥 압수했어도 될 터였는데 말이다. 그는 외화라는 게 어떤 의미를 지니는지, 크메르 루주 체제가 거기서 어떤 이득을 볼 수 있을지 도통 모르는 게 분명했다.

얼마나 많은 크메르 루주 장교가 지금 나라 전역에서 이처럼 공허한 반감에 찬, 무식하고 자멸적인 짓거리를 되풀이하고 있는 건지 궁금해졌다. 크메르 루주 전체가 그저 제멋대로 굴었던 것일까? 각자 명령을 자기 방식으로 해석하면서?

프렉타두엉에서 일주일간 머물면서 휴식을 취했다. 아이들은 근심 걱정 없이 사원 안이나 주변에서 뛰어놀았다. 내 학생이 음식을 가져왔다. 나는 낚시를 시도해 봤지만 성공하지 못했다. 상관없었다. 여기서는 삶이 체우크마우에서보다 편했다.

지역 주민은 신인민, 구인민 할 것 없이 댐을 만드는 데 동원

되었다. 그들의 일정표는 우리가 전에 겪었던 것보다 한결 융통성이 있었으며, 아홉 시에 작업을 시작해 오후 세 시에 끝났다. 크메르 루주이든 작업자들이든 간에 이런 수준으로 열심히 일하는 모습은 근처 어디서도 찾을 수 없었다. 내 학생은 이 지역 크메르 루주 지휘관들은 모두 여기 출신이라고 말해주었다. 그들은 지역 관습에 익숙해 있는 데다 지역 주민들을 개인적으로 아는 처지라 더 관대한 편이었다.

이 사실은 온 나라에 적용되는 규칙이 확립되지 않았다는 내 대략적인 인상을 확증해 주었다. 성문법이 없었기 때문에 규칙은 각 지역 촌장의 변덕에 따라 변하곤 했다. 나는 속으로 되뇌었다. '적어도 누군가한테는 잘된 일이지. 아직 살 만한 지역이 여럿 있다는 얘기니까. 소개와 이별, 죽음에도 불구하고 말이지.'

■

한 주의 마지막에 돌아오던 우리의 작은 휴일은 갑작스럽게 끝을 맺게 되었다. 다섯 대의 트럭과 방수포를 덮어씌운 민간인 트럭들이 우르릉거리면서 경내에 들어왔다. 다들 올라타라는 것이었다. 우리는 할 수 있는 한 빨리 짐을 꾸렸고, 그날 온종일 기쁜 듯이 웃고 있었던 사룬과 굳건한 쩽 그리고 나는 부모님과 아니, 라오, 켕, 부오치와 아이들이 트럭에 올라타는 것을 도왔다. 우리는 짐꾸러미를 던져 넣었고, 심은 자기 자전거를 실었다. 트럭마다 삼사십 명씩 탔다. 다들 어린애처럼 들떠서 서로에게 드디어 각자의 고향 마을로 돌아가게 됐다고 말했다.

우리는 북쪽으로, 프놈펜을 향해 출발했다. 엉망이 된 도로를 따라서 말이다. 다들 수도와 그 너머로 이어지는 경로를 따라가게 되리라고 기대했다. 그러나 겨우 6마일쯤 가고 나서 트럭들이 좌회전하더니 숲길을 따라 관목숲 지대로 들어섰다. 우린 놀라서 서로 마주보았고, 트럭이 뒤로 먼지구름을 날리면서 햇볕에 말라 굳어버린 진흙 덩어리에 부딪힐 때마다 상대방을 꼭 붙잡았다.

도대체 저늘은 우릴 어디로 데려가는 걸까?

III. 해방구

IV. '정화'의 시작

우리가 덜커덩거리며 숲을 가로지를 때, 끔찍한 느낌이 엄습했다. 미지의 영역으로 뛰어드는 인상, 딛고 서 있던 발판이 사라진 느낌이었다. 프놈펜을 떠날 때 느꼈던 근심과 낙담이 되풀이되는 기분이었다. 먼지가 눈과 코로 파고들었지만, 우리 중 누구도 불편하다고 불평하려 들지 않았다. 우리를 희생시킨 미지의 운명과 기만에 대한 근심에 비하면 그런 건 사소한 문제였다. 내 가족뿐만 아니라 모두의 얼굴에 절망이 적혀 있는 게 보였다. 아버지는 나와 눈길이 마주치자 공허하게 응시했다. 마치 이렇게 말하는 것처럼 말이다. "아들아, 내가 경고하지 않았더냐?" 이제 도시에 있던 각자의 집에서 무척 정중하게 내몰린 우리 모두가 거대한 사기극의 희생자라는 데는 의문의 여지가 없었다. 우리는 깰 수 있을 것 같지 않은 악몽 속으로 느리면서도 꾸준히 밀려 들어갔다. 아니가 나를 쳐다보았다. 스타웃이 흔들리지 않게끔 꼭 끌어안은 채로 말이다. 아내가 지닌 힘에 감사하는 마음이 일었다.

한 시간쯤 지나고 숲으로 10여 마일 들어간 뒤, 트럭들이 강변에 있는 어느 마을에서 멈췄다. 그곳엔 보행용 나무다리 하나가 덩그러니 놓여 있었다. 우린 나와서 다리를 건너가라는 지시를 받았다. 우리를 호송하는 세 크메르 루주 병사가 말해준 바에 따르면, 반대편 기슭부터는 180명쯤 되는 우리 일행 전부 각자의 소지품을 가지고 1마일 더 걸어가야 한다고 했다.

우리에게 남은 유일한 운송 수단인 심의 자전거가 없이는 짐을 나를 수 없었다. 거기에 할 수 있는 한 많은 자루를 얹은 뒤 큰 옷으로 묶은 다음 자진해서 수고를 아끼지 않는 심에게 밀게 했다. 다른 남자들, 즉 다부진 쎙과 나 그리고 (심이 하는 일에서 재미를 찾은 듯한) 사룬은 할 수 있는 한 많은 짐을 나눠 들었다. 아니는 한 손으로는 스타웃을 엉덩이께에 받쳐 들었고, 다른 손으로는 자루 하나와 다른 물건들을 질질 끌었다. 그녀는 지칠 때마다 스타웃을 내려놨고, 그러면 그는 엄마 뒤를 터벅거리며 걸어야 했다. 나는 큰 꾸러미 두 개를 날랐다. 식탁보로 감싼 옷가지와 부엌세간이었다. 수닷은 충분히 건강했고 다섯 살 난 나왓도 버틸 수 있었지만, 내 부모님도 라오의 어머니도 오래 걸을 만한 상태가 아니었다. 켕의 어린 딸인 스레이 랏이나 그보다 나이가 많은 쎙의 두 아이도 걸어갈 수 있었지만, 라오는 자신의 한 살 난

IV. '정화'의 시작

딸을 업고 가야 했다. 느리고 비참한 행렬이었다. 우리는 말없이 침울한 채 근심에 싸여 다른 피난민들과 함께 걸었다. 아무도 입을 열지 않았다. 침묵을 깨는 것이라곤 노인들의 한숨뿐이었다.

우리는 해질녘에 일종의 수용소에 도착했다. 또 버려진 사원이었다. 멀리서 장작불이 언뜻 보였다. 크메르 루주일까, 피난민일까? 우릴 지키는 세 호송병에게 그런 질문을 해봤자 소용없다는 것을 우리는 알지 못했다.

경내는 소똥이 굴러다니는, 더럽고 냄새나는 곳이었다. 앞서 지내다 간 사람들이 소달구지에 실려 왔던 게 분명했다. 우린 어떻게든 청소하려고 애썼지만, 내려앉는 어스름 때문에 돗자리를 펴고 불을 지핀 다음 사원에 남은 쌀과 물고기를 가져다가 배고픔을 달래지 않을 수 없게 되었다.

이튿날 아침에는 크메르 루주 여섯 명이 새로 왔다. 그중 하나가 무표정한 얼굴로 질문을 던지기 시작했고, 더 진지하고 소심해 보였던 다른 한 명은 대답을 부지런히 받아 적었다. "동무는 누구요? 어디 출신이오? 가족이 많소? 남자는 몇 명이오? 여자는? 이름은? 직업은?" 나는 이미 정직하게 답하는 것을 경계하고 있던 터였다. 솔직한 것보다는 겸손하게 구는 게 나았다. 내 이름은 싸이라고 간단하게 대답했고, 전체 본명과 내가 공공사업부 소속 기술자였다는 사실은 밝히지 않았다. 그러나 동생 쎙이나 켕의 남편인 사룬은 자기네가 교사였다는 사실을 숨기려 하지 않았다.

받아적는 사람(펜을 쓰는 데 익숙지 않았던 시골 청소년)이 필기를 마치자 심문자는 말했다. "동무들, 떠날 준비를 하시오. 곧 달구지가 올 거요."

달구지라고? 이것이 새로운 발전이란 것이었다. 우리는 근심에 찬 시선을 교환하면서 가진 것을 주워 모은 다음 앉아서 기다렸다. 다들 말이 거의 없었다. 스타웃은 아니의 발치에서 놀다가 엄마 품에 안겨 잠들었다. 어머니와 아버지는 내면으로 침잠해 계신 듯했다. 언제라도 낙관적으로 행동할 준비가 되어 있던 나는 아마도 우리가 느리게 에둘러 가는 경로로 캄퐁스페우Kampong Speu에 가게 될 것 같다고 말했지만, 아무도 응답하지 않았다. 심은 자전거를 땅에 뉘어 놓은 채 잠들었고 쎙도 마찬가지였다. 자기 둘째 아들인 아맙을 팔로 살며시 안은 채 말이다. 달리 할 만한 일이 없었다.

한 시간 반쯤 기다린 뒤 총 20개가 넘는 소달구지가 경내 밖에서 멈춰섰다. 그 가운데 어떤 것도 우리 중 두어 명을 실을 정도밖에 되지 않았다.

"서둘러요! 서둘러요!" 나는 일가족이 흩어질까 두려워 소리를 질렀다. 다들 같은 생각이었다. 여러 가족 사이에 빈 수레에 누가 먼저 올라타느냐 하는 일종의 경주가 벌어졌다. 다행히 우리는 대열의 중간쯤에 있던 수레 세 대를 차지하는 데 성공했다. 아니와 스타웃, 내 부모님과 켕 및 스레이가 한 대를, 나와 수닷, 나왓, 사룬, 부오치가 다른 한 대, 쎙 일가가 세 번째를 차지했다. 수레들은 줄지어 삐걱대고 들썩이면서 출발했다. 심은 자기 자전거를 타고 뒤를 따랐다. 우리는 그리 많이 떨어질 염려는 없었지만, 그래도 몇 분마다 목을 뺀 채 서로를 찾고 눈을 맞췄으며, 목을 흔들거나 끄덕이면서 다른 수레에 탄 인원이 무사한지 점검했다. 여전히 활기찼던 심은 자전거를 가속하거나 뒤로 빼면서 수레 사이에 전갈을 날랐다.

한낮에 잠깐 멈춰 밥을 먹기는 했지만 낙오자들이 따라잡기에 충분한 시간은 아니었다. 이후 우리는 갈림길에 이르렀다. 첫 열 대는 왼쪽으로 갔다. 나머지는 오른쪽을 향했다. 순전한 우연 덕에 우리 모두 같은 방향을 향했다. 어떤 가족들한테는 그런 행운이 따르지 않았다. 나중에 아이 둘이 딸린 어느 남자가 이 길에서 아내와 헤어지고 말았다고 말했다. 그는 크메르 루주 병사에게 그녀와 함께 가게 해달라고 간청했지만, 그 병사는 그런 결정을 내릴 권한이 자기한테 없다고 말하면서 무시해 버렸다.

그 병사는 이렇게 말했다. "앙카르만이 동무에게 답을 할 권한을 갖고 있소." 하지만 앙카르는 언제나 어딘지 모를 다른 곳에 있었고, 앙카르의 허가는 항상 내일에나 떨어질 예정이었으며 그동안 일가는 영원히 떨어져 있어야 하는 신세였다.

그날 저녁에 스라마르레압Sramar Leav에 도착했다. 타케오 주에 있는 이 도시는 크메르 루주 운동의 가장 강력한 성역으로 유명했다. 우린 광대하고 비옥한 평원에 있었다. 사방이 논이었고 사탕야자가 점점이 흩어져 있었다. 우리는 고상가옥 몇 채를 지나 마을에 도착해 오래된 사원 경내에 들어갔다.

우리가 짐을 채 다 내려놓기도 전에 크메르 루주의 지역 책임자가 우리에게 일장연설을 늘어놓기 시작했다. "동무들! 동무들은 곧 살던 곳으로 돌아가게 될 거요. 하지만 지금은 7월이고 한창 농번기일 때요. 곧 비가 올 거요. 동무들은 여기서 일하고 벼를 키워 우리 식량을 대야 하오. 이 일이 끝나면 동무들은 다시 떠나게 될 것이오. 앙카르는 동무들이 여기 남을 것을 요구하오. 당연히 앙카르는 동무들을 돌보고 식량을 공급할 것이오. 모든 편의를 돌봐줄 것이니 걱정하지 마시오. 그러나 앙카르는 동무들이 명령과 규율을 준수할 것을 요구하오. 동무들은 스스로를 정화하고자 노력해야만 하오."

'정화'. 크메르 루주 장교들의 설교에서 앞으로 숱하게 듣게 될 단어였다.

"앙카르는 여러분 가운데서 진정한 혁명가를 양성하기를 바라고 있소." 그는 말을 이어갔다. "여러분은 체우크마우의 들판에서 일한 바 있소. 상당히 능숙해졌으리라 믿소."

그가 말을 멈추자 누군가 자신 없는 태도로 손을 들었다. 그는 머뭇거리면서 말했다. "그러긴 했지만요, 수확을 거둘 시간은 없었어요. 너무 일찍 떠났거든요."

"알겠소." 장교는 차분하지만 위압적인 태도로 대답했다. 내가 보기에 그는 체우크마우를 다스리던 이들보다 더 교육 수준이 높아 보였다. 그는 이미 익숙해져 있던 황당무계한 약속 따위는 늘어놓지 않고 명료하면서도 조리 있게 말했다. "저 과일과 채소들은 앙카르가 수확해 다른 피난민들에게 나눠줄 것이오. 여기서 동무들은 먼저 왔던 사람들이 심은 채소를 거둬 먹도록 하시오. 모든 생산물은 전 인민에게 귀속되오. 우리는 각자의 집에서 주인이고, 동무들도 그렇소. '민주 캄푸치아'Democratic Kampuchea에서 외부 원조 따위는 필요 없소. 동무들의 욕구를 충족시키는 것은 이제 앙카르요. 동무들 위장을 채워주는 것은 앙카르란 말이오. 앙카르와 더불어, 동무들은 스스로의 운명을 책임지게 될 것이오. 열심히 일하고 동무들이 필요로 하는 것을 스스로 생산함으로써 말이오."

그리고 나서 책임자들은 모든 피난민이 공식 회의에 참석하도록 불러내 한쪽이 트인 홀의 한쪽 끝으로 데려갔다. 거기에는 마이크가 놓인 탁자가 있었다.

"자," 지역 책임자의 목소리가 마이크를 통해 나왔다. "여기 공무원 있소?" 나와 다른 몇 명이 손을 들었다. "군인은?" 몇 분이 지나자 그가 사회적 범주에 따라 우리를 분류하고 있다는 게 명확해졌다. 각 그룹에는 마을의 한 부분이 할당되었고, 공무원들은 사원에 남았으며 전직 군인들에게는 한 구역에 있는 가옥들이 주어졌다.

노동자나 가게 점원 출신들은 다른 구역에 배정되었다. 여기서는 신인민이 구인민과 섞여 살 수 없게 되어 있었던 것이다.

전에도 그랬듯이 집은 죄다 지역 주민들이 차지하고 있었고 우리 가족은 다른 대가족 하나와 함께 약탈당한 사원 경내에 남았다. 우리가 받은 것은 전에 승려들이 사용하던 2층짜리 벽돌조 건물이었다. 우리는 위층을, 다른 가족은 아래층을 차지했다.

아니와 다른 여자들이 바닥을 쓸고 돗자리를 펴거나 요리를 준비하는 동안, 나는 아버지와 토의했다. "저놈들이 사원에다 해놓은 짓을 봐라." 아버지가 말씀하셨다. "스님이라곤 한 명도 남지 않았잖느냐. 존경심이라곤 없는 놈들이야. 우리가 어떻게 될 것 같으냐?"

"예, 아버지. 하지만 이건 아마 우릴 재교육하는 과정 중 하나일 거예요. 그냥 일시적인 조치겠지요."

작업은 이튿날 시작되었다. 아니는 새로 쟁기질한 논에 모내기를 하는 팀에 소속될 예정이었다. 나는 쟁기질 팀에 배당되었다. 어느 구인민이 우리 가운데 몇을 논으로 데려갔다. 나는 소 두 마리가 끄는, 금속 날을 단 나무 쟁기를 받았다. 쟁기질이라곤 해본 적이 없었지만 느릿하고 유순하며 지칠 줄 모르는 소 두 마리를 이끄는 건 쉬웠다. 하지만 무익한 시도였다. 논이 바싹 말라 있었으니까.

그날 저녁에 나는 그 이유를 깨달았고, 동시에 우리가 처한 희한한 상황에 대해서도 더 많은 것을 알게 되었다. 어느 사원이나 그렇듯이 여기에도 연못이 있어 마을 주민들의 삶에 핵심적인 역할을 하고 있었다. 근처에 강이 없었기 때문에 촌사람들은 마시거나 씻을 물을 구하러 연못에 오곤 했다. 나는 그날 저녁, 저녁을 지을 물을 모으던 중에 한 노인이 곁에 서 있다는 것을 알아차렸다. 무척 헐렁한 반바지를 입은 조그만 늙은이였다.

내가 돌아서서 가려고 했을 때 그가 말했다. "아, 댁이 사원 건물에 새로 들어온 분 맞수?"

나는 신중하게 고개를 끄덕였다.

"저들이 모든 걸 어떻게 파괴했는지 봤수? 사원도, 스님도요." 대답하지 않았지만 그는 머뭇거리지 않았다. "그동안 뭘 하면서 지내셨수?"

"쟁기질이요. 하지만 무척 힘들었어요."

"그래요, 올해는 워낙 가물어서요. '프링'은…." 그가 말하는 것은 캄보디아 사람들이 무척 즐겨 먹는 작고 파란 버찌의 일종이었다. "…아직 전혀 익지 않았고요. 이런 해는 보다 보다 처음 보우. 아시겠지만…." 그는 나를 흘끗 보더니 말을 이어갔다. "이건 그동안 자행된 신성모독에 대한 하느님의 벌이죠."

이번에도 나는 아무 대꾸도 하지 않았다. 그는 나를 함정에 빠뜨리려고 애쓰는 밀정일 수도 있었다. 우린 잠시 서 있었지만 그는 갈 기색이 없었다. 이야기를 더 나누고 싶어 하는 것 같았기에 예의상 이름을 물어보았다. 그는 타 분Ta Bun이라고 대답한 뒤 주름진 얼굴로 웃음을 지었고, 다시 크메르 루주와 그들의 활동으로 마을이 어떤 벌을 받고 있는가 하는 주제로 화제를 돌렸다.

"여분의 바지나 반바지가 있으면 좀 알려주시구려."

나는 아직 그를 믿을 준비가 되어 있지 않았다. "알겠습니다. 그런 게 있다면 전 뭘 얻을 수 있나요?"

"설탕이나 달걀, 과일 같은 거요."

이 만남은 감사할 일이었다. 우린 스라마르레압에서 가진 게 그리 많지 않았고, 그 얼마 안 되는 것조차도 감사해야 할 판이었다. 도착할 때는 아무것도 없다고 들었는데 이제는 소와 쟁기는 물론이고 갈아야 할 논도 생긴 것이다. 사실 우리는 받은 쌀 때문에 추가로 일해야 했다. 현미, 즉 겨를 벗기지 않은 쌀알은 요리하기 전에 도정해야 했다. 절구에 찧은 다음 체로 쳐서 겨와 낱알을 분리해야 했던 것이다. 10~12시간에 이르는 일을 마치고 돌아와도 한 시간가량은 이 지겨운 일을 해야만 했다.

■

모내기가 끝나고 한 달이 지나자 논은 완전히 말랐고 모는 모조리 죽어버렸다. 우리는 며칠 동안 소규모의 용수로를 만들기로 되어 있었다. 하지만 크메르 루주가 깨달았듯이 흘려보낼 물이 없는데 용수로를 만든다는 것은 명백히 무의미한 짓이었다. 가뭄

이 계속됨에 따라 장기적인 해결책이 점점 더 시급해졌다. 우리가 도착한 지 몇 주가 지나고 나서, 앙카르는 우리에게 근처의 호수에서 물을 끌어오고자 더 큰 수로를 건설할 것을 명했다.

쩽과 나는 새로 수로를 놓을 부지에 대해 보고하라는 명령을 받아 마을 대장간을 지나는 길로 나섰다. 가까이 다가가자 망치로 금속을 때리는 소리가 들려왔다. 뭔가 중요한 일이 벌어지고 있는 게 분명했다. 우린 멈춰서서 안을 들여다봤다. 기이한 광경이 눈에 들어왔다. 신상 메르세데스가 바퀴를 떼어낸 채로 벽돌 위에 올려져 있었고, 대장장이 다섯 명이 그것을 해체하고 있었다. 차체의 절반은 이미 사라지고 없었다. 두 사람은 패널 중 하나에 매달리고 있었으며, 나머지 인원은 다른 차체 조각으로 거대한 날개 모양의 날을 만들고 있었다. 한쪽 벽에는 타이어 두 개가 서 있었고, 그 옆에는 작은 고무 조각들이 쌓여 있었다.

우리는 입을 딱 벌린 채 지켜보았다. 결국 근처에서 서성이던 한 사람이 무슨 일이냐고 물었다. "아뇨, 아무것도 아닙니다." 나는 망치와 모루가 뗑그렁 부딪히는 소리를 들으면서 대답했다. "그냥 여러분의 멋진 작업에 경탄하고 있었던 거예요."

그의 얼굴이 활짝 펴졌다. "그래요, 참 멋지죠? 쟁기날과 샌달이죠. 혁명을 위한 거예요."

할말을 잃었다. 다섯 명이나 되는 사람들이 여러 날을 들여가면서 수만 달러는 나갈 물건을 크메르 루주의 혁명 경제에 입각해 무가치한 물건들로 바꿔놓고 있었다. 이전 같으면 몇백 달러면 살 수 있었을 물건들로 말이다.

우린 돌아서서 자리를 뜨려고 했다.

"동무들, 이게 바로 창조적인 정신이오!" 조장이 다가왔다. "이게 바로 그거요! 제국주의자의 물건들을 혁명에 유용한 물자로 바꾸는 것이오!" 그는 여전히 밝은 표정으로 돌아서서 자신의 요란한 작업 공정에 자랑스레 손을 흔들어 보였다.

나는 외쳤다. "멋지군요!"

우린 경악한 채 말없이 고개를 저으면서 걸어나왔다. 제국주의에 대한 증오는 이해할 만했다. 하지만 제국주의자의 물건에 대한, 이처럼 비정상적인 증오는 어디서 기인한 것일까? 크메르 루주는 이런 것들을 저주받은 물건이나 역병의 매개체인 것처럼 여기는 듯했다. 단순히 존재하는 것만으로도 혁명의 순수함을 마법처럼 훼손할 수 있는 것처럼 말이다. '제국주의자'의 기계 장치에 다른 실용적인 용도가 있을 수 있다는 생각은 해본 적도 없어 보였다. 그보다도 이런 물건들은 적의 상징으로 보여야 했다. 적에 맞서는 용도로 쓸 게 아니라 그저 때려 부수고 파괴해야만 했다.

따라서 4마일에 달하는 수로를 어떤 기계도 없이 파야 한다는 것은 딱히 놀랄 일도 아니었다. 쎙과 나는 500야드짜리 구간을 맡은 조의 일원이 되었다. 괭이로 땅을 파고, 채 양쪽에 단 대나무 광주리에 흙을 담아 나른 뒤 한쪽 둑가에 쌓는 일이었다. 여러 마을이 참여한 엄청난 작업이었으며, 열두 개에 달하는 조가 새벽부터 열 시나 저녁 일곱 시까지 경쟁하면서 일해야 했다.

내가 탈출 시도를 처음 접한 것은 수로 부지에서 일하던 때였다.

나와 동생 쩽은 이웃 마을에 살았던 이전에 학생이었던 사람 다섯 명을 만났다. 다들 신인민이었고 우리 사이에는 어떤 의심도 없었다. 우린 점심시간에 다른 이들과 별도로 작은 그룹을 이루었다. 그 학생들은 우리한테 탈출을 계획하고 있다고 털어놓았다. 론 놀에 반대해 시위했었고 크메르 루주 치하에서 살면서 속았다고 쓰라리게 절감하던 이들이었다. 그들은 내게 합류하라고 제안했다. 칼도 있고 식량은 충분하며 캄보디아 지도도 갖고 있다고 했다. 하지만 그들은 태국 국경으로 가는 최선의 경로에 대해 내가 조언해주기를 바랐다.

물론 나는 가족을 버릴 수 없었기에 해줄 수 있는 충고만 했다. 그들은 한 해 중 가장 비가 많이 내리는 달인 9월에 가기로 계획을 짜놓고 있었다. 카다멈 산맥[12]을 가로지르는 경로는 가장 좋은 철에도 힘들었으니 그 시점에는 거의 불가능할 게 뻔했다. 나는 그들에게, 스라마르레압과 산맥 사이에서 마을이나 크메르 루주가 순찰하는 도로를 피해갈 수 있다 하더라도 물건을 옮기거나 잃어버린 소지품을 되찾을 수 없을 것이라고 말한 다음, 다음 건기까지 기다리라고 권했다. 하지만 그들은 젊고 참을성이 없었으

---

12) 캄보디아 남서부에서 태국 동부에 걸친 산맥으로, 최고봉은 1,740미터에 달한다.

며, 계획을 미루려 하지 않았다.

　지금 당장 탈출을 고려할 수는 없었지만, 그들의 얘기를 들으려니 더 나은 지역으로 이동하는 것을 모색할 수 있지 않을까 싶었다. 예를 들어 바탐방Battambang 같은 곳 말이다. 프놈펜 북서쪽에 자리한 그곳은 캄보디아에서 가장 부유한 성省이었으며, 태국에 더 가까웠다. 그곳에 갈 기회가 있다면, 우리가 어디 있었는지 알아두는 것은 요긴한 일일 터였다. 나는 그들에게 거래를 제안했다. 그들이 국경을 건널 때 유용할 달러를 조금 줄 테니 대신 그들이 가진 지도에서 이용하지 않을 부분을 달라고 말이다. 거래는 성사되었다. 그들은 100달러를 받은 다음 바탐방은 물론 푸르삿Pursat 성의 일부도 실린 지도 조각을 내어주었다. 나는 그들이 지닌 지도에다 추천 경로를 그려주었다.

　며칠 뒤에 그들은 일을 마치고 나서 슬쩍 자리를 비웠다. 촌장에게는 작업장으로 며칠 먼저 떠나 야영하면서 기다릴 것처럼 말해둔 상태였다.

　나는 훨씬 훗날에 태국에서 그들의 행방을 수소문했다. 아무것도, 어떤 소식도 듣지 못했다. 그들이 어떻게 되었는지는 알 길이 없었다.

　그러는 동안 우기가 시작되었다. 우리는 일터 근처에 있는 공터에서 돗자리를 깔고 잤기 때문에, 우리 할 일을 끝내는 게 절박한 문제가 되었다. 텐트 따위는 없었다. 우린 나무들 아래 놓인 채 흠뻑 젖은 돗자리에 그냥 드러누웠다. 그곳엔 모기가 잔뜩 있었다. 우리는 밤마다 덜덜 떨면서 불가에 모여들었다. 온기도 느끼고 날벌레도 피하기 위해서였다.

게다가 나는 우리의 모든 작업이 무위로 돌아갈 것임을 알 수 있었다. 아무도 현장을 답사하지 않았으며, 계획도 없었고 기록을 남기는 사람도 없었다. 크메르 루주는 혁명의 열정이 물리 법칙을 대신할 수 있다고 생각하는 모양이었다. 남녀 수천 명이 각자 맡은 구역에서 책임자의 지시하에 땅을 팠지만, 누구도 우리가 파는 수로가 호수 반대편 내리막 쪽으로 향하고 있다는 것을 확인하지 않았다. 수로의 둑은 무른 흙을 그냥 쌓은 것이었지만, 그것을 다지려는 시도도 없었다. 만약 물이 실제로 그 수로를 통해 흐르게 된다면 둑은 곧바로 쓸려나갈 터였다.

이따금 집회에서 특히 용감한(혹은 무모한) 기술자가 크메르 루주에게 어떤 식으로 작업해야 하는지 말해주려고 시도하기도 했다. 대답은 언제나 똑같았다. "동무는 혁명에 대해서는 아무 것도 모르오. 우린 알고 있소. 왜 우리더러 뭘 해야 할지 말하려고 하는 거요?" 그들은 자격증은 쓸모가 없다고 공언했다. 학위는 '사이그나밧'saignabat, 즉 '보이지 않는 신호'였다. 중요한 것은 육체노동이었다. 그것만이 '사이그나코운'saignakhoeunh, 즉 '보이는 신호'였다. 그것만이 실체가 있었고, 따라서 존중받았다.

시간이 지날수록, 어느 날 저녁에 연못가에서 타 분이라는 노인을 만났을 때 들었던 말이 자꾸만 생각났다. 나는 점차 그를 믿게 되었고 꾸준히 물자를 교환했으며, 내 옷가지와 그의 설탕을 맞바꿨다. "풋Puth의 예언이 현실이 되고 있구려." 그가 의미심장하게 고개를 주억거림과 동시에 찌푸린 눈으로 쏘는 듯한 눈길을 보내면서 말했다.

풋은 19세기에 살았던 현자로, 이 나라의 전통적인 가치가 완전히 뒤바뀔 것이고 집과 길거리는 텅텅 빌 것이며, 문맹자들이 교육받은 사람들을 박해할 것이고 '쓰밀'thmil, 즉 신앙 없는 자들이 절대 권력을 쥐고 승려들을 학대할 것이라고 예언했던 인물이다. 하지만 그는 케이폭나무를 심는 사람은 살아남을 것이라고도 말했다. 케이폭나무는 캄보디아 말로 '코어'kor라고 부르는데 이 말은 '침묵'이라는 뜻이기도 했다. 이 수수께끼 같은 예언에 대한 일반적인 해석은, 이 재난의 시기에는 귀먹고 벙어리인 사람만이 살아남으리라는 것이었다. '귀를 닫고 입을 막아라.' 이제야 그 말이 생존 수단임을 깨닫게 되었다. 귀머거리, 벙어리인 척해라! 아무것도 말하지도, 듣지도, 이해하려 들지도 마라!

나는 이 수로에 물이 흐르는 일은 없을 것이라고 생각하면서 침묵을 지켰다.

그럼에도 불구하고 더 나은 시절이 올 것이라는 조짐은 있었

---

13) 판야나무라고도 한다. 높이는 15m가량이며 열매 속에는 섬유에 싸인 씨가 있다. 씨는 기름을 짜는 데 쓰며 섬유는 먹기도 하고 사료나 비료로 쓰기도 한다.

다. 1975년 8월 중에 열린 어느 정치 회합에서 크메르 루주의 대장이 연말까지는 화폐가 다시 도입될 것이라고 알렸다. 그는 필수품 몇 가지(소고기 1킬로그램, 달걀 한 다스, 쌀 1킬로그램 등)의 가격을 게시하기까지 했다.

이 반가운 소식은 정치적 변화에 대한 소문을 확증해 주었다. 내 이웃 중 하나는 레앙Leang이라는 이름의 교사였는데, 우리보다 두 달 먼저 사원에 도착했다. 레앙은 아내와 자식 둘을 둔 크고 날씬한 남자였으며, 론 놀 정권에서 주요 야당이었던 민주당의 중앙위원회 위원이었다. 그는 이전 지위 덕에 일종의 특혜를 누렸고, 자신뿐만 아니라 사원에 있는 다른 주민들을 위해서도 낚시하러 가는 것이 허용되었다. 그는 내게서 그물을 빌리곤 했다. 체우크마우를 떠날 때 얻었던 그물이었다. 덕분에 우린 자주 대화를 나누게 되었다. 나는 레앙을 통해서 크메르 루주를 조금 더 알게 되었다.

그가 단언한 바에 따르면, 크메르 루주에는 두 개의 주요 파벌이 있었고 둘 다 자기네만의 성역을 두고 있었다. 메콩강 동쪽의 크메르 루주는 시아누크에게 호의적이었다. 그들은 상대적으로 온건했으며 카키색 옷을 입었다. 다른 파벌은 모택동주의자로, 크메르 루주 운동의 무자비한 청교도였으며 시아누크에게 적대적이었다. 이들의 근거지는 남서부 일대였는데 우리가 있던 곳이 바로 거기였다. 그들은 검은 옷을 입었다. 레앙에 따르면, 시아누크는 이 내부 투쟁에서 중재자 역할을 할 거라고 했다. 그가 그렇게 하는 데 성공하면 우리 모두 집으로 돌아가게 될 것이라는 얘기였다.

교편을 잡던 시절에서 비롯한 그의 자신감은 나를 혼란케 했다. 어떻게 그리 확신할 수 있을까? 시아누크는 어디 있는 걸까? 그의 권력은 무엇에 달린 것이었을까? 그가 어떻게 영향력을 행사할 수 있다는 것일까?

공교롭게도 레앙의 정보는 정확했다. 시아누크는 그해 9월에 베이징에서 돌아왔다. 우리는 그 사실을 알지 못했고 그의 귀국으로 달라진 것도 없었지만, 퍼지고 있던 소문들이 사실 여부와는 무관하게 시아누크에게 국가적 구원자의 지위를 부여했다. 우리는 오직 그만이 이념 투쟁을 극복하고 우리에게 일부나마 자유를 돌려줄 수 있을 것이라고 믿게 되었다.

나는 곧 학교와 대학교가 (적어도) 다시 문을 열기는 할 것이라고 확신했다. 공학자 없이도 다리를 놓을 수는 있겠지만, 학교와 대학교 없이 나라가 어떻게 돌아갈 수 있겠는가? 다른 쪽에 가담한 내 지식인 친구들은 어떻게 되었을까? 크메르 루주에 가담한 모든 사람이 교육에 대한 거부를 체념하고 받아들이리라고는 상상할 수 없었다. 논리적으로 따졌을 때, 우리는 더 온건하고 미래지향적인 사회로 나아가게 될 터였다.

내 확신은 찬Chan을 통해 만나게 된 어느 크메르 루주 장교 때문에 한층 강화되었다. 찬은 나와 같은 조 소속으로 수로에서 작업하고 있었다. 그는 40세쯤 되는 전직 무역상으로 프놈펜 함락 당시 그곳에 있었으며 바탐방에 있는 처자식에게 돌아가지 못했다. 그는 사원에서 1마일 떨어진 마음에 사는 부모님에게 가기 위해 남쪽으로 향했으나, 신인민으로서 사원 안에 계속 머물러야 했다. 크메르 루주는 가족끼리의 유대감을 억눌렀는데, 신인민을 통제하는 데 방해가 되었기 때문이다. 하지만 찬은 우리가 수로를 만드는 동안 점심시간에 몰래 자리를 떠서 부모님을 찾아가곤 했다. 가끔은 사이가 좋았던 나를 함께 데려가기도 했다. 그는 강인하고 다부진 사람이었고, 이야기할 때 말썽이 생기지는 않을까 조심하는 것처럼 좌우를 흘끗거리는 버릇이 있었다. 그 버릇은 나를 기쁘게 했는데, 나와 이야기할 때는 그런 모습을 보이지 않았기에 그가 나를 믿고 있다고 확신할 수 있었기 때문이었다. 우리 둘은 그의 부모님 댁으로 슬그머니 가서 늙으신 농부 부모님이 차려주신 호박과 설탕을 실컷 먹곤 했다.

거기서 찬은 내게 크메르 루주의 장교이자 자기 사촌의 남편인 '밋'Mith('동무') 페치Pech를 소개해 주었다. 페치는 지역 공산주의자 가운데 서열이 아주 높은 사람이었다. 그가 지닌 오토바이와 복장의 재단 상태는 그가 중요한 인물임을 보여주었고, 그가 가슴 주머니에 자랑스럽게 꽂고 다녔던 펜 두 개도 마찬가지였다. 그는 서른여덟 살이었고, 반체제 진영에 가담하기 전에 바칼

로레아를[14] 끝마친 상태였다. 그가 크메르 루주에 자의로 가담한 것인지 아니면 자기 의사에 반해 억지로 참여한 것인지는 확실히 알 수 없었다. 정말이지 그에 관한 많은 것이 수수께끼였다. 그가 웃는 모습을 본 적이 없었다. 하지만 찬은 내게 원하는 것은 무엇이든 그에게 요청해도 될 거라고 장담했다.

물론 한 가지 사항이 날 괴롭히고 있었다. 우린 프놈펜으로 되돌아가게 될까?

그는 말했다. "그렇소, 내 생각에 동무는 곧 돌아가게 될 거요. 하지만 이 문제에 대해 내가 공식적인 정보를 갖고 있는 건 아니오. 우리는 어떤 일이 일어나건 간에 언제나 앙카르의 명령을 존중해야만 하오."

그는 꽤 솔직해 보였지만, 나 자신에 대해 모든 것을 털어놓을 생각은 없었다. 나는 여전히 '공공사업부 소속 기술자'였다. 그에게 언젠가는 내 기술이 유용하게 쓰이길 바란다고 말했다.

그는 모호하게 대답했다. "그리될 수도 있을 거요. 하지만 동무는 우선 재교육되어야 하오. 동무에 대한 교화는 아직 끝나지 않았소. 우리 생각에는 1년쯤 뒤에는 기술자들을 활용할 수 있을 것 같소. 걱정하지 마시오. 우리도 동무처럼 캄보디아 사람이오. 우리는 동무를 버리지 않을 것이오."

의미 있는 얘기였다. 우리의 참회 기간이 명확하게 고정된 형

---

14) 프랑스의 대학 입학 자격시험

태로 언급된 것은 그때가 처음이었다. 화폐의 재도입에 어떤 중요한 의미가 있을 가능성은? 아니, 그건 신인민이 시련을 통과했다는 의미가 아니었다. 나는 기술자나 의사, 교사는 들에서보다 각자의 원래 직종에서 더 유용하리라고 생각한다고 말했다. "아니, 아니오. 동무는 재교육 과정을 모두 끝내야만 하오. 동무가 어떤 실수도 저지르지 않고, 당신 책임자가 보기에 어떤 과오나 잘못도 없다면 한 해가 끝날 무렵에는 완전히 재교육되어 있을 것이오. 앙카르가 부여한 임무를 완전히, 정확하게, 속임수 없이 수행하도록 하시오…." 우리가 마음이 맞지 않는다는 것은 분명했지만, 적어도 끝이 보이기는 했다.

나는 계속 뻗댔다. 왜 우리가 고향으로 돌아가는 것에 혼란이 생기는 것인가? 우리는 왜 스라마르레압에서 멈춰야 했는가?

내가 던진 질문들이 그의 인내심을 시험하는 것 같았다. 그는 내가 질문한 데 대해 책망했다. "앙카르는 동무에게 주어진 운명의 주인이오. 그걸 알아야만 하오. 앙카르에게는 우회 수단이 많소. 앙카르를 예측하려 들면 안 되오. 사전 고지 없이 다른 단계들을 생략하거나 우회할 수 있단 말이오. 앙카르가 말하는 그 어떤 것도 영원할 거라고 믿지 마시오. 다음번에는 바뀔 수도 있소. 길을 갈 때 덜컹거릴 수도 있지만, 앙카르에는 언제나 이유가 있는 법이오." 그는 마치 승려처럼 암시적으로 말했다. 나는 우리가 어떤 것도 확신해서는 안 된다는 것을 깨닫기 시작했다. 하루하루 모든 게 바뀌고 예측은 부정될 수 있었다. 앙카르의 앞뒤가 안 맞는 특성 때문에 골치가 아팠다.

대답을 듣고 싶었던 질문이 하나 더 있었다. 체우크마우에 있었을 때 국경지대에서 폭발음을 들은 적이 있었다. 우리가 베트남과 전쟁을 치르고 있었던 것일까? 내 질문은 크메르 루주의 정책에 대한 상세한 설명을 처음으로 이끌어냈다.

"동무도 알겠지만, 분명히 베트남은 완전히 혁명화되지 않았소. 우리처럼 도시에 대한 소개령을 내리지 않았단 말이오. 우리는 도시를 그대로, 사람들이 살던 대로 내버려 두는 게 위험하다는 걸 알고 있소. 도시들은 저항의 중심지이고 작은 반당 집단들이 모이는 곳이오. 도시에서는 반혁명 종자들을 추적하기가 어렵소. 우리가 도시의 삶을 바꾸지 않는다면 적들이 조직화해서 우리와 맞설 음모를 꾸밀 것이오. 도시를 통제한다는 건 정말이지 불가능한 일이오. 우리가 도시에 소개령을 내린 것은 모든 저항을 분쇄하고 이익을 추구하는 반동적인 자본주의의 요람을 없애기 위함이오. 도시 주민들을 몰아낸 것은 크메르 루주에 반하는 저항운동의 조짐을 없애겠다는 의미요. 하지만 이건 베트남 놈들과의 분쟁을 나타내는 것이기도 하오."

이제 나는 확실히 깨달았다. 베트남으로 갈 생각을 하는 건 부질없는 짓이었다.

하지만 떠나야만 했다. 내가 이런 마음을 먹게 된 것은 수로 작업이 아니라 작업이 멈춘 다음에 일어난 일 때문이었다. 몇 주가 지난 뒤에 수로가 완성되었다는 선언이 있었다. 큰 정치 집회와 축하 행사가 열릴 예정이었다. 꽤 희망적으로 들리는 소식이었다. 우리는 모두 논둑을 따라 행진해 마을 바깥에 있는 널따란 들판으로 나아갔다. 수천 명이나 되는 사람들이 거대한 열을 지어 걷고 있었다. 어느 지점에 이르자 물은 수로에 그저 고여 있었고, 나는 모종의 만족감을 느끼면서 거기서부터 수로가 오르막을 이루고 있다는 사실을 눈으로 확인했다. 물이 엄청나게 많은 게 아니라면 호수에서 물이 흐를 가능성은 없었다. 그리고 물이 그렇게 많아질 정도로 비가 엄청나게 내린다면, 수로는 아예 필요가 없을 터였다.

집회는 전체 구역의 총괄 지구장이 주재했다. 그는 떡 벌어진 체격에 험상궂은 외모와 차가운 눈을 지닌 사람으로, 사람들을 노예처럼 부려먹기로 명성이 자자했다. 그의 출신에 대한 소문도 퍼졌다. 그는 주정뱅이에 건달, 삼류 사기꾼이었다가 크메르 루주 전사로서 존경받기 시작했으며 프놈펜 전투에서 용기를 증명해 보였다. 혁명이 그를 지도자로 만든 것이다.

기이하게도, 그의 연설 실력은 부정할 수 없는 수준이었다. 하지만 그는 우리를 치하하는 대신 다른 이들과 똑같은 연설을 했다. "동무들은 열심히 일해야 하오." 그는 말했다. "그러면 앙카르가 동무들을 보살필 것이오." 귀가 닳도록 들은 말이었다. 우리는 경악에 찬 침묵 속에 앉아서 듣기만 했다. 내 동생 쩽과 근처에 앉은 다른 사람들을 슬쩍 훑어보는 것만으로도 다들 같은 기분이라는 것을 알기에 충분했다. 우리는 초인적인 노력을 기울였지만, 앙카르는 거기에 전혀 신경쓰지 않는 것 같았다. 앙카르가 원하는 것은 언제나 더 일하는 것뿐이었다.

∎

우리는 어떻게 떠날 수 있었던가?

　기회를 준 것은 바로 앙카르였다. 9월 초 어느 저녁에 열린 정치적 회합 도중에, 한 장교가 바탐방 출신이 없는지, 있다면 돌아가고 싶은지 물었다. 내 가까이 있던 찬과 다른 일가의 가장이 손을 드는 게 보였다. 찬은 내게 고개를 끄덕여 보였다. 나는 손을 들었다.

　"바탐방 출신이오?" 그 장교가 물었다. "난 동무가 콤퐁스페우 출신인 줄 알았는데."

　"글쎄요, 아내와 처가가 거기 출신이긴 합니다."

　그걸로 충분했다. 우리는 바로 그날 저녁에 짐을 꾸렸다. 이튿날 아침, 소달구지 서른 대로 이루어진 호송대가 사원에 들어와 우리를 북쪽으로 실어나를 준비를 했다. 우리가 달구지에 올라탈 준비를 하고 있을 때, 레앙이 작별 인사를 하러 왔다.

　"우린 프놈펜에서 다시 만날 수 있을 겁니다." 그가 친근하게 내 어깨에 팔을 두르면서 말했다. "시아누크가 적절히 통제될 때 말이죠."

다른 사람이었다면 이런 낙관론은 그저 빈말에 불과했겠지만, 레앙은 정보를 많이 접하는 것 같았기에 그의 말은 우리의 흥분을 진정한 희망으로 바꾸어 놓았다. 내게 풋의 예언을 상기시키려고 애썼던 늙은 농부 타 분에게 작별 인사를 전해달라고 누군가에게 부탁한 뒤, 나는 우리 일행 18명을 차 두 대에 나눠 태웠다. 비좁고 꽉 끼었다. 하지만 심은 여전히 자기 자전거를 갖고 있었고, 사룬은 그의 뒤에 있는 짐받이에 자진해서 탔다. 우리는 깡마른 체구의 레앙이 격려의 뜻으로 고개를 끄덕이며 손을 흔들면서 안심시키는 가운데 길을 나섰다. 심과 사룬이 우리 옆에서 길을 따라 비틀거리며 나아가는 광경은 아이들의 웃음을 자아내기도 했다.

"상황이 정말 나아질까요?" 아니가 내 손을 자기 허리에 두르면서 말했다.

나는 말했다. "그럴 거요. 더 나빠질 수는 없으니까." 어쨌든 바탐방에서는 더 나은 음식을 얻게 될 것이고 서로 가까이서 지낼 수 있을 거라고 설명했다. 게다가 일이 잘 풀리지 않더라도 나는 여전히 내 지도 조각을 갖고 있었고, 우리는 태국에 훨씬 더 가까이 있게 될 터였다.

당시에 우린 수수께끼의 인물인 '페치 동무'가 한 경고를 잊고 있었던 것이다. "앙카르를 예측하려 들면 안 되오! 앙카르가 말하는 그 어떤 것도 영원할 거라고 믿지 마시오!"

V. 유령도시

정오가 지나고 머잖아 구름이 밀려들더니 비가 내리기 시작했다. 20마일쯤 간 뒤에 우리는 타케오 성을 가로지르는 2번 고속도로에 내려졌다. 우리가 빗속에서 함께 모여 서 있는 동안, 크메르 루주는 우리가 자기네 관할 구역을 떠나고 있으므로 왓 앙 레카르 Watt Ang Recar 사원까지 남은 5마일은 수레를 버리고 걸어가야 한다고 설명했다. 거기서 우리를 바탐방까지 실어나를 트럭을 기다리라는 것이었다.

비참한 광경이었다. 우리는 비를 쫄딱 맞아 흠뻑 젖은 몸으로 수레에서 짐을 내렸고, 빈 수레들이 길 저편으로 사라지는 것을 지켜보았다. 회색 형상들이 장대비 속에서 어수선한 모습으로 희미하게 사라져가고 있었다.

몇몇 사람은 진흙탕 위를 터벅터벅 걸어 길을 나섰다. 그들 가운데 홀로 걸어가는 찬의 모습이 보였다. 우리는 서로에게 손을 흔들었고, 내일 사원에서 만나자고 소리쳤다.

우리는 짐과 아이들 때문에 이런 날씨에서는 어디든 갈 수 없다는 데 의견이 일치했다. 우린 담요를 덮어쓴 채 기다렸고, 한 시간쯤 지나자 비가 그쳤다. 늦은 오후의 햇살 아래 가진 것을 말릴 요량으로 늘어놓았다. 심은 자전거를 땅바닥에 뉘어 놓더니 졸기 시작했다. 분위기가 밝아졌다. 수닷의 부추김을 받은 나왓은 심의 코를 간질여 깨웠고, 심은 둘 다 아직 축축한 풀밭으로 굴려 버렸다. 다른 아이들도, 밤새 남아 있기로 한 다른 피난민 가족들 사이에서 놀이 상대를 찾아냈다.

그때 기이한 행렬이 지나갔다. 사람들이 삼삼오오 짝을 지어 50대쯤 되어 보이는 수레와 자그만 시트로엥 몇 대를 밀고 끌고 있었다. 해안 지방에서 소금을 모아 나르는 사람들이었다. 일군의 사람들이 굼벵이 같은 속도로 짐을 나르는 이 초현실적인 광경은 무수한 의문을 불러일으켰다. 짐수레를 끌 소가 모자랐던 것일까? 왜 사람이 소를 대신해야 한단 말인가? 왜 차를 미는 걸까? 이런 꼴로 얼마나 오래 왔던 것일까?

이 모습은 나라가 무너지고 있음을 보여주는 또 하나의 기이한 징후로 보였다. 모든 지역 사회에 휘발유와 소금이 떨어진 게 분명했다. 크메르 루주는 트럭으로 물자를 운송할 공급망을 조직하는 대신, 각 공동체에 긴요한 인력을 차출해 이 진력나는 일을 시키게끔 강요한 것이었다.

　우리가 들판에 나무와 집 몇 채가 점점이 흩어져 있는 풍경 속에서 길가에 천막을 쳤을 때, 나는 작고 허름한 초가집이 근처에 있다는 것을 알아차리고 한 가지 착상을 떠올렸다. 스타웃은 진작부터 몸이 좋지 않았고, 이제는 손발이 끔찍하게 부어오르고 있었다. 다시 비가 올 경우에는 특히 그 아이가 밤을 보낼 피난처가 필요했다. 나는 아니를 설득해 아이를 그 집으로 데려갔다. 안에 있던 늙은 농사꾼 여인은 스타웃의 몰골을 보고는 아니와 아이를 그날 밤 동안 묵도록 허락했다.

　내가 처자식이 잘 잠자리를 준비하는 동안, 갑자기 크메르 루주 군인 넷이 들어왔다. 그들은 우리를 쳐다본 다음, 그들을 불안한 표정으로 주시하던 노파에게로 곧장 다가갔다. 그러자 그 노인은 아무 말도 없이 야자설탕이 담긴 커다란 흙단지를 꺼냈다. 그녀가 설탕을 한 공기 퍼서 크메르 루주에게 건네주는 모습을 보아하니 전부터 정기적으로 하던 일임이 분명했다. 이제 설탕도 귀중하고 탐나는 물건이 된 것이다. 우리는 군인들이 자기네끼리 두런두런 얘기하면서 코코넛을 설탕에 담가 먹는 모습을 부러움에 찬 침묵 속에서 지켜봤다. 그들이 다 먹고 나자 노파는 단지를 대나무 침상 아래로 숨겼고, 크메르 루주는 떠나갔다. 그들 사이에선 어떤 말도 오가지 않았다.

　잠시 침묵이 흐른 뒤, 쭈뼛거리면서 스타웃을 위해 설탕 좀 줄 수 있겠느냐고 물었다. 그 노인은 못 들은 척했다. 다시 묻자, 그녀는 당혹해하면서 대답했다. "그 동무들이 설탕을 숨기라고 일렀다우. 댁네들한텐 설탕을 줄 수가 없다우." 그녀는 불안해 보였지만 동시에 부끄러워하고 있었다. 다시 묻지는 않았다.

아침이 되었고, 우리와 길가에서 노숙했던 다른 피난민 수십 명은 떠날 준비를 했다. 이제 우리는 심의 자전거를 제외하면 어떤 운송 수단도 없이 적잖은 거리에 걸쳐 우리의 소지품을 모두 날라야 한다는 문제에 처음으로 직면하게 되었다. 이제 항상 스타웃을 안고 다녀야 하는 처지가 된 아니는 물론, 역시 아기를 데리고 있던 라오도 물건을 나를 수 없었다. 짐을 덜고 좀 더 가볍게 여행해야만 했다.

우리는 대략 30분 동안 소지품을 뒤지면서 살아남기 위해 뭘 가지고 있어야 하고 뭘 버려도 좋을지 궁리했다. 옷가지, 담요, 돗자리, 각종 냄비…. 거의 전부 필요한 것들이었다. 당장 살아가는 데 쓰건 교환용으로 쓰건 간에 말이다. 결국 우리는 거치적거리는 여행 가방 두 개를 버리고, 모든 것을 더 다루기 쉽게 꾸러미로 엮어서 나눠 가져가기로 했다. 잡동사니 몇 개가 든 여행 가방은 사례의 뜻으로 노파에게 주었다. 내 카세트 녹음기도 주었다. 건전지는 작은 라디오에 쓰려고 빼둔 상태였기 때문에 그다지 쓸모가 없었다.

그렇게 했어도 막상 떠나려고 하자 우리가 모든 것을 한 번에 나르기에는 너무 허약해져 있었다는 게 드러났다. 잠시 토의한 끝에 우리는 이제 아무것도 잃어서는 안 된다는 결론을 내렸다. 우리 가운데 몸 상태가 좋은 사람이 두 번씩 오가야 할 판이었다. 짐 하나를 땅에 내려놓고 나서 나머지 인원이 우릴 기다리는 동안 한 번 더 짐을 옮기는 것이었다.

우리가 걷고 있을 때, 아니가 덜덜 떨기 시작했다. 다시 가랑비가 내렸다. 시간이 지날수록 아니의 상태는 나빠졌고, 그녀의 품에 안긴 채 희미하게 우는 스타웃도 마찬가지였다. 손위 아이들 둘은 머리를 숙인 채 손을 가슴께에서 움켜쥐고는 엄마를 따라갔다. 내가 심과 쎙, 사룬과 함께 짐을 가지러 돌아갈 때마다 두 아이는 자기네 엄마 곁에 쪼그려 앉아 있곤 했다. 참으로 비참한 광경이었다. 부모님은 너무 늙고 약해서 아니, 라오, 켕 및 다른 아이들 셋과 함께 터벅터벅 걷는 것 외에는 아무것도 하지 못했다.

한낮이 되어서야 5마일을 걸어 사원에 도착할 수 있었다. 다른 사원들이 죄다 그랬던 것처럼 그곳도 약탈당한 상태였고 이미 피난민들이 가득했다. 그들은 온종일 삼삼오오 무리 지어 도착했다. 하지만 적어도 비바람은 피할 수 있게 되었다.

피난민들은 그날 오후와 다음날까지도 계속해서 밀려 들어왔고, 마을 주민들이 경내 주위에 나타나 자기네가 가진 식량을 우리가 가진 물건들과 교환하려 했다. 이 '정거장'을 감독하는, 몇 안 되는 크메르 루주들은 신경 쓰지 않는 듯했다. 나는 바지와 사롱을 각각 한 벌씩 주고 닭 두 마리를 간신히 구할 수 있었다. 트럭에는 최소한의 물건만 실을 수 있다는 소문이 있었기에 아니와 나는 닭을 그 자리에서 죽여 먹어치우기로 결정했다. 사롱 몇 벌을 더 내주고 설탕과 카사바는 물론 아니와 스타웃에게 쓸 약도 조금 얻을 수 있었다. 다행히 여기서는 젖지 않은 몸으로 쉴 수 있었고, 아니의 열은 며칠 만에 사라졌으며 스타웃도 상태가 호전되었다.

이런 상황에서는 그저 살아남으려고 애쓰면서 이야기나 나눌 수밖에 없었으니, 뜬소문이 번지는 것은 당연한 일이었다. 몇몇은 '라디오 북경'[15]에서 시아누크가 복귀한다는 소식을 들었다고 말했다. 다들 왕자가 자기 귀환을 위해 내세운 것으로 추정되는 '다섯 가지 조건'에 대해 이야기했다. 곧 우리는 그 조건들을 전부 외우게 되었다. 종교적 관용과 사원의 수리, 화폐의 재도입, 대학교와 학교의 재개관, 공무원과 기술자의 재취업, 이동의 자유가 그것이었다. 나는 '미국의 소리'의 캄보디아 지역 방송을 들음으로써 소문의 진위를 확인하려고 했다. 하지만 캄보디아 자체에 대한 언급조차 없었다. 나중에 그 이유를 알게 되었다. 소문은 대부분 판타지였다. 하지만 나는 미국인들이 그저 우리에게 관심을 잃었다고 믿고—어쨌든, 그들이 우릴 저버린 마당에 우리에게 관심을 가질 이유가 뭐겠는가?—우리가 조금 더 오랫동안 희망 속에 살았으

---

15) 오늘날의 '중국국제방송'의 전신이다.

면 했다. 기다림은 2주간 지속되었다. 위생이랄 것이 없고, 가족들의 시신이 서로 잇대어 쌓여가고, 식량은 드물어진 상황에서 그렇게 오랫동안 말이다. 이 모든 비참함 속에서 유일하게 얻은 이득은 우리가 작업과 정치 교육을 면제받았다는 것이었다. 조직은 최소한으로 돌아갔다. 크메르 루주는 식량을 이틀에 한 번씩만 배급했다.

∎

트럭들이 도착한 날, 우리는 사흘치 쌀을 받았고 짐을 꾸리라는 말을 들었다. 이어 오백 야드 떨어진 곳에 있는 고속도로에서 트럭을 기다리라는 명령이 내렸다. 곧 이천 명이 넘는 사람들이 길에 줄지어 늘어섰다. 이제 식량을 좀 지닌 채 떠나게 되었으니, 다시 희망을 품을 이유가 생긴 셈이었다.

총 20~25대쯤 되는 수의 트럭들이 당도해 피난민 옆으로 나란히 차를 댄 채로 섰다. 온갖 종류의 운송 수단이 있었다. 공공사업부에 속한 덤프트럭, 중국제 트럭, 미제 트럭 등…. 모두 덮개는 없었다.

트럭이 멈추자마자 다들 달려들기 시작했다. 몇 분 동안은 다들 가족끼리 한데 뭉치려고 애쓰는 통에 완전히 난장판이었다. 사람들은 트럭 뒤쪽부터 운전석 위를 넘어 보닛 위까지 흘러넘쳤다. 나는 아니와 스타웃, 나왓을 가장 가까운 데 있던 트럭으로 밀었다. 하지만 끔찍하게도, 그 트럭은 이미 꽉 차 있었다. 사람들은 공간을 얻고 자리를 만들고자 필사적으로 밀고 당겼으며, 상당수는 소지품을 길가에 버려두었다. 심의 자전거를 실을 방도는 없었다. 자전거는 길가에 방치되었고 나중에 크메르 루주가 가져갔다. 나는 부모님께서 두 번째 트럭에 오르시는 것을 도와드렸다. 쎙과 그의 가족(라오, 자식 셋, 라오의 어머님)은 내 여동생 둘 및 사룬과 함께 세 번째 트럭에 탔다. 나도 네 번째 트럭에 자리를 찾아 수닷 및 심과 함께 탔다.

우리는 정어리 통조림처럼 꽉 채워졌고, 서로에게 딱 붙은 채로 앉거나 섰다. 트럭 한 대에 백 명이 탔다. 심과 나는 운전석 뒷면에 바짝 등을 기댄 채 나란히 섰고, 수닷이 우리 사이를 비집고 섰다. 숨이 막힐 것 같은 기분으로 다른 트럭들에 탄 가족들을 잠깐이나마 보려고 애썼다. 크메르 루주는 우리가 모두 죽기를 바라기라도 했던 걸까? 우리는 가축만도 못한 대우를 받고 있었고, 체계적이고 제도화된 경멸에 희생되고 있었다.

이렇게까지 했음에도 모두에게 자리가 나지는 않았다. 노인과 어린애 일부는 길가에 버려졌다. 쉰쯤 되어 보이는 여성 병자가 크메르 루주 병사에게 트럭에 탄 십대 자식들과 함께하게 해달라고 애원하는 소리가 들렸고, 곧 그녀의 자식들도 탄원에 동참했다. 하지만 그 병사는 트럭이 꽉 찼다고 판단해 그녀를 실으려 하지 않았다. "너희들 엄마 걱정은 하지 마라!" 그가 아이들에게 소리쳤다. "앙카르는 너희가 어디 가는지 다 알고 있으니까!" 다른 사람들은 무표정했고, 감히 항의하려 들지 못했다. 트럭은 떠나갔고, 여인은 길가에 주저앉은 채 사라져가는 아이들을 향해 "부처님의 가호가 있기를!"이라고 외치며 울고 있었다.

행렬은 촌락과 작은 마을들을 지나 북쪽으로 향했다. 어디 할 것 없이 황폐해 보였다. 트럭은 드물게만 눈에 띄었다. 덜커덩거리는 우리 행렬을 제외하면, 시골은 이제 자전거나 도보로만 이동할 수 있게 되었다. 한 시간, 두 시간이 지났다. 아이들은 울었고 소나기가 우리를 흠뻑 적셨으며 햇볕이 내리쬐었다. 우리는 언제 멈추게 될지, 아니 과연 멈추기는 할지도 듣지 못했다. 몇 명은 그 자리에서 똥오줌을 지렸다. 내 근처에 있던 여자 두 명이 기절하더니 옆 사람 쪽으로 쓰러져 뒹굴었다. 시간이 지난 뒤에도 일어나지 않는 걸 보고 나는 그들이 죽었다는 걸 깨달았다. 세상의 모든 비참함이 이 트럭 안을 채운 것 같았다.

두 시간이 지난 뒤 행렬이 멈췄다. 크메르 루주 운전사와 동료 운전사는 시체가 있다는 것을 알아차리고는 내려놓으라고 지시했다. 시신들은 길가에 눕혀졌다. 그렇게 두고 갈 것이 분명했다. 죽은 두 여인의 가족들이 무슨 일이 벌어졌는지 목격하고 울면서 항의하기 시작했다. 죽은 이는 매장하거나 화장하는 게 전통이었던 것이다. 망자를 길가에 방치한다는 것은 상상조차 할 수 없었을뿐더러 천벌 받을 짓이었다.

나는 생각했다. '이젠 희망을 품지 말아야 해. 이제 우린 더 이상 인간이 아니야.'

이 깨달음은 내가 최근 지니고 있던 낙관주의를 새로운 관점에서 보게 해주었다. 진실은 우리가 다시금 정치적 음모의 희생자가 되었다는 것이었다. 먼저 시아누크의 정권이 독재로 나아갔다. 이어 론 놀 정권의 실패가 뒤따랐다. 그다음에는 미국인들이 우리를 저버리고 떠났다. 그리하여 크메르 루주의 폭정이 마지막을 장식했다. 이제 그 폭정이 완화되지 않으리라는 것을 알게 되었다. 시아누크 지지자들은 시아누크의 귀환을 대비하는 차원에서 추방된 이들을 부분적으로 복권시키자고 제안한 반면, 청교도적인 파벌은 자신들의 통제권을 되찾을 목적으로 '정화' 과정을 강화했다. 체우크마우를 떠나 고향 마을로 돌아가고 싶다고 말함으로써, 우리는 속임수에 넘어가 '개인주의적 성향'을 지니고 있다고 스스로 밝히고 말았다. 우리는 사실상 스스로를 고발한 것이다. 이 세 번째 이동은 신인민인 우리를 파괴하려는 또 하나의 단계일 뿐이었다.

프놈펜의 소개 이후로, 이동이 있을 때마다 그것은 크메르 루주가 우리에게서 점점 더 많은 재산과 인간성을 앗아가는 구실로 작용했다. 화폐를 철폐한 조치는 우리의 모든 금융 자산을 일시에 날려버렸다. 우리는 소중했던 모든 것을, 우리의 생존을 보장해줄 거의 모든 것을 조금씩 잃어가고 있었다.

행렬이 다시 출발하자 우리는 이야기를 나누기 시작했다. 어떤 이는 프놈펜에서 멈출 가능성을 두고 내기를 함으로써 우리의 기분을 북돋우려 했다. 실제로 우리는 그 도시에 접근하고 있었으며, 트럭에서 내 옆자리에 앉은 사람 일부는 우리가 정말로 바탐방으로 향하는 중이라고 벌써 확신하고 있었다. 우리는 뭔가 희망을 불어넣어 줄 만한 표지를 찾아 두리번거렸다.

하지만 아무것도 없었다. 이 지역에는 아직 전투의 상흔이 남아 있었다. 차량 수백 대가 버려져 있었다. 사라져버린 문명을 증언하는 인공물의 잔해였다. 심지어 한때 내가 몸담았던 공공사업부에 속했던 녹슨 스크레이퍼 두 대와 불도저 세 대도 눈에 띄었다.

수도 방위 목적으로 건설된 촘차우Chom Chau 군사기지를 지나쳤을 때, 우리가 신세계에 들어섰음을 알 수 있었다. 어디를 보든 검은 옷을 걸치고 무장한 크메르 루주가 있었다. 그들의 자동소총, 즉 중국제 AK47과 미제 M16은 상태가 좋았다. 관개가 잘 된 논에 크메르 루주 병력들이 흩어져 있었다. 옥수수와 카사바밭도 관리가 잘돼 있었다. 수도에 가까워질수록 풍경은 더 짙푸른 녹색으로 변했다.

우리는 포첸통Pochentong 공항으로 향하고 있었다. 목을 쑥 빼서 운전대 너머를 쳐다보니 빨간 깃발이 나부끼는 관제탑이 보였다. 거기에는 어떤 표장도 없었다. 보통은 어느 깃발에나, 심지어 크메르 루주 깃발에도 앙코르와트 사원의 실루엣이 그려져 있었는데도 말이다. 관제탑은 비어 있었고 활주로는 사용되지 않았다. 민간 항공기와 군용기의 잔해들이 여기저기 널려 있었다.

포첸통을 지난 다음에도 온통 황폐해 있었다. 시장이나 주택 어디에도 사람이라고는 단 한 명도 보이지 않았다. 문은 박살이 났고 가구들은 흩어져 있었다. 정원의 풀은 웃자라 있었다.

이리하여 우리는 일가가 한때 살았던 지역 가까이에 온 것이었다. 심이 말했다. "봐, 수닷. 프놈펜이야."

수닷은 목을 빼고 발끝으로 서서 이리저리 밀어대는 어른들과 운전대 너머로 보려고 애썼다. "프놈펜이라고요!" 아이가 내게 소리쳤다. "보여줘요, 아빠, 볼 수 있게 해줘요."

심과 나는 수닷을 붙잡아 우리와 같은 눈높이가 될 때까지 들어올렸다. "우린 집에 가고 있는 거예요, 아빠?"

"집에? 아니, 아직 아니야. 우린 곧장 지나쳐야 해. 다른 데부터 가야 한단다."

우리 셋 모두 주위를 둘러보았다. 한쪽에는 대학교가, 반대쪽에는 승려 전용 병원이 있었다. 잠깐이라도 처가를 보려고 애썼지만, 거리가 너무 멀었다. 처부모께는 무슨 일이 생겼을까? 그분들이 다른 수백만 명과 함께 공허 속으로 빠져들기라도 한 것만 같았다. 이제는 누구도 그들을 언급하지 않았다. 그건 너무나 고통스러운 일이었다. 그분들은 알려지지 않았고 풀 길도 없는 거대한 수수께끼의 일부가 되었다.

수닷이 어리둥절한 표정으로 물었다. "그런데 아빠, 왜 사람도 차도 하나도 없는 거죠?"

나는 대답하지 않았고, 수닷은 다시 침묵에 빠졌다. 심과 내가 그랬듯이 보이는 광경에 놀란 것이다. 모든 집이 텅 비어 보였다. 여기저기서 도로 교차로마다 크메르 루주 병사들이 순찰을 돌았다. 그들을 제외하면 움직이는 것이라곤 아무것도 없었다. 잡초가 도로와 보도를 뒤덮고 있었다. 고양이나 개조차도 보이지 않았다. 우리 도시는 유령도시가 된 것이다.

하지만, 주위를 둘러보니 어쨌든 생명이 있긴 있었다. 프놈펜은 여전히 정원의 도시였다. 사방에서 나무와 들풀이 꽃을 피웠다. 초록빛 양탄자 위에서 빨간 꽃들이 빛났고, 나무며 그 위의 하늘에서는 새들이 지저귀었다. 도로가 거의 텅 비어 있음에도 불구하고 트럭들은 걷는 것보다 그리 나을 것도 없는 속도로 덜컹거리며 나아갔고, 나는 다섯 달 전에 프놈펜을 떠난 이후로 한 번도 느껴본 적 없는 마음의 동요를 체험했다. 위에는 기쁨, 아래에는 폐허라는 극단적인 대비가 가슴을 칼날처럼 베었다. 마치 공동묘지를 가로지르는 것 같았다. 무덤이 된 건물들은 꽃들로 에워싸여 있었다. 심과 수닷 그리고 다른 사람들이 이 상실감을 공유했으면 싶었다. 주위 사람들의 일그러지고 더러운 얼굴을 둘러보자 이 슬픔을 느끼는 게 나만이 아니라는 걸 알 수 있었다. 눈물을 억지로 참고 있는 사람은 나 혼자만이 아니었다.

바탐방에 가려면 계속 직진해서 도심을 가로지르는 게 보통이었다. 하지만 트럭들은 그러는 대신 왼쪽으로 방향을 틀어 뚜올까욱Tuol Kauk 주택가를 가로지르는 지름길로 접어든 다음 전에는 텔레비전 방송국이었지만 이제는 손상되지 않았지만 초목이 무성하게 자라버린 텅 빈 건물과 왼쪽으로는 적막한 램버트 경기장을, 오른쪽으로는 문이 굳게 닫힌 프랑스 대사관을 지나 톤레삽강을 따라 달렸다.

4마일 북쪽에 큰 시장이 있었다. 거기에 이상한 변화가 일어났다. 돌로 된 진열대와 길거리를 포장한 돌들이 모조리 사라졌다. 그 자리는 이제 채소들이 메우고 있었다. 마치 크메르 루주 혁명을 상징하는 것처럼, 마치 이렇게 말하기라도 하려는 것처럼 말이다. "우리에게 더 이상 시장경제는 없다. 우리는 이제 자급자족을 실천한다!" 길에서 본 몇 안 되는 인부들은 '해방구'에서 온 구인민들, 농부들, 시골 사람들이었다. 크메르 루주는 새로운 경제 시스템이 요구하는 소규모 공장을 운영하기 위해 농민들을 도시로, 또 공장 노동자는 도시에서 시골로 이주시켰다.

트럭들은 북쪽으로 움직이면서 내가 태어난 곳인 오우동을 지나쳤다. 우리는 2층짜리 벽돌 건물이 줄지어 늘어선 시장을 덜컹거리면서 천천히 지나갔다. 이제는 전혀 인적이 없었다. 그리고 이어 일부는 벽돌조, 일부는 목조이며 일부는 초가지붕이고 더러는 타일을 깐 소규모 주택지구로 들어섰다. "봐라, 수닷." 나는 그를 다시 들어올리면서 말했다. "네 조부모님의 집이란다!" 흙이 깔려 있었던 곳은 잡초가 점령한 지 오래였다. 여기서 나는 삶의 첫 10년을, 행복하고 평화로웠던 시절을 보냈다. 이 고상가옥들 사이의 그림자 속에서 숨바꼭질을 했던 게 떠올랐다. 호수에서 수영하며 보냈던 오후들도 기억났다. 나는 훌륭한 수영선수였다. 부모님께서 하시던 말씀이 귓가에 생생했다. "생선 꼬리를 먹어야지, 싸이, 그래야 물고기처럼 헤엄칠 수 있는 거야!" 나는 말씀대로 했고, 그래선지 수영을 잘했다. 그곳의 침대 밑에 몇 시간이나 숨어 있음으로써 부모님이 내게 저지른 끔찍한 부당 행위에 맞서려 했던 기억도 났다. 이제 마을에는 어떤 생명의 흔적도 없었다.

마을을 떠날 무렵, 어릴 적부터 봐왔던 논이 보였다. 논에 넘쳐난 물은 가장자리로 흘러 내가 헤엄치곤 했던 강물과 합류했다. 그 헤엄이, 지빠귀 소리가, 얕은 물에 서서 물고기를 기다리던 왜가리의 모습이 떠올랐다. 바뀌지 않은 것들도 있었다. 물이 가득 찬 논, 수면 위로 삐죽삐죽 솟은 푸른 풀의 새싹들, 가로수 위에서 지켜보는 지빠귀들, 높다랗게 자란 사탕야자들이 멀찍이서 물가를 에워싼 모습 등 이런 면에서 볼 때 캄보디아는 시간을 초월한 아름다움을 간직한 곳으로 여전히 남아 있었다. 왜가리도 어딘가에 있을 터였다.

그 북쪽, 즉 살랄렉프람Salalekpram과 콤퐁치낭Kompong Chhnang 쪽

으로는 크메르 루주 몇 명을 빼고는 아무도 보이지 않았다.

땅거미가 내려앉자 트럭들이 멈췄다. 나는 차에서 내려 안도감과 함께 가족을 다시 한데 모았다. 다들 괜찮아 보였다. 나는 아니를 껴안았고, 아니는 스타웃이 한 번 크게 울기는 했지만 잘 견뎠다고 말해주었다. 우리는 길가에 떼지어 최선을 다해 야영을 준비하기 시작했다. 돗자리와 담요를 펴고, 작은 불을 피워 밥을 짓고, 근처 개울에서 물을 길어왔다.

음식을 기다리는 동안 대화가 잠시 여행 얘기로 되돌아갔다. 나는 우리가 처한 갑갑한 환경과 시체를 치우는 문제에 대해 뭐라고 중얼거리고 있었는데, 갑자기 부오치가 끼어들었다. "저들이 프놈펜에 한 짓 봤어요? 사방이 잡초투성이에요! 건물들은 무너지고, 길은 또…."

"쉿, 부오치." 아버지가 조용하지만 단호하게 말을 가로막았다. "여기선 안 돼. 우리 모두 이 사람들이 어떤 이들인지 알지 않느냐. 우린 다 봤고, 같은 생각을 하고 있어. 아무 말도 할 필요가 없다."

그 뒤로 우리는 말없이 식사를 마친 다음 잠자리에 들었다.

■

새벽에 일어나 담요를 걷고 나자 다시 트럭으로 모이라는 명령을 받았다. 새날이 밝자 다시 기운이 났다. 우린 뭘 두려워했던 걸까? 바탐방으로 가는 길에 있지 않은가? 이렇게 생각하자 안심이 되었다. 트럭이 다시 덜컹거리며 이동했고, 나는 더 나은 삶의 가능성을 믿기로 했다.

20마일쯤 더 가고 나서 트럭은 멈췄다. 우리는 프놈펜에서 115마일 떨어진 곳인 푸르삿에 있었다. 도시로 들어가는 길목을 차단봉이 가로막고 있었다. 호송대 대장이 일군의 크메르 루주와 이야기하려고 사무실로 쓰이는 근처 작은 방갈로 쪽으로 가는 게 보였다. 그는 거기에 30분 동안 있었다. 엔진이 계속 돌아가고 있었다는 것은 고무적이었지만, 이렇게 지연되는 게 기분 좋지는 않았다.

장교가 돌아왔을 때, 초병은 차단봉을 올리려 들지 않았다. 트럭들은 출발했고, 직진해서 바탐방 쪽으로 가는 대신 좌회전해서 푸르삿 성 쪽으로 향했다.

바탐방행은 이걸로 끝이었다. 우리 모두 낭패의 신음을 냈다. 이번에도 우리는 도착지가 어딘지 알지 못한 채 가고 있었다.

푸르삿이 우리 뒤로 멀어져 갔다. 우리는 거대한 철도 차량기지를 지나쳤고, 거기에는 수천 명이 철길 옆에 늘어서서 기다리고 있었다. 옷 색깔을 보아하니 신인민인 게 분명했다. 잠시 동안 우리는 기차로 바탐방에 가는 게 아니냐고 서로에게 물어보았다. 하지만 그렇지 않았다. 우리는 논과 옥수수밭, 사탕야자로 이루어진 평탄한 농경지를 가로질러 숲속으로 들어갔다. 정오쯤에 트럭들이 푸르삿강에 이르러 줄지어 멈춰 설 때까지 말이다.

길은 거기서 끝났다. 이제 다들 우리가 거대한 운송 작전의 일부임을 깨달았다. 주변에는 수천 명이나 되는 다른 추방자들이 기다리고 있었다. 우리 대열은 처음이 아니었지만 마지막도 아닐 터였다. 맑은 하늘에서 해가 우리 머리 위로 드리워졌다. 싸돌아다니지 말라는 경고를 들은 우리는 다시 한데 모여 강둑에 자리를 잡았다. 아니와 켕, 부오치, 라오가 밥을 짓는 동안 쩽과 나는 나뭇가지를 엮어 움막을 급조해 아이들이 그늘에서 잘 수 있도록 했다. 나중에 나는 몇몇 무리가 소달구지를 탄 채 숲속으로 향하는 것을 보았다. 다른 사람들은 거룻배를 타고 강을 건너고 있었다. 분명히 우리 역시 숲으로 향하고 있었다. 캄보디아에서 가장 야생 지역인 카다멈Cardamom을[16) 개간하기 위해서 말이다.

카다멈은 숲이 무성한 산지로, 말라리아가 창궐하고 있어 건강에 나쁜 곳으로 이름나 있었다. 그 땅은 언덕투성이였고 벌목은 거의 이루어지지 않았으며 인구는 희박했다. 그곳에 사는 크메르 로우Khmer Loeu, 즉 산지 크메르인은 거의 부족 수준으로, 주로 수렵과 채집으로 살아갔다. 쌀농사도 짓기는 했지만 수확은 빈약했고, 그 지역에서 유일하게 제대로 된 마을인 레아치Leach에 가는 일도 별로 없었다.

---

16) 카다멈 산맥 지역을 말한다. 끄라반 산맥이라고도 부르는 이 산맥은 캄보디아 서부와 태국 동부에 걸쳐 있다. 야생 동식물의 낙원으로 사람이 거의 살지 않으나, 일부 지역에서는 카르다몸(소두구)이나 후추 등을 재배하기도 한다.

검은 옷을 입은 사람들(민간인과 피부가 까무잡잡한 산지 주민들)이 우리 사이를 오가면서 가족들의 이름과 각 가족당 인원수를 등록했다. 우리는 50가구로 이루어진 그룹에 포함되었고, 오후 늦게 텐트를 걷고 이동을 계속하라는 말을 들었다. 우울하고 체념에 빠진 기분으로, 우리는 발을 질질 끌면서 짐을 챙겨 들고 군중에 합류했다.

암울한 광경이었을 것이다. 앞뒤로 피난민들이 몰려들었고, 쎙은 양쪽에 자기 아들들을 둔 채 18명에 이르는 우리 일가를 인솔했다. 그의 뒤에는 라오가 한 손으로는 엉덩이께에 아기를 받쳐들고 다른 손으로는 짐꾸러미를 든 채 따르고 있었다. 그다음에는 라오의 어머니, 부오치와 과묵하고 근엄하신 아버지의 부축을 받아 걷고 있는 내 어머니, 꼬마 스레이를 데리고 걷는 사룬, 머리 위에 짐꾸러미를 인 채로 남편이 엉뚱한 말을 하거나 도움을 요청할까봐 사룬 뒤에 바짝 붙어서 걷고 있는 켕이 있었다. 나는 뒤쪽에서 스타웃을 업고 있는 아니, 수닷과 나왓의 기분을 돋워 주려고 애쓰고 있는 심과 함께 걸었다.

심은 우리 가운데 낙담하지 않은 유일한 사람이었다. "이리 와, 수닷." 그는 세상에 근심 하나 없다는 듯이 씩 웃으면서 말했다. "숲속에서 잠깐 걷자! 재미있을 거야!" 그가 없었다면 우리가 어찌 되었을까 싶었다.

우리는 강을 건너는 대신 천천히 밀려드는 군중을 뚫고 숲속으로 이끌려 들어갔다. 우리 같은 신인민들이 살고 있는 소규모 공동체들을 걸어서 지나쳤다. 그들은 거리를 둔 채 두려움 섞인 호기심을 품고 우리를 주시했지만, 우연히 지나갈지도 모르는 친척이나 친구를 찾아내고 싶어 했다. 피로에 지친 음울한 얼굴, 땀으로 뒤엉킨 머리카락이 친숙한 얼굴을 보고 기쁨에 빛나는 경우도 때때로 있었다. 하지만 인사보다 더 많은 것을 나눌 시간은 없었다. 대열이 계속 움직였기 때문에 기쁨에 찬 대화는 삽시간에 중단되곤 했다. 우리는 1마일쯤 걸었다 싶을 때마다 걸음을 늦추거나 멈춰서 뒤처진 사람들을 기다렸다. 이때쯤 대열은 반 마일 넘게 뒤로 뻗어 있었고, 연장자들은 뒤처진 사람들을 손짓해 불렀다.

해질녘이 되자 비가 내리기 시작했다. 우기에는 늘 이랬다. 그 자리에 멈추라는 말을 들었다. 빗살은 점점 거세어졌다. 비를 그을 곳이라곤 없었다. 우린 아이들을 웃옷으로 덮었고, 흠뻑 젖은 자리 위에서 쉬려고 애썼다. 스타웃은 울었지만, 몇 달 동안 힘들게 살면서 단련된 나왓과 수닷은 쭈그려 앉은 채 불평 한마디 없었다. 곧 지면이 물바다가 되었다. 진흙이 우리 발 사이로 흘러나와 가방을 적셨다. 물이 옷 속으로 흘러들었다. 남녀노소 할 것 없이 옹기종기 모인 꼴이 꼭 물에 빠진 생쥐 같았다.

나는 주위를 둘러보았다. 저물어가는 빛과 비 속에서, 주변 사람들은 서로 구별할 수 없는 그림자에 불과했다. 다들 거의 움직이지 않고 말도 하지 않은 채 그저께 왓 앙 레카르 사원에서 배급받은 쌀을 먹고 있었다. 병자들을 돌보는 구호 체계나 지역공동체 조직은 없었다. 아무도 불평하지 않았다. 비와 어스름 속에서 움직이지 않은 채 두세 명씩 무리를 지어 서 있는 크메르 루주에 대한 두려움이 우리 모두를 마비시켰다.

이튿날 식량이 배급되었다. 크메르 루주 두 명이 초가지붕 아래 서서 배급을 맡았다. 하나는 마이크로 우리를 호명했고, 다른 하나는 양철 깡통을 커다란 쌀 포대 안에 찔러넣어 각자에게 나눠줄 식량을 쟀다. 내가 식량(연유 깡통 반 개 분량, 즉 하루에 1인당 4온스에 해당하는 쌀이었다)을 받을 때 병사가 말했다. 각자 식량을 타갈 때마다 말했던 것처럼 말이다. "앙카르의 결정을 기다리시오! 아무 데도 가지 마시오!"

그래서 우리는 사흘간 그곳에 머물렀다. 날마다 똑같은 체계(깡통으로 푸는 쌀, 지시사항, 지루하게 늘어선 행렬)가 반복되었다. 모두가 깡통 반 개 분량의 쌀을 받는 데 네 시간이 걸렸다.

나흘째가 되자 말이 달라졌다. "이제 우리는 동무들한테 땅을 분배할 것이오." 우리가 앞으로 무슨 일이 벌어질지 궁금해하면서 서로에게 속삭이는 동안, 각 집안의 가장들은 종대로 열을 서야 했다. 한 열당 대략 50명씩이었다. 나는 아버지, 쎙과 함께 줄을 섰다. 우리는 서로에게 물었다. 저들은 우리를 어디로 데려가려는 걸까? 이 근처일까? 아니면 밀림 깊숙이?

각 열마다 병사 두 명의 명령을 받으면서 오솔길을 따라 행진했다. 1마일쯤 걸어간 뒤, 크메르 루주는 20야드쯤 떨어진 곳에 있는 나무들을 표지 삼아 가리키면서 숲속에 구획을 할당하기 시작했다. 여기, 원시림 속에서 우리는 각자 지낼 오두막을 짓게 될 터였다. "동무들은 여기서 살아야 하오." 검은 제복을 입은 어린 병사 중 하나가 말했다. "영원히."

VI. 죽음의 밀림

다른 가족들과 짐가방을 챙기려고 돌아갔을 때, 우리가 처한 끔찍한 상황이 충격적으로 다가왔다. 점점이 흩어진 큰 나무들 아래 펼쳐진 밀림은 묘목과 빽빽한 덤불, 웃자란 풀, 가시넝쿨의 혼합체였다. 우리가 비를 피할 수 있을 만큼 두꺼운 지붕은 아무 데도 없었다.

나는 뭘 하는 건지 뚜렷이 의식하지 않은 채로 덤불을 치우기 시작했다. 내 보살핌을 받고 있는 꺽다리 사촌동생 심이 나를 거들었다. 아니는 나뭇잎과 돗자리를 축축한 땅 위에 깔아 아이들을 돌볼 자리를 만들었다. 심과 나는 구멍을 파서 잘라 온 나무를 꽂은 다음에 수챗구멍을 팠다. 심은 언제나처럼 세상일에는 관심이 없다는 식으로 일했고, 혁명 직전까지 유행했던 노래를 휘파람으로 명랑하게 부르기 시작했다. '나는 배를 젓는다네! 배를 젓

는다네! 배를 젓는다네!'

"조용히 해, 심!" 나는 주위를 둘러보면서 말했다. "이 멍청아, 그러다 남들이 본다고." 그는 즐거워 보이는 표를 내지 말아야 한다는 걸 진작에 깨우쳤어야 했다.

오후에 우리는 덩굴로 장대 몇 개를 묶고 초보적인 초가지붕을 올리는 데 성공했다. 벽이라곤 없었다. 그다음 나는 오두막에 돌을 깔아 가능한 한 바닥을 단단하게 만들었고, 이 울퉁불퉁한 바닥에 나뭇잎 깔개를 덮었다.

오후가 끝날 무렵, 확성기가 식량을 받아 가라고 알렸다. 나는 우리 일가의 다른 남자들과 함께 오솔길을 되돌아갔다. 우리는 다른 무수한 사람들과 마찬가지로 탁자 주변에 모여 우리가 호명되길 기다렸다.

어스름이 깔리기 시작했으므로 불 피우는 데 착수했다. 나무는 지면만큼이나 축축했지만 내겐 프놈펜에서 가져온 라이터 두 대가 남아 있었고, 칼로 젖어 있는 나무껍질을 벗겨내고 마른 속을 드러낸 다음 나뭇가지 몇 개를 태워 밥을 짓는 데 성공했다.

우린 이만큼 끔찍한 상황에 처해본 적이 없었다. 전에는 항상 습기를 막을 수 있도록 장대로 받친 전통 가옥에서 지냈던 것이다. 응달에 지은 우리 오두막은 언제나 눅눅할 게 확실했다. 그때는 분명 그랬다. 채 어두워지기도 전에 다시 비가 내리기 시작했다. 곧 나뭇잎 깔개와 그 위에 편 돗자리에 물이 스며들었다. 우린 진창에서 뒹굴었고 추위에 벌벌 떨었으며 기진맥진했다. 스타웃은 이제 내내 아파했다. 다른 두 아이는 그냥 서 있거나 쪼그려 앉은 채 우릴 슬프게 쳐다보고 있었다. 우리가 불 주위에 옹기종기 모였을 때, 아니와 나는 말없이 서로 쳐다보고 울었다. 아무도 말이 없었다. 우리에게 필요한 말은 오직 눈물뿐이었고, 그 눈물도 우리는 물론 아이들에게조차 별로 남지 않았다.

첫 사흘간은 악몽이었다. 나는 오두막 짓는 일을 멈추자마자 말없이 우리가 처한 불운에만 집중했고, 추위와 두려움으로 감각을 잃은 채 암울한 상념에 압도돼 있었다. 오직 어린 심만이 불편함을 개의치 않고 활기를 유지하고 있었다. 그는 강했고 책임질 것도 없었으며, 그 무엇에도 번거로워하지 않는 듯했다. 우리 오두막에서 심만이 유일하게 추진력을 지닌 사람이었다. 그는 사방을 뛰어다니면서 나무를 모으고 덩굴을 묶었다.

그가 일하는 동안 나는 부모님의 안부를 살폈다. 두 분은 우리 그룹의 다른 열두 명과 함께 오솔길을 따라 300야드가량 떨어진 곳에 계셨다. 당분간은 다들 괜찮아 보였다. 쎙과 사룬은 부오치와 켕의 도움을 받아 우리 것보다 훨씬 더 튼튼한 집을 짓기 시작했다. 집터도 더 나았다. 큰 나무 두 그루가 그늘을 드리운 개간지로, 시냇가로 내려가는 경사면에 위치했다. 스레이 랏은 밖에서 쎙의 두 아들인 비솟과 아맙이랑 놀고 있었다. 아버지는 언제나처럼 냉철했고, 무뚝뚝한 태도로 당신은 괜찮다고 말씀하셨다. 어쨌든 크메르 루주에게서 더 나은 것을 기대한 적은 없었다는 것이었다. 하지만 아직 채 다 완성되지 않은 초가지붕 아래 자리를 펴고 누워있는 어머니는 여독에 지친 상태였다. 어머니는 억지로 내게 웃어 보인 다음, 하루쯤 지나면 괜찮아질 거라고 말씀하셨다. 언제나 우리 가문의 여자 가운데 가장 활동적이었던 라오만이 아무것도 못 할 만큼 풀이 죽어 보였다. 그녀는 기진맥진한 자기 어머니 곁에 앉아 간신히 나를 올려다볼 뿐이었다. 나는 다소 안심한 채 오솔길을 다시 걸어 심이 집을 어떻게 짓고 있나 보러 갔다.

형편없게 지은 우리 집 근처에 다른 집 한 채가 지어지고 있었다. 건장한 남자 셋이 달라붙은 채 지붕에 쓸 막대를 한데 묶어 풀로 이고 있었다. 나로서는 놀랍고 기쁘게도, 그들 중 하나는 내 옛 친구 찬이었다. 그가 어떻게 되었나 하고 늘 궁금해하던 차였다.

마지막으로 보았을 때 그는 빗길을 뚫고 왓 앙 레카르 사원 쪽으로 걸어가고 있었다. 사원에서 2주간 머무는 동안 어쩌다 보니 우린 서로 헤어지게 되었다. 이제 다시 만나게 된 그는 내가 그를 만나 기쁜 만큼이나 자기도 우릴 본 게 기뻤던지 반가움의 표시로 내 어깨를 쳤다. 그는 함께 일하고 있는 두 사람을 소개해 주었다. 케오Keo는 전직 세관원이었고 프놈펜이 함락되기 전에 간신히 자기 아내와 어머니를 외국으로 탈출시켰다. 내 연배인 순Sun은 대학에서 과학을 전공한 다음 교사로 일했다. 그들은 분명 죽이 잘 맞는 삼총사였고, 용마루를 멋지게 올린 지붕을 지닌 큰 오두막을 짓고 있었다.

각자 집을 짓고 나자 넷째 날부터는 노역이 시작되었다. 첫째로 할 일은 나무를 베어 한쪽에 끌어다 놓음으로써 숲을 개간하는 것이었다. 베알봉Veal Vong이라는 이름을 지닌 우리 정착촌은 개척하지 않은 밀림 한가운데에 있었다. 근처 어디에도 논이라고는 없었고, 우리 스스로 만들어내야 했다. 일과는 전과 거의 같았다. 오전 여섯 시에 일어나 정오와 오후 한 시 사이에 식사 시간을 가졌으며 오후 여섯 시까지 일했다. 하지만 일하는 시간 동안 경비병들의 감시를 받은 것은 이번이 처음이었다. 나무를 베어내고 수풀을 걷어내며 그루터기를 뽑아낸 다음 정리한 땅 옆에 한데 모아 쌓아올릴 동안, 크메르 루주가 갑자기 나타나 우릴 주시하곤 함으로써 우리가 더욱 노력하게 했다.

물 때문에 난리를 치른 첫 몇 주 동안 오솔길을 헤매거나 음식을 받으러 줄을 서면서 살펴본 바로는, 우리 정착촌에는 오륙백 가구가 있는 게 분명했다. 이들은 숲길을 따라 2~3마일에 걸쳐 흩어져 있었다. 전부 합치면 대략 오천 명 정도였다.

대이동은 아직 끝난 게 아니었다. 우리가 도착한 뒤 몇 주 동안 수천 명의 도시 사람들이 해진 도시 옷차림을 한 채 밀려들었다. 다들 우리가 그랬던 것처럼 고난에 지친 모습으로 우리 오두막을 지나 줄지어 걸어갔으며, 숲으로 더 깊숙이 들어가 우리가 그랬듯이 새 공터를 만들었다. 우린 그들을 말없이 지켜보았다. 우리가 도착했을 때도 그런 시선을 받았었다. 언제나 똑같이 날카롭고, 똑같이 일그러진 얼굴들, 똑같은 눈물, 친구나 가족들의 상봉 그리고 다시는 만나지 못할 이별이라는 언제나 똑같은 드라마. 사람이 너무나 많았고 다치거나 병든 몸뚱이도 너무나 많았으며 웃지 않는 얼굴도 너무나 많았다. 우리가 모종의 대규모 멸절 프로그램의 일부가 아닌지 의심스러워지기 시작했다. 식량 배급은 줄어드는데 강제노동은 늘어난다면 결과는 수백 혹은 수천 명의 죽음으로 이어질 뿐이기 때문이었다. 이게 '정화'라면, 적자생존에 의한 정화인 셈이었다.

나날이 흘러감에 따라 아이들이 점점 더 걱정스러워졌다. 아이들은 이전의 천진난만한 태도를 완전히 잃어버렸다. 더 이상 놀지도 않았고, 심지어 자기네 사촌인 쎙의 두 아들과도 그랬다. 말이 없어지고 눈치만 살폈다. 스타웃의 상태는 날이면 날마다 나빠졌다. 발은 붓고 몸은 허약해졌다. 더는 울 힘도 없는 듯했다. 그의 건강 상태는 우릴 괴롭히기 시작했고, 우리는 손에 넣을 수 있는 여분의 식량이라면 얼마나 적건 간에 그에게 먹였다. 내가 간곡히 호소한 끝에 아니는 일을 면제받아 스타웃을 보살필 수 있었다.

오래지 않아 죽음의 과정이 시작되었다. 첫째 주부터 몇몇 사람이 시체들을 질질 끌면서 나르는 모습이 눈에 띄었다. 우리 주변 숲속에 사는 사람들의 수와 그들의 건강 상태를 감안하면 놀랄 일도 아니었다. 죽은 이들은 우리가 새로 벌목한 공터 가장자리의 숲속에 묻혔다. 크메르 루주가 훗날의 수확을 위해 시체들로 땅을 비옥하게 하려 하는 것이라는 얘기를 들었다. 화장은 그냥 낭비일 뿐이라는 것이었다. 나무를 모아야 하고 불을 피운 다음 장례식에 참석해야 하니 목재와 노동, 시간의 낭비인 셈이었다. 베알봉에서는 시체도 나름대로 쓸데가 있었다.

처음에는 이런 광경이 내게 거의 충격을 주지 않았다. 나 자신의 문제만으로도 벅찼기 때문이었다. 어느 가족들이 이런 일을 겪었는지도 거의 알지 못했다.

하지만 어느 날 저녁에 스타웃의 열이 더 심하게 오르기 시작했다. 그날 밤에는 비가 어찌나 억수같이 퍼붓던지 나뭇가지와 잎을 엮어 만든 지붕 틈새가 벌어졌다. 물이 우리 위로 폭포처럼 쏟아져 돗자리 위를 흘러 바닥에 넘쳤다. 그걸 피하는 유일한 방법은 웅크리고 앉은 채 옷가지를 땅에 닿지 않게끔 들고 있거나 기둥에 기대놓은 줄이며 잔가지에 걸어놓는 것뿐이었다. 하지만 얼마 지나지 않아 나는 포기했고, 이웃 사람 세 명에게 아니와 어린애 둘이 묵을 방을 내달라고 부탁했다. 그들은 기꺼이 승낙했다.

다음날 집에 돌아와 보니 아니는 밥을 짓고 있었다. 스타웃은 꽁꽁 싸맨 채 돗자리 위에서 선잠을 자고 있었다.

"아이는 어때요?" 나는 물었다. "뭘 좀 먹었소?"

아니가 슬픈 어조로 대답했다. "갠 아무것도 원치 않아요. 그냥 저기에 누워 있어요."

그 불쌍한 아이는 정말이지 끔찍한 몰골이었다. 프놈펜에서 종종 보았던, 기아 퇴치를 호소하는 포스터에 등장하는 아이 가운데 하나 같았다. 그는 뼈와 가죽밖에 남지 않았고, 배는 잔뜩 부푼데다 발과 다리는 부어 있었다. 다른 두 아이는 근처에 웅크리고 앉은 채 떨고 소리 죽여 울면서 쌀죽을 기다리고 있었다.

갑자기 스타웃이 "막!Mak 막!"이라고 외쳤다. '엄마! 엄마!'라는 뜻이었다.

"왜 그러니, 스타웃?" 아니가 아이에게 다가가면서 물었다. "얘야, 무슨 일이니?"

아이는 말없이 손을 움직여 엄마에게 가까이 오라고 손짓했다. 그녀는 아이 바로 오른편에 앉아서 아이를 토닥거렸다. 스타웃은 다시 눈을 감았다. 몇 분이 지난 뒤 아니는 아이를 안아들고는 흔들어 얼렀다. 스타웃은 아무 말도 없이 엄마의 품속에서 자고 있었다.

반 시간이 지나자, 그는 꿈을 꾸는 것처럼 경련했다. "스타웃!" 아니는 말했다. "스타웃! 일어나!"

반응이 없었다. 나는 깨우려고 흔들어보았다. 역시 반응이 없었다. 아니는 벌써 진실을 알고는 말없이 쓰라리게 울고 있었다.

나는 중얼거렸다. "그래, 죽었구나."

너무나 큰 충격을 받은 나머지, 슬픔과 피로에 너무 시달린 나머지 몇 분 동안 아무것도 할 수 없었다. 그러고 나서 아니에게서 스타옷을 빼내려고 시도했고, 잠시 뒤에 아니는 아이를 내주었다. 나는 여위고 자그만 불쌍한 몸뚱이를 자리에 뉘었다. 아니는 아이 곁에 앉은 채 울었다.

그제야 다른 두 아이를 의식하게 되었다. 아이들은 떨고 있었지만 아직 얼마나 심각한 일이 일어난 것인지는 깨닫지 못한 상태였다. 나는 팔로 아이들을 감쌌다. 혼수상태에 빠진 것처럼 꼼짝할 수 없었고, 살아있다는 자각도 없는 채로 두 아이 사이에 선 채로 아이들을 꼭 붙들고 있었다. 아기는 죽고 아내는 슬픔으로 거의 실신한 상태에서 말이다. 아이가 마침내 해방됐다는 생각이 들었다. 더 이상 이 끔찍한 삶을 견디지 않아도 되는 것이다. 적어도 아이는 자다가 고통 없이 평온하게 죽었다. 우리도 그만큼 운이 좋았으면 하고 바랐다.

생각이 나를 현실로 되돌렸다. 두 아이를 자리에 뉘어 이불을 덮어준 다음 아니 곁에 누워 그녀를 팔로 안았다. 그녀의 몸은 흐느낌으로 떨리고 있었다. 내 마음은 마구 헤매기 시작했다. 시체는 어쩌지? 어떻게 해야 아니와 애들이 이 상실을 극복하도록 도울 수 있을까? 결국 나는 기진맥진한 채 잠에 빠져들었다.

이튿날 아침에 나는 아니에게 촌장한테 가서 하루 일을 쉬고 스타웃을 묻을 수 있도록 허락을 받아야겠다고 말했다.

"안 돼요." 아니가 말했을 때, 나는 아내도 간밤에 같은 문제로 고민하고 있었다는 것을 알 수 있었다. "안 돼요, 이 아이는 화장해야 해요. 걔를 묻는 건 숲속에 내다 버리는 짓이 될 거예요. 그럼 우린 걔를 영원히 잃게 될 거고요. 내가 재를 모아서 어딜 가든지 지니고 다니겠어요." 그녀는 슬픔과 불면으로 수척해진 얼굴과 눈물로 빨개진 눈으로 날 올려다봤다.

"여기선 사람을 화장해 본 적이 없다던데." 나는 그녀를 달래려고 말을 이었다. "울지 말아요. 이제 걔는 자유요. 우린 아이를 또 낳게 될 거고. 그게 걔한테도 위안이 될 거요."

"내 사랑 싸이, 뭐라도 좀 해봐요." 아내는 울다가 쉰 목소리로 내게 간청했다. "난 걔가 숲 속에 묻히는 꼴을 보고 싶지 않아요. 여기다 버려둘 수는 없어요. 걔가 따뜻하게 있었으면 좋겠어요…. 스타웃은 언제나 너무 추워했으니까요…. 이제 걔를 따뜻하게 해줘요…. 걔를 두고 가긴 싫어요…. 함께 데리고 가고 싶어요."

"알겠소." 나는 말했다. "알겠소."

나는 촌장에게 화장을 허락받는 일로 신경이 곤두섰지만, 촌장과 잘 지내던 찬이 자진해서 나 대신 말해주었다. 일종의 특혜로 허락이 내렸다. 촌장은 우리가 지내는 오두막으로 건너와 여전히 시체 옆에서 울고 있는 아니에게 조문하기까지 했다.

아니를 계속 슬퍼하게 놔둔 채 부모님한테 가서 무슨 일이 일어났는지 말씀드렸다. 두 분 다 나와 함께 급히 아니에게로 돌아가 애도했지만, 분명히 스타옷의 죽음으로 충격을 받은 분은 없었다. "이런 식이면 우리 모두 죽게 될 거야." 아버지는 굳은 표정으로 말씀하셨다.

심과 나는 오후에 우리 오두막에서 숲 쪽으로 40야드 떨어진 지점에 화장용 장작을 3피트 높이로 쌓았다. 나는 아니가 우리가 가진 가장 좋은 옷(반바지, 티셔츠는 물론 신발까지도)을 스타옷에게 입히는 것을 도왔다. 우린 그를 장작 위에 누인 뒤 불을 붙였다.

불은 오후 내내 타올랐고, 아니는 슬픔 때문에 주름진 얼굴로 한동안 바라보다 집으로 들어가 버렸다. 심은 그냥 앉은 채 아무 말도 없이 불길을 지켜보았다. 저녁이 되어 불길이 잦아들었을 때 다른 사람들이 와서 사위어가는 불꽃을 바라보면서 아니 곁에 잠시 앉았다. 그들이 돌아간 뒤, 나는 재를 작은 가방에 담은 다음 아니 곁에 조심스럽게 놓았다.

그녀가 화장으로 해야겠다고 고집한 건 옳은 처사였다. 슬픔을 이기는 데 도움이 되었다.

며칠이 지난 뒤 점심시간에 아버지가 종종 그랬듯이 우리와 이야기하러 건너오셨는데, 이번엔 나쁜 소식을 가져오셨다. 쎙의 장모께서 그날 돌아가셨다는 것이었다. 순식간에 일어난 일이었다. 간밤에 열이 오르더니 아침에 돌아가셨다고 했다. 지난 몇 달간 그녀와 몇 마디 나누지 못했지만, 그처럼 갑작스러운 죽음은 우리가 얼마나 연약한가를 뼈저리게 느끼게 했다. 아이가 죽고, 그다음에는 어른이었다. 언제쯤 부모님이나 아니의, 아니면 다른 아이들이나 내 차례가 될까?

이제 죽음은 우리 주변 숲에서 점점 자주 목격되었다. 촌장이 지명한 무덤 파는 일꾼들이 시신을 개간지 변두리 사방에 파묻었다. 무덤 파는 일꾼은 필수적인 존재가 되었다. 유가족은 너무 허약해져서 직접 무덤을 팔 수가 없었던 것이다. 하루치 작업을 면제받는 것을 뜻했기 때문에 나쁜 일은 아니었다.

간단없는 노동에 휴식이라고는 없었다. 예외라곤 지겨운 정치 회합과 열흘마다 돌아오는 휴무일뿐이었다. 이제 시간은 우리 주변 사람들이 하루에 몇이나 죽느냐에 따라 재어졌다. 네 명, 다섯 명, 가끔은 하루에 열 명이나 죽는 경우도 있었다.

희망은 죽었고 시신들과 함께 묻혔다. 애도는 우리 노역의 일부가 되었다.

■

상황이 악화함에 따라—몇 주가 지나자 식량 배급은 하루에 여섯 명당 깡통 하나로 줄어들었다—새로운 경제 체제인 물물교환이 생존 수단으로 자리잡았다.

3~4마일 떨어진 곳에 구인민들이 사는 마을들이 있었다. 물론 우리처럼 새로 들어온 사람들이 건설한 정착촌도 있었다. 신인민

들은 구인민들의 감독하에 종종 숲으로 가서 대나무를 자르곤 했기 때문에 우리는 구인민과 신인민 양쪽 모두와 빈번히 접촉하게 되었다. 아침이면 사람들이 열을 지어 우리 오두막을 지나쳐 갔다. 다들 허리춤에 음식이 든 조그만 자루를 찬 채 요리용 그릇을 나르고 있었다. 이들은 저녁이 되면 대나무를 등에 진 채 되돌아왔다. 종종 가볍게 나눈 인사가 대화로 이어졌고, 이런 식으로 접촉과 우정이 발생했다. 구인민들은 우리보다 더 많은 쌀을 받았을 뿐만 아니라 자기네가 먹을 식량을 직접 재배하는 게 허용되었다. 그리고 우리 도시 출신자들이 가진 물건들(주로 옷이었지만, 보석이나 장신구, 손목시계는 물론 이따금 라디오까지 있었다)은 농민들의 관심 대상이었고 실제로 그들은 자기네가 가진 쌀을 우리 소지품과 기꺼이 맞바꾸려 했다. 지나가는 사람들과 꾸준하게 접촉한 결과, 누구나 자기가 지닌 물건의 상대적인 가치를 알게 되었다.

기이하게도, 크메르 루주 역시 이 암시장 시스템에 쌀을 공급하고 있었으며 그 수익으로 자신과 가족들이 쓸 물건들을 구하고 있다는 사실이 분명해졌다. 이 쌀은 대체 어디서 난 것이었을까?

결국 이를 설명하는 소문이 나돌기 시작했다. 배급할 쌀의 분량은 우리가 도착했을 때 실시한 인구조사에 근거에 산출한 것이었다. 하지만 살아남은 사람의 실제 숫자를 아는 것은 현지의 크메르 루주 자신들뿐이었다. 그들은 죽은 사람에 대해 전혀 보고

하지 않았다. 이미 죽은 사람들에게 줄 쌀이 계속해서 도착했다. 따라서 우리가 더 나쁜 취급을 당하고 더 많은 사람이 죽을수록 크메르 루주가 착복할 쌀은 더 늘어나는 셈이었다.

이러한 착복 행위는 암시장을 제도화하고, 크메르 루주 자신들이 그 안에서 필수적인 역할을 수행하게 되는 결과를 낳았다. 일종의 환율이 설정되었다. 열 통 분량의 쌀(쌀의 분량은 언제나 연유 깡통으로 측정되었다)로는 바지 한 벌, 네 통으로는 셔츠 한 벌, 여섯 통으로는 면직 사롱 한 벌, 열다섯 통으로는 비단 사롱 한 벌과 바꿀 수 있었다. 금 1냥[17], 그러니까 1과 1/4온스 남짓이면 30~40통을 살 수 있었다. 전자시계는 크메르 루주뿐만 아니라 구인민들도 찾았기 때문에 수요가 많았다. 품질 좋은 손목시계로는 60~80통 분량의 쌀을 얻을 수 있었다. 내 라디오는 이제 배터리가 다 되었고, 굳이 암시장에서 배터리를 구하려 들 필요도 없다고 생각해서 교환하려고 내놨다. 그 대가로 25통 분량의 쌀을 받았다.

도시에서 쫓겨난 사람 가운데 일부는 중개인으로 활동했고, 그 가운데는 공공사업국에서 내 부하로 있었던 이도 있었다. 그는 크메르 루주의 친척들과 만나는 위험을 무릅썼는데, 크메르 루주 자신들은 암시장 시스템에 직접 참여하는 것으로 보여서는 안 되었기 때문이다. 그는 거래를 중개한 뒤 수수료로 쌀을 조금

---

17) 냥(兩, Tael)은 동아시아의 화폐 단위이자 무게 단위로, 후자의 의미로 쓸 경우 약 37.5그램에 해당한다. 1돈은 3.75그램이므로, '1냥=10돈'이 된다.

가져가곤 했다. 예를 들어 내가 장신구에서 금 1냥만큼 떼어 내놓으면, 그는 크메르 루주한테서 쌀 40통 분량을 받아다가 35통을 건네준다는 식이었다. 이 시스템은 실제로 꽤 잘 돌아갔다. 현지의 크메르 루주, 혹은 그들의 아내나 부모는 대체로 자신들이 한 약속을 잘 지키는 편이었다. 그들은 이 불법적인 교환이 신용과 재량에 기초해서만 이루어질 수 있다는 것을 알고 있었다.

우리 모두 물물교환에 의지했다. 나뿐만 아니라 아버지와 쎙, (불쌍한 사룬을 대신해 나선) 켕이 말이다. 이렇게 두 집안이 연대했고, 나는 처자식뿐만 아니라 사촌 심까지도 먹여 살릴 수 있었다.

심은 우리가 베알봉에 도착한 지 2주 뒤에 청년조에 배속되었다. 청년조는 2~3마일 떨어진 곳에 있는 캠프에 근거지를 두고 있었다. 하지만 그는 저녁마다 몰래 돌아와서는 우리와 함께 저녁을 먹곤 했다. 어떤 의도를 갖고 그런 짓을 한 것은 아니었고, 발각되면 엄중한 처벌을 받을 게 뻔했지만, 그는 이 문제를 놓고 고민하지 않았다. 그는 매우 만족해하며 위험을 감수했다. "조금이라도 더 먹을 수 있다면 뭐든지요!" 그는 태평하게 웃으면서 이렇게 말하곤 했다. 그는 우리보다 열심히 일했기 때문에 그에 상응해 쌀 배급도 더 많이 받았지만, 언제나 더 일할 준비가 되어 있었다. 우리는 기꺼이 그에게 일을 떠넘기곤 했다. 그는 언제나 자발적으로 일했고, 불평이라고는 기색조차 보이는 일이 없었다. 그가 저녁에 오면 우리의 암담한 삶에 약간의 즐거움이 생겼다. 수닷과 나왓이 웃는 것은 그때뿐이었다.

적잖은 양의 옷가지와 보석류를 가져온 우리는 운 좋은 축에 속했다. 베알봉에서 어떤 사람들은 가진 게 아무것도 없었다. 약도, 옷도, 보석이나 장신구도, 달러도 없었다. 이런 사람들은 경제 체제 밖에 있는 것처럼 보일 것이다. 하지만 그들 역시 식량을 보충할 구멍을 찾아냈다. 최선의 방책은 음식을 찾는 데 도사가 되는 것이었다. 열흘마다 한 번씩 돌아오는 휴무일에 우리는 숲에서 나는 것들을 채집할 수 있도록 허락받았다. 따라서 원하는 사람은 전문 채집자가 될 수 있었다. 몇몇 사람은 참게를 뒤쫓거나 낚싯줄과 덫으로 물고기를 잡았고, 버섯을 따는 사람도 있었다. 그들은 이런 별식들을 쌀과 맞바꿨다.

하지만 죽는 사람은 여전히 있었다. 우선 영양 결핍과 피로가 그들을 약화시켰다. 이상하게도 여자보다 남자가 더 쉽게 쓰러졌다. 아마도 해야 하는 일의 양이 달라서 그랬던 것 같다. 아니면 자기가 알던 세상이 파괴되고 더 이상 자기 삶을 통제할 수 없다는 충격을 이겨내지 못했던 것일 수도 있었다. 그것도 아니라면, 여자들이 평소에 숨기고 있던 잠재력을 이런 잔혹한 환경 속에서 발휘하는 것일지도 몰랐다.

그리고 남자들 가운데서는 더 열심히 일하고 더 튼튼한 사람일수록 더 빨리 죽는 경향이 있었다. 대개 그들은 한때 부유했고, 기존의 생활방식을 완전히 버렸다는 것을 증명하려고 지나치게 열성적이었다. 그런 노력 때문에 약해진 그들은 설사나 이질, 각기병, 말라리아 등의 병에 쉽게 걸려 쓰러졌다.

두 번째로, 식중독 역시 흔한 사인이었다. 쌀죽은 더러운 시냇물이나 알지 못할 야생식물 또는 버섯과 섞이기 일쑤였다. 특히 버섯이 문제였다. 종류가 다양했는데 우리는 버섯에 대해 잘 알지 못했고, 식용버섯과 독버섯을 구분하는 방법은 소문으로만 들어서 알고 있었다. 잘못 고른 사람에게는 곧바로 죽음이 닥쳐왔다. 구토와 복통은 머잖아 설사와 죽음으로 이어졌다. 나는 어떤 버섯이든 먹기 전에 이웃 가족들이 우리보다 먼저 먹었는지부터 확인했다. 버섯 때문에 아이들의 목숨을 위태롭게 할 생각은 없었다.

■

나는 그렇게 지내던 중에 실종자가 있다는 것을 알아차리게 되었다. 처음 알게 된 것은 이웃에 사는 밍Ming이라는 베트남인이었다. 마을에는 베트남 사람 일가가 몇 가구 있었는데, 다들 곧 집으로 돌아갈 수 있으리라는 말을 들었다. 어째선지 그런 날은 오지 않았다.

밍은 아내와 네 살 난 아이가 있는, 키 크고 강인한 인물이었다. 나는 그에게 호감을 느꼈다. 그의 환한 미소와 떡 벌어진 어깨는 언제나 약간이나마 위안을 주었다. 어느 날 그는 자신의 배급량을 교묘하게 늘릴 수 있는 방법을 찾아냈다고 털어놨다. 저녁에 쌀을 배급하는 동안 쌀자루 쪽으로 다가간 다음, 사람들이 서로 밀쳐대면서 각자 차례를 기다리는 동안 특별한 장인의 솜씨로 만든 칼(끝을 뾰족하게 만든 길고 속이 빈 관)을 자루 중 하나에 꽂았다. 그가 받쳐놓은 스카프에 쌀이 흘러들어갔다. 내게 이 술책에 대해 말해주었을 때, 그는 여섯 통 분량의 쌀을 더 확보한 상태였다. 하지만 다음번에 그가 똑같은 시도를 했을 때, 크메르 루주 하나가 그를 보았다. 그는 붙잡혀 '재교육'을 받으러 끌려갔고, 그의 아내는 남편이 돌아오기만을 초조하게 기다렸다.

그녀는 날마다 기다렸다. 날이 지나고 달이 가도록 그는 여전히 모습을 보이지 않았다.

그 무렵 나는 자신의 정체를 숨기려고 애썼던 전직 공화국군 장교들 몇 명이 사라졌다는 사실을 알게 되었다. 누군가의 아내가 근심에 싸여 한두 번 내게 물어본 적이 있었다. "제 남편을 보셨나요? 그이는 대나무를 베러 갔는데 이틀이 지나도록 못 봤어요." 어쩌면 그들이 탈출한 건지도 모른다는 생각이 들었다.

어느 날 저녁에 심이 모습을 보이지 않자 내 불안은 가중되었다. 우리는 언제나처럼 그가 돌아오리라고 예상했지만 그는 오지 않았다. 우리는 어깨를 으쓱하고는 아이들한테 그가 다음날 저녁에는 평소처럼 돌아올 거라고 말했다. "그래, 걔는 아마 할 일이 더 있을 거야. 바보 녀석." 나는 그렇게 말했지만, 그는 이튿날에도 오지 않았고 그다음 날에도 마찬가지였다. 그를 본 사람은 아무도 없었다. 병에 걸려 쓰러진 건 아닌지 걱정됐다. 한 주가 지났고, 두 주가, 한 달이 지났다.

무슨 일이 있었는지 알 것 같기는 했지만 스스로 받아들이고 싶지는 않았다. 하지만 내가 진실을 마주하고, 심과 다른 사람들이 어떻게 되었는지 더 이상 부정할 수 없게 되는 날이 결국 오고야 말았다.

나는 집에서 2마일쯤 떨어진 정글 깊숙한 곳에서 이웃들과 함께 죽순을 잘라내고 있었다. 내 앞에 아주 멋지게 자란 대나무가 보였다. 12개의 줄기가 나뉘어 있었고, 그 사이로 작고 연한 죽순들이 자라고 있었다. 그리로 다가가자 이상한 냄새가 났다. 그때 발 바로 앞에 어떤 형체와 짙은 파란색 헝겊이 보였다. 나는 더 가까이 다가가 살펴보았다.

짙은 파랑 셔츠를 입고 엎어진 채 심하게 부패한 남자의 시체였다.

나는 뒤로 물러섰다. 충격을 받았지만 놀라지는 않았다. 이것이야말로 내가 오랫동안 알고자 했던 것을 확증하는 증거였다. 이런 생각이 들었다. '여긴 마을에서 너무 가까워. 우릴 겁주려고 일부러 여기에 둔 거야.' 이 생각은 시체를 발견한 것 자체보다도 더 두려운 것이었다.

나중에 어느 지인이 심에 대한 이야기를 들려주었다. 그는 우리 집에 가는 길에 크메르 루주에게 지목되어 '재교육'을 위해 숲으로 끌려갔다고 했다.

"제가 무슨 잘못을 했다고 이래요?" 그는 항의했다. "전 저녁식사를 함께하려고 사촌네 집에 가는 일이라고요. 매일 하던 일이에요. 이게 뭐가 문젠가요? 전에는 아무도 절 멈춰 세우지 않았어요. 잘못된 짓이라는 걸 몰랐다고요. 제발 동무들, 이제 그게 잘못이라는 걸 알았으니 결코 다시는…."

"아니, 동무, 당신은 무정부주의자요. 당신은 명령에 따르질 않소. 우리와 함께 가야겠소."

그는 그렇게 사라졌다. 그는 다른 많은 사람처럼 맞아 죽은 게 틀림없으리라고 들었다. 그래야 총알을 아끼고 누군가가 총성을 듣는 것을 방지할 수 있다는 것이었다.

불쌍하고 순진한 심. 조장은 나머지 조원들에게 그가 무정부주의자였다고 말했다. 자신의 자유를 너무나 사랑했던 무정부주의자였다고. 우리는 아이들에게 아무 말도 해주지 않았다. 그는 그저 그렇게 아이들의 삶에서 사라졌다.

■

우리가 베알봉에 머문 지 한 달이 갓 지난 무렵인 10월 중, 사람들이 탈주에 대해 공공연하게 이야기하기 시작했다. 신인민 사이에서는 비밀을 지킬 필요가 없었다. 이 가족 저 가족이 연달아 내게 이야기했다. 더 이상 참을 수 없고 이제 잃을 것도 없으며, 산악 지대를 가로질러 도망친 다음 70마일(약 112킬로미터) 떨어진 태국으로 건너갈 계획을 세워두었다고 말이다. 가족들은 소규모 그룹으로 조직을 꾸리곤 했고, 이튿날이면 제대로 준비하지도 않은 채 사라져버렸다.

목적지에 무사히 닿을 가능성은 거의 없었기에 이런 행동은 순전히 절망감에서 비롯한 것이었다. 그들이 밀림을 뚫고 뛰어든 카다멈 산맥은 5,000피트(약 1,524미터)에 달하는 봉우리들이 널린 곳이었다. 여전히 호우가 퍼붓고 있었고, 산지를 흐르는 강들은 몇 시간 이내에 수위가 극적으로 오르내리곤 했다. 이런 문제들이 스라마르레압에서 달아난 학생들에게 나쁘게 작용했다면, 여자와 아이들을 거느린 데다 식량 부족과 중노동으로 허약해진 가족들에게는 얼마나 더 나빴겠는가? 당시 나는 이런 가족들 가운데 일부는 성공했으리라고 믿고 싶었다. 지금 돌이켜보면, 전부는 아니더라도 대다수 사람이 크메르 루주 순찰대에 희생되거나 단순히 죽었을 가능성이 더 높아 보인다.

하지만 잃을 것은 아무것도 없었다. 여기서 확실하게 죽느니 밀림 속에서 죽음을 무릅쓰는 게 나아 보였다. 나도 다른 사람들의 열광에 감염되어 탈출을 준비하기 시작했다.

우선 아니와 함께 식량을 비축하기 시작했고, 우리만의 작은 공모자 조직을 만들었다. 나는 우리 일가의 다른 성인들에게 계획을 알렸지만, 다른 누구도 우리와 함께하려 들지 않았다. 아이들에게는 이 사실을 숨겼는데, 의도치 않게 우리를 배신할 수 있어서였다. 우리의 세 이웃인 케오, 찬, 순은 합세하겠다고 말했고, 다른 일가족인 치레안Chrean네도 그랬다. 치레안은 마흔쯤 된 땅딸막한 체구의 사내로, 자기보다 훨씬 더 젊은 아내 및 스무 살 난 처제와 함께 살고 있었다. 내 이웃 셋은 내가 아이들을 부모님께 맡기도록 설득하려 애썼다. 아이들이 있으면 이동이 느려질 수밖에 없다는 것이었다. 옳은 지적이긴 했지만 아니와 나는 고려하는 것조차 거부했다. 우리가 보기에는 식량을 충분히 가져가고 우리 정착촌과 강 사이의 숲에서 크메르 루주를 피하는 방법만 알아도 탈출에 성공할 수 있었다. 일단 강을 건너고 나면, 우리는 산맥을 넘어 서쪽으로 향할 예정이었다.

우리가 준비되었다고 판단한 어느 날, 나는 다른 가족과 함께 사전 조사로서 3마일(약 4.8킬로미터) 떨어진 곳에 있는 강으로 가는 길을 가보았다. 크메르 루주의 주의를 끌지 않으려고 죽순을 찾는 척하면서 거리를 두고 뒤따랐다. 강가에 난 초목 너머로 그들이 강을 건너는 게 보였다. 강폭은 꽤 넓어서 80야드(약 73미터)쯤 되었지만 깊이는 얕았다. 남자, 여자, 아이들 모두 손을 잡아서 물살을 버틸 만한 인간 사슬을 만들었다. 다들 천천히 건너갔고, 물살은 허리께에서 소용돌이쳤다. 꽤 쉬워 보였다. 나는 이튿날 탈출하기로 했다.

부모님과 다른 일가친척들을 보러 가서 곧 떠나려 한다는 사실을 알리자, 다들 내 생각에 찬성했다. "그래, 싸이, 너는 떠나야 해." 어머니께서 말씀하셨다. "여기 계속 있었다간 죽고 말 게다. 떠나면 넌 자유로워질 기회를 얻게 될 거야. 네가 시도하는 건 아니에게도, 아이들에게도 나은 일이 될 거야. 설령 실패한다고 해도, 여기 머무는 것보다는 산중에서 자유롭게 죽는 게 나아. 너를 위해 기도하마. 뭣보다도, 네 아버지나 내 걱정은 하지 마라." 그녀는 내게 잠깐 살짝 웃어 보였다. "우린 이미 너무 늙었어."

아버지 역시 승낙하셨다. "네 아이들이 할아버지랑 할머니를 기억할 수 있게 해다오. 걔네들한테 치호르와 로안이 넋으로나마 함께하리라고 말해줘."

"그럴게요, 아버지."

내가 다른 가족들을 얼싸안는 와중에도 아버지는 계속 말씀하셨다. 희망과 기도밖에는 줄 수 있는 게 없다는 이야기였다. "하지만," 아버지는 숙고 끝에 내가 떠나기 직전에 덧붙여 말씀하셨다. "아들아, 어쩌면 이게 도움이 될지도 모르겠다. 오래된 산스크리트어 기도인데 숲의 위험으로부터 약간이나마 널 지켜줄 거다."

아버지는 내겐 아무 의미도 없어 보이는 몇 마디 말을 중얼거리셨다. 일종의 염불이나 진언처럼 들렸다. 당신에 대한 존경심에서 다시 들려달라고 청했다. 아버지는 내 가슴에 새겨질 때까지 여러 차례 그 말을 반복하셨다. "네악 모 푸씨르 약, 메악 아욱, 메악 아욱, 메악 아욱." 아버지는 말씀하셨다. "위험에 처한 것 같거든 언제든지 이 말을 읊어라. 그리고 일곱 번 되풀이해라." 이 말이 무슨 뜻인지는 당신도 몰랐지만, 충실하게 암기했다고 하셨다. "네악 모 푸씨르 약…. 네악 모 푸씨르 약…." 이 주문을 일곱 번 반복하자, 그 소리가 내게 자신감을 주었다. '메악 아욱, 메악 아욱, 메악 아욱.'

내가 마지막이라는 생각으로 눈물이 글썽한 채 모두를 얼싸안고 있을 때 아버지께서 경고하셨다. "하지만 이것 때문에 너무 자만하지 않도록 해라. 이건 네가 스스로 돌볼 때만 도움이 될 게다."

■

이튿날은 우리가 일을 쉬고 숲에서 여분의 먹을거리를 모아도 된다고 허락받은 날이었다. 우리는 과일과 버섯, 죽순을 캐러 가는 여느 마을 사람들처럼 아침에 떠났지만, 여분의 옷가지와 깡통, 요리 도구, 단 하나 남아 있던 물고기잡이 그물, 스타웃의 유해를 담은 작은 가방, 그밖에 여러 가지를 쌀과 함께 옷으로 싸서 감췄다.

우리는 의심을 사지 않으려고 거리를 둔 채 수닷과 나왓에게 빨리 가라고 재촉하면서 숲을 지나 강가로 이어지는 오솔길을 걸어갔다. 집합 지점에 맨 처음 도착한 것은 바로 우리였다. 강 뒤쪽으로 길에서 300야드 떨어진 곳이었다.

몇 분간 불안하게 기다린 끝에, 다른 사람들(우리의 세 이웃과 치레안네)도 우리와 합류했다. 다들 강을 향해 조금씩 나아갔다. 우리로서는 실망스럽게도, 강은 전날보다 수위가 높고 폭도 더 넓어져 있었다. 산악지역에 비가 많이 내렸던 게 틀림없었다. 물살이 거세게 이는 곳을 인간 사슬을 만들어 걸어서 건널 방법은 없었다.

하지만 아직 아무도 퇴각하려 들지 않았다. 우리는 뗏목을 만들어보기로 결정했다. 그 지역에는 대나무가 많았다. 우리에겐 칼과 도끼가 있었고, 무엇보다도 100야드는 그리 먼 거리가 아니었다. 성인 남자들은 헤엄칠 수 있었고, 여자들과 아이들은 뗏목 위에 짐과 나란히 앉을 수 있을 터였다. 사실 내가 보기에는 다른 선택지가 있는 것 같지도 않았다. 보이지 않는 어떤 힘이 우리를 떠밀고 있는 것만 같았다. 우리의 헌신적인 태도와 마을을 떠나 강가에 서 있다는 단순한 사실만으로도 우리가 자유를 향해 반쯤 나아갔다는 것을 믿을 만했다.

치레안은 아내 및 처제와 함께 계속 지켜보았다. 케오, 찬, 순, 아니와 나는 가능한 한 소리를 작게 내려고 애쓰면서 대나무를 자르고 쳐냈다.

시간이 흘렀다. 정오, 한 시, 두 시…. 다섯 시가 되면 우리는 각자의 집으로 돌아가야만 했다. 그 시각 이후에는 우리가 없다는 게 발각될 터였다. 세 시쯤 되자 대나무를 충분히 모았다. 하지만 밧줄이 없었다. 나는 갖고 있던 고기잡이 그물을 희생하기로 결심했다.

우리가 막 대나무를 한데 묶기 시작했을 때 치레안이 우리한테 달려왔다. 우리 근처에서 식량을 찾는 사람이 많다는 것이었다. 그들은 모두 신인민이었지만, 그는 자기가 긴장했다고 시인했다. 가까이서 들여다보자, 그가 단순히 긴장한 게 아니라 공포에 질렸다는 것을 알 수 있었다. 그는 식은땀에 흠뻑 젖은 채 몸을 떨면서 주위를 이리저리 돌아보고 있었다.

"돌아가야겠어요!" 그가 더듬거리며 말했다. "더는 갈 수가 없어요. 지금이라면 다섯 시까지는 마을에 돌아갈 수 있어요. 걱정하지 마세요! 말하지 않을 테니까. 아무것도 말하지 않을 겁니다." 전에는 그렇게까지 공황에 빠진 사람을 한 번도 본 적이 없었다. 예기치 못했던 일이었다. 이전에 보았던 그의 행동에는 압박감을 이겨내지 못하리라는 징후가 전혀 없었던 것이었다. "미안합니다, 싸이. 하지만 건너갈 용기가 없어요."

우리 모두 대경실색했다. 우리의 지도자 중 하나였던 사람이, 우리가 자유를 손에 넣을 수 있게 되려 하는 때에 우리 전부를 위험에 빠뜨리고 있었다. 다들 성난 목소리로 다급하게 떠들어대기 시작했다. '이렇게 포기하면 안 되죠. 그건 불가능해요. 당신은 우리 이웃이잖아요. 크메르 루주가 우리를 의심하게 될 거예요. 당신이 돌아가면 놈들은 우리한테 속았다는 걸 알게 될 거라고요. 놈들은 당신을 잡을 거고, 그런 다음에 우리를 쫓아올 거예요.' 나는 가야 한다고 되풀이해 말했다. 10월 중순에 탈출하는 것은 최상의 시기에 감행하는 위험한 모험이었지만, 우리 모두 받아들인 위험이었다. 마을에서 썩느니 숲속에서 죽는 게 나았다.

그는 들으려 하지 않았고, 대답하는 대신 등을 돌려 아내와 처제를 데리고 떠났다. 그의 두려움에는 전염성이 있었다. 찬이 중얼거리는 소리가 들렸다. "그가 옳을 수도 있어. 우리 모두 되돌아가야 할지도 몰라."

나는 아니라고 말했다. 어떻게 들키지 않은 채 베알봉으로 돌아갈 수 있단 말인가? 나는 즉석에서 새로운 계획을 짜냈다. 간단하지는 않지만 가능한 계획이었다. 여전히 수백 명의 가족이 날마다 우리를 지나쳐 숲속 더 깊은 곳에 새로운 정착촌을 세우고 있었다. 우리가 새로 도착한 피추방자 가족인 것처럼 행세하고 그들을 따라 통상적인 교차점까지 갈 수만 있다면 최소한 강을 건널 수는 있을 것이고, 일단 거기까지 가기만 하면 도망쳐서 숲을 가로질러 계속 나아갈 수 있을지도 몰랐다. 어쨌든 신분증 따위는 더 이상 없었다. 알아보는 사람이 없는 한, 우리는 안전할 수 있었다. 그 점에는 다들 동의했다.

떠나기 전에 우리가 작업한 흔적을 모두 가려야만 했다. 뗏목을 부쉈고 대나무는 찢어진 고기잡이 그물과 함께 강으로 던졌다. 나중에 그것이 얼마나 큰 손실인지 깨달았지만, 그 당시에는 다른 생각을 할 겨를이 없었다. 나는 그때까지도 밤이 되기 전에 강을 건너 산속으로 들어갈 수 있지 않을까 하고 생각했다.

하지만 이제 케오와 순, 찬도 평정심을 잃어버렸다. 그들은 아니와 내게 서두르라고 재촉했지만, 아이 둘에 짐까지 있었던 터라 그럴 수가 없었다. 나는 그들에게 당황하지 말라고 말했지만, 그들은 기다리려 하지 않고 크메르 루주가 새로 온 사람들을 강을 건너 나르는 지점으로 서둘러 갔다.

그곳에서 얼마 가지도 않았는데 그들 가운데 세 사람이 길을 따라 우리에게 달려 되돌아왔다. "그들은 우리에게 어떤 그룹에 속하는지, 그룹 인원은 몇 명인지 물었어요." 찬은 두려움으로 눈을 크게 뜬 채 말했다. "우린 어떤 그룹도 인원수를 몰라요! 대답할 수 없었어요!"

이제 우리에겐 돌아가는 것밖에 다른 방도가 없었다.

우리는 어스름이 짙어갈 무렵인 다섯 시 삼십 분쯤에 도착했다. 나는 아니와 아이들에게 문제가 생기면 가만히 있으라고 말했다. 내 이웃 셋은 사라지지 않았고 그저 저녁식사를 준비하려던 참이었지만, 우리 경우는 달랐다. 들여다보니 옷과 돗자리 등 몇 가지 물건이 치워져 있었다. 수색이 있었다는 얘기였다.

길 건너편에 살던 다른 이웃이 우리가 오는 것을 보고 소리쳤다. "이봐요, 싸이! 크메르 루주가 오늘 오후에 당신네 집으로 왔었어요. 당신 때문에 말이에요! 당신이 도망치는 중이라고 그들이 말하더라고요."

"도망을 친다고요?" 나는 순진한 척하면서 물었다. "오늘 아침에 버섯이랑 토란을 캐러 나갔을 뿐인데요. 다들 그러듯이 말이죠."

"그럼 아이들은 어디 있는데요? 그들은 당신 처자식을 못 봤다고 하던데요."

"아니는 나와 함께 가고 싶어 했고 우린 아이들만 있게 둘 수가 없었어요. 그게 이상한가요?"

"하지만 당신 물건들은 어디 있죠, 싸이? 당신네 집에는 물건이 별로 없었다고 하던데요."

그가 자기 집으로 돌아가고 나서 아니가 우리와 합류했다. "무슨 일이에요, 싸이?" 그녀가 불안한 어조로 물었다.

나는 대답했다. "크메르 루주가 왔다가 갔다는구려. 걱정하지 말아요. 생각을 좀 해야겠소."

이상하게도 당면한 위험이 날 차분하게 해줬다. 다음번에 탈출할 때는 계획을 더 신중하게 짤 수 있겠다는 생각이 들었다. 길을 따라 그리 멀지 않은 곳에 공공사업국에서 트럭 운전사로 일했던 사람이 살고 있었다. 그의 이름은 살리Saly였다. 우리는 지난 시절에 3년 남짓 함께 일했었고, 나는 그를 신뢰했다.

"친구, 좀 도와줬으면 하네." 나는 그의 집에 찾아가서 이렇게 말했다. "이 근처에선 달리 믿을 만한 사람이 없어."

"뭘 도와드릴까요, 선생님?" 그가 물었다. 그는 언제나 나를 선생님이라고 불렀다. 내가 그러지 말라고 일렀는데도 말이다. 나는 그에게 무슨 일이 있었는지 설명해준 다음 이렇게 말했다. "내 여분의 옷이랑 내가 탈출을 시도했을 때 가져간 짐을 여기에 맡아주겠나? 그런 다음에 크메르 루주가 자네한테 물으면, 오늘 아침 우리 가족 모두가 숲으로 먹을 것을 구하러 갔을 때 내가 자네한테 이 물건들을 맡겼다고 말해주게."

그는 곧바로 승낙했다. 나는 가방을 집어든 다음 내 이야기를 뒷받침하기 위해 토란을 몇 개 얻었고, 그 대가로 두 통 분량의 쌀과 약간의 소금을 주었다.

그 무렵 내가 돌아왔다는 소식이 퍼졌다. 몇 분이 지나자 크메르 루주 둘이 왔다. 촌장(키가 컸는데, 한때는 독실한 불교 신자였다는 말이 있었다)과 군인 한 명이었다. 촌장은 무척이나 참을성이 없어 보였다.

"우린 당신이 도망치려고 시도했다는 걸 알고 있소, 싸이 동무. 동무가 되돌아온 건 강을 건널 수 없어서였겠지, 맞소?"

"아뇨. 누가 그런 말을 했는데요?" 나는 깜짝 놀란 척하면서 말했다. "토란을 캐러 갔던 겁니다. 보세요, 아내가 저기에 갖다 놨잖아요."

그는 내 말을 믿으려 하지 않았다. "왜 당신 가족을 숲속으로 데려간 거요?"

"아내가 아이들과 함께 저를 따라가고 싶어 해서 그랬습니다. 그게 전부예요. 작은애는 몸이 안 좋고, 큰애는 바람을 쐬고 싶어 했거든요."

"그렇다 치고, 동무 물건들은 어디에다 뒀소?"

"제 물건이요? 길가에 사는 친구에게 맡겼습니다. 말씀을 하셨으니 망정인데, 가서 이리로 가져와야겠어요. 같이 가시겠습니까? 방비가 없는 집에 물건을 놔둘 수는 없다는 걸 아시잖아요. 앙카르의 통치하에서도 모든 이를 믿을 수 있는 건 아니니까 말입니다. 저희는 최근에 꽤 많은 물건을 잃었습니다."

나는 살리의 신의를 한순간도 의심하지 않았다.

"다시 왔네!" 나는 살리의 집에 들어서면서 일부러 활기차게 말했다. "오늘 아침에 맡겨둔 물건을 가지러 왔어."

살리는 내가 바랐던 만큼이나 차분하게 "좋습니다"라고 말한 다음, 촌장을 쳐다보며 이렇게 덧붙였다. "잘못된 게 있습니까, 동무? 싸이 동무가 내게 자기 물건을 하루만 맡아달라고 부탁했습니다. 제 아내와 아들이 온종일 집에 있을 예정이었거든요. 이제 그에게 물건을 내줘도 상관없겠지요?" 촌장은 고개를 끄덕였다. 우리를 믿지 않을 이유가 더는 없었던 것이다.

이리하여 나는 잠정적으로 탈출을 포기했다. 적어도 대규모 그룹으로 탈출하는 일은 말이다. 이제 나는 생존에 대한 또 다른 교훈을 배웠다. 보이는 대로 믿어서는 안 된다는 것이었다. 겉보기에 믿음직해 보이는 사람도 위험에 직면하면 변할 수 있었다. 하지만 캄보디아를 떠나겠다는 결심에는 변함이 없었다. 부모님 역시 내게 포기해서는 안 된다고 단호하게 말씀하셨다. 탈출이 어떻게 실패했는지 자초지종을 말씀드리자 어머니는 눈물을 흘렸고, 아버지는 내게 '절망하지 마라, 다른 기회가 생길 거다'라고 말씀하셨다.

하지만 그때부터는 나 혼자서 행동했다. 내 결정이 옳은 것이었는지 확인하고자 내 지난날과 성격을 분석해 보았다. 나는 언제나 내 개성을 내세우고, 재능을 계발하며, 주어진 어떤 기회라도 포착하려고 애썼다. 내가 생각하기로 나는 상당히 융통성이 있는 편이었다. 겸손하게 굴 줄도 알았고 리더십에 대한 경험도 좀 있었다. 나는 우리의 탈출을 직접 계획하고, 할 수 있는 한 많은 가족을 내 방식대로 데려갈 생각이었다.

시간이 흘렀다. 삶은 다시 작업과 정치 집회의 연속이 되었고, 내가 교환으로 얻어낸 것을 식단에 규칙적으로 조금씩 보태는 것만이 고생을 줄이는 방법이었다. 내 주된 관심사는 탈출할 수 있는 기회가 다시 생겨날 때까지 저자세를 유지하는 것이었다.

눈길을 끌지 않는 게 사는 데 얼마나 긴요한지 깨우쳐준 사람은 켕의 남편인 불행한 사문이었다. 어느 날, 나는 평소처럼 그의 근처에서 일하고 있었다. 우리는 가능한 한 언제나 가까이 있도록 서로 정해두고 있었고, 어린 스타웃이 죽고 심이 사라진 뒤로는 특히 그랬다. 사룬은 자기만의 기분에 잠겨 있었다. 사고를 당한 뒤로 그는 예측할 수 없는 사람이 되어 있었으며, 대개는 유순하고 때로는 매력적이었지만 경우에 따라서는 극도로 성가실 때도 있었다. 하지만 켕의 무조건적인 보살핌과 우리의 배려 덕에, 우리는 그가 크메르 루주의 심기를 거스르는 것을 한동안 막을 수 있었다.

바로 그날, 우리가 새로운 구역을 개간할 때 덤불을 쳐내는 그의 손길이 점점 더 난폭해지더니 격렬한 흥분 상태에 빠졌다.

"무슨 놈의 혁명이 이래?" 그가 투덜거리는 소리가 들렸다. "할 일이 너무 많잖아."

나는 그에게 경고했다. "사룬, 소리 좀 낮춰요." 경비들은 그리 멀리 있지 않았다. 하지만 사룬은 눈치채지 못하고 화가 나서 더 크게 소리지를 뿐이었다. "아니, 싸이, 난 도통 모르겠다고요! 난 배고프고 지쳤어요! 무슨 놈의 혁명이 이래요?"

곁눈질하자 경비들이 우릴 쳐다보고 있는 게 보였다. 나는 슬금슬금 자리를 피했다. 저들이 나를 이 사태에 연루시키지 않기를 바라면서.

"무슨 놈의 혁명이 이러냐고?" 사룬은 누구에게랄 것 없이 다시 외치면서 마테체를 미친 듯이 휘둘렀다. "죽어라 일하는데! 배고프고! 다른 건 없고!"

경비 두 명이 그에게 다가갔다. 하나가 물었다. "동무, 뭐라고 했소?"

사룬은 자르는 것을 멈추고 그에게 돌아서서 똑바로 쳐다봤다. "내 말은, 도대체 무슨 놈의 혁명이 이러냐는 겁니다. 일은 죽어라 하는데 먹을 건 모자라고! 자! 이게 내가 한 말입니다!"

가슴이 철렁 내려앉았다.

"좋소. 당신 생각이 그렇다면, 날 따라오시오." 경비들은 그를 숲속으로 데려갔다. 침묵이 흘렀다.

나는 기다렸다. 심장이 마구 뛰었다.

아무 일도 없었다.

위험을 자초하기 싫어서 나는 다시 일하기 시작했다. 사룬이 다시 나타나리라는 부질없는 희망을 품으면서.

한 시간이 지났다. 두 시간이 지났다.

결국 더는 나 자신을 속일 수 없었다. 난 사룬을 다시 볼 수 없으리라는 것을 알고 있었다.

그날은 일을 마친 뒤 저녁에 집으로 가는 대신 곧장 부모님이 계신 곳으로 갔다. 내가 들어서자 켕이 미소를 띤 채 올려다봤고, 다른 이들도 마찬가지였다. 사룬을 볼 것으로 기대했던 것이다. 나는 그저 그녀를 쳐다보기만 했다. 미소가 그녀의 얼굴에서 사라졌다.

그녀가 스레이 랏을 끌어안으면서 물었다. "사룬은요?" 나는 고개를 주억거리면서 털썩 주저앉았다.

할 말은 거의 없었다. 그를 위한 추모사 같은 건 생각해 두지 않았다.

내가 말을 마쳤을 때, 켕은 울음을 터뜨리면서 스레이 랏을 꽉 껴안았다. 그녀는 울면서 말했다. "이런 일이 일어날 줄 알았어요. 알았어요, 알았다고요, 알았다고요." 그러더니 더는 말을 잇지 못했다.

나는 어쩔 줄 몰라 하며 그녀의 어깨에 손을 얹었다. 그러다 아버지와 눈이 마주쳤다. "글쎄요, 아마⋯." 내가 입을 열었을 때 아버지가 고개를 흔드셨다. 마치 이렇게 말씀하시는 듯했다. '아무 말도 하지 마라. 희망은 없어. 우리 모두 알잖아.'

나는 고개를 천천히 끄덕이고는 어머니께 입을 맞춰드린 다음 거기서 나왔다.

네 명이 죽은 지금, 우리는 열네 명으로 줄어 있었다. 우리 가족 넷과 내 부모님, 쩽과 그의 아내 라오 및 세 아이, 켕과 그녀의 어린 딸, 그리고 부오치만 남았다. 우리의 '정화'가 끝날 기색이라고는 아직도 전혀 없었다.

우리에게 남은 것이라고는 시아누크가 제시한 다섯 가지 조건을 크메르 루주가 받아들일지 모른다는 헛된 희망뿐이었다. 그것은 우리가 도시로 되돌아가 그럴싸한 삶을 되찾을 유일한 방도로 보였다.

사룬이 사라진 지 얼마 되지 않아 열린 정치 집회에서, 대장은 시아누크의 귀환을 확인하고 조국 재건에 새 장이 열리고 있다고 말함으로써 소문에 무게를 실어주는 것 같았다. 그는 시아누크가 새로운 행정부를 세우려 하고 있다고 말했다. 그러고 나서 그는 특정 전문가나 학위 소지자, 이전 정부에서 일했던 공직자, 의사, 기술자, 학생은 특별 명부에 등록하라고 말했다.

대략 마흔 명쯤이 손을 들었고, 그 가운데는 그때까지 정체를 신중하게 숨기고 있던 전직 고위 공무원도 일부 있었다. 나는 몇 차례 주저한 끝에 손을 무릎 위에 놓아두었다. 프놈펜을 떠난 직후에 사원에서 있었던 일이 떠올랐던 것이다. 그때 크메르 루주는 전력 기술자들에게 수도로 돌아가라고 요청한 뒤 가족에서 떼어내 혼자 가도록 했었다. 나는 생각했다. '아니, 내가 간다고 나서면 우리 가족은 나뉘게 될 거야. 조용히 있는 게 최선이야. 누가 물어보면 언제나 하던 대로 말해야겠어. 나는 그저 일개 기술자에 불과했다고 말이야.'

떠난 이들에 대한 소식은 더 이상 듣지 못했다. 정확히 무슨 일이 벌어졌던 것인지 알 수가 없었다. 그들이 처형되었다는 소문은 있었지만 증거가 없었다. 그들은 사라졌고, 그게 내가 아는 전부였다.

이제(1975년 말이었다) 배급량은 다시 줄어 날마다 여덟 명당 쌀 한 통 수준으로 떨어졌다. 11월에는 이틀 동안 아무것도 얻지 못한 적도 있었다. 크메르 루주 쪽에서는 트럭이 아직 도착하지 않았다고 했다. 이미 뱃속이 텅 비어 있던 상황에서, 이것은 우리 중 상당수에게 말 그대로 인내의 한계를 넘어선 것이었다. 크메르 루주 장교들이 식량을 착복했다는 소문이 퍼지고 있는 상황에서는 더욱 그랬다. 우리는 저들이 암시장 쌀값을 올려서 보석류나 옷가지를 더 싸게 구하려고 그러는 거라고 서로에게 말했다.

평상시였다면 누구도 항의할 엄두조차 내지 못했겠지만, 이건 정도가 지나쳤다. 이튿날 믿을 수 없는 사건이 발생했다. 신인민 몇백 명이 교사 다섯 명을 지도자 삼아 마을에서 식량 부족에 대해 항의하는 평화 시위를 벌인 것이다. 나는 시위에 참여하지 않았고, 역시 전직 교사였던 동생 쩽에게도 참가하지 말라고 충고했다. 하지만 그 후에 무슨 일이 일어났는지 들어서 알게 되었다.

시위하는 이들은 느리고 당당한 걸음으로 위병소 쪽으로 나아갔다. 목조에 초가지붕을 한 곳으로, 거기서 매일 저녁에 쌀을 분배했다. 당시에는 크메르 루주 장교 셋이 그곳에 있었다.

사람들이 위병소 앞에 이르자, 지도자들이 앞으로 나섰다. 그들 중 하나가 촌장에게 불만을 쏟아내면서 즉석에서 짤막한 연설을 했다. 말이 길어질수록 그의 말투는 더 진지해졌다. '식량 배급 체계가 불합리하다, 작업량이 과중하다, 약도 병원도 없다.'

그가 말을 마치자 촌장이 대답했다. 처음에는 부드럽고 달래는 듯한 말투였다. 앙카르는 할 수 있는 일을 다 했다. 우리가 앙카르가 아니라 우리 자신을 위해 일하는 거라는 사실을 잊으면 안 된다. 아직 수확철이 되지 않았다. 우리가 열심히 일하면 수확은 충분한 수준 이상일 것이다. 물고기가 없다고? 앙카르가 물고기를 먹어치운 것도 아니지 않은가. 식량 지원이 늦어지는 것은 앙카르의 의사와는 무관한 일이다.

그러나 그는 말하면서 점차 언성을 높였고, 그의 말은 구절마다 협박이 되었다.

"당신들은 말썽을 일으켰소. 당신들은 마을의 평화를 어지럽혔소. 당신들은 사람들의 마음에 의혹의 씨를 뿌렸소. 당신들은 앙카르가 당신들의 건강에 신경쓰지 않고, 앙카르가 당신들을 돕기 위해 해야 할 일을 하지 않았다고 주장했소. 당신들이 여기 가져온 게 뭐요? 아무것도 없소! 당신들을 실어나르고, 당신네한테 쌀과 땅을 내준 건 앙카르요. 그리고 당신들은 아직 아무것도 생산하지 않았소. 한데 사소한 지연 때문에 이제 항의한다는 거지. 이게 훌륭한 혁명가의 행동이오? 이게 개인주의적인 성향을 타파한 태도요? 아니오!"

식량은 바로 다음날 배급되었다. 하지만 한 주가 지나자, 항의와 연관되었던 교사 다섯 명과 다른 마을 사람 몇이 사라졌다. 무장한 채 끊임없이 마을을 순찰하던 크메르 루주가 밤을 틈타 희생자를 하나씩 제거한 것이다. 비탄에 빠진 가족들이 촌장에게 어찌된 건지 알려달라고 호소했지만, 촌장은 그에 대해 아는 바가 없었다.

어떤 소식도 들리지 않았다. 하지만 그 뒤로 크메르 루주는 의도적으로 억압을 미스터리 속에 감췄다. 그들은 모든 악행을 비밀리에 행했고 공개적으로는 언제나 정중하게 말했으며, 최악의 시기에도 변함없는 공손함으로 죽음을 준비했다.

■

교사 다섯 명이 사라진 일은 우리의 분노를 더했다. 우리끼리 있을 때는 다들 우리를 노예로 만든 폭압적인 체제에 욕설을 퍼부었다. 더 이상 부패 행위는 없었던 것 같다. 물론 그동안 그런 행위 덕에 살아남았던 우리는 이를 더 뼈저리게 느꼈다. 부정이 없는 게 사실이라 쳐도, 우리는 무엇을 먹고 살라는 말인가? 평등하게 굶는 것보다 불공평 아래 먹는 게 나았다. 크메르 루주는 과거의 악덕에 대항하면서 모든 미덕을 말살했다. 그들은 삶을 제공한다고 주장했지만, 실제로 이념의 이름 아래 우리에게 준 것은 죽음이었다.

하지만 우리의 분노를 행동으로 바꿀 방법이 없었다. 봉기가 일어날 가능성은 없었다. 나는 그 생각을 동생과 아버지에게 끊임없이 이야기했다. 하지만 우리는 너무나 미약했다. 무슨 수로 봉기를 일으킬 수 있었겠는가? 순찰대가 돌아다니지 않는 마을은 없었다. 여러 사람이 서로 연락하는 것은 츨롭 때문에 불가능해졌다. 서로 다른 지역사회 사이에는 어떠한 형태의 지하 활동도 조직할 수 없는 상태가 되었다.

게다가 우리에겐 무기도, 식량도 없었다. 우리가 무기를 입수할 수 있게 되어 마을에 있는 크메르 루주 50명을 죽였다 치자. 우린 어떻게 될까? 우리는 게릴라군을 유지할 수 있을 만큼 식량을 충분히 비축해 두지 못했다. 우리처럼 허약한 상태에서 밀림 속을 며칠 헤매고 나면 꼼짝없이 죽을 수밖에 없었다.

11월 말엽에는 베알봉에 사는 사람 가운데 1/3가량이 죽은 상태였다. 이런 엄혹한 조건에서 우리가 지닌 의무와 열망은 단 하나, 살아남는 것이었다. 이는 우리의 남은 재산으로 몰래 벌이는 물물교환과 가족의 결속력을 유지하는 것으로만 이루어질 수 있었다.

우리 일가의 결속력은 강했다. 우리 모두 죽음과 마주했고, 점차 그것을 받아들이게 되었다. 켕은 사룬이 사라진 뒤로 어머니와 점점 더 가까워졌다. 아니도 서서히 스타웃의 죽음을 받아들이게 되었다. 그녀가 스타웃을 숲으로 보내야 한다고 결심한 때가 왔다. 우리는 재가 든 소중한 작은 자루를 꺼내 부모님 댁 근처를 흐르는 개울까지 걸어간 다음, 물에다 흩뿌린 재가 천천히 떠내려가 무성하게 자란 수풀 아래로 사라지는 광경을 지켜보았다. "안녕, 나의 작은 아가야." 아니가 속삭였다. "부처님께서 네게 복을 내려주실 거야. 안녕."

우리가 가끔 벌이는 다툼은 언제나 식량과 관련한 것이었고, 대개 나왓과 얽혀 있었다. 이제 거의 열 살이 다 된 수닷은 참고 희생할 줄 알았다. 하지만 다섯 살에 불과했던 나왓은 언제나 아니가 비축해 두려고 애쓰는 식량을 호시탐탐 노렸다. 그 아이는 활동적인 아이였고, 그 나이에도 불구하고 살아남기로 굳게 마음먹은 것처럼 보였다. 나왓은 우리에게 부담이 되었다. 아니는 종종 걔를 때렸지만, 노골적으로 반항할 만큼 심하게 때리는 경우는 없었다. 게다가 스타웃이 죽었으니 이젠 나왓이 막내였다. 우리로서는 차마 걔를 벌하기가 어려웠다.

이런 의미에서 우리는 훌륭한 혁명 가족이었다. 앙카르가 가정 내의 불화를 없앴기 때문이었다. 남편은 아내를 때리는 것이 금지되었다. 욕설도 해서는 안 됐다. 아이들은 꾸짖으라고 있는 존재가 아니었다.

그건 물론 좋은 일이었다. 이제 긴장이 다른 방식으로 표출되게 되었다는 점만 빼면 말이다. 크메르 루주는 아이들이 가정폭력 척결이라는 이상에 미치지 못하는 부모의 행동을 고발하도록 부추겼고, 나는 이미 크메르 루주에게 부모에 대해 불평하는 아이들의 사례를 들었다. 가족 간의 다툼은 점차 비밀스러운 것이 되었다.

공공장소에서 이루어지는 말다툼에 대한 처벌은 모두가 볼 수 있는 형태로 이루어졌다. 베알봉에는 쉰 살쯤 되는 늙은 군인이 있었는데 그는 아내와 끊임없이 싸웠다. 그는 자기 행동이 앙카르의 평등주의 원칙에 위배된다는 공식 경고를 두 번이나 받은 상태였다. 어느 날 말다툼이 이어진 끝에 그 남자는 세 번째로 화를 냈고 자기 아내를 때렸다. 다음날 그는 숲으로 끌려갔고, 다시는 돌아오지 않았다.

∎

우리의 생존은 물론 정신적 평화도 식량에 달려 있었고, 식량은 거래로만 구할 수 있었다. 우리가 교환에 쓸 수 있는 물품은 한정돼 있었다. 하지만 나는 이런 상황에서는 거의 쓸모가 없는 엄청난 액수의 달러를 갖고 있었다. 이 달러에 가치를 부여하려면 내 상업적인 기술을 이용해야 한다는 생각이 떠올랐다.

논리적으로 따졌을 때 달러에는 가치가 있어야 했다. 내가 알기로 달러를 가진 사람이 그리 적지는 않았다. 문제는 달러가 고정된 가치를 지닐 만큼 충분히 유통되지 않는다는 점이었다. 금을 사용하는 게 나았다. 하지만 금은 해당 대상이 지닌 미적 호소력에 따라 가치가 달라졌다. 예를 들어 목걸이는 같은 무게의 팔찌보다 1/3 더 비싸게 팔렸다. 나처럼 이런 것들을 다뤄본 사람 입장에서는 이 시스템이 허점투성이라는 게 명백했다. 예를 들어 이론적으로는 200달러로 금 1냥을 살 수 있었고, 그 금 1냥으로는 쌀 40통 분량을 살 수 있었다. 하지만 똑같이 200달러를 직접 쌀로 바꾸려고 하면 20통 분량밖에 살 수 없었다. 따라서 내가 먼저 해야 할 일은 안정적인 달러 시장을 구축하는 것이었다.

나는 우선 옷이며 장신구와 맞바꿈으로써 50통 분량의 쌀을 모았다. 이것은 내게 마음 놓고 계획을 실행할 수 있는 여유를 주었다. 그런 다음 중국인 중개인을 찾아갔다. 그는 우리와 마찬가지로 신인민으로 낙인찍혀 있었고, 거래를 아주 빨리 처리하는 것으로 명성이 높았다.

나는 그에게 물었다. "친구, 달러 가진 것 있나요? 누가 내게 구해달라고 하는데."

이 질문은 그를 당황하게 했다. "달러는 왜 찾죠?"

"내게 묻지 말아요, 난 그저 친구니까. 하지만 달러 좀 구해주면 그 대가로 쌀을 드릴게요."

"하지만 왜요? 설명할 수 없단 말인가요?"

"우리가 프놈펜으로 돌아가게 되면 달러가 중요해질 것 같아서 그래요. 그곳의 대사관 직원들은 달러를 사용하거든요. 달러는 아주 강력한 통화죠. 외국으로 여행하게 되면 꼭 필요한 물건이에요. 해외에서는 달러만 취급하니까요. 그날이 오면, 달러는 우리의 새로운 통화에 맞물려 높은 가치를 갖게 될 겁니다. 게다가 그건 금과 달리 안정적이에요. 보석이나 장신구의 가치는 취향에 따라 달라지죠. 하지만 100달러는 언제나 100달러입니다. 어쨌든 달러를 찾아낼 수만 있다면 내 친구를 위해 당신과 맞바꾸도록 하죠."

주변에 달러가 널려 있다는 것을 아는 데다 좋은 연줄까지 있었던 그 중국인은 곧 내게 200달러를 가져다주었고, 그 대가로 나는 그에게 20통 분량의 쌀을 곧바로 넘겨주었다.

우리의 교환에 대한 소문은 순식간에 우리 정착촌 그리고 이웃한 두세 개 마을로 퍼져나갔다. 갑자기 사람들은 자기가 지닌 달러가 장기적인 가치보다 즉각적인 쓸모가 있을지도 모른다고 생각하기 시작했다.

자연스럽게도, 나와 거래한 중개인은 이 새로운 시장에서 처음으로 돈을 만진 사람 중 하나였다. 며칠 뒤에 우리 집 앞에 다시 나타났을 때 그는 언짢은 기색을 보였다. "싸이, 당신은 날 속였소." 그가 말했다. "다른 사람들은 100달러에 열다섯 통의 쌀을 주었는데 당신은 내게 열 통만 줬잖소."

그러니까 달러 가치가 벌써 50%나 오른 것이었다. 나는 다시 100달러와 열다섯 통 분량의 쌀을 맞바꿈으로써 그를 진정시켰다. 모든 것이 완벽하게 돌아가는 듯했다. 내가 가진 쌀은 줄어들었지만, 이 작고 폐쇄적인 인공 경제에서 내 달러는 가치를 획득했다.

나는 곧 이러한 진전을 잘 활용할 수 있었다. 이후 몇 주에 걸쳐, 같은 중개인을 통해 1,000달러로 150통 분량의 쌀을 사들일 수 있었던 것이다. 이 거래는 우리가 꽤 건강하게 살 수 있도록 해줬을 뿐만 아니라 내 계획을 훨씬 더 넘어선 부가적인 효과까지도 창출했다.

이렇게 된 것은 나와 무관한 일이었고, 전적으로 신인민과 구인민을 하나로 묶어준 믿음, 즉 크메르 루주 정권이 무너질 것이라는 점증하는 믿음에서 비롯한 것이었다. 이 믿음은 부분적으로는 크메르 루주 정부의 비효율성 때문에, 부분적으로는 희망적인 생각에서 나온 것이었지만, 주로 위대한 현자 풋의 예언에 대한 믿음에 기인하고 있었다.

풋이 한 말과 우리가 겪고 있는 재앙은 희한하리만치 잘 맞아 떨어지고 있었다. 풋은 이렇게 말했다. "검은 까마귀들이 온 땅에 로베아Lovea를 흩어놓을 것이다." 로베아는 구형의 녹색 과일로, 자두보다 작고 매끈하며 먹음직스럽게 생겼다. 하지만 막상 먹으려고 잘라 보면 언제나 구더기가 우글거렸다. 사람들은 풋의 예언을 최근에 일어난 사건들에 비추어 해석하고는, '검은 까마귀들'은 죄다 검은 옷을 입은 앙카르 사람들이며 로베아는 공산주의라는 유토피아적인 이념을, 그리고 구더기는 그 이념의 실제 알맹이인 살인과 기근, 고통이라는 결론을 내렸다.

풋은 이렇게도 말했다. "이 저주받은 시기에 사람들은 너무나 굶주리고 궁핍한 나머지 개 꼬리에 묻은 쌀알 하나 때문에 그 개를 쫓아다니게 될 것이다." 이전에는 아무도 이런 예언을 믿지 않앉다. 연장자들이 예언에 대해 이야기하면 우리는 그들을 비웃으면서 조롱하곤 했다. 쌀을 수출하는 나라에 기근이 내릴 것이라고 누가 상상할 수 있었겠는가? 풋은 "피가 코끼리의 배 높이까지 흐른 뒤에야 평화가 돌아올 것이다"라고 선언했다. 이처럼 평화롭고 통일된 국가에서 누가 그런 것을 믿었겠는가? 이제 그 끔찍한 예언들은 날마다 점점 더 진실이 되어가고 있었다. 모든 가치는 뒤집혔고 신성 모독자들이 군림했다.

다행스럽게도 이 공포의 시대는 끝나게 되어 있었다. '쓰밀', 즉 믿음 없는 자들의 통치는 7년하고도 7개월 그리고 7일간 이어질 뿐이라고 했다. 그러고 나면 쓰밀은 없어질 것이었다.

이것은 신인민뿐만 아니라 구인민 사이에서도 신앙이나 마찬가지가 되었다. 이제는 원래의 주민들마저도 크메르 루주에 질리기 시작했던 것이다. 이전에 농민들은 황소와 물소를 한두 쌍씩 갖고 있었고 논과 쟁기, 바나나 나무, 코코넛 나무도 소유한 채 가족과 평화롭게 살았다. 반년만 일하면 한 해 동안 먹고 살기에 넉넉했다. 하지만 이제는 모든 게 공동 소유가 되었다. 사유재산은 폐지되었다. 농민들은 자기네가 가졌던 달구지와 쟁기, 황소를 공동으로 사용하도록 바쳐야 했다. 그 누구도 무언가 책임지려 들지 않았다. 경제는 쇠퇴했고, 농민들은 점점 더 고통스러워졌다.

따라서 그 결과, 장기적인 관점에서 모두가 크메르 루주의 패

배를 점쳤고, 다들 재산을 얻게 되기를 갈망했다. 농민들은 도시 물건을 탐냈고, 신인민은 음식을 탐냈으며, 이제 다들 달러를 음식이나 보석, 금, 의약품 모두와 교환할 수 있는 매개체로서 중시하기 시작했다.

■

1975년 12월, 우리 모두 곧 이동하게 될 것이라는 소문이 퍼졌다. 반가운 소식이었다. 당시 그곳은 축축하고 추웠던 것이다. 갖고 있던 담요는 그리 두껍지 않았고, 밤에 잠을 자려면 불을 계속 지펴야만 했다. 결국 그 소문은 대장 귀에 들어갔고, 그는 단호하게 부인했다. "동무들은 평생 이곳에 머물게 될 것이오!"

하지만 12월 말, 우리는 다소 특별한 정치 집회에 소집되었다. 연사는 우리가 모르는 사람이었다. 그는 단도직입적으로 물었다. "떠나고 싶은 사람 있소?" 어디로 가게 되는지는 말하지 않았다. "그런 사람은 오늘 출발할 수 있도록 준비하시오!"

친구 가운데 몇몇이 눈을 휘둥그렇게 뜬 채 서로 쳐다보았다. 그들은 서로에게 물었다. "왜 앙카르가 마음을 바꾼 거지?" 하지만 나는 이런 의문으로 골치를 썩이지 않았다. 앙카르의 계획에 의문을 제기하지 않게 된 지 오래였다. 앙카르는 마음을 바꾸는 일이 없었다. 그것은 확고한 방향성을 암시했지만, 사실 그런 것은 전혀 없었다. 앙카르는 예측할 수 없었지만 오류도 저지르지 않는 존재였다. 앙카르의 예측 불가능성은 그 무오류성의 일부분이었다. 오류는 앙카르가 마음을 바꿀 수 있다고 생각하는 우리에게 있었다. 우리가 할 수 있는 일이라고는 받아들이는 것뿐이었고, 이 경우에는 그다음에 행동할지 말지 정해야 했다.

모종의 경쟁 관계가 있다는 게 분명해졌다. 촌장들은 우리가 계속 머물기를 바란 반면, 새로 온 사람들은 자원 서류 한쪽에 이름을 쓰라고 명령했다. "앙카르는 동무들이 다른 곳에서 일하기를 바라오." 그가 말했다. "일하기에 더 나은 곳이오. 숲 한가운데서 일하는 게 아니오. 조건도 거기가 더 낫소."

마을 사람 가운데 일부는 이주했다가 새로운 재앙이 닥칠까 두려워했다. 나로서는 확신이 들지 않았다. 자원자들이 한쪽으로 이동하기 시작했고, 나는 이 문제를 아니와 쩽, 부오치, 켕 및 부모님과 논의했다. 베알봉에서 우리가 처한 상황은 좋지 않았다. 식량은 부족했고 그 일대는 습했다. 더 나은 식량 배급을 약속하거나 우리의 종착지가 어딘지 말해주는 사람이 없었던 것은 사실이다. 하지만 떠나야 할 다른 그럴싸한 이유도 있었다.

나는 공화국 정부에서 일했던 전직 고위 공직자라는 사실을 크메르 루주에게 들킬 위험에 노출되어 있었다. 그런 일이 벌어질 경우, 내가 살아날 가능성은 크지 않았다. 게다가 국경지대에 더 가까이 가고 싶은 마음은 여전했다. 다른 마을에서 탈출할 가능성이 더 높을 수도 있었다.

게다가 나는 베알봉의 크메르 루주가 우리에게 남아 있으라고 채근했을 때 우리를 조금도 신경쓰지 않는다는 것을 알고 있었다. 그들의 유일한 관심사는 우리가 지닌 가치였다. 식량은 여전히 거주민 수에 따라 할당되고 있었다. 사람이 많을수록 식량도 많고 죽는 사람도 많으며, 따라서 현지 크메르 루주가 착복할 여분의 식량도 많아지는 셈이었다. 우리가 떠나면 이 역설적이고 기생적인 경제가 쇠퇴할 터였다. 우리가 떠난다면 그들은 어떻게 금과 보석을 얻겠는가?

우리는 몇 분이 지나지 않아 결단을 내렸다. 자원자들 쪽에 합류하기로 한 것이다.

그날 오후, 자원자 천 명이—생존자의 절반에 조금 못 미치는 숫자였다—행진을 시작했다. 우리는 남겨둔 물건들을 들었고, 자식 둘이 우리 사이에서 걸었으며, 일가의 나머지 인원들은 뒤에 바짝 붙은 채 다들 큰길을 향해 돌아섰다.

길을 따라 3마일(약 4.8킬로미터)을 걸어간 뒤 우리는 난민 수용소가 된 사원에 도착했고, 거기서 트럭들이 오길 기다리라는 말을 들었다.

놀랍게도 우리 삶은 마치 마법이라도 걸린 것처럼 향상되었다. 식량 배급이 두 배로 늘어났다. 하루에 네 명당 쌀 한 통을 받았다. 그 지역의 작황이 좋았던 것일 수도 있고, 크메르 루주가 자기네 약속을 믿게끔 하고 싶었던 것일 수도 있다. 만약 후자였다면, 그들의 의도는 제대로 먹혀들었다. 나조차도 희망이 깜빡이는 것을 느꼈으니까.

나는 아니의 스커트 중 하나를 지역 주민들과 맞바꿈으로써 설탕을, 지름 2인치(약 5센티미터)에 두께 반 인치 되는 원반 형태를 한 갈색 야자설탕 한 통을 얻을 수 있었다. 천국에서 곧장 내려온 듯한 진미였다. 지난 몇 달 동안 우리 가운데 누구도 설탕을 가져보지 못했다. 나는 기쁨에 차 그것을 조각내어 분배했다. 첫 조각이 내 혓바닥에서 녹았을 때의 기분은 언제까지나 기억날 것 같다. 행복, 믿을 수 없을 정도의 행복이었다. 다들 할 수 있는 한 그 기쁨을 오래 누리려고 설탕을 천천히 핥았고, 침 한 방울도 흘리지 않으려고 머리를 뒤로 젖혔다.

게다가 100달러짜리 지폐 두 장과 닭 두 마리를 바꿀 수 있었다. 닭 한 마리에 100달러라니, 엄청나게 저렴하지 않은가! 우린 그것을 최대한 활용했다. 나는 곧바로 닭들을 죽인 다음 털을 뽑아 불에 구웠다. 남은 걸로는 국을 끓였다. 그날 저녁은 일가 전체가, 우리 열네 명 모두가 성찬을 즐기기에 넉넉했다. 우리는 정말 배불리 먹었고, 서로에게 맛있는 부위를 넘겨주면서 뼈 한 마디까지도 깨끗이 발라먹었다. 떠나기로 한 우리의 결정이 옳았음을 축하하기라도 하는 것처럼 웃으면서 말이다.

정말 굶주려본 사람이 아니라면 잘 먹는다는 게 얼마나 달콤하고 행복한 것인지 알기 어렵다. 지난 몇 달간 겪었던 고통이 순식간에 사라지는 듯했다. 너무나 빨리, 너무나 간단히 다시 태어나는 듯한 이상한 느낌이었다. 우리는 운이 좋다고, 정말로 좋다고 서로에게 말했다.

2주가 지나자 트럭이 도착했다. 그것들을 보고 있자니 남아 있던 걱정도 죄다 사라졌다. 다들 공간이 넉넉했다. 이전 이동 때처럼 꽉꽉 구겨 넣어지지 않았다. 트럭마다 서른 명씩 탔고, 그다지 나쁘지 않았다. 게다가 당연한 얘기지만 가진 짐도 적었다.

우리가 몇 달 전에 왔던 길을 되돌아가 푸르삿 쪽으로 10마일도 채 안 갔을 때, 트럭들이 점점이 흩어진 나무들 사이로 갑자기 좌회전해 숲과 논이 교대로 나타나는 시골로 들어섰다.

그때 멀리 강과 마을이 보였다. 카사바밭과 과일나무가 널려 있었다. 나무들이 온전하고 포탄 구멍도 없는 걸로 보아 전쟁의 피해를 입지 않은 지역인 게 분명했다.

베알봉이라는 지옥에 비하면 천국이 따로 없었다.

VI. 죽음의 밀림

VII. '앙카르'의 징벌

우리는 마을(푸르삿강을 따라 일렬로 늘어선 일곱 마을 중 하나인 참카르트라싹Chamcar Trassak이라는 마을이었다)에 도착한 날 저녁에, 새 공동체에 소개할 목적으로 소집되었다. 그날 밤은 거기서 묵고, 이튿날에 여러 마을로 흩어질 예정이었다. 크메르 루주 장교는 우리에게 환영의 뜻으로 다음과 같이 말했다. "여러분은 여기서 편안하게 지내게 될 거요. 부엌세간 따위는 필요 없을 거요. 여러분은 더 이상 요리를 할 필요가 없기 때문이오. 앙카르가 여러분을 보살필 것이오. 부엌세간을 가진 사람은 앙카르에 바쳐야 하오. 숟가락만 갖고 있으시오. 우린 더 이상 식량을 배급하지 않을 거요. 이제부터는 공동으로 식사하게 될 것이오."

징이 울렸다. 우리는 식탁으로 향했고, 거기엔 음식이 차려져 있었다. 밥, 진짜 밥, '바이'bay라고 부르는 단단한 쌀로 만든 밥이 수북하게 담겨 있었다. 생선, 과일, 각종 채소도 있었다. 앙카르가 마침내 우리를 정당하게 대우한다는 생각이 들었다. 우린 여기 오기로 결정한 것을 자축하면서 뒤에 남은 이들을 불쌍히 여겼다. 바꿀 것 하나 없이 여러 달 동안 죽과 들나물밖에 먹지 못한 가족들의 심정을 상상해 보라. 이제 갑자기 진짜 밥과 생선을 먹을 수 있게 된 것이다! 프놈펜을 떠난 이후 처음으로 함께 앉게 된 우리는 웃음 띤 얼굴로 서로 바라보았다. 나는 주위를 둘러보면서 우리가 얼마나 변했는지 실감했다. 어머니는 쪼그라들고 허약한 노파였고, 아버지는 이제 걸을 때 허리를 펴지 못했다. 아니와 부오치, 라오, 켕은 뼈만 남았고, 아이들은 비쩍 말랐다. 내 꼴도 쎙만큼이나 끔찍할 게 분명했다. 어쩌면 이제 건강을 회복할 수 있을지도 몰랐다. 아이들은 넋을 잃은 채 만족감에 빠져 배를 문질렀다.

크메르 루주는 우리에게 상을 차려주기까지 했다. 들어본 적도 없는 일이었다! 죄다 검을 옷을 입은 어린 소년 소녀들이 둥근 접시를 나르는 동안 구인민(지역 주민)들은 요리를 했다. 크메르 루주 장교는 우리를 부드러운 눈길로 지켜보았고 아버지 같은 태도로 잔소리를 했다. "천천히 드시오! 건강을 유지해야 앙카르를 더 잘 섬길 수 있는 거요! 음식 가지고 다투지 마시오!"

아무도 신경쓰지 않았다. 우린 그저 음식을 집어서 각자의 입에 쑤셔넣기 시작했다. 나는 손에 닿는 건 뭐든지 집어삼켰다. 쌀,

생선국, 채소 할 것 없이 말이다.

  몇 분이 지나자 옆 식탁에 있던 남자 둘이 쓰러지더니 신음하기 시작했다. 크메르 루주가 그들을 데려갔다. 나중에 둘 중 한 명이 끔찍하게 괴로워하다 죽었다는 말을 들었다. 음식이 완전히 비어버린 위장에 어떤 작용을 할 수 있는지 목격한 것은 그때가 처음이었다. 남은 사람 중 누구도 이것 때문에 주저하지는 않았다. 음식은 한이 없는 것 같았다. 모두가 양껏 먹을 수 있었다. 다들 먹느라 너무 바쁜 나머지 기쁨이나 크메르 루주에 대한 고마움을 표현하는 것은 고사하고 말할 시간조차 없었다. 우리가 아는 것이라고는 다시 숨쉴 수 있게 되었다는 것과 불행의 시간이 끝났다는 것뿐이었다.

  듣기로는 나무 아래서 보낸 마지막 밤 이후 부모님과 부오치, 쎙, 켕 일가는 1마일쯤 떨어진 다른 마을로 갔다고 했다. 우린 잠시 모두 충격에 빠졌다. 몇 달 동안 서로 격려하면서 견뎌낸 뒤에 겪은 이별은 견디기 너무 힘들었다.

  하지만 주변 환경이 기운을 북돋워 주었다. 현재 우리가 차지한 이 지역은 푸르삿강에 면해 있었으며, 전에는 베트남 사람들이 점거하고 있었지만 다들 본국으로 돌아간 상태였다. 따라서 처음에는 식량이 남아돌았다. 원래는 마을이 둘 있었지만, 이제 이 마을들은 구인민 차지였고 신인민들은 정착촌을 다섯 군데 더 건설했다. 우린 압제가 완화된 상태에서 서로를 정기적으로 볼 수 있게 되었다. 아니와 나, 아이들은 그들이 다른 사람들 수백 명과 함께 강변에 난 흙길을 따라 걸어갈 때 손을 흔들었다. 그들이 사탕야자 사이로 사라질 때까지 말이다.

다른 이들이 떠난 뒤에 나는 집을 짓기 시작했다. 베알봉에서 지었던 초라한 오두막이 아니라 말뚝 위에 지은 견고하고 비바람을 잘 막을 수 있는 집 말이다. 그런 집들은 지역 단위로, 서로 다른 건축 분야에 특화된 그룹들이 지었다. 우리에겐 이미 지어진 집 한 채가 배당되었다. 아니가 아이들을 돌보는 동안 나는 한 팀의 일원이 되었다. 첫날에는 여섯 명으로 이루어진 내 팀에 나무줄기를 베어내 기둥으로 만드는 임무가 주어졌다. 우리가 일하는 동안 누군가가 새끼들을 거느린 고양이가 마을에서 멀지 않은 데 있는 폐가에 있는 것을 보았다. 프놈펜에 있을 때는 사람들이 베트남에서는 개와 고양이를 먹는다고 말하곤 했었다. 그게 사실인지 아닌지는 몰랐지만, 그런 야만적인 관습이 있다는 생각에 다들 웃곤 했다. 이제는 그 생각에 우스운 데가 전혀 없었다. 그는 잠시도 머뭇거리지 않고 그 동물들을 붙잡아 강물에 빠뜨려 죽였다. 다들 기뻐했고 사냥감을 분배했다. 근심할 필요도 없었다. 먹을 것은 아직 많았고, 다들 잘 지내고 있었다.

한 주가 지난 뒤 1976년 1월 첫 주의 마지막 무렵에, 우리는 촌장의 라디오로 공동 식사가 도입된 배경에 대해 알게 되었다. 우리나라에는 새로운 체제가 들어섰다. 이제 어떤 생산수단도 국가와 공동체에 귀속되었다. 오직 '일상 개인용품'만이 개인 소유로 남았다. 우리는 '일상 개인용품'이라는 구절에 대해 오랫동안 토론했다. 각자의 옷은 자기 것이었다. 다른 어떤 것을 '개인적'인 것으로 칠 수 있을까? 부엌세간? 공동 식사를 하게 된 뒤로 더 이상 그런 것은 갖고 있지 않았다. 채소류? 하지만 채소를 수확하고 나면 마을 공동체에 바쳐야 했다. 가금류도 마찬가지였다. 크메르 루주의 언어로는, 우리에게 필요한 것은 단순한 공동 식사가 아니라 '급식의 통일'이었다. 모두가 똑같은 것을 먹어야 한다는 뜻의 기괴한 혁명적 표현이었다.

3주가 더 지나자 우리가 극히 작은 일부에 불과했던 방대한 사회적 실험이 지닌 성격에 대해 조금 더 알게 되었다. 참카르트 라싹에서 10마일쯤 떨어진 데서 엄청난 규모의 집회가 소집되었다. 해당 지역에 있는 사람은 전원 참석해야만 했다. 지역 책임자가 우리에게 연설할 예정이었다. 나는 다른 일가붙이와 만날 수도 있다는 생각에 아니와 두 아이를 데리고 갔다. 그런 행운은 없었다. 집회가 열리는 들판에는 상상하기조차 어려운 장관이 펼쳐졌다. 남녀가 수천 명이나 있었고, 주위에 있는 마을 전체에서 사람들이 줄지어 밀려들고 있었다. 마을마다 미리 배정받은 장소가 있었다.

다들 자리를 잡고 나자, 연설자가 앙카르가 특히 좋아하는 주제인 계급 없는 사회의 이념과 사라져버린 자본주의 체제의 참상에 대해 이야기하기 시작했다. "동무들은 벌써 인민 혁명과 민주 혁명이라는 큰 사막 두 개를 성공적으로 지나왔소." 내가 이해하기로 그가 말한 '큰 사막 두 개'와 두 혁명은 론 놀에 맞서 일어난 내전과 각 도시에 내린 소개령을 뜻하는 것이었다. 그의 목소리가 확성기에서 울려 나왔다. "이제 우리는 사회주의 혁명을 시작해야만 하오." 당시에(나와 일가족의 건강은 충분한 식량 덕에 회복된 상태였다) 나는 '사회주의 혁명'이라는 말이 무슨 뜻인지 몰랐다. 전에 겪었던 어떤 것보다도 훨씬 더 가혹한, 세 번째 사막을 건너는 일이 남았다는 두려움도 없었다.

■

아니는 군중 속에서 우연히 먼 친척을 발견했다. 네아리Neary는 20대 후반이었고 푸르삿 출신이었다. 그녀는 우리가 있는 데서 4마일 떨어진 돈에이Don Ey에 살았다. 우리 사는 데서 일렬로 늘어선 일곱 마을 가운데 끝에 있는 마을이었다. 그녀는 남편이 '재교육'을 받으러 끌려간 처지여서 혼자였으며, 우리에게 자기와 함께 지내자고 제안했다. 돈에이에서는 살기가 더 편하다는 것이었다. 자기가 이주 허가를 받을 수 있게끔 해보겠다고도 했다.

그녀는 자기가 한 말만큼이나 선량한 사람이었다. 네아리는 2주 뒤에 우리에게 돌아왔다. 그녀가 우리를 데리고 간 길은 경작지(주로 논이었고 야자나무, 코코넛, 망고나무, 카사바 줄기가 드문드문 흩어져 있었다)를 가로지르는 강둑 위를 따라 일곱 마을을 이어주고 있었다. 가는 길에 가운데 마을에 사는 부모님을 비롯한 나머지 일가친척과 짧게나마 만날 수 있었다.

거주지를 옮긴 것은 잘한 일 같았다. 네아리는 큰 집에서 살았지만 자식은 둘뿐이었다. 딸은 수닷과 동갑이었고 아들은 나왓보다 조금 더 나이가 많았다. 부모님 계신 데서는 여전히 2마일 밖에 떨어져 있지 않은 곳이었다. 소들이 논에서 볏대를 짓밟도록 해야 했다. 그러고 나서 볏짚을 거둬다가 휙 들어올리면 여자들이 낱알을 모았다. 전에는 옷에다가 쌀알을 미끄러뜨려 감추곤 했었다. 이제는 뭘 훔칠 생각이 들지 않았다.

먹을 것이 넉넉하니 끝없는 정치 집회마저도 견딜 만했다. 집회는 두 종류였다. 열흘마다 수백 명이 모이는 총회가 있었고, 거기서는 크메르 루주의 책임자가 공동체적 삶이 지닌 이점에 대해 장광설을 늘어놓곤 했다. 하지만 더 자주 열렸던 쪽은 사나흘마다 한 번씩 스무 명가량씩 그룹을 지어 진행했던 자아비판 시간이었다. 크메르 루주 하나가 우리에게 앙카르에 대한 의무를 일깨운 다음 각자의 과오를 시인하도록 권고하곤 했다.

신인민이었던 나는 처음부터 구인민 및 크메르 루주보다 아래였고, 곧 자아비판 절차를 익히게 되었다. "저는 지고한 앙카르 앞에 하찮은 존재입니다. 제가 여기 모인 여러분 앞에 하찮은 존재임은 다들 보실 수 있을 것입니다. 제 앞을 더럽힌 얼룩은 제가 볼 수 있지만 제 등의 얼룩은 제 동무들만이 볼 수 있습니다. 동무들, 저는 제 잘못과 과오를 깨닫기 위해 여러분의 도움이 필요합니다. 저는 앙카르 앞에 하찮은 존재입니다. 저는 훌륭한 혁명 전사가 되어야만 합니다. 저는 앙카르에 감사드립니다…." 눈을 내리깐 채 겸손한 말투를 유지하면서 이런 식으로 계속하는 것이었다. 우리는 모든 것을 밝히게 되어 있었다. 어떤 작업을 했는지, 얼마나 잘했는지, 얼마나 열심히 일했는지, 얼마나 오래 쉬었는지, 심지어 얼마나 자주 낮잠을 잤는지까지도. 이 의식은 다음과 같은 말로 마무리되었다. "하찮은 저는 앙카르가 정화하고 비판하며 교육함으로써 저를 더 순종적으로 만들어주기를 바랍니다."

피곤하고 굴욕적인 일이기는 했지만, 포식의 대가로는 사소한 것이었다.

■

1976년 2월 말에 톤레삽호에서 물고기를 잡는 데 참여하게 되었다. 이 광대한 호수는 프놈펜의 남쪽으로 흘러들어 거기서 메콩강과 합류하는 물을 담아두는 천연 저수지였다. 톤레삽호는 푸르삿 건너편 40마일쯤 떨어진 곳에 있었다.

소개된 이후 처음으로 가족과 떨어져 지내게 된 것이다. 하지만 이제 우린 만족스럽게 지내고 있었고, 베알봉에서의 기억을 묻어둔 채 돈에이의 좋은 여건을 온전히 누리고 있었다. 따라서 뭔가 안 좋은 일이 일어날 조짐은 전혀 보이지 않았다. 나는 아니와 아이들에게 작별 키스를 해준 뒤, 우리가 그동안 잘 먹었고 네 아리가 그들을 보살펴줄 것임을 일깨워준 다음 고작 2~3주만 떨어져 있게 될 것이라고 말했다. 프놈펜에 있을 때도 그만큼 떠나 있었던 일은 여러 번 있었다. 이건 그저 또 다른 출장이나 마찬가지였다.

우리는 어로 장소에 도달하기 위해 짐을 들고 강을 따라 대략 12마일쯤 떨어진 푸르샷까지 걸어갔다. 우리가 지닌 짐은 다음과 같았다. 황마 자루로 만든 해먹, 바지 다리로 만든 운반용 가방, 스카프, 바지 한 벌 그리고 갈아입을 셔츠 한 벌이었다. 군용 트럭이 푸르샷에서 20마일 떨어진 지점에 있는 크라코르Krakor까지 실어다 주었다.

가는 도중에 희한한 광경이 보였다. 수천 명의 청년이 말라버린 논에서 일하고 있었다. 모내기할 동안 물을 가둬두려고 1피트 높이의 둑을 쌓고 있었던 것이다. 이 일대는 잘 개간된 논이었지만 이제는 모습이 변했다. 이제는 크메르 루주가 농민들의 사유재산마저 철폐하기로 한 게 명백했다. 논마다 크기에 차이가 있다는 것을 용납할 수 없었던 것이다. 모든 것은 모든 이의 것이어야 했기에, 모든 논은 크기가 똑같아야만 했다. 사유재산의 상징이었던 옛 제방들이 허물어지고 이제 새로운 제방이 쌓이고 있었다.

트럭들은 우리를 호숫가에서 6마일 떨어진 지점까지 실어다

주었다. 이 일대는 갈대가 우거진 광대한 평지로 해마다 홍수가 났는데, 그럴 때마다 호수 면적은 거의 두 배로 불어났다. 우리가 도착한 곳은 콤퐁루옹Kompong Luong으로, 주변 갈대밭보다 몇 피트 위에 세운 고상가옥으로 이루어진 옛 어촌이었다. 우리는 외따로 떨어진 큰 건물로 이끌려 갔다. 나무로 짓고 갈대로 지붕을 이었으며 옆면은 트인 건물이었다.

우리는 콤퐁루옹에서 먹은 첫 식사에 기가 꺾이고 말았다. 그날 저녁에 나온 것은 쌀죽, 즉 물에 묽게 끓인 약간의 쌀에 불과했다. 우리는 당황해서 서로 쳐다보았다. 돈에이에서는 제대로 된 밥을 먹었는데 일터에서는 죽을 먹다니? 조장은 우리가 충격을 받았다는 것을 알아차렸다. "동무들, 조용히 하시오. 앞으로는 돈에이에서도 밥을 먹지 않게 될 것이오. 이게 급식의 통일이라는 거요. 동무들은 이해해야만 하오. 수송에 어려움이 있었소." 우리 가운데 베알봉에서 온 사람들은 전에도 같은 변명을 들은 적이 있었다. 우리는 불편한 침묵에 빠져들었다.

며칠 동안 우리는 열심히 일했다. 물가에 그물을 치고 끌어당겨 잡은 것들을 가려내는 작업이었다. 난롯가에서 물고기를 씻어내느라 밤늦게까지 작업하는 경우도 흔했다. 하지만 먹은 거라고는 죽뿐이었다. 시일이 지날수록 우리는 더 굶주림에 시달리게 되었다. 우리는 그물에서 몰래 물고기를 빼내기 시작했다. 옷가지 안에다 감춘 다음 야간에 불가에서 말렸다. 당연히 용납될 수 없

VII. '앙카르'의 징벌

는 행위였다. 우리는 곧 낮에 잡은 큰 물고기 숫자를 전부 세어야만 하게 되었다. 다행히도 물고기를 낱낱이 세는 것은 불가능했기에 작은 것은 슬쩍할 수 있었다.

나는 굶주림에 시달리기 시작한 첫 주 동안에 크메르 루주의 기이한 세태를 더 잘 통찰하게 되었다, 우물에서 물을 긷고 있는데—톤레샵의 물은 비위생적이라고 간주되었다—지역 주민인 구인민 하나가 나와 잡담을 나누기 시작했다. 신인민이고 그 지역 출신이 아니었던 나는 그를 경계했다. 그는 내 '개인주의적 성향'에 대해 보고하려고 안달이 난 것일 수도 있었다. 하지만 그는 머뭇거리지 않았다.

"동무는 우리 구인민들하고는 달라요, 그렇죠?" 그는 어떤 적대감도 없이 이렇게 말했다. "그건 분명해요. 하지만 동무, 들어봐요. 구인민이라고 다 같은 게 아니에요. 처음에는 사정이 달랐죠. 그때 그들은 받아들일 만했어요. 지금도 말은 부드럽게 하지만 태도는 거칠지요. 우리 마을에서는 다들 크메르 루주한테 속았다고 생각하고 있어요. 우리가 하는 거라곤 살아남으려고 애쓰는 게 전부예요."

나는 여전히 대화에 빠져들려 하지 않았다. 하지만 나중에 그 일을 생각하면 할수록 그가 한 말을 더 믿게 되었다. 그것이야말로 나와 같은 느낌을 지닌 타인을 만난 첫 사례였다. 그것도 신인민이 아니라 구인민이었다. 혁명은 바로 그들 이름으로 일어난 것이었는데 말이다.

거의 동시에, 단 며칠 만에 불온함의 다른 증거가 나왔다. 게릴라들이 호수 맞은편에서 불교와 자유를 위해 투쟁하고 있다는 소문이 나돌기 시작했다. 한두 번은 총성을 듣기도 했다. 소문에 따르면 호숫가에 있는 마을 중 하나에는 수백 척의 보트가 있는데, 이 보트는 게릴라 활동 때문에 더 이상 안전하지 않다고 느꼈던 호수 주변 사람들의 것이라고 했다. 그런 지하 활동이 정말로 있었을까? 실제 증거는 없었지만, 그 생각은 우리를 흥분케 했다.

■

우리가 톤레삽에 도착한 지 한 주쯤 지난 뒤인 3월 초에, 의무대가 캠프에 도착했다는 소식을 들었다. 크메르 루주 치하에서 거의 1년을 보낸 뒤에 처음으로 건강진단 이야기가 나왔다. 소문이 퍼졌다. 어떤 종류건 질병 때문에 고생하는 사람이라면 의무대와 상담할 수 있었다. 곧바로 모두가 아프다고 주장했다. 이미 다들 피로와 영양 부족에 시달리고 있던 터라 약이라도 좀 받을 심산에서였다. 친구 하나가 말했다. "가보지 그래? 다들 그러는걸. 약초와 코코넛 밀크를 섞은 주사를 놔준다고. 해로울 리가 없어."

의료인들은 다들 무척 어렸다. 검은 옷을 입은 소년과 소녀들에게서는 의사로 볼 만한 데가 하나도 없었다. 대기자 줄에서 내 앞에서 선 사람들을 치료하는 방식에서 미루어보건대, 크메르 루주의 의료용품에는 두 가지 약밖에 없는 듯했다. 하나는 역한 빛이 도는 갈색 액체였는데 살짝 바름으로써 국부 통증을 완화하는 데 쓰였다. 두 번째 약은 맑고 희끄무레한 강장제로 주사에 쓰는 것이었다.

책상에 다가가자 한 소녀가 물었다. "어디 아픈 데 있나요?"

"아뇨, 그냥 지쳐서요."

소녀 앞에 놓은 탁자에는 음료수(코카콜라, 펩시콜라, 세븐업)병이 스무 개 놓여 있었다. 그 가운데 열 개에는 갈색 액체가, 다른 열 개에는 투명한 액체가 담겨 있었다. 주사기 네 대도 있었는데 쟁반에 놓인 채였다. 그 소녀는 주삿바늘이나 내 팔을 소독할 생각조차 않은 채 주사기를 펩시콜라 병에 처넣었다. 주삿바늘은 벌써 열두어 번은 사용한 상태였다. 그것도 바로 내 눈앞에서 말이다. 어느 의료인이건 아무 주사기나 닥치는 대로 골라 아무한테나 주사했다. 이 '강장제'를 맞지 않고 가는 게 낫겠다는 두려움이 갑자기 찾아왔지만, 이제 와서 마음을 바꾸기에는 너무 늦었다.

이틀 뒤에 고온에 시달린 채 땀을 줄줄 흘리면서 깨어났다. 나중에 일할 때는 몸이 떨려왔다. 이상한 일이었지만 똑같은 주사를 맞은 친구는 무탈했다. 사흘째도 똑같이 상태가 나빴다. 친구가 말하기를 말라리아에 걸린 거라고 했다. 베알봉에서 말라리아에 걸린 사람이 몇 명 있었기에 그가 옳았을 수도 있었지만, 그건 희한한 우연의 일치였을 뿐이다. 한 가지만은 분명했다. 주사 때문에 병에 걸렸다고는 말할 수 없었다. 그랬다가는 앙카르의 비판을 받게 될 터였다.

    병세는 날마다 나빠졌다. 한 주 동안은 좋든 싫든 나가서 일할 수 있었다. 하지만 두 번째 주가 시작되자, 나는 일하려고 애썼지만 여러 번 기절했다. 쓸모가 없어졌기에 집으로 돌아가겠다고 허락을 구했다. 대장이 말했다. "쉬시오. 결정은 나중에 할 테니." 다음 이틀 동안 나는 식은땀에 젖은 채 떨면서 누워 있었다. 대장이 내가 더 이상 쓸모가 없다고 시인하지 않을 수 없게 될 때까지 말이다. 내일 집에 가도 좋다는 허락을 받았다. 어떻게냐고? 걸어서 가라는 것이었다. 내가 길에서 기절할 경우를 대비해 돈에이에서 온 친구와 함께 갈 수 있게 해달라고 부탁하자, 대장은 이렇게 말했다. "안 되오! 말도 안 되는 소리요! 동무가 아프다면, 혼자 가야만 하오. 혼자 가는 건 대단한 특권이오. 나는 동무에게 특혜를 베풀고 있는 거요. 내 인내심을 시험하지 마시오!"

    나는 또 하룻밤 더 오한에 떨고 식은땀을 흘렸다. 과연 걸을 힘이 있기나 할지 의심스러웠고, 차라리 그냥 죽는 게 낫겠다는 생각마저 들었다. 내게 노력할 힘을 준 것은 오직 아니와 자식들 생각뿐이었다.

    아침에 나는 몸부림치며 일어나 짐을 쌌다. 나는 간선도로에서 6마일, 프루삿에서는 20마일, 집에서는 40마일 떨어진 곳에 있었다. 여행할 방법이라고는 자동차를 얻어 타는 것밖에 없었다. 쉽지 않은 일일 터였다. 내가 얻어낸 허락은 내가 사는 마을까지 되돌아가는 게 고작이었고, 내게는 교통수단을 정할 권한이 없었다.

나는 정오쯤에 비틀거리면서 출발했다. 1/4마일 남짓 갈 때마다 쉬어줘야만 했다. 가다 보니 호수 옆으로 기둥 위에 세운 집이 나왔다. 떠받치는 기둥 중 하나에 힘겹게 기대면서 살펴보니 그 집은 유난히 컸다.

머리 위에서 노인이 나타났다. 그는 나를 걱정스럽게 굽어보면서 물었다. "거기서 뭐 하시오?"

헐떡거리면서 대답했다. "말라리아에 걸렸어요."

"어디 사시오?"

"푸르삿강 건너편에요. 집에 가서 쉬려던 참입니다. 절 태워다 줄 트럭을 찾았으면 하는데요."

"그런 상태로는 길을 갈 수 없소. 곧 죽게 생겼구먼." 내 느낌도 그랬다. "집까지 가려면 뭘 좀 먹어야 하오. 들어오시구려."

재촉을 들으면서 그가 있는 데까지 올라가는 데는 엄청난 시간이 걸렸다. "빨리! 남의 눈에 띄면 안 된단 말이오!"

안에는 세 사람이 있었다. 노인의 아내와 그들의 아들 중 하나, 어린 여자아이였다. 노인의 아들은 아버지가 시키는 대로 찬장을 열어 약이 든 앰풀과 주사기를 꺼냈다. 주사기를 다루는 방식이나 내 팔을 알코올로 닦는 모습에서 그가 자신이 하려는 일에 익숙해 있음을 알 수 있었다. 주사를 맞는 동안 나는 주위를 둘러보았다. 그 가족은 구인민의 기준으로도 다소 잘사는 것 같았다. 크메르 루주가 '작은 자본주의자들'이라고 불렀던 부류의 사람들이었다. 주사를 맞고 나자 노인의 아내가 내가 말라붙은 밥이 담긴 그릇을 내밀었다. 죽이 아니라 밥 말이다. 게다가 말린 물고기도 약간 있었다. 믿을 수 없을 지경이었다. 나는 감사의 말을 웅얼거린 다음 먹기 시작했지만, 삼키기가 어려웠다.

갑자기 소녀가 목소리를 높여 말했다. "아저씨가 푸르삿에 닿을 수 있는 길을 알아요. 삼촌이 앙카르의 트럭을 모는데 그 길로 다니거든요. 제가 아저씨를 좀 태워달라고 말씀드릴게요." 그녀는 정말로 날 돕고 싶어 하는 듯했고, 자기 삼촌의 트럭에 대해 묘사한 다음 슬그머니 나갔다.

그녀가 사라지고 나서 몇 분 뒤에 트럭이 집 앞을 지나치는 게 보였다. 하지만 멈추지는 않았다. 나는 뭔가 잘못됐다는 것을 즉각 감지했고, 그 집에 내가 있는 걸 앙카르가 어떻게 생각할지 궁금해하기 시작했다. 내가 받은 명령은 마을로 돌아가라는 거였지, 내킬 때 멈춰서 마음에 드는 사람과 수다나 떨라는 게 아니었으니까.

몇 분이 더 지나자, 주사와 식사가 효과를 발휘하기 시작했다. 활력과 원기가 돌아오는 느낌이었다. 아직 열은 가시지 않았지만, 적어도 걸을 수는 있을 것 같은 느낌이었다. "좀 나아졌으니 가보겠습니다." 내가 말하자 다른 이들은 고개를 끄덕였다. 나는 진심으로 감사하면서 말린 생선 몇 마리를 움켜쥔 채 사다리를 타고 내려갔다.

몇 야드 걸어가려니 다행히도 크메르 루주의 군용 트럭이 서 있는 게 보였다. 운전사는 내가 다가오는 걸 지켜보면서 어디 가느냐고 물었고, 나를 태워주기로 했다.

나중에, 돈에이로 돌아간 뒤, 우리 낚시팀이 돌아왔을 때 나는 팀 사람들에게서 나를 도와준 일가족에게 무슨 일이 일어났는지 알게 되었다. 그 여자아이는 크메루 루주 병사와 함께 있던 삼촌을 발견하고 그에게 날 태워줄 수 있겠냐고 대놓고 물었다. 책임 있는 위치에 있지 않은 사람이 신인민에 대해 그와 같은 호의를 베푸는 것은, 크메르 루주로서는 당연히 전적으로 용납할 수 없는 일이었다. 아이의 삼촌은 황망해하며 소녀를 꾸짖었다. 자세한 내용이 밝혀지자, 여자아이와 그녀의 가족은 반혁명적인 태도, 즉 낯선 자에게 인도적인 감정을 보여주었다는 죄목으로 고발당했다. 크메르 루주 입장에서는 일가족이나 이웃에게 아량을 베푸는 것조차도 나쁜 일이었다. 하물며 그게 이방인, 게다가 신인민이었다면 말할 것도 없었다. 그것은 반역의 기미가 있는 행동이었다. 일가족 전체는 체포되어 다른 지방으로 추방되었다. 그들이 어떻게 됐는지는 알 길이 없었다.

트럭 운전사는 나를 푸르삿에 내려주었다. 거기서 집까지 걸어가는 데는 이틀이 더 걸렸다. 마을들은 일정한 간격을 두고 나타났고, 비가 오거나 배고플 때면 나는 마을에 들러서 통행증을 보여주었다. 공식적으로 허가받은 여행이었으므로 통상적인 식사를 지급받았지만, 그래봤자 죽 한 사발에 불과했다. 따라서 크메르 루주가 말했던 대로 돈에이에서도 사정이 나빠질 것임을 알 수 있었다. 내가 없는 동안 가족들이 어떻게 지내왔을지 궁금해졌다.

나는 닿는 마을마다 약을 요구했다. 키니네나 키니네 성분이 든 약을 찾았는데 말라리아 증세를 다스리기 위해서였다. 두 번째 마을에서는 대신 줄 것이 있다면 약을 내어줄 수 있다는 말을 들었다. 내가 가진 것이라고는 톤레삽의 농부 일가에게서 받은 건어물 가운데 남은 게 전부였다. 원래는 아니와 아이들을 위해 남겨 두었던 것이었다. 덧붙이자면 그 물고기는 꽤 맛있었다. 가진 물고기를 절반 내주고 플라보퀸 두 알을 받았다. 집에 도착할 때까지는 말라리아를 다스리기에 충분해 보였다.

집에 가까워질수록 점점 더 불안해졌다. 주변에는 사람들이 전보다 더 적어진 것 같았고, 다들 뺨이 움푹 파이고 유령처럼 끔찍한 몰골이었다. 마치 다시 베알봉에 온 것 같았다. 사람들은 내 눈길을 피했고, 아무도 말하려 들지 않았다.

아이들을 부르면서 집으로 서둘러 다가갔다. 응답이 없었다. 나는 최악의 사태를 두려워하면서 사다리를 올라 안을 들여다보앉다. 다행히도 수닷과 나왓이 있었다. 네아리의 아이 둘과 함께였다. 하지만 아이들이 미소를 띤 채 다가오자, 그들이 무척 많이 변했음을 알 수 있었다. 그들은 이전 모습의 음울한 그림자가 되어 있었다. 나는 아이들을 껴안으면서 수닷의 다리에 상처가 났음을 알아차렸다.

"오, 아무것도 아니에요, 아버지." 수닷은 미소를 지으려고 애쓰면서 말했다. "과일을 좀 따려다가 바위에 떨어졌거든요." 나왓은 손발이 좀 부어 있었다.

엄마는 어떠시냐고 물었다. 아니는 괜찮단다. 그녀는 들에 나가 있었고 해질녘에야 돌아올 예정이었다.

나중에 아니가 네아리와 함께 돌아왔을 때, 그녀의 모습을 보고 충격을 받았다. 검은 옷을 입고서 낫을 든 그 깡마른 형체가 정말로 아니라는 것을 받아들이고 싶지 않았다. 손을 흔들자 두 여인은 놀라서 쳐다보았다. 그러자 아니의 얼굴이 밝아졌고, 그녀는 달리기 시작했다. "싸이! 싸이, 내 사랑! 돌아왔군요! 돌아왔어요!"

"그래요, 하지만 천천히 와요!" 나는 그녀가 사다리를 힘없이 오르는 모습을 보면서 웃으며 대꾸했다. "조심해요, 그러다 넘어지겠소."

그것이 우리가 감히 입밖에 낼 수 있었던 감정 표현의 전부였다. 하지만 안에 들어서자 그녀는 내 품으로 무너졌고, 내 뺨에다 얼굴을 누르면서 놀라운 힘으로 날 움켜잡았다. 우리는 한동안 안도감과 기쁨에 넘쳐 서로 꼭 껴안고 있었다.

그리고 나서 그녀는 물러서더니 눈을 크게 뜬 채 진지한 얼굴로 나를 주시했다.

"너무 안돼 보여요. 당신 너무 마르고 창백해요. 무슨 일이 있었어요?"

"당신도 안돼 보이는걸, 꼬마 아니." 우린 웃었다. "하지만 당신을 볼 수 있어서 좋구려. 그리웠다오."

그리고 나서 식구들에게 내가 했던 일과 말라리아, 집으로 돌아오는 여행에 대해 들려주었다. 이야기를 마치자 그녀가 다시 미소를 지었다. "우린 말라리아에 감사해야겠네요." 그녀가 큭큭 웃으면서 말했다.

"뭐라고?"

"말라리아 덕에 우리한테 돌아온 거잖아요."

나는 몇 주 만에 처음으로 크게 웃었고, 황급히 손으로 입을 틀어막았다. 신인민의 집에서 나온 웃음소리가 크메르 루주의 귀에 들어가서는 절대 안 되었다. 내가 웃음을 억지로 참으면서 앉아 있는 모습은 아이들을 놀랬고, 그 찬란했던 몇 분 동안 우리는 아픈 입을 손으로 감싸쥔 채 수업 시간의 아이들처럼 키득거리고 있었다.

이윽고 둘 다 진정되고 나자 아니는 돈에이의 상황이 얼마나

VII. '앙카르'의 징벌

나빠졌는지 알려주었다. 주변 사람들은 모두 영양 결핍과 과로 때문에 쇠약해진 징후를 보였다. 하지만 그게 전부가 아니었다. 이 지역은 우리가 베알봉에서 익숙하게 겪었던 온갖 종류의, 그리고 그보다 더 많은 질병으로 인해 타격을 입은 상태였다. 설사, 이질, 다양한 종류의 열병과 말라리아 등. 이 모든 것은 체력 고갈로 인해 더 악화했다. 그러나 가장 흔했던 병은 부종이었다. 굶주림의 직접적인 결과인 이 병은 피가 분해되어 생긴 액체가 손과 발에 고임으로써 드러났다. 기이한 질병이었다. 부기가 심해져서 풍선처럼 부풀어올랐고, 결국 부어오른 피부가 반투명해지고 매끈해졌다. 고통은 없지만 전반적으로 쇠약해지며 팔다리가 너무 무거워 움직일 수 없게 된다. 결국에는 매 순간 너무나 힘이 드는 나머지 누운 채 다른 것은 전혀 하고 싶지 않은 상태가 된다. 그렇게 되면 이미 죽음이 시작된 것이었다.

■

이튿날 아침에 내 상태를 촌장에게 설명했다. 그는 내가 일을 할 수 없는 상태인 것을 보고 병원에 가라고 제안했지만, 나는 차라리 집에서 요양하겠다고 말했다.

    날마다 상황이 나빠졌다. 죽은 더 멀게졌다. 공동으로 식사하게 된 뒤로 우리는 더 이상 집에서 밥을 먹는 것이 허용되지 않았다. 취사도구와 식기가 부족한 데서 기인한 규정이었다. 앙카르는 이런 데서까지도 정치적 자본을 만들어내고자 했던 것이다. 요양하는 기간에도 빠질 수 없었던 자아비판 시간에, 우리의 신앙고백은 식량 부족을 감안해야 했다. "저는 썩 잘 먹지 못했습니다. 앙카르의 식량 공급이 충분치 못했지만, 이로 인해 저는 굶주림에 익숙해지고 더 잘 견디게 되었습니다. 앙카르는 제가 강해지도록 도와주었습니다. 이에 저는 앙카르에 감사합니다."

이후 3주에 걸쳐 아니는 우리가 지닌 장신구 일부를 먹을 것과 바꾸려고 시도했다. 하지만 이제 식량은 더 귀했고 비쌌다. 베알봉에서는 200달러의 가치가 있었고 쌀 40통에 상당했던 금 1냥으로 이제는 쌀 세 통밖에 살 수 없었다. 게다가 중개인을 찾기도 어려웠다. 베알봉에서 무척 성공적으로 자리잡았던 시스템이 돈에이에는 존재하지 않았다. 일부 가족들은 교환할 게 없거나 정해진 값을 내고 싶지 않아서 그냥 굶었다. 집에 많은 보석과 장신구를 쌓아두고 있던 어느 중국인 일가는 영양 결핍으로 모두 죽었다.

돌아온 직후에 친구들에게서 부모님이 아프고 어머니는 이미 병원에 있다는 소식을 들었다. 병원에서 어머니를 돌보는 사람이 아무도 없을 것이라는 두려움에 휩싸인 나는 병원에 가서 약을 좀 타올 수 있도록 허가를 구했다. 그러면 어머니를 찾아뵙고 당신 병증의 정확한 특징을 알아낼 기회가 있을 것이었다. 눈치껏 잘 행동한다면 아버지를 뵐 기회도 있을 터였다.

병원은 돈에이 옆 마을에 있었고, 부모님이 계신 마을은 1마일이나 그보다 더 멀리 가야 했다. 그래서 나는 병원에 곧장 가지 않고, 병원을 지나쳐 계속 걸어간 다음 한 달 넘게 뵙지 못했던 아버지한테 갔다.

남들 눈에 띌까 봐 조금 긴장한 채로 아버지의 오두막 계단을 올라갔다. 아버지는 대나무 바닥에 자리를 편 채 누워 계셨다. 나를 보자 당신의 주름진 얼굴이 밝아졌다. "아니, 움직이지 마세요." 나는 이렇게 말하고는 그간 내게 있었던 일과 가족들이 어떻게 지내고 있는지 말씀드렸다. 본인이 병을 앓고 있음에도 불구하고 아버지는 걱정하는 모습을 보였다. 그는 전날 밤에 거둘 수 있었던 망고 세 개를 보여주셨다. "먹어라." 그는 망고 하나를 내밀었다. "시장하겠구나, 싸이야."

지쳐서 비타민이 절실히 필요했던 나는 곧장 잘 익은 과일 위로 엎어졌다. 아버지는 내가 먹는 모습을 지켜보면서 이야기하기 시작했다. 내가 없는 동안 켕과 부오치, 쎙이 자주 찾아올 수 있었다고 했다. "널 다시는 못 보고 죽는 줄 알았다." 그는 희미하게 말했다. "너도 알다시피 나는 곧 죽을 게다. 죽어서도 영혼이 남는 게 사실이라면, 내가 너를 돌봐주마."

눈에 눈물이 맺혔다. 아버지는 내 손을 잡았다. "이 정권이 나쁜 놈들이라는 건 처음부터 알고 있었지만 널 설득할 수가 없었지." 아버지는 유령 같은 미소를 지으며 말씀하셨다.

"아버지께서 옳으셨어요." 나는 대답했다. "전 만사를 그럴듯하게 해석하려고만 했어요. 아버지께서도 아시겠지만요. 그게 제 잘못이었죠."

"생각이 너무 많으면 지혜가 흐려지는 법이지." 아버지는 내 손을 쓰다듬으면서 말씀하셨다. "넌 네 감정을 순수하게 유지해야만 해. 내 걱정은 말아라. 내겐 죽는 게 해방이야. 하지만 너는, 넌 이곳에서 벗어나야 한다. 아무것도 모르는 척하고 말하지 마라. 불평하지도, 논쟁하려 들지도 마라. 살아남아라, 아들아. 살아남아서 탈출하거라. 탈출해서 살아남아라."

"예." 나는 눈물을 훔친 다음 다시 아버지의 손을 잡았다. 다시는 당신을 뵐 수 없으리라는 것을 알 수 있었다. 하지만 시간이 없었고, 나는 병원에도 가야만 했다. "아버지." 나는 더듬거렸다. "저…, 저 이제 어머니께 가볼게요."

"그래." 아버지의 눈에도 눈물이 고여 있었지만, 당신은 평안해 보였다. "몸조심해라. 이제 가보거라. 살아남아라, 아들아. 살아남아라."

나는 멍한 기분으로 아버지에게서 떠났고, 당신이 틀렸다고, 돌아가실 리가 없다고 속으로 말했다. 나는 아버지의 죽음을, 당신이 살아계시지 않는다는 사실을 인정하며 사는 삶을 받아들일 준비가 되어 있지 않았다. 하지만 동시에 당신의 말씀이 옳다는 것을 받아들여야 한다는 것도 알고 있었다. 당신이 베알봉에서 말씀하시곤 했듯이 죽음은 우리 모두에게 언젠가는 닥쳐올 일이었다. '죽음은 해방이야.' 당신의 말씀이 마음속에 울렸다. 그 말씀이 내게도 적용되리라는 것은 받아들인 지 오래였지만, 어째선지 당신 자신에게도 적용되리란 것은 받아들일 수 없었다.

그 망고! 아버지가 정말로 죽어가는 중이었다면, 그 망고는 내가 건드려서는 안 되는 것이었다. 내 이기심에 생각이 미치자 눈물이 핑 돌았다. 아버지는 나보다 약했고, 당신을 위해 뭔가 교환해줄 사람도 없었다. 어쩌면 그 망고는 당신의 생사를 가르는 물건일 수도 있었다. 그걸 덥석 받다니, 나는 얼마나 모질고 분별없는 놈이었을까.

■

나는 그렇게 주변에 거의 신경쓰지 않은 채 내면의 감정들과 씨름하면서 병원에 도착했다. 병원은 다섯 채의 건물로 이루어져 있었다. 하나는 행정동, 나머지 넷은 병동이었다. 모두 나무나 대나무로 만들어졌고 벽은 갈대를 엮어 만들었으며 망고나무에 둘러싸여 있었다. 환자들은 목제나 철제 침대에서 잤지만, 자기가 덮을 담요는 자기가 가져와야 했다. 간호라는 건 존재하지 않는 것이나 마찬가지였다. 마치 환자를 기생충 취급하는 것 같았다. 일하지 않으니 푸대접밖에 줄 게 없다는 식이었다. 좋은 대접은 꾀병을 조장할 뿐이었다. 여기서 얻을 수 있는 것은 하루에 두 번

주는, 밥이 조금 들어간 맹물 한두 모금이 전부였다. 사람들이 정말 아프다는 것을 확실히 해두려는 광기 어린 결심에 휩싸인 크메르 루주는 사람들을 더 아프게 만들었다.

두 병동 사이를 어슬렁거리다가 세 번째 병동을 반쯤 지나면서 줄지어 누워 있는 환자들을 훑어보고 있는데 갑자기 놀랍게도 나를 부르는 목소리가 들렸다. "싸이 오빠!" 여동생 켕이었다. 곁에는 그녀의 여섯 살 난 딸 스레이가 바닥에 앉아 놀고 있었다.

"켕! 여기서 뭐 하는 거야? 어디 아파?"

"아뇨, 어머니 때문에 있는 거예요."

어머니는 옆방 침대에 누운 채 잠들어 있었다. 켕은 어머니를 돌보려고 아픈 척했던 것이었다. 누이는 몇 가지 위험을 무릅쓰고 있었다. 우선 꾀병을 부리고 있다는 비난을 받을 우려가 있었다. 게다가 병원에 있는 것 자체가 위험했다. 마을에서 지내는 것보다 먹을 것을 덜 받게 되기 때문이다.

"설사예요." 켕이 말했다. "여기 계신 지 닷새가 지났어요." 그러더니 어머니 귀에 입을 가져다 댔다. "어머니! 어머니! 일어나세요. 싸이 오빠가 왔어요."

내가 어머니께 해드릴 수 있는 일은 별로 없었다. 내가 톤레삽에서 어떻게 지내는지와 아버지와 나눴던 대화를 들려드린 것을 빼면 말이다. 켕은 쎙과 다른 가족들에 대해 말했다. 이미 우리 일가에는 죽은 사람이 또 있었다. 쎙과 라오의 갓난아기 딸이 내가 돌아오기 전주에 설사로 죽었던 것이다. 내가 참 안됐다고 말하자, 켕은 철학적인 태도로 어깨를 으쓱했다. "스타웃처럼 걔도 운이 좋았죠." 쎙은 지금 라오에게 두 아들을 맡긴 채 하루 종일 걸어간 곳에서 둑을 쌓는 일에 참여하고 있다고 했다.

나는 한 시간쯤 지나서 부종에 쓸 약을, 다시 말해 전혀 해롭지 않을 듯한 단것을 조금 집어들고 떠났다.

사흘 뒤에 다시 어머니를 찾아뵈었더니, 그녀가 속삭임에 불과한 목소리로 말했다. "싸이, 네 아버지가 간밤에 돌아가셨단다."

결국 아버지가 옳았던 것이었다.

나는 어머니와 켕의 손을 잡았다. 셋 다 말이 없었다. 스레이는 눈을 크게 뜬 채 우리를 바라보았다. 마음속에 다양한 감정이 격렬하게 휘몰아쳤다. 당신의 고통이 마침내 끝났다는 안도감과 그가 내게 전해주려 애쓴 인내와 냉철함, 지혜에 대한 감사, 그리고 당신을 다시 볼 수 없다는 압도적인 슬픔이 한데 뒤섞였다.

나는 말없이 울었지만, 감정을 다스리려 애쓰면서 거기 앉아 있는 동안 어머니의 표정이 굳어 있다는 것을 알아차렸다. 그녀가 잠시 뒤에 말했다. "그이가 나보다 먼저 갈 줄은 몰랐는데. 크메르 루주가 오늘 아침에 발견했다는구나. 그이는 자는 중에 돌아가셨어."

"아버지는 당신 죽음이 해방이라고 말씀하셨어요." 나는 철학적인 척하려고 애쓰면서, 내게 죽음은 두려워하기보다 환영할 만한 것이 되어가고 있다고 말했다. "슬퍼하지 마세요. 죽음은 우리 모두에게 닥칠 거니까요."

"그래요, 오빠." 켕이 자기 침대에 누운 채 말했다. "우리 모두에게 말이죠." 동생의 눈을 보고 켕도 정상이 아님을 알았다. 이마를 짚어보았더니 열이 있었다. 나는 동생에게 그녀가 젊고 강하다고 말해주었지만, 켕이-그리고 우리 가운데 누구든지-얼마나 버틸 수 있을지 의문이었다. 질병은 남자, 여자, 아이 할 것 없이 누구에게나 차별 없이 닥치는 것처럼 보였다.

켕의 병은 새로운 어려움을 안겨주었다. 여자 둘이서 알아서 하라고 내버려둔 채 갈 수는 없었다. 어떤 위험이 있든 간에 정기적으로 병원에 갈 수 있는 구실을 만들어내야만 했다.

집에 닿을 무렵, 적절한 구실이 떠올랐다.

촌장에게 가서 입원해야겠다고 요청했다. 당연히 그는 왜 내가 며칠 전에 입원을 거부했는지 이해하지 못했다. "밤새 입원해 있을 수 없어서 그랬습니다." 나는 핑계를 댔다. "환자가 너무 많았거든요. 집에서 잠을 잔 다음 오전에 병원에서 치료를 받는 게 더 나았습니다." 다른 환경이었다면 유쾌한 사람이었을지도 모르는 뚱보 촌장은 이의 없이 변명을 받아들였다.

집과 병원을 오간 첫날, 나는 오전 중간쯤에 병원에서 죽을 받았고 마을에 때맞춰 돌아와 점심식사를 할 수 있었다. 조심스럽게 행동하고 타이밍이 맞아떨어지면 배식을 두 번 받을 수 있다는 얘기였다. 공식적으로, 즉 촌장과 내 작업 감독관이 아는 한 나는 입원 환자였다. 병원 측에서 아는 바로는, 나는 집에서 잠을 자는 통원 환자였다. 유일한 위험은 우리 마을에 있는 크메르 루주나 구인민 가운데 누군가가 내가 병원에서 식사하는 모습을 보게 되면, 내가 두 군데서 밥을 얻어먹는다는 것을 알고 고자질할 것이라는 점이었다.

그 뒤 나는 날마다 어머니와 켕, 스레이 럇을 조심스럽게 방문했고, 그들의 용태를 확인하고 물에 만 밥을 꿀꺽 삼킨 다음 자리를 떴다. 병원은 하루가 다르게 병원이라기보다 시체 안치소에 가깝게 되어갔다.

날마다 시신이 열다섯 구 정도씩 나왔지만 환자는 점점 더 늘어났고, 따라서 죽는 사람이 있음에도 불구하고 침상은 늘 부족했다. 병에 걸려 죽어가는 사람들은 바닥이나 안뜰로 밀려나 햇볕과 소나기에 노출되었다.

켕의 병세는 날마다 나빠졌다.

일주일 뒤, 나는 켕이 두려움으로 눈을 크게 뜬 채 누워 헐떡이고 있는 것을 보았다. 무엇 때문인지 몰라도 나는 여전히 동생이 곧 좋아질 것이라고 믿는 척했다.

"죽 좀 먹었어?" 나는 꾸밀 수 있는 최대한 활기차게 물었다.

그녀가 뭐라고 속삭였지만 들을 수 없었다.

어머니께서 대신 대답하셨다. "묻지 말아라, 싸이. 걔는 이제 더 말할 수 없단다."

나는 다시 켕을 쳐다봤고, 누이가 간신히 중얼거리는 말을 들었다. "싸이…, 싸이 오빠…." 나는 머리를 숙여 귀를 여동생 입에 가져다 댔다. "타요." 켕이 속삭였다. "몸이 타요." 그리고는 오로지 눈으로만 말하면서 나를, 우리 어머니를, 그리고 곁에서 자기 손을 잡고 있는 어린 스레이를 눈알만 굴려 쳐다봤다.

"어머니." 스레이가 애처롭게 물었다. "왜 제겐 말씀을 안 하세요?" 켕은 뭐라고 말하려 했지만 실패했다. 눈물이 그녀의 눈에 어렸다.

이제 켕이 살아남지 못할 것임을 알았다. 누이에게, 나 자신에게, 우리 모두에게 더 이상 희망은 없었다. 우리는 모두 켕을 뒤따라갈 운명이었다. 동생을 보고, 그녀도 진실을 알고 있다는 것을 알게 되자 나는 아버지께서 하신 말씀을 잊어버렸다. 이 생지옥에서는 죽는 게 사는 것보다 나았다. 켕뿐만 아니라 우리 모두에게, 죽음은 맞서 싸워야 할 적이 아니라 고통에서 구해주는 친구였다.

나는 내 눈물이 말라버렸다는 것을 깨달았다. 마치 내가 죽음을 예견하고 내 일부분이 앞서 죽는 것을 허락하기라도 한 것 같았다.

다음번에 병원에 갔을 때는 스레이가 켕의 침대에 있었다. 어머니는 주무시고 계셨다.

이미 답을 알고 있었지만, 스레이에게 켕은 어디 있느냐고 물었다.

"엄마는 끌려갔어요. 할머니께서 그러시는데 우리 엄마가 죽었대요. 할머니도 죽게 될 거래요. 저도 죽는 걸까요, 외삼촌?"

나는 무표정한 채로 그녀의 손을 잡았다. 켕의 고통이 끝났다는 데 안도감을 느꼈다. 내가 유일하게 놀랐던 것은 그녀가 어머니보다 먼저 갔다는 것뿐이었다. 이제 남은 불확실성이라고는 그것뿐이었다. 죽음이 올 것인지 아닌지가 아니라, 언제 그리고 어떻게 오느냐 하는 것.

"저도 죽게 되나요, 외삼촌?" 스레이의 질문에 생각이 끊어졌다. 그녀의 손을 잡았더니 뜨거웠다. 벌써 열병을 앓기 시작한 것이라고 짐작했다. "얘야, 죽는 걸 걱정하지 마라. 죽음이란 그냥 영원히 자는 거란다. 네가 죽으면 다시 네 엄마와 함께 있게 될 거야. 그건 나쁜 일이 전혀 아니지. 죽음은 평화란다."

이때 어머니가 깨어났다. 어머니는 죽음 자체에는 체념하고 있었지만, 나로서는 다소 놀랍게도 아직 죽어가는 과정에 대해서는 체념하지 않고 있었다. "싸이, 뭘 좀 해다오." 어머니가 갑자기 다급하게 말씀하셨다. "배가 고프구나. 뭘 좀 먹어야겠다. 들어봐라, 난 네가 먹을거리와 바꿀 만한 것들을 좀 갖고 있단다."

어머니는 침대 발치에 놔둔 가방에 장신구를 옷가지에 싼 채로 넣어두고 있었다. 안을 더듬어보니 어머니의 다이아몬드 귀걸이와 다이아몬드 브로치, 다이아몬드 펜던트, 금목걸이가 만져졌다. 어머니는 말씀하셨다. "만약 무슨 일이 내게 일어나면, 네가 남은 장신구들을 가져가거라. 아니랑 수닷, 나왓을 보살피려면 필요할 게야. 싸이야, 아니는 착하고 상냥한 애란다. 그 아이는 널 사랑하고 수닷도 자기 자식처럼 사랑하잖니. 너는 네 처자식 모두를 돌봐야 한단다. 네 아버지가 말씀하신 것을 기억해라. 그들을 위해 살아라."

그날 저녁에 집에서 아니에게 무슨 일이 있었는지 말해주었다. 아니는 그 소식을 예상하고는 있었지만 아직 받아들일 준비가 되어 있지 않았다. 아내는 오두막 바닥에 주저앉아 손으로 머리를 감싸쥔 채로 눈물을 흘리면서 켕의 이름을 몇 번이고 중얼거렸다. 나는 곁에 앉아 팔로 그녀의 어깨를 감쌌다. 켕은 아내에게 좋은 친구가 되어주었고, 시누이라기보다 언니에 더 가까웠다. 그 둘은 아이들과 우리 부모님을 돌보면서 너무나 많은 괴로움과 노고를 함께 나누었다. 아니가 내 어머니와 가까워질 수 있었던 것은 켕 덕분이었다. 수닷과 나왓은 스레이 랏과 함께 노는 것을 좋아했다. 아니가 내 품에 안겨 울 때, 그녀를 위로할 수 있는 말은 전혀 없다는 것을 나는 알고 있었다.

이튿날, 나는 부오치가 스레이와 함께 침대에 누워 있는 것을 보았다. 부오치는 내 얼굴에 떠오른 표정을 보고 설명했다. "싸이

오빠, 난 아픈 게 아냐. 하지만 엄마를 돌봐드려야 해." 아직 아픈 건 아닐 수도 있었지만 누이는 다른 가족들만큼이나 약해져 있었고, 병원에 계속 있으면 위험하다는 것과 어쩌면 살아날 기회를 포기하는 것일 수도 있다는 것을 알고 있었다. 부오치는 작업조에 속했을 때는 정량 배식을 받았다. 이제 누이는 식량을 절반만 받는 대가로 그 의심스러운 혜택을 포기했을 뿐만 아니라 꾀병을 부린다고 비난받거나 치명적인 질병에 감염될 위험을 무릅쓰고 있었다. 부오치는 배가 아프다고 주장했는데, 크메르 루주가 사실 여부를 확인할 길이 없어서 그렇게 한 것이다. 아픈 조카 스레이와 한 침대에서 잠을 자는 것은 자살행위처럼 보였지만, 모녀 사이는 무척 가까웠고 그 무엇도 동생을 떼어놓을 수 없었다.

그 뒤 일주일 동안 나는 일상적인 생활 패턴을 유지했다. 약을 타오면서 식사를 두 번 하고, 아침 늦게 귀가해 아니에게 있었던 일을 들려준 다음 어머니께서 드실 음식을 어디서 구할 수 있을지 은밀히 수소문하는 것이었다. 사실 다이아몬드는 이 지역에서 거의 가치가 없었고, 어떤 물물교환도 이전보다 더 어려웠다. 여기서는 달러 얘기는 들을 수조차 없었다. 오직 금만이 안전한 자산이었다.

부오치는 날마다 열이 심해지는 가운데 나와 이야기를 나눴다. 내가 할 수 있는 일은 누이더러 목소리를 낮추라고 이르는 것뿐이었다. 부오치는 신랄함 그 자체나 마찬가지였다. "알겠지, 싸이 오빠. 아버지께서 저 작자들을 제대로 보신 거야." 누이는 몇 번이고 불평을 늘어놓았고, 여동생의 절망은 옛날에 토론에서 보여주었던 것 이상의 정치적 열정과 뒤섞였다. "주위를 보라고. 저 광신도들이 우리나라를 망쳐버렸어."

열이 부오치를 덮치는 데는 꼬박 일주일이 걸렸다. 그날 병원에 왔을 때 누이의 얼굴이 노랗게 뜬 게 보였다. 동생은 반쯤만 의식이 있는 채로 바로 곁에 누워 있는 스레이만큼이나 아파 보였다. 부오치의 이마를 짚어보았더니 타는 것 같았다. 하지만 누이는 여전히 말하고 싶어 했다.

"그 이념이 듣기에는 좋았지." 부오치는 말했지만, 목소리는 이제 속삭임에 지나지 않았다. "하지만 그건 단지 파괴에 압제에 대한 변명에 불과하게 되었다. 이 광신도들은…."

"좀 쉬어, 부오치." 나는 불안하게 주위를 흘끗거리며 말했다. "쉬어, 부오치. 말하지 말고. 넌 곧 좋아질 거야."

"난 얘기하고 싶어." 부오치는 나를 자기에게로 끌어당긴 다음 속삭이면서 말을 이었다. "싸이 오빠, 내가 죽어가고 있다는 거 알아. 우리 모두 죽어가고 있지. 하지만 들어봐. 오빠는 아버지랑 어머니가 크메르 루주를 이해하지 못한다고 말했었잖아. 난 오빠를 믿었어. 나도 오빠처럼 희망을 품었지. 애국자들이라고, 정말로! 이제 우린 그들이 어떤 작자들인지 알아. 공산주의자들이야." 그녀는 잠깐 말을 멈췄다. "어떤 사람들은 이게 진짜 공산주의가 아니라고도 하지만."

나는 희미하게 말했다. "어쩌면 그럴지도 모르지."

"음, 오빠한테 물어볼게. 오빤 마르크스와 레닌, 마오쩌둥이 태어나지 않았더라도 우리가 이 지옥에 빠졌을 거라고 믿어?"

나는 누가 엿들을까 신경이 쓰여 다시 주위를 둘러본 다음 소리를 죽여 말했다. "부오치, 소리 낮춰."

"뭐?" 부오치는 소리를 높여 통렬한 말투로 물었다. "그 공산주의자들이 태어나지만 않았더라도, 우린…."

"그래, 그래, 네 말이 옳아." 내가 다급하게 대답하자 누이는 만족스러운 태도로 고개를 끄덕였다. 마치 진실을 밝혀냈으니 이제 편히 눈을 감을 수 있다고 느끼는 것 같았다.

사흘 뒤에 찾아갔을 때 부오치는 사라지고 없었다. 스레이만이 침대에 남아 있었지만, 너무 쇠약해져 말할 수조차 없었다.

그리고 며칠 뒤에는 스레이마저 사라졌다.

"그들이 걔를 오늘 아침에 데려갔다." 내가 곁에 앉았을 때 어머니께서 감정 없이 말씀하셨다. "걔는 착한 아이였어. 놀라지 않더구나. 이제 자러 간다고, 자기 엄마를 찾으러 간다고 말했지. 착한 아이였어. 하지만 왜 나보다 걔가 먼저 갔는지…."

어머니는 볼이 움푹 꺼진 채로 무표정하게 죽음을 기다리고 있었다. 나는 당신께서 마지막 순간의 짐을 덜어줄 것이 전혀 없는 상태로 돌아가시게 되리라고 생각했지만, 다행히도 이후 며칠 동안 어머니의 목걸이와 교환해 당밀처럼 눅눅한 흑설탕을 3/4통 가량 구할 수 있었다.

"어머니, 보세요!" 나는 아침에 어머니를 찾아뵙자마자 말했다.

"아!" 어머니는 냄새를 맡아본 다음 눈을 떴다. "설탕이잖아!" 어머니는 말하면서 미소를 지었다. 마치 상이라도 탄 듯했다. 나는 어머니를 부축해 앉히고는 손에 숟가락을 쥐여드렸다. 어머니는 그 자리에서 곧바로 먹기 시작했다.

"어머니, 너무 급하게 많이 드시지 마세요. 건강에 해로워요."

"상관없다. 어차피 죽을 텐데. 이제 기쁘게 죽을 수 있겠구나. 자, 너도 좀 먹어라."

나는 어머니 말씀에 일리가 있다는 것을 인정하면서 미소를 지었다. 어머니는 내가 죽을 받으려고 자리를 떴을 때도 여전히 먹고 있었다.

다음날 다시 찾아갔을 때, 어머니의 침대는 비어 있었다.

나는 물끄러미 쳐다보았다. 어머니께서 돌아가시리라는 것을 며칠 전부터 알고 있었고 당신의 고통이 끝나기를 여러 차례 바랐음에도 불구하고, 그때까지도 당신의 죽음을 받아들일 준비가 되어 있지 않았다. 나는 말없이 선 채 눈물을 흘리면서 빈 침대를 바보처럼 쳐다보다가 설탕 깡통에 눈길이 미쳤다. 비어 있었다. 설탕 한 파운드(약 0.45킬로그램)를 통째로 드신 것이었다! 당신의 가련하고 쇠약한 몸에 닥친 충격은 견딜 수 있는 수준을 넘어섰을 터였다. 이 깨달음은 나를 울다가 웃고 싶게 만들었다. 슬픔과 안도감, 찬탄의 격렬한 회오리가 밀어닥쳤다. 어머니는 자신의 죽음을 재촉함으로써 미약하게나마 당신 운명을 통제했고, 박해자들의 뜻대로 비참하게 죽은 게 아니라 스스로 바란 대로 행복하게 돌아가셨다. 나는 천국에서 내려온 듯한 설탕 맛에 어머니가 지은 미소를 떠올리면서, 내 차례가 왔을 때 나도 그런 행운을 누릴 수 있기를 바랐다.

■

나는 어머니와 두 여동생이 지녔던 물건들을 모으기에 충분할 만큼 오래 머물렀다. 각 가방에는 갈아입을 옷이 여러 벌 들어 있었고, 보석과 손목시계, 반지, 목걸이 등이 옷가지에 싸여 있었다. 모두 우리 가족의 생존 투쟁에 유용할 물건들이었다. 우리 탈출에도 그랬으면 싶었다.

나는 다시 한 주 동안 마을과 병원을 오가며 일상을 이어갔다. 주위에 날마다 죽음이 닥쳤고, 죽은 이들은 죽어가는 이들에게 자리를 만들어주기 위해 실려 나갔다. 이건 일상사가 되었기에 변화가 생겨도 거의 알아차리지 못했다. 어느 날 병원에서 약을 받은 다음 꾸물거리면서 형편없는 죽을 들이키는데 익숙한 목소리가 들려왔을 때까지는 그랬다. "싸이 아주버님!"

침대에 내 제수이자 쎙의 아내인 라오가 앉아 있었다. 못 본 지 몇 주가 지난 뒤였다. 제수가 말을 걸지 않았다면 그녀를 알아보지 못했을 것이다. 마치 살아있는 시체 같았다. 제수의 말투에서 나 역시 똑같아 보였음을 알 수 있었다. 나는 그녀에게 절룩거리며 다가갔다. 제수 곁에, 같은 침대에 말없이 누워 있는 아이가 둘 있었다. 바로 그녀의 아들인 비솟과 아맙이었다.

"우린 어제 왔어요." 라오가 속삭였다. "어머님한테서 켕과 스레이 랏도 여기 있었다고 들었어요. 하지만 찾아내진 못했어요."

침대에 걸터앉아 그녀의 손을 잡은 다음 누가 죽었는지 말해 주었다.

제수는 마치 벌써 진상을 알고 있었다는 듯이 한숨을 쉬고는, 아맙의 머리를 툭툭 치면서 무감각하게 벽을 응시했다.

나는 물었다. "쎙은 어떤가요?" 그 녀석은 몸이 좋았으니 좀 더 견뎌낼 수 있으리라 생각했다.

하지만 대답 대신 라오는 돌아앉아 나를 쳐다보기만 했다.

더 들을 것도 없었다. 결국 나는 떨리는 목소리로 물었다. "언제였습니까?"

"지난주였어요. 일하던 중에 쓰러지더니 곧 죽었어요. 병원에 갈 틈조차 없었죠."

우리는 말없이 울었다. 더 할 말도, 더 견뎌낼 수 있는 것도 없었다. 눈물은 우리의 감정만을 드러내줄 뿐, 우리가 겪는 고통은 아무것도 나타내지 못했다. 내게 아직도 흘릴 눈물이 남아 있었다니 놀랄 일이었다. 내 아이들, 어머니, 아버지, 여동생들, 동생까지도 전부 죽었다. 오직 이 지옥으로 떨어지기 전에 코쏨에서 마지막으로 보았던 쓴만이 남았다. 갑자기 나는 그와 그의 가족이 모두 괜찮다는 것을, 나와 아니, 라오만이 유일한 생존자가 아니라는 것을 알아야겠다는 절박한 필요성을 느꼈다.

우리는 한동안 말없이 있었다. 마침내 나는 가려고 일어나면서 제수에게 병원에 올 때마다 보러 오겠다고 말했다.

며칠 뒤에 라오가 침상에 혼자 있는 것을 보았다. 그녀는 텅 빈 눈으로 천장을 응시하며 누워 있었다. 가는 침대에 앉아 제수의 손을 잡았다. 그녀가 머리를 천천히 돌렸다.

라오가 말했다. "싸이…." 그녀는 일어나려고 애썼지만, 도로 쓰러졌다. "어제 죽었어요…. 둘 다…. 비솟은 아침에, 아맙은 저녁에요." 제수의 목소리는 먼 데서 들려오는 것 같았고, 그녀의 살갗은 두개골에 딱 달라붙어 있었으며 손은 얼음처럼 차가웠다. 할 말이 없었고, 제수를 쳐다보는 것 외에 달리 할 수 있는 일도 없었다. 그녀는 눈을 움직였지만, 거기에 생명의 흔적은 없었다.

"지금 내 유일한 소망은 죽는 거예요."

내가 가려고 일어났을 때 라오가 중얼거렸다. "빨리 아이들과 남편 곁으로 가고 싶어요."

이틀 뒤에 가보니 제수의 침상은 다른 사람이 차지하고 있었다. 그녀의 소망이 이루어진 것이다.

우리가 뭘 할 수 있었을까? 아무것도 없었다. 우리 차례는 언제쯤 될까? 어쩌면 다음번일지도 몰랐다. 따라서 아니와 나는 밤마다 이야기를 나눴다.

매일 밤마다 죽음이 더 가까이 다가왔다. 결국 우리 집안에도 저승사자가 찾아왔다. 아니의 사촌인 네아리가 아들을 잃은 것이다. 쓰러지기 직전의 상태였던 그녀는 몇 마일 떨어진 논에서 쟁기질하는 조로 가서 요리를 해주라는 명령을 받았다. 그녀는 우리를 자기 집에 남겨둔 채 열 살 난 딸을 데리고 갔다. 그녀가 결국 어떻게 되었는지는 알 길이 없었다.

■

어느 날 병원에서 죽을 받고 있는데, 사람들이 방 가장자리에 모여서 초가지붕 아래를 쳐다보고 있는 것이었다. 옆 병동에서 마흔 명쯤 되는 환자들이 차분하고 순종적인 태도로 몰려오나왔고, 크메르 루주 여섯이 이를 감시하고 있었다. 사람들 가운데는 거의 걷지 못하는 이들도 있었다. 다른 사람들도 부종 때문에 약해진 상태였으며, 마치 악몽 속에 있는 것처럼 움직이고 있었다. 그나마 기력이 있는 사람들이 더 약한 이들을 부축해야만 했다. 다들 서로에게 물었다. "무슨 일이죠? 무슨 일이에요?"

군중 속에 있던 한 남자가 아는 것 같았다. "그 방에서 시체를 찾아냈어요. 사내아이였죠. 저 사람들 십여 명한테 잡아먹혔다고 하네요."

그렇게 된 것이었다. 내 반응은 두려움보다는 호기심에 가까웠다. 저들이 왜 그랬는지는 알 만했다. 크메르 루주의 반응 역시 놀랍지 않았다. 마흔 명이나 되는 환자들 모두가 죄인으로 취급 받으리라는 것 역시 놀랄 일이 아니었다. 그런 부당함에는 익숙해진 지 오래였다. 내가 놀랐던 것은 크메르 루주 일당이 보인 감정적인 반응이었다. 크메르 루주 특유의 검은색 옷을 입은 병원 의료진이 이렇게 외치는 것을 들었다. "그들은 괴물이오! 그들은 괴물이오!" 캄보디아의 신화에는 인육을 먹는 괴물이 주요 악당으로 나온다. 자칭 혁명가들은 자기네가 '미신'이라 부른 것들을 혐오했지만, 그것을 선전 목적으로 활용하는 방법은 알고 있었다.

나는 생각했다. '괴물이라! 너희는 배가 꽉 찼잖아. 너희는 굶주림이란 게 뭔지 몰라. 우리를 이 지경으로 몰아간 건 네놈들이야. 너희야말로 진짜 괴물이라고.'

어떤 사람이 의료진에게 약간 비꼬는 듯한 말투로 물었다. "이 '괴물들'은 어디로 가게 되는 거죠?"

답변이 돌아왔다. "이 괴물들은 오래 버티지 못할 거요. 우리에겐 그들을 위한 특별 수용소가 있소. 그들은 한 달 이상 살지 못할 거요. 오직 이것만이 정의요."

■

우리는 꾸준히, 불가피하게 인간의 모습을 잃어갔다. 우리는 날마다 우리 자신이 파멸해 가는 모습을 지켜보았다. 가끔은 저녁에 아니와 마주보면서 서로 아무런 말도 하지 않은 채 눈물만 흘릴 때도 있었다. 아니는 완전히 지쳤다. 내가 아파 누워있는 동안 그녀 혼자 모든 집안일을 해야 했다. 저녁에 일을 마치고 돌아온 뒤에도 300야드 떨어진 강을 몇 차례 왕복하면서 물을 떠 와야 했다. 그녀는 물을 끓여서 씻고 빨래하는 데 썼다.

병과 피로 가운데서 유일하게 취할 수 있는 휴식은 누워서 자는 것이었다. 잠은 우리의 불행과 굶주림을 잊을 수 있게 해줬다. 기이하게도 그것은 진정한 해방이었고, 우리뿐만 아니라 대다수 사람이 낮의 악몽에서 탈출하기라도 한 것처럼 놀랍도록 아름다운 꿈을 꾸었다고 이야기했다. 그건 꽤나 위로가 되었다. 만약 낮에 그랬던 것처럼 밤에도 두려움에 시달렸다면, 나는 살아갈 기력을 잃어버렸을 것이다.

나는 날이 갈수록 짐승에 가까워졌다. 한번은 병원에서 돌아오는 길에 작은 개구리 몇 마리가 소똥 옆에서 벌레를 잡는 게 보였다.

내게 든 생각은 이랬다. '맛있겠다.'

나는 주위를 둘러본 다음 막대기를 하나 찾아냈고, 그것을 몇 번 잽싸게 휘둘러 개구리 여섯 마리를 죽였다. 그것들을 집으로 가져와서 줬더니 아니는 무척 기뻐했다. 우리는 크메르 루주에게 들키지 않으려고 조심하면서 개구리들을 불에 구워 먹었다. 그 뒤로는 소똥 냄새가 날 때마다 적당한 막대기를 찾아 두리번거리게 되었고, 개구리는 우리의 불법적인 식량에 일상적인 일부가 되었다.

개구리만이 아니었다. 메뚜기, 귀뚜라미, 올챙이, 달팽이, (잡기가 무척 어렵기는 했지만) 도마뱀, 게다가 뱀도 세 마리나 잡았다. 우리는 이 모두를 구워서 먹었다.

부종에 시달리고 있기는 했지만, 나는 적어도 하루에 죽을 두 그릇 넘게 먹고 있었다. 내 아이들에게는 훨씬 더 많은 양이 필요했다. 수닷은 다리에 난 상처가 도무지 낫지 않았음에도 불구하고 태연했다. 그 아이는 큰 도움이 되었다. 다리의 상처에도 불구하고 내가 먹을 것을 찾으러 돌아다니는 것을 도왔던 것이다. 때로 나는 크메르 루주 몫으로 남은 나무에서 망고, 오렌지, 구아바, 라임, 석류 같은 과일들을 막대기로 쳐서 떨어뜨림으로써 빼돌릴 수 있었다. 수닷은 망을 보고 있다가 누가 오는 소리를 들으면 자갈을 던지거나 휘파람을 불었다. 나중에 밤이 되면 우리는 과일을 나눠 먹으면서 삶이라는 쓰라린 황무지에서 덧없는 달콤함을 누리는 순간을 만들어내곤 했다.

이러한 순간은—실제로는 우리의 생존 자체가—우리가 가진 것을 나누는 데 달려 있었다. 하지만 이제 고작 여섯 살이었던 나왓은 언제나 집에 있었고, 너무 어린 나머지 보채는 것밖에는 할 줄 몰랐다. 그 아이는 나눠 먹는다는 발상을 받아들이지 못했다. 예를 들어, 내가 더 활동적이고 덩치가 큰 수닷에게 조금이라도 더 많이—내가 따 모은 여분의 과일이나 더 큰 개구리를—줄라치면 나왓은 불평하면서 울곤 했다.

한번은 물물교환으로 불법적인 밥을 조금 얻어낼 수 있었다. 나는 저녁때 함께 먹을 거라고 일러두고는 밥과 함께 먹을 만한 작은 짐승을 찾으려고 수닷을 데리고 나갔다. 아니가 일터에서 돌아왔을 때 나는 밥을 꺼내러 갔고, 단지가 텅 비어 있는 걸 보았다.

가슴이 철렁했고 고개가 꺾였다. 울고 싶은 기분이었다. 나는 나왓을 쳐다봤다. 우리가 없는 동안 집에 있었던 것은 그 아이뿐이었으니까.

"예, 아버지." 나왓은 용서를 비는 말투로 말했다. "참을 수가 없었어요. 안 그러려고 했는데…. 조금만 먹을 생각이었는데…."

갑자기 격렬한 분노가 치밀어올랐다. 나는 구석에 있던 아이를 끌어냈고, 막대를 집어들어 마구 때리기 시작했다. 그런 난폭함이 내 안에 있는 줄은 미처 몰랐다. 나는 나왓이 우는 소리를 들으면서 때리고, 때리고, 또 때렸다. "죄송해요, 아버지! 잘못했어요!" 아니가 내 팔을 잡아당길 때까지 그랬다. 그제야 나는 무슨 짓을 하고 있었는지 깨달았고, 멈추었다.

나는 죄책감에 휩싸인 채 나왓을 팔로 그러안고 달래면서 아이와 함께 울었다. 굶주림은 사람을 이렇게 만들 수도 있었다.

어느 날 저녁에는 두꺼비가 한 마리 보였다. 두꺼비는 쓸개즙에 독이 있기 때문에 주의해야 한다. 나는 터지지 않게끔 조심하면서 쓸개를 꺼냈다. 그 두꺼비는 몸에 희고 검은 알을 잔뜩 품고 있었다. 나는 이만하면 됐다 싶을 정도로 뱃속을 청소한 다음 두꺼비를 불에 구웠다. 아니는 먹으려 들지 않았다. 두꺼비의 알은 쓸개만큼이나 위험하다고 들었다는 것이었다. 그녀가 신신당부했다. "아이들한테는 하나도 주지 말아요!" 나는 아내의 말을 믿지 않았기에 기꺼이 전부 먹어치웠다. 맛이 아주 좋았다.

그날 밤, 나는 끔찍한 복통에 사로잡혔다. 무시무시한 설사 발작이 찾아왔고, 나는 간신히 사다리를 내려가 덤불 속으로 비틀거리며 걸어들어갈 있었다. 나는 이미 아프고 빼빼 말랐으며, 부종 때문에 몸이 부어 있었다. 설사만으로도 나를 완전히 망가뜨리기에 충분했다.

내가 돌아왔을 때, 아니는 놀라우리만치 매정하게 굴었다. "내가 뭐랬어요." 아내는 심술궂은 투로 말했다. "내 말을 안 들으면 어떻게 되는지 이젠 알겠죠?" 하지만 고통과 설사가 계속되자, 아니의 짜증은 점차 걱정으로 바뀌었다. "계속 이런 식이면 당신은 사흘 안으로 죽을 거예요." 그것은 진실 이상도 이하도 아니었다. 우리는 훨씬 사소한 병으로 죽는 사람들을 셀 수 없이 봐 왔다. 그건 그리 끔찍한 생각도 아니었다. 그렇게 개처럼 죽는 것은 일상사가 된 지 오래였다.

글쎄, 죽는 것 자체는 그리 나쁘지 않았다. 하지만 어머니처럼 나도 뭔가 단것을 먹고 싶어 미칠 지경이었다.

이 탐욕스러운 충동은 내게 무모한 발상을 불러일으켰다. 우리 집에서 멀지 않은 곳에 사탕야자나무 한 그루가 있었다. 나는 매일 아침에 구인민 한 명이 나무에 올라 달콤한 야자즙을 대통에 담는다는 것을 알아차렸다.

이튿날 아침, 나는 아니에게 야자즙을 다시 맛보고 싶다고 말했고, 물물교환을 할 수 있을지 알아보려고 아내에게 마지막 팔찌를 달라고 부탁했다. 아내는 그것을 내게 건네주었고, 일하러 나갈 때 망설이는 기색을 보였다.

"당신을 혼자 두고 싶지 않아요." 아니는 내 이마를 어루만지고 내 얼굴에 난 땀을 닦으면서 말했다.

"그러지 말아요, 아니. 여기 있을 수 없다는 걸 알잖소. 여기 있는 걸 그들에게 들키면 당신도 나도 벌을 받게 될 거요. 그랬다간 나는 정말로 끝장이오."

여느 때 같으면 고발당할까 봐 두려워 그 농부에게 접근하지 않았겠지만, 절박함이 걱정을 억눌렀다. 그가 야자즙을 모아서 막 돌아가려고 하는 모습을 본 나는 덤불 속에 자리를 잡은 뒤, 마치 우연인 것처럼 그의 앞으로 나섰다.

나는 대담하게 말했다. "동무, 나도 그 즙이 좀 있었으면 하는데요."

그는 나를 수상쩍다는 눈으로 바라보았다. "안 됩니다. 미안하지만 야자즙은 앙카르 것이고, 철공소에서 일하는 인부들에게 줄 물건이에요."

카드 한 장에 모든 것을 걸 수밖에 없었다. 하지만 이대로라면 며칠밖에 살지 못할 상황이었기에 잃을 것이 없었다.

나는 말했다. "금이 좀 있는데요."

"정말요? 금이라고요?" 그는 깜짝 놀란 말투로 말했다.

"예, 여기요!" 팔찌를 보여주었다.

"그럼, 그걸로 얼마나 원하시죠?"

그는 살면서 뭔가를 교환해본 적이 없는 게 분명했다. 그의 대답은 그가 나를 고발하려 들지 않을 거라는 확신을 주었다. 터무니없게 굴지만 않는다면 교환 비율도 내 뜻대로 정할 수 있는 기회였다. "얼마나 주실 생각이십니까?"

그는 고개를 저었다. "모르겠습니다. 얼마나 원하시죠?"

마을의 암시장에서는 이 팔찌가 겨우 쌀 한 통 반 정도의 가치밖에 없었다. 금 다섯 돈짜리가 말이다. 야자즙으로는 대략 세 통에 해당했다. 나는 딱 잘라 말했다. "스물다섯 통 주시면 드리죠."

"스물다섯? 좀 많지 않나요?"

글쎄, 그는 적어도 교환의 원칙은 받아들인 것이었다. "좋아요, 그럼 스물."

"좋습니다. 하지만 먼저 팔찌부터 주셔야 합니다."

거래가 성사되었다. 스무 통 가운데 하나는 즉시 받고 나머지는 이후 19일에 걸쳐 한 번에 한 통씩 받는 것으로 했다. 그는 첫 번째 인도분을 커다란 연유 통 두 개에 부었다. 나는 그가 고발하지 않으리라고 확신하며 즐겁게 집으로 돌아갔다. 이젠 그도 나만큼이나 죄를 지었으니까.

그 대장장이는 약속을 지켰다. 그는 아침마다 야자즙을 한 통씩 가져왔다. 거의 3주에 걸쳐 나는 새벽에 일어나 아침으로 야자즙을 먹었고, 아니와 아이들에게도 주었다. 사람들 말로는 야자즙은 몇 가지 이유로 부종에 좋지 않다고 했지만, 그들은 틀렸다. 내 몸은 날마다 나아졌고 외모도 마찬가지였다. 내 설사는 씻은 듯 사라졌다. 부종도 가라앉았다. 내가 다시 일어나 설 수 있었던 것은 그 야자즙 덕분이었다.

■

5월 초의 어느 날, 아니가 일하러 나가고 없을 때 크메르 루주 하나가 갑자기 집에 들어왔다. 수닷은 놀라서 집 뒤편으로 달아나 숨었다. 그가 원하는 게 뭔지는 몰랐지만 수닷의 행동은 그의 의심을 불러일으켰다. 그 크메르 루주는 아이를 끌어낸 다음 질문을 퍼붓기 시작했다. 왜 그렇게 도망치느냐는 것이었다. 내가 끼어들었다. "걔는 화장실에 가려던 거였어요."

그는 나를 무시한 채 수닷에게 물었다. "어디서 일하지?"

수닷은 겁에 질린 눈으로 나를 쳐다봤다. 나는 다시 그에게 대답했다.

"제 아들은 다리를 다쳤어요, 그래서…."

크메르 루주 장교가 말을 끊었다. "다리를 다친 거라면 어떻게 이리 빨리 달릴 수 있단 말이오? 그는 일을 해야만 하오. 아직도 동무에게 개인주의적 성향이 남아 있다는 걸 알겠군. 동무는 아프고, 아들을 계속 곁에 두려 하고 있소. 동무가 아프다면 혼자 있도록 하시오. 동무의 아들은 청소년 작업반에 합류해야만 하오."

나는 수닷에게 앞으로 나오라고 재촉한 다음 아이의 다리에 난 상처를 보여주었다. "보세요, 직접 보시란 말입니다. 며칠만 더 쉬면 일할 수 있게 될 겁니다. 그 정도도 안 됩니까?"

"아니, 안 되오! 동무는 자신을 정화해야만 하고, 감정에서 스스로 해방되어야 하오. 이 아이는 앙카르에 속하오. 동무가 자신을 위해 그를 곁에 두려 해서는 안 되는 거요. 그는 강하오. 일할 수 있단 말이오. 못할 거라고 말하지 마시오. 그가 달리는 걸 보았소."

뭐라 말해야 할지 알 수 없었지만, 수닷은 어쩔 수 없다고 체념했다. "아버지, 전 일할 거예요." 그가 말했다. "전 가야 해요. 어쨌든 이런 식으로 더 나은 식사를 하게 될지도 모르죠."

수닷을 친자식처럼 사랑했던 아니에게 이 소식은 끔찍한 타격이었다. 수닷은 진지한 아이였고 자기 친어머니가 죽은 뒤로 쭉 그래왔다. 하지만 불평 없이 열심히 일했고, 실제로나 감정적으로나 든든한 버팀목이었다. 이 아이가 없이 어떻게 살아갈 수 있단 말인가?

그날 밤에 우리는 최선을 다해 채비를 차려주었다. 나는 그에게 톤레삽으로 가져갔던 바지 다리 하나로 만든 가방을 주었고, 아니는 직사각형 천 하나와 밧줄 몇 개로 그에게 해먹을 만들어 주었다. 나는 아들에게 열심히 일하라고 말했다. 크메르 루주가 보고 있을 때만 말이다. 할 수 있는 한 언제든지 쉬라고 일렀다. "조심해라, 사람을 쉽게 믿지 마라." 몇 주 동안은 볼 수 없게 될 터였다. 그동안 무슨 일이 벌어질지 누가 알겠는가?

수닷은 이튿날에 떠났다. 나는 아들이 가는 모습을 근심스럽게 지켜보았다. 걔는 빼빼 말랐고 얼굴 가죽은 두개골을 꽉 조일 정도였으며 다리에는 상처가 있었다. 제 나이보다 열 살은 더 나이 들어 보였다. 아니와 함께 수닷에게 작별의 표시로 손을 흔들면서 참 용감한 아이라는 생각이 들었다. 아들이 이웃집 뒤에서 마지막으로 손을 흔들면서 사라져갈 때 아니가 눈물을 간신히 참으면서 외쳤다. "일주일 뒤에 봐!"

수닷이 떠난 지 닷새째 되던 날, 아니는 일하러 갔고 나왓과 둘만 있을 때 한 아이가 찾아왔다. 나는 걔가 청소년 작업반에서 일하는 아이 중 하나라는 걸 알아차렸다.

그 아이는 간단히 말했다. "싸이 아저씨, 수닷이 죽었어요."

무엇엔가 얻어맞은 느낌이었다. 그 아이는 가만히 서서 날 바라보았다.

바보처럼 되물었다. "네 말은…, 걔가 **죽었다**고?" 말도 안 되는 얘기였다. 그 아이의 말을 제대로 들은 것이라고 믿고 싶지 않았다. 어떻게 수닷이 죽을 수 있단 말인가, 집 주위를 뛰어다니다가 발각된 지 며칠밖에 안 지나지 않았던가?

"예. 오늘 아침에 안 일어났어요. 죽은 거예요. 정착촌에 있어요."

아이의 말을 의심할 수 없었고, 내면에 끔찍한 공허함이 느껴졌다. 정신이 나간 것 같았다.

나는 나왓에게 가서 껴안은 다음 조용히 되풀이해 말했다. "네 형이 죽었단다! 네 형이 죽었어!"

그러자 내 인생에서 두 번째로 분노가 나를 휩쓸었다. 자식이 죽었다. 누군가가, 무엇인가가 수닷을 죽였는데도 그게 누군지, 뭔지도 몰랐다. 진실을 밝혀내서 복수해야 했다. 내 안에 이는 감정의 소용돌이를 풀기 위해서 뭐든 해야만 했다. 그래야 할 필요성은 차고 넘쳤다. 하지만 아니가 저녁에 집에 오면 뭐라고 말해줘야 할 것인가? 어떻게 그런 소식을 갖고, 무슨 일이 있었는지도 모르는 상태인 아내를 볼 수 있단 말인가?

나는 미친 사람처럼 온 마을을 절뚝거리며 돌아다니다가 촌장과 마주쳤다. "내 아들! 내 아들!" 사람들 눈에 얼마나 미쳐 보일지는 신경쓰지 않은 채로 소리질렀다. "내 아들의 시체라도 봐야겠습니다!"

별다른 반응이 없었던 걸로 보아 촌장은 이런 상태에 빠진 사람을 보는 데 익숙해 있었던 게 분명했다. "하지만 동무는 아프잖소. 아픈 몸으로 어떻게 아들을 보러 가겠다는 거요?"

"천천히 걸어갈 겁니다. 가서 아들의 시체를 직접 봐야겠어요. 이해하실 겁니다. 저는 아파요. 어찌 됐건 죽을 겁니다. 앙카르에 저 따위는 더 이상 필요 없을 거라는 말입니다."

그는 고개를 끄덕이고는 쪽지에 뭔가를 써서 건네주었다. 마을에서 2마일쯤 떨어진 곳에 있는 수용소에 있는 수닷의 주검을 보러 갈 수 있게 하는 허가증이었다.

부어오른 두 다리를 자주 쉬어가며 천천히 걸어갔다. 그 정착촌에서는 스무 명쯤 되는 아이들이 공동 침실의 초가지붕 아래서 맷돌을 갈고 있었다. 절뚝대면서 아이들 사이로 들어가 수닷을 아는 아이가 있는지, 그렇다면 걔가 어떻게 죽었는지 물어보았다. 아이들은 입을 꾹 다문 채 대답하려 들지 않았다.

정착촌의 책임자가 다가왔고 나는 다시금 말해달라고 요청했다. "제 아들이 어떻게 죽었습니까? 제 아들이 어떻게 죽었냐고요?" 그 책임자는 냉담하고 무심한 어조로 공식적인 답변을 내놓았다. 수닷은 일하던 도중에 기절했다. 동료들이 그를 침상으로 옮겼고, 그는 이튿날 아침에 일어나지 못했으며 그게 전부였다.

VII. '앙카르'의 징벌

나는 아들의 시체조차 볼 수 없었다. 이미 매장되었던 것이다. 진실이 무엇이었는지는 지금까지도 알지 못한다. 내가 아는 것이라고는 수닷이 우리 집을 떠난 지 닷새 만에 죽었다는 것뿐이다.

책임자는 수닷의 옷과 어깨에 메는 가방, 새 해먹을 탁자 위에 놓았다. "원한다면 가져가시오." 그는 일말의 감정도 드러내지 않은 채 말했다.

나는 그것들을 움켜쥔 다음 비틀거리면서 나갔다.

VII. '앙카르'의 징벌

VIII. 돈에이 탈출

1976년 5월부터 10월까지 여섯 달 동안 나와 아니, 나왓은 진작부터 그랬듯이 쇠약하고 병에 시달리는 채로 살아갔다. 아니는 수닷의 죽음에서 받은 충격에 서서히 익숙해졌다. 나는 언젠가는 다시 일해야 할 것이라고 짐작하고 있었고, 결국 그렇게 되었다.

우리는 변함없는 중노동과 끝없는 허기, 여분의 식량을 찾으려는 탐색의 와중에 몇 번 안 되는 교환으로 여분의 쌀을 얻을 수 있었다. 이 일이 내 기억에 뚜렷이 남은 이유는 약간의 위험을 감수해야 했고 며칠이나마 더 생존이 보장되었으며 이 경험이 크메르 루주 체제에 대한 새로운 통찰력을 얻었던 듯했기 때문이었다. 그동안 나는 내내 조심했고 얻을 수 있는 정보는 뭐든지 모았으며 항상 탈출을 준비할 방도를 찾고자 애썼다.

5월의 어느 날 오후에 크메르 루주 장교 하나가 날 찾아와 말했다. "싸이! 저기에 죽은 여인이 있소!" 그는 200야드 떨어진 곳에 있는 집을 가리켰다. "당장 가서 그녀를 매장하시오! 거기서 함께 일할 다른 동무를 만나게 될 거요."

낮 동안 마을에 남은 이는 전부 환자였기 때문에 죽은 이를 묻는 것도 이들 일이 되었다. 이제는 내 차례였다. 나는 그 집을 잘 알고 있었다. 한때는 가족 여섯 명이 그 집에 살았다. 그 가운데 셋은 이미 죽었다. 전날 밤까지는 셋이 남아 있었다. 교사 한 명과 그녀의 자매 그리고 교사의 어린 딸이었다. 이제 자매가 죽었고, 교사 혼자 네 살 난 딸과 남은 것이었다.

그 집에 가서 사다리를 오른 다음 안을 들여다보자 교사가 자기 딸과 함께 말없이 웅크리고 앉은 게 보였다. 시신은 마치 미라처럼 누더기와 낡은 옷가지에 싸인 채 바닥에 누워 있었다. 보이는 거라곤 머리뿐이었다. 다른 부위는 한 군데도 드러나 있지 않았다. 기이한 광경이었지만 나와 동료는 한 마디도 묻지 않았다. 우린 그저 가능한 한 할 일을 빨리 끝낸 다음 집에 가고 싶었다. 우린 시신을 들어서 내린 다음 마을에서 1/4마일쯤 떨어진 잡목 숲까지 옮겼고, 거기서 다른 흙무덤들 사이에 남은 빈 땅뙈기를 찾아내 구멍을 파고 시신을 묻었다.

그거로 끝이라고 생각했다. 이튿날, 나는 병원에서 서둘러 돌아온 다음 점심을 배급받으러 마을 공용 식사 구역에 갔다. 이슬비가 내리고 있었다,

VIII. 돈에이 탈출

간이식당에 도착한 순간 무슨 일이 일어난 게 보였다. 대개 사람들은 식탁에 앉은 채로 국이 나오길 기다리게 마련이었다. 한데 그날은 모두가 간이식당으로 쓰던 오두막 한편에 말없이 모여 있는 게 아닌가. 나는 다가가면서 사람들을 자세히 살폈다. 거기서 비참한 광경을 보게 되었다. 전날 매장된 여인의 자매인 교사가 진흙땅에 한쪽 뺨을 댄 채 누워서 울고 있었다. 그녀는 거의 벌거벗었고 얼굴은 심하게 다친 채였다. 팔다리에는 검푸른 멍이 가득했다. 그녀의 딸은 엄마 곁에 앉아 충격에 빠진 공허한 표정으로 주위를 둘러보고 있었다.

나는 물었다. "무슨 일인가요?"

여러 사람이 목소리를 낮춘 채 무슨 일이 있었는지 속삭여주었다. 크메르 루주가 이미 사람들에게 식탁으로 오라고 손짓하고 있었다. 그 여자는 죽은 자매의 살을 먹었다. 인육이 든 항아리를 들켰던 것이다. 설명에 따르면 그게 시신이 꼼꼼하게 감싸인 이유였다. 크메르 루주는 그 여인을 아침 내내 때리고 걷어찼다. 그녀가 기절할 때까지.

나는 그 여인이 한 짓이 아니라 그렇게 할 수밖에 없었던 사정에 경악해 얼어붙은 채로 이 참상을, 식인을 하고 만 여인과 그녀 곁에서 겁에 질린 아이를 응시했다. 그러는 동안 크메르 루주들은 우리에게 외치고 있었다. "움직이시오! 이 괴물을 동정하지 마시오!"

저녁에 국그릇을 받으러 지나가며 보니 그 여자는 여전히 진흙에 누운 채였다. 죽은 것이다. 어린 딸이 어떻게 되었는지는 알지 못한다.

■

한동안은 크메르 루주가 내가 서성이는 모습을 보고 다시 일하러 가라고 명령하지 않을까 두려웠다. 끔찍하리만치 부어오른 손발과 힘겹게 움직이는 모습에도 불구하고 말이다. 어쨌든 다른 사람보다 딱히 더 아픈 것은 아니었다. 건강하고 기운찬 사람은 아무도 없었다. 병자들이 일하지 않으면 일할 사람이 없었다.

'괴물'이 죽은 지 며칠 뒤에 우리 작업조는 숲으로 가서 '프랑'Prang을 찾으라는 지시를 받았다. 프랑이란 숲에 자라는 커다란 뿌리식물로, 대개 유독하지만 토막내서 일주일 동안 물에 담가 독을 제거하면 먹을 수 있게 되는데 보통 죽에 넣어 먹는다. 프랑이나 바나나 뿌리, 사탕야자 순 같은 여분의 식량을 찾아내는 것은 점차 생사가 달린 문제가 되어갔다. 우리의 절박함은 공식적인 인정을 받았다. 나는 식량 수색대의 일원이 되라는 통보를 받았다.

나는 불운을 차분하게 받아들였고, 모든 게 괜찮을 것이라고 아니와 나왓을 안심시키고자 최선을 다했다. 아내가 내 말을 믿는지 의심스러웠다(나 스스로는 믿지 않았다). 어떤 식으로든 헤어지면 파국을 맞이할 가능성이 높아졌던 것이다. 우린 아직 살아 있었다. 뭔가 불행한 일이 일어나지 않는다면, 둘 다 주의를 끌지 않을 만큼 충분히 일할 수 있는 한 우리는 이런 식으로 여러 달 동안 해나갈 수 있었을 것이다. 적어도 그게 내가 작별 인사로 아니를 껴안으면서 아내에게 했던 말이었다.

숲에서 프랑이 자라는 지역은 우리 마을에서 산지 쪽으로 대략 10마일쯤 떨어진 곳이었다. 우리 마흔 명을 실어나를 만큼 수레가 많지 않았으므로, 우리는 걸어가야만 했다.

400통 상당의 쌀이 100킬로그램짜리 커다란 마대자루에 담겨 지급되었다. 밀림 속에서 2주 동안 먹을 식량이었다. 수레가 없었기 때문에 우리는 자루에 든 내용물을 마흔 개로 소분해야 했다. 다들 어깨에 메는 가방에다 쌀 열 통분을 담았다.

10마일은 병자들이 걸어서 가기에는 긴 거리였다. 자주 멈춰서야만 했다. 고대하던 기회가 이제 생겼다. 나는 멈출 때마다 매번 용변을 보려는 것처럼 밀림 안에 들어간 다음, 감시자의 시선에서 벗어나자마자 가방에 손을 쑤셔넣어 소량의 쌀을 꺼낸 다음 내 스카프로 옮겼다. 그러고 나서 갈아입으려고 가져온 바지의 다리 부분에 스카프를 숨겼다. 우리가 도착한 뒤에 아무도 받은 쌀의 양을 재려 들지 않았으면 싶었다. 그랬다간 시간을 너무 잡아먹게 될 터였다. 나는 끊임없이 이렇게 중얼거렸다. "모험하지 않으면 얻는 것도 없어."

숲 안쪽으로 들어가는 데는 온종일 걸렸다. 우리는 땅거미가 깔릴 무렵 도착했고, 곧바로 운반한 쌀을 앙카르에 반납하라는 지시를 받았다. 우리는 줄을 섰고, 다들 크메르 루주가 가져온 커다란 자루에 자기가 가져온 것을 부었다. 처음에 그들은 연유 깡통을 가방 안에 넣어서 쌀을 담음으로써 양을 확인했다. 쌀 열 통, 또 열 통, 이런 식이었다. 점점 줄 앞쪽으로 다가감에 따라 불안도 커져갔다. 어떻게 하면 쌀을 가방에 도로 담을 수 있을까 고민하던 찰나, 어느 크메르 루주가 동료한테 말하는 소리가 들렸다. "뭣하러 세고 있어? 누가 감히 앙카르의 것을 훔친다고? 이건 시간 낭비야." 내 차례가 되자 나는 그냥 가방을 자루 쪽으로 뒤집었다. 아무도 관심을 두지 않았다.

나는 즉시 다시 숲으로 슬쩍 숨어들어가 작은 쌀꾸러미를 커다란 나무 옹이에 숨긴 뒤 나뭇잎으로 덮었다. 누가 그걸 발견한다 해도 내 소행이라고 단정할 근거는 없었다. 끝까지 발견되지 않는다면, 2주간에 걸친 작업이 끝날 때 그걸 되찾을 기회가 있을 터였다.

일은 정확히 그렇게 진행되었다.

집으로 돌아왔을 때 아무것도 바뀌지 않았다는 것을 알고 기뻤다. 아니는 내 품에 뛰어들었고, 우리가 견뎌내야만 했던 끔찍한 걱정은 사라졌다. 챙겨뒀던 여분의 쌀을 보여주자 그녀는 나를 다시 보게 된 것을 갑절로 기뻐했다. 그녀는 미소를 띤 채로 그런 위험한 짓을 한 데 대해 나무랐지만, 우리 둘 다 그럴 가치가 있었다는 것을 알고 있었다. 일주일 동안 매일 아니와 나왓, 나는 여분의 쌀을 반 캔씩 나눌 수 있었고, 이로써 우리 모두 생사의 경계에서 삶 쪽으로 조금씩 나아갈 수 있었다.

■

나는 셈Sem이라는 사람과 아는 사이였다. 그는 전직 세관원이었으며 시아누크가 통치하던 시절에 프놈펜에서 꽤 높은 직책에 있었는데 잘 교육받은 사람이었고, 캄보디아어에 종종 프랑스어를 섞어 썼다. 그는 가족과 헤어진 지 오래였으며 혼자 살았다. 건장하고 힘이 셌으며 언제나 자발적이었던 셈은 열심히 일함으로써 자신의 생존을 확보했다. 그는 유명하면서도 인기가 좋았는데, 그건 그가 선망받는 일터인 주방에서 일했기 때문이었다. 프놈펜이 함락된 지 1년이 지났고, 새로 공포된 헌법은 자잘한 개인용품의 소유를 허락하고 있었다. 헌법상의 이 조항은 정치 집회에서 격렬한 논쟁의 대상이 되었고, 크메르 루주는 저마다 손목시계를 자랑하고 다니기 시작했다. 이런 상황이었기에 셈은 자신의 멋진 오메가 금시계를 차고 다닐 용기를 낼 수 있었다. 손목시계를 지닌 신인민이라니! 그의 행동은 곧 마을 전체의 이목을 끌게 되었다.

어느 날 식사 시간에 일군의 크메르 루주가 앙카르를 위해 그의 시계를 '빌려가겠다'고 '제안'했다. 셈은 정색하더니 딱 잘라 거절했다. "동무, 빌려드릴 수 없습니다. 일 때문에 필요해서요. 시간에 맞춰 일해야 하지 않겠습니까."

말할 것도 없이 그 크메르 루주들은 그의 거절에 화를 냈다. 대장이 앞으로 걸어나왔다. "셈 동무, 날 보시오." 그가 말했다. "나는 그룹의 대장인데도 시계가 없소. 나는 수백 명의 일꾼에게 시간을 알려주어야 하오. 동무는 수년 간 시계를 차고 있었소. 당연히 내게 잠시 빌려줄 수 있을 거요."

그는 주장을 굽히지 않았지만, 영리하게 전략을 바꿨다. "동무, 실례합니다만 조언을 좀 해주셔야겠습니다. 저는 신헌법이 그걸 계속 갖고 있어도 좋다고 허락한 줄 알았습니다. 제가 옳은지 틀렸는지 말씀해 주십쇼."

그 대화는 공개적으로 이루어졌고, 이 규정을 법제화한 것이 크메르 루주 자신들이었기 때문에 그들은 그 자리에서는 아무것도 할 수 없었다. 하지만 그 일이 있은 지 열흘 뒤에 셈은 주방에서 쫓겨나 숲에서 나무 베는 일을 하게 되었다.

한 주가 지났다. 셈은 다시 나타나지 않았다.

그러다가 점심 식사 시간에 크메르 루주 한 무리가 간이식당 밖에서 이야기하는 것을 엿듣게 되었다. 누군가가 말했다. "아, 동무, 새 시계가 생겼군."

"그래." 상대방이 뻐기듯이 손을 치켜들었다. "셈의 시계야." 그는 목소리를 낮추려고도 하지 않은 채 말을 이어갔다. "그 반역자가 언제나 프랑스 제국주의자들의 말을 썼던 거 기억하지? 우리가 셈을 재교육하러 데려가는데 그놈이 달아나려고 하잖아. 쏴 버렸지."

"넌 행운아야." 그의 친구가 부러워하면서 말했다. "그 손목시계 진짜 좋은데!"

■

5월 마지막 주에, 내 오랜 요양 생활은 갑작스럽지만 예기치 않았던 것은 아닌 종말을 맞게 되었다. 나는 한 주 동안 주방에서 일하고 있었다. 그 일을 하게 된 것이 어떤 면에서는 행운이었다. 식탁을 닦고 바닥을 쓸고 접시를 닦으면서, 이따금 손에 묻은 음식 부스러기나 국 한 숟갈을 먹을 수 있었으니까. 하지만 이 일은 다른 방식으로 내게 불리하게 작용했다. 눈에 띄었던 것이다. 예정된 회복 기간의 마지막에 해당했던 그 한 주가 지난 뒤, 어느 크메르 루주 장교가 우리 집에 와서 이렇게 말했다. "싸이 동무, 동무는 너무 오래 쉬었소. 지금쯤은 나아져 있어야 할 것 같은데."

"동무, 전 아직도 아픕니다. 제 다리를 보세요." 말은 그렇게 했지만, 더 이상 크메르 루주에 맞서는 위험을 무릎쓸 수 없다는 것도 알고 있었다. "하지만 동무 말씀이 옳습니다. 저는 언제나 앙카르의 명령을 따를 준비가 되어 있습니다."

"좋소. 앙카르는 동무가 롤록사Lolok Sar에 가서 논을 경작하길 바라고 있소." 롤록사는 푸르삿 변두리 멀지 않은 곳에 있었다. "내일 아침에 출발하도록 하시오."

아니는 그 소식에 소스라쳤지만, 내가 아내에게 말했듯이 선택의 여지가 없었다. 태연한 척하면서 이 이별이 이전에 한 것만큼이나 감당하기 쉽길 바라는 게 최선이었다.

"걱정 말아요." 나는 말했다. "멀리 가진 않을 테니까. 할 수 있는 한 빨리 돌아오리다."

어쨌든 그들은 나를 주시하고 있는 게 분명했기에 어떤 반항도 하지 말아야 했다. 내가 할 수 있는 일이라곤 그저 열심히 일하면서 부르주아로 매도당하지 않도록 온갖 예방책을 강구하는 것밖에 없었다. 내 정체가 알려지는 위험은 절대 감수할 수 없었다. 나는 가능한 한 냉정을 유지하면서 이성을 잃지 않고, 자극을 받는다 해도 흥분하지 않기로 마음먹었다. 목석처럼 굳고, 귀가 먹고 벙어리인 것처럼 지내면서 명령에 맹목적으로 복종해야만 했다. 살고 싶으면 그래야 했다.

롤록사에서 우리는 아침 여섯 시부터 정오까지 일했다. 오전 아홉 시에 15분간 휴식이 주어지기는 했다. 식사로는 쌀죽 한 그릇을 하루에 두 번 받았다.

아침마다 힘들었다. 지칠 줄 모르는 소 뒤에서 여섯 시간에 걸쳐 맨발로 철벅거리면서 진흙탕을 헤쳐야 했고, 쉴 틈이라곤 전혀 없었다. 하지만 오후에는 다들 소들이 풀을 뜯는 모습을 지켜보면서 시간을 보냈기 때문에 사정이 좀 더 나았다. 성실한 혁명가는 자기가 맡은 소들이 마음대로 풀을 뜯도록 내버려둔 다음, 그들을 쫓아다니면서 길을 잃거나 어린 모를 먹지 않게끔 했다. 소들은 자유롭게 내버려둘 때 더 잘 먹일 수 있었다.

하지만 나는 이런 시간을 휴식을 취하는 데 이용했다. 소들을 논에서 멀리 떨어진 곳에 둔 다음 밧줄로 말뚝에다 묶었다. 소들이 풀을 뜯는 동안 나는 그것들을 주시했고, 때때로 배가 제대로 불러오는지 확인하면서 토막잠을 잤다. 소의 배가 부르지 않을 때는 빨리 자리를 바꿔서 풀이 더 많은 곳을 찾아야 했다.

어느 날 오후 잠에서 깼을 때, 소 가운데 한 마리가 줄에서 풀려난 것을 알아챘다. 재앙이었다. 이건 이중의 범죄였다. 잠을 잔 데다 소까지 잃어버렸던 것이다. 날이 저물 무렵이었고, 땅거미가 깔릴 때까지 찾아낼 수 있을 리가 없었다. 크메르 루주는 저녁식사 뒤에 여는 집회에서 밝혀질 이런 잘못을 결코 용서하지 않을 터였다. 나는 그 동물이 지역사회의 정원들을 황폐하게 만들까 두려워 필사적으로 찾아봤다. 운이 따르지 않았다.

저녁이 되었다. 나는 완전히 공황에 빠졌다. 뭘 해야 앙카르의 진노를 피할 수 있을까? 그런 건 아무것도 없었다. 촌장에게 손실을 보고할 생각도 하지 못한 채 하릴없이 소 한 마리만 끌고 돌아왔다. 나는 두려움으로 몸이 굳은 채 말없이 먹었다.

정치 집회에서 크메르 루주는 언제나처럼 평소 선호하던 이념적 주제들을 되풀이해 말한 다음, 우리를 소규모 그룹으로 나누어 한 사람씩 자아비판을 하게끔 시켰다. 크메르 루주 가운데 한 명이 질문으로 우리를 이끄는 동안, 다들 자신의 행위와 하루의 작업을 판단해야 했다. "동무는 동무의 일을 어떻게 생각하고 있소? 거기에 만족하시오? 실수를 저지르지는 않았소? 다른 동무가 실수하거나 금지된 행위를 하는 걸 보았소?"

내 차례였다. 벗어날 방도는 없었다. 나는 말했다. "저는 열심히 일했습니다만, 소를 돌보던 도중에 무심코 잠이 들고 말았습니다. 고작 5분간이긴 했지만 그 소는 사라지고 없었습니다." 나는 애초에 소를 묶어두었다는 사실을 털어놓지 않았다. "저녁 내내 소를 찾아봤지만 찾을 수 없었습니다. 저는 실수를 저질렀습니다. 앙카르와 여러분 모두에게 저를 심판해 주실 것을 요청합니다. 앙카르와 동무들의 처분을 받아들이겠습니다."

토론을 이끌어가던 대장이 대꾸했다. "동무가 실수를 인정한 것은 잘한 일이오. 하지만 동무는 더 일찍 그렇게 했어야 했소. 그랬더라면 나는 사람들을 보내 소를 찾아보게 할 수 있었을 거요. 지금은 너무 늦었소." 물론 그가 옳았다. 나는 그저 잘못을 저지른 아이처럼 고개를 푹 숙인 채 서 있을 뿐이었다. "왜 지체한 다음에 말한 거요? 왜 먹는 데 시간을 쓴 거요? 말해 보시오, 동무는 우리 작업을 방해할 의도였소?"

나는 속으로 떨었다. 그 비판은 내가 반혁명분자라는 규탄으로 이어질 터였다. 사람들이 숲에 끌려간 것은 그런 일 때문이었다. 내겐 그럴싸한 대답이 없었다. "제 잘못을 인정합니다." 나는 말했다. "말하지 않은 것은 어리석은 짓이었음을 시인합니다." 언제나 그랬듯이 자기비하가 선택할 수 있는 유일한 방도였다. "저는 어떤 유용한 처벌도 기꺼이 받아들이겠습니다."

이제 열두 명쯤 되는 인원 전체가 나를 비판해야만 했다. 그들은 한 사람씩 누군가 했던 말을 되풀이했다. 그렇게 해야만 했다. 그렇지 않았다가는 나와 공모했다고 고발당할 수 있었다.

그러고 나서 세 명만 남고 다들 떠났다. 이 세 명은 나와 같은 신인민이었지만, 나로서는 아직 알 수 없었던 모종의 자질 때문에 선정되었다. 대장은 차분하게 선고를 내리면서 오싹한 말투로 마무리했다. "지금까지 앙카르는 일이나 태도는 물론 일상 행동거지에서도 동무를 개선하고자 부드러운 말, 혁명의 말을 사용했소. 앙카르는 꼬박 한 해 동안 동무를 돕고자 노력했건만, 동무는 여전히 개선되지 않았소! 동무의 태도는 여전히 부르주아적이오! 동무의 행동은 혁명에 타격을 입혔소. 앙카르는 부드러운 설득을 통해 동무를 교화하려고 노력했소. 하지만 동무는 여전히 반항적이오. 동무는 우리가 힘든 결정을 내리도록, '철저한 교육'을 시행하도록 강요하고 있소. 동무 세 명에게 당신을 교정하라고 요청할 것이오."

대장은 나와 고문 담당자 셋을 남겨둔 채 떠났다. 셋은 나를 어떻게 할 것인지를 두고 토의하기 시작했다. 그들은 사뭇 진지했다. 이런 상황에서는 언제나 승자들을 찬양하는 데만 만족하지 않고 동포들을 고문하는 데 손을 보태고 싶어 하는 작자들이 있는 법이다.

세 사람은 나를 정신없이 구타하기 시작했다. 마구 걷어차고 손바닥으로 때렸으며 주먹질했다. 나는 땅바닥에 쓰러진 채 움직이지 않았다. 반응해서는 안 된다는 것은 잘 알고 있었다. 자기 명령을 잘 수행하고 있는지 보려고 대장이 돌아오자 구타는 더 거세졌다. 나는 멱살을 잡힌 채 뺨을 맞고 배에 주먹질을 당했으며, 땅바닥에 쓰러진 다음에는 발길질을 당했다. 그러는 내내 나는 스스로 방어하는 것은 고사하고 비명조차도 지르면 안 된다는 것을 알고 있었다. 그랬다가는 앙카르의 결정에 반대하는 짓으로 해석될 터였다. 고통을 못 이겨 소리지르거나, 맞서 싸우거나, 날 고문하는 이들에게 고함을 질렀다간 더 가혹한 처벌이 뒤따를 뿐이었다. 너무 유순하게 굴든 너무 딱딱하게 굴든, 겁쟁이가 되건 반역자가 되건 모두 똑같은 범죄였다. 살아남으려면 그저 견뎌낼 수밖에 없었다.

나는 두들겨 맞는 와중에도, 상황이 더 나빠질 수도 있었다고 속으로 생각했다. 범죄를 저질렀을 경우 실제로 행해지는 것보다 더한 수준의 처벌을 받아도 싸다고 생각해야만 한다. 나는 아무 말도 하지 않았고, 어떤 소리를 내거나 움찔하지도 않았다. 마침

내, 15분이나 20분쯤 지난 뒤에 그들은 구타를 멈췄고 날 내버려둔 채 떠났다. 나는 피투성이였지만 뼈가 부러진 데는 없었다.

이튿날, 나는 일을 쉬고 소를 찾아내라는 명령을 받았다. 나는 녀석을 어느 집 근처에서 쉽게 찾아냈다. 그 집에 사는 이들은 소가 채소밭을 망치고 있는 걸 발견해서 묶어두었다.

소는 나를 순순히 따라왔다. 걸어가는 동안 한 가지 생각이 떠올랐다. 나는 임무를 완수했고, 야외에 혼자 있었다. 아직 이른 시각이었다. 나는 소를 나무에 묶어놓은 다음 한낮이 될 때까지 잠을 잤다.

■

6월 중순이 되어갈 무렵, 내 팔다리가 다시 부어오르기 시작했다. 이번 부종은 전보다 더 심했다. 처음에는 손과 발, 얼굴이 부었다. 액체가 차오름에 따라 다리가 무거워졌다. 날이 갈수록 나는 더 천천히 움직이게 되었다. 허리와 다리, 엉덩이와 허벅지는 마치 짐덩이처럼 보였다. 다리가 더 이상 말을 듣지 않았다. 사다리 위쪽으로 몸을 들어올리는 데만도 상당한 노력이 필요했다. 이번에는 병세가 심각하다는 것을 알고 있었다. 나는 생각했다. '이번에야말로 죽게 되겠구나.'

적어도 한동안은 쟁기질을 할 수 없을 게 분명했다. 나는 7월 초에 다른 환자 몇 명과 함께 돈에이로 되돌려 보내졌다.

나는 5주간의 출타를 마치고 집으로 돌아왔다. 놀랍게도 돈에 이는 사람들로 가득했지만, 대다수는 끔찍한 몰골이었다. 불안감이 가득한 채로 집으로 향하고 있음을 새삼 자각했다. 5주는 어떤 일이든 일어날 수 있는 기간이었다. 아니와 나왓 둘 다 죽었는데 나만 그것을 모르고 있었을 가능성도 있었다.

다행스럽게도, 집으로 통하는 사다리를 올라가자 나왓이 보였다. "아버지!" 그는 나를 보자마자 이렇게 외치고는 나를 맞으러 다가왔다. 그가 살아있다는 것을 확인한 기쁨은 곧 그의 모습에서 받은 충격으로 대체되었다. 그는 심한 부종에 걸려 있었다. 팔다리는 부어올랐고, 움직임은 느리고 고통스러웠다. 그는 살짝 진지한 늙은이처럼 보이기도 했다. 나는 불안감에 사로잡혀 아니를 찾았다. 아내는 아직 일하는 중이며, 모내기를 하고 있다고 했다. 안도의 한숨이 나왔다.

하지만 아니도 엄청난 고통을 겪었다. 그날 저녁에 아내가 절뚝거리면서 오두막으로 다가와 힘겹게 몸을 들어올리면서 사다리를 오르는 모습은 내가 알던 아니와 무척이나 달랐다. 아내의 얼굴은 부종 때문에 부풀었고, 하체도 마찬가지였다. 아니는 내 모습을 보고 미소를 지었지만, 사다리를 올라와 오두막 안으로 들어섰을 때는 단지 이 말밖에 할 수 없었다. "내 사랑 싸이, 돌아왔군요. 돌아왔어요." 우리는 서로 부드럽게 얼싸안았다. 우리에겐 더 이상 상대방을 열정적으로 껴안을 기력이 남아 있지 않았던 것이다. 우리는 몇 분 동안 서로의 팔에 안긴 채 꼼짝도 않고 서 있었다.

그러고 나서 그녀는 내가 없는 동안 무슨 일이 있었는지 말해주었다. 돈에이 남쪽으로 강을 따라 흩어져 있는 일곱 마을에 살던 사람들은 너무나 많이 죽은 나머지 이제 두 군데만 살게 될 정도가 되었다. 우리가 도착하기 전에 신인민들이 세웠던 마을 다섯 개는 버려졌고, 생존자 대부분은 더 오래된 마을에 합류했다. 돈에이가 그중 하나였다. 예전부터 그곳에 있었고 구인민들이 더 많았던 이 두 마을은 기근을 더 잘 견뎌낸 것 같았다.

이제 검은 옷을 입은 구인민과 낡고 해진 도시 옷을 입은 신인민을 구별하는 두 번째 방법이 생겼다. 팔다리가 부은 사람들이 바로 신인민이었다.

∎

1976년 3/4분기가 지나는 동안 어떤 변화도 생기지 않았다. 사람들은 계속해서 죽어갔다. 구인민들 말로는 쌀이 그렇게 부족한 건 아니지만 앙카르가 우리를 굶겨 죽이고 싶어 한다고 했다. 실제로 그 정책은 상당히 명확하게 입안되었다. 한 정치 집회에서 어느 장교가 특히 소름 끼치는 말을 했던 게 기억난다. "새로운 캄푸치아에서 혁명을 계속하기 위해서는 백만 명이면 충분하오. 나머지는 필요 없소. 적 하나를 살려두느니 친구 열 명을 죽이는 게 낫소."

우리는 죽어갔고, 우리 신체보다도 생존 욕구가 더 먼저 죽었다. 크메르 루주 가족이나 구인민 사이에서는 아기가 태어났지만, 신인민 사이에서는 그런 일이 없었다. 위장이 텅 빈 상황에서는 욕구가 생겨나지 않았다. 아니와 나도 프놈펜을 떠난 뒤로는 잠자리를 함께하지 않았다. 한때는 사랑을 나누는 일이야말로 우리의 가장 큰 기쁨 가운데 하나였는데 말이다. 하지만 그것은 이제 그저 행복했던 추억에 불과했다. 돈에이에서는 모든 사람이 정결했다. 우리의 몸은 쇠약했고 이를 자극할 만한 것은 아무것도 없었다. 여성의 아름다움이란 과거지사일 뿐이었다.

이상하게 들리겠지만 감정적인 측면에서는 이런 일이 전혀 문제가 되지 않았다. 우리 몸이 점차 쇠약해지고 가족 구성원들이 죽어감에 따라 우리는 서로에게 점차 모든 것이 되어갔다. 한때는 그녀의 머리카락이 자기 목을 쓸어내리는 모습이나 날씬한 몸매, 깊고 짙은 갈색 눈 같은 것에서 큰 기쁨을 누렸던 적이 있었다. 이제 그녀의 머리카락은 가늘어졌고, 몸은 부어올랐으며, 눈은 질병 때문에 흐릿해졌다. 육체적인 면에서는 사랑이 터를 잡을 만한 것이라고는 아무것도 남아 있지 않았다. 하지만 우리는 그 어느 때보다도 더 서로를 사랑했다. 우리의 몸이 약해질수록 우리 사랑은 커져갔다. 크메르 루주가 우리 육신을 파괴함으로써 우리 영혼도 파괴하려 했음을 감안하면 이는 기이한 아이러니였다. 우리는 서로를 만지거나 돕고 서로에게 말하는 방식으로 사랑을 표현했다. 우리는 어둠 속에서 나왓과 함께 과일을 나눠 먹는 불법 행위를 저지르면서 그렇게 나누는 행위와 서로를 어루만지는 것 그리고 우리 둘 다 이 지경까지 이르게 된 데 대한 말없는 눈물 속에서 힘을 얻었다.

　다른 모든 면에서 우리는 가진 게 아무것도 없었다. 애국심이나 종류를 불문하고 지적인 삶, 대화, 유머, 이 모든 것은 과거에 속했고, 우리가 겪고 있는 지옥 같은 박해 때문에 멸절된 상태였다. 우리의 유일한 관심사는 살아남는 것이었고, 우리의 유일한 위안거리는 풋의 예언이었다. "구원은 서쪽에서 올 것이다. 그리고 '쓰밀'들이 사라진 뒤 평화가 다시 자리잡게 되면, 새 시대가 시작될 것이다."

　서쪽으로부터의 구원이라고? 우린 누구라도 환영했을 터였다. 일본인이든, 미국인이든, 프랑스인, 중국인, 러시아인, 심지어 베트남인이라도 말이다. 빠져 죽어가는 사람이 누가 구해주는 건지 상관할 바 있겠는가?

　하지만 도움이 없다면 끝장이었다. 우린 스스로를 구해낼 수가 없었다. 공모를 하는 것도 어려웠고, 봉기는 생각할 수도 없었다. 여행은 허가를 받아야 했고, 속삭이는 것도 금지되었으며 도처에 밀고자가 있었다. 영웅적인 행동은 자살행위였다. 이웃 마을에서 두 청년이 크메르 루주에게서 총을 빼앗아 밀림 속으로 도망쳤다는 얘길 들었다. 한 명은 총에 맞았고, 다른 하나는 사라졌다.

게릴라가 실제로 있었다 하더라도 우리는 그들에 대해 아무 것도 몰랐다. 모든 식량이 앙카르의 수중에 있는 나라에서 게릴라가 어떻게 먹고 살 수 있겠는가? 공동체에서 조금씩 분배하는 식량만으로는 비축분을 만드는 건 불가능했다. 밀림에서 사는 사람은 굶어 죽을 수밖에 없었다. 내게는 저항을 조직화할 방법이 보이지 않았다.

하지만 저항 정신은 살아남았고 심지어 더 강해졌다. '쓰밀', 즉 무신론자들은 파괴함으로써 결국 자신들마저 파괴하게 될 무언가를 만들어내고 있었다. 그것은 증오였다.

나는 탈출을 꿈꾸지 않은 적이 없었다. 사실 병원에서 만난 두 사람, 로운Roeun이라는 전직 대학 강사 및 육군 소령 출신 남자와 함께 그 가능성을 타진한 적이 있었다. 그들도 당할 만큼 당한 상태였다. 로운은 아내와 세 자식을 잃었고, 소령도 다섯 아이 가운데 셋을 잃었다.

결과적으로 만사가 허사였다. 우리가 계획을 짜기 시작한 지 2주 뒤에—우리는 그동안 어떻게 식량을 비축할지 고민하면서 서쪽 일대의 지형에 대한 정보를 모으려고 애쓰고 있었다—두 사람 모두 작업 임무를 맡아 다른 곳으로 보내졌고, 이후 그들을 다시는 보지 못했다. 그러나 탈출해야겠다는 생각은 계속해서 나를 괴롭혔다. 탈출하느냐 아니면 고발 때문이든 질병 때문이든 조만간 닥쳐올 게 뻔한 나와 가족의 죽음을 받아들이느냐 둘 중 하나였다.

1976년 11월 초의 어느 날, 내 가장 큰 두려움이 현실이 되었다. 우리가 간이식당 옆에 놓인 식탁에서 함께 식사하고 있을 때였다. 나는 크메르 루주 하나가 다른 셋과 함께 서서 계속 나를 훑어보고 있다는 것을 알아차렸다. 그의 얼굴은 내겐 아무것도 아니었고, 그가 다가와서 이렇게 말할 때까지 그에 대해 아무런 생각도 하지 않았다. "이봐요! 동무를 알 것 같은데? 이름이 뭐요?"

"싸이입니다. 제 이름은 싸이입니다." 나는 아직 위험하다는 낌새를 알아채지 못했다.

"동무, 핀 야싸이 아니오?"

나는 아니와 이웃들을 쳐다봤다. 그들 중 적잖은 수가 내 전체 본명을 알고 있었다. 부정하는 것은 바보짓일 터였다. 나는 아까의 사소한 속임수를 대수롭지 않은 것으로 치부하려고 애썼다. "예, 싸이이기도 하고 핀 야싸이이기도 합니다. 똑같은 이름인데 줄여 말했을 뿐이죠."

그는 곧바로 나를 몰아세웠다. "동무는 공공사업부 소속 공무원이었잖소. 미제美帝에게서 배운 기술자란 말이오."

나는 비로소 두려움에 사로잡혔다. "어떻게 저를 아십니까?" 나는 맥박이 줄달음치기 시작하는 걸 느끼면서 물었다.

"난 동무를 잘 알고 있소. 날 모르시오? 나는 푸르삿/레아치도로에서 일했었소. 순 이Sun Yi 아래서 말이오."

그 프로젝트는 내전이 일어나기 전에 내가 감독했던 많은 공사 중 하나였고, 나는 순 이를 잘 기억하고 있었다. 그는 유능한 감독관이었다. 좀 지나치게 엄격했을지는 모르지만.

그 크메르 루주는 빈정거리는 투로 계속해서 말했다. "날 모르신다, 응? 뭐, 물론, 일꾼들은 동무를 알아도 동무는 그들을 몰랐겠지. 동무는 그러기엔 너무 높았고 난 너무 낮았으니까."

"동무, 전 모두를 알 수는 없어요. 어쨌든 저는 언제나 아랫사람들을 잘 대했습니다. 분명 그것도 기억하시겠지요?"

하지만 그 크메르 루주는 누그러지지 않았다. 그는 통렬한 어조로 말했다. "당신이 무슨 잘못을 저질렀다는 건 아니오. 하지만 당신은 나를 일터에서 쫓아낸 순 이의 상관이었잖소. 그는 내가 디젤유를 한 통 훔쳤다는 이유만으로 나를 해고했소. 정부가 내게 지급하는 쥐꼬리만한 봉급으로는 일가족을 먹여 살릴 수가 없었는데 말이오. 난 체포됐고, 동무의 부하 순 이는 내게 불리한 증언을 했소. 그가 빼돌린 디젤유가 몇 통이었는지 아시오? 당신네 정권하에서 우리가 맞닥뜨린 정의란 건 그런 것이었소!"

나는 그에게 그런 일은 하나도 몰랐다고 말했다.

"하지만 동무는 그의 상관이었고, 그가 날 쫓아냈기 때문에 나는 지하 활동을 할 수밖에 없었소! 그런데 동무는 자기 정체를 숨기고 있었단 말이지. 동무는 자신이 어떤 자리에 있었는지 앙카르에 숨기고 있었단 말이오!"

식탁 주변은 온통 침묵만이 감싸고 있었다. 다른 크메르 루주들은 나를 건너다보았다. 나는 내면에서 소용돌이치는 혼란을 가라앉히고 자신감을 내보이기 위해 필사적으로 애썼다.

"동무, 저는 정체를 숨긴 게 아닙니다. 싸이는 제 이름의 일부예요. 저 자신을 낮춘 건 혁명에서는 우리 모두 동등하고 앙카르의 뜻에 따르고 싶었기 때문입니다. 저는 언제나 성실하게 일했습니다. 저는 혁명이 제게 부과한 임무를 모두 수행…."

그는 들을 만큼 들었다는 듯이 짜증난다는 손짓으로 내 말을 끊고는 가버렸다.

내 이웃들은 모두 코를 국그릇에 박은 채 아무것도 못 본 척하면서 몰래 수군거렸다. 아니는 나를 오랫동안 쳐다봤다. 그녀가 나만큼이나 놀랐다는 것을 알 수 있었다.

이틀 뒤에 주방에서 나와 함께 일하는 어느 신인민이 날 보려고 내 오두막에 찾아왔다. 그 사람은 모두의 시중을 들었기에 많은 것을 엿들을 수 있었다. 그는 겁에 질려 있었다. "싸이, 동무는 위험에 처해 있어요. 당신을 알아봤던 그 사람이 자기 동무들에게 당신 얘기를 하는 걸 들었어요. 그는 당신을 숲속으로 끌고 가려 하더군요. 다른 이들은 귀찮게 뭣 하러 그러냐고 말했어요. 당신은 아프니까 어쨌든 곧 죽을 거라면서요. 그들은 한 주만 더 기다려보기로 했어요. 그때까지 당신이 죽지 않으면, 그들은 당신을 숲속으로 끌고 갈 거예요. 확실해요."

그가 떠난 뒤에도 나는 꼼짝하지 않은 채 앉아 있었다. 내 첫 반응은 절망과 포기, 운명에 굴복하는 것이었다. 만사가 끝장이었고, 나는 어차피 죽으리라는 것을 알고 있었다. 달아날 방법은 없었다. 우리는 몸이 부은 채 죽었다. 그것은 바꿀 수 없는 자연법칙이었다. 우리는 잇따라 죽어갔다. 할 수 있는 일은 없었다. 무슨 상관이람? 나는 죽을 운명이었고, 이왕 그리될 거라면 아내와 아들이 있는 집에서 빨리 죽는 게 나았다.

그때 내가 얼마나 심각한 상황에 처해 있는지 깨달았다. 그런 선택지는 없었다. 그들은 그 사소한 자유마저도 내게서 앗아갈 터였다. 가족들 옆에서 숨을 거둔다는 부드럽고도 자연스러운 일은 있을 수 없었다. 그들은 멀리 떨어진 숲속에서 짐승처럼 나를 도살할 터였다.

생각이 거기까지 미치자 다른 종류의 흥분이, 다른 모든 감정을 몰아내는 날것 같은 에너지의 파동이 느껴졌다. 이 흥분은 자기 보호의 본능으로 이어졌고, 갑자기 필사적으로 살아남고 싶어졌다. 나는 속으로 생각했다. '정신 차려야 해! 마음을 가다듬어! 여기서 나가야 해! 지금까지는 항상 잘해왔잖아! 이건 마지막 기회야! 뭔가 해야만 해!'

나는 생각하기 시작했다. 어떻게 해야 하지? 혼자 떠날까? 하지만 오두막에는 나왓이 팔다리가 부어오른 채 엎드려 있었다.

VIII. 돈에이 탈출

아들과 아내를 버려둔 채 떠난다는 것은 생각하기 어려운 일이었다. 하지만 둘 다 데리고 탈출한다는 것 역시 상상할 수 없었다. 나와 함께 죽는 것보다는 여기서 살아가는 게 더 나을 터였다. 그리고 나로서는 달아나서 살아날 방도를 모색하든가 적어도 내 방식대로 죽을 기회를 찾는 게 나았다.

아주 간단했다. 마음을 정했으니 그날 저녁에 아니에게 내 결심을 말해야 했다.

저녁을 먹고 나서 우리는 마주앉았다. 나왓은 오두막 저쪽에 쳐둔 천 칸막이 뒤에서 자고 있었다. 나는 입을 열 준비를 했다. 내가 행해야 할 바에 대해서는 확신하고 있었지만, 그 사실이 긴장감을 덜어주지는 않았다. 가족으로서 서로에게 못 할 짓이었고, 아니에게 끔찍한 짐을 지우는 짓이었다. 하지만 아내를 힐끗 올려다보고, 그녀의 아름다우면서도 쇠잔한 몰골이 취사용 불의 깜빡이는 불꽃에 침침하게 비치는 것을 보고 나자, 다른 길이 없다는 것을 알게 되었다. 그저 가만히 있으면서 죽음을 기다리는 것은 무의미한 짓이었다. 어쨌든 다들 머잖아 혼자만 남게 될 터였다.

나는 말했다. "내 사랑 아니, 당신에게 할 말이 있소." 놀라는 기색 없이 쳐다보는 시선에서 아내가 모종의 결단을 예상하고 있음을 알 수 있었다. 내가 더 이상 여기 있을 수 없다는 사실은 아니도 잘 알고 있었다. 나는 나왓을 깨우지 않으려고 나직하게 말하면서-칸막이 밖으로 나와 있는 아들의 작고 부어오른 얼굴을 볼 수 있었다−설명하기 시작했다. 나는 망했다. 전직 고위 관료들은 전부 사라졌다. 나는 서구에서 교육받았다. 크메르 루주가 보기에 나는 교정할 수 없는 자였다. 그들은 일주일 내에 날 찾아올 것이고, 그걸로 끝장일 터였다. "하지만 당신은 여자잖소, 아니. 당신이 나왓과 둘이서 살아간다면 그들이 당신을 해치지는 않을 거요."

아내는 아무 말도 하지 않았지만, 그녀의 눈빛이 겁에 질려가는 게 보였다.

"당신은 여기서 나왓과 함께 살아갈 수 있소" 나는 말을 계속했다. "이게 유일한 해법이오. 나는 숲속에서 모험을 해보려 하오. 내가 성공한다면, 우리는 다시 만나게 될 거요. 하지만 나는 곧 가야만 하오. 한 주만 지나도 너무 늦어질 테니까."

"떠난다고요?" 아니가 말했다. "여기에 저와 나왓을 버려두고요?" 갑자기 아내는 자신이 갈기갈기 찢기는 것처럼 흐느끼기 시작했다.

"그래요, 내 사랑. 이게 유일한 길이오." 나는 절망적인 심정으로 말했다. 아내가 처음으로 나와 다른 결론을 내리려 한다는 것을 깨닫기 시작했다. "당신 생각은 어떻소?"

"그런 건 아니에요, 아니라고요."

나는 아무 말도 하지 않았다. 다른 길은 딱 하나뿐이었는데 그것은 고려할 대상이 아니었기 때문이다. 아내도 몇 분 안으로 그걸 알아차리고 내 결정을 받아들일 것으로 생각했다.

하지만 아니었다. 아니는 쓰라리게 울면서 머뭇거리는 가운데서도 말을 이어갔다. "그건 불가능해요, 내 사랑 싸이…. 당신과 헤어지기 싫어요. 여기 남아 있느니 차라리 당신과 함께 죽을래요." 아내의 흐느낌과 눈물, 띄엄띄엄 느리고 속삭이는 말을 막을 엄두도 못 낸 채 조용히 듣고 있노라니, 자기가 무슨 말을 하고 있는지 알기나 하는 것인지 의심스러웠다. 내가 왜 혼자 가야만 하는지 그녀도 곧 알게 될 터였다. "당신 없이는 못 살아요!" 아내는 흐느꼈다. "당신과 함께 빨리, 깨끗이 죽는 게 나아요."

아니는 흐느끼면서 말을 멈췄고, 나는 그녀가 이렇게 말하기를 기다렸다. '하지만 당신 생각에 그게 최선이라면, 당연히 그게 옳은 거겠죠.'

침묵이 흘렀다.

나는 아니의 말뜻을 깨닫기 시작하면서 놀랐다. 아내가 무엇이 최선인지에 대한 내 판단을 거부한 것은 우리가 함께 산 뒤로 처음 있는 일이었다.

오직 아니가 헐떡이는 소리만이 간간이 침묵을 깰 뿐이었다. 아내는 나를 쳐다보고 있었다. 내 눈에 보이는 것은 불에 비쳐 두드러진 그녀의 뺨과 눈뿐이었다. 아내는 더 이상 아무 말도 하지 않았다. 비로소 그녀가 자신이 했던 모든 말을 이해하고 있었다는 것을 알 수 있었다.

나는 아니가 지닌 힘도 느낄 수 있었다. 한때는 드레스 한 벌을 살 때도 내 의견부터 물었던 아내가 이제 경험으로 단련되어 있었다. 그녀는 자신이 무엇을 하고 있는지 알고 있었고, 자신과 나왓이 어쨌든 죽게 되리라는 것과 우리가 죽음에서 벗어나 삶을 선택하는 게 아니라 다른 방식의 죽음을 선택하는 과정에 있다는 사실을 알고 있었다.

그리고 아니는 결단을 내린 다음에도 더 끔찍한 선택을 할 일이 하나 더 남아 있다는 것을 알고 있었다. 아내를 돕기 위해 내가 해주거나 말해줄 것은 아무것도 없어 보였다. 그걸 말로 꺼내는 것은 나로서는 너무나 끔찍한 짓이었다. 내가 말하게 된다면, 단지 악몽 같았던 두려움이 무시무시한 현실로 바뀌게 될 터였다. 그 말만은 할 수 없었다.

"하지만…." 아니가 마침내 입을 열었다. "하지만 우린 나왓을 어떻게 해야 할까요?" 그랬다. 그것이야말로 내가 내뱉길 거부했던 바로 그 말이었다.

"말해줘요, 내 사랑 싸이. 우린 나왓을 어떻게 해야 할까요?" 아니는 자기 생각을 말로 표현하기 위해 애쓰면서 다시 무너져 내렸다. "걔는 우리랑 같이 갈 수 없어요. 우리에겐 걔를 나를 수단이 없고, 걔는 많이 걷지 못하니까요. 그들은 우릴 붙잡을 거고, 우릴 죽인 다음에는…." 아내는 잠시 말을 끊었다. 감정을 억제하려고 애쓰는 모습이 얼굴에 나타났다. "우리…, 우리는 걔를 두고 가야 해요. 하지만…, 걔 떠나게 된다면 걔한테 뭘 해줘야 할까요?" 그녀의 말은 흐느낌 때문에 다시 끊어졌다.

아내가 정말로 나왓을 떠나겠다고 마음먹을 수 있을까? 어머니가 할 만한 일은 아닌 것 같았다. 나는 지금에야 그녀가 엄마로서 할 수 있는 최고의 희생을 한 것임을 깨닫고 있다. 사람들은 엄마가 할 수 있는 최고의 희생은 자식과 같이 죽는 것이라고 말하지만 그렇지 않다. 죽음을 피할 수 없는 상황에서 엄마가 행할 수 있는 최고의 희생은 자식을 버리는 것이다. 그렇게 함으로써 자신의 목숨을 연장할 수 있다면 말이다.

그때 그 자리에서 그 모든 것을 이해했던 것은 아니다. 하지만 그녀의 결심이 굳다는 것을 느꼈고, 무슨 말로도 마음을 돌릴 수 없다는 것을 알았다. 우리는 함께 겪었고 견뎌왔던 일들로 인해 한몸이 되어 있었고, 말싸움으로 그녀의 결심을 무너뜨린다는 건 생각조차 할 수 없었다. 그럴 수 있을 것 같지 않았다. 이제 상황이 달라졌다는 걸 받아들여야 했다.

아니는 여전히 훌쩍이고 있었다. "나왓은 어쩌죠?" 아내는 다시 묻고는 침묵에 빠졌다. 아내의 어조와 침묵에서 그녀가 이미 답을, 하나밖에 있을 수 없는 답을 알고 있다는 것을 알 수 있었다. 우리 둘 다 그것을 알았지만 입밖에 낼 용기는 여전히 없었다. 말로 표현하는 것은 그것을 확정하는 일이 될 터였다.

나는 여전히 잠들어 있는 나왓을 흘끗 쳐다봤다. 아들에게 가서 머리를 쓰다듬으면서 그와 나 자신에게 약간의 위안을 주고 싶었다. 하지만 나는 움직이지 않았다. 나왓을 깨울 수는 없었다. 나는 다시 아니를 바라봤을 때 그녀의 눈은 아래를 향하고 있었다. 마치 내가 판결을 선고하기를 기다리고 있기라도 한 듯했다.

다시 영원 같은 시간이 흐르고 나자, 침묵이라는 짐이 견딜 수 없이 버거워졌다. 마치 책임을 회피하는 데 대한 비난 같았다.

"해야 할 일이 단 하나라는 건 당신도 알지 않소." 나는 속삭였다. "저 아이를 병원으로 데려가야 하오."

병원에, 사람들이 오직 죽으러 가는 곳에 말이다.

나는 아니의 눈에 깔린 그림자를 쳐다보면서 말했다. "그래야 하오."

이번에는 아내도 내 말이 옳다는 것을 알고 있었다. 나왓에게는 숲보다는 병원 영안실에서 잘 지낼 가능성이 더 많았고, 우리에게는 그런 가능성이 마을보다 숲속에서 더 많았다. 어차피 모두 죽기는 하겠지만, 모두가 할 수 있는 한 오래 살려면 우린 그를 떠나야만 했다. 문제는 우리는 적어도 함께 죽게 되겠지만, 그는 자신을 돌봐주던 사람들에게서 버림받은 채 혼자 죽으리라는 것이었다.

이튿날 아침, 나는 촌장에게 가서 나왓을 병원으로 데려갈 수 있겠냐고 허락을 구했다. 아이는 아팠고(손발과 뺨이 모두 부어 있었다) 내가 진심이라는 데는 의문의 여지가 없었다.

VIII. 돈예이 탈출

나는 집으로 돌아온 뒤 나왓에게 뭘 할 건지 설명했다.

아들은 항의하지 않았다. 우리는 부어올라 무거워진 각자의 팔다리를 끌면서 힘겹게 걸었다.

병원에 도착한 뒤 아이를 침대에 뉘었다. 나는 아들이 병원에서 혼자 살아갈 수 있도록 온갖 종류의 이불과 옷가지를 가져왔다. 여전히 나왓은 단 한 마디 빼고는 아무 말도 하지 않았다. "아버지, 먹을 것 좀 주시겠어요?" 나는 아들에게 말린 물고기를 좀 갖다주겠다고 약속했고, 그의 곁에 앉아 옷과 이불을 정리했다.

갑자기 어느 여인의 목소리가 우리 대화를 방해했다. "저 아이 좀 봐, 내 아이랑 똑 닮았네! 어쩜 이럴 수가 있담!" 돌아봤더니 옆의 침대에 마흔쯤 되어 보이는 여자가 있었다. 그녀는 중국인 혼혈 같았고, 비쩍 마르기는 했지만 꽤 건강해 보였다. "왜 아들을 여기로 데려왔어요?" 그녀는 나무라는 말투로 말을 이어갔다. "쟤는 죽을 거예요. 다들 그러니까요. 당신은 쟤를 집에다 둬야 해요."

나는 거짓말을 했다. "촌장이 이리로 데려와야 한다고 해서요."

"안 좋은 생각이에요." 그녀는 되풀이해 말했다.

"예, 압니다." 나는 씁쓸하게 말했다. 그때 한 가지 생각이 떠올랐다. "하지만 내 아들이 당신 자식과 닮았다면, 당신이 쟤를 좀 보살펴도 괜찮을 것 같은데요."

그러자 그 여인은 자기 인생사를 들려주었다. 아이가 여섯 있었는데 지금은 전부 죽고 없었다. 남편도 죽었다. 그녀는 병원에 온 것은 외로움 때문이었다. 그녀는 아프지 않았지만, 보살핌을 받는 대가로 병원 종사자들의 옷을 수선했다. 이제 그녀는 자기가 돌봐줄 수 있는 사람을 보게 된 것이다.

그녀가 말했다. "그래요, 내가 저 어린것을 보살피죠."

갑자기 눈앞에 길이 보이는 듯했다. "부디 저 아이를 당신 아들로 여겨 주시기 바랍니다." 나는 목소리가 떨리는 것을 억누르려고 애쓰면서 말했다. 아직은 감히 희망을 품을 수 없었지만, 우리가 짊어지기로 했던 참을 수 없는 짐을 내려놓을 방법이 있어 보였다. "보시다시피 저는 아픕니다. 제 아내도 마찬가지고요. 저와 아내는 다시 아들을 보지 못하게 될 수도 있습니다. 하지만 노력을 해볼 겁니다. 그때까지 아이를 보살펴 주시기 바랍니다."

그날 저녁, 나는 광적인 안도감을 느끼면서 무슨 일이 있었는지 아니에게 설명했다. "알겠어요, 내 사랑 아니? 우리는 올바른 선택을 한 거요. 나왓은 살아남을 운명이오. 그 아이는 어쨌든 괜찮아질 거요."

그 소식과 내 반응은 아니에게 새로운 힘을 불어넣었고, 이는 우리가 계획을 계속 밀어붙이는 동시에 아내가 나왓을 다시 보고자 하는 격렬한 갈망에 굴복하지 않게 되는 계기가 되었다. 아내는 그를 보게 되면 양심의 가책 때문에 결의가 무너질까 봐, 또 자신의 감정이 나와 함께 가고자 하는 의지를 꺾을까 봐 두려워하고 있었다.

하지만 아니와 내가 망설임을 떨치고 달아날 것을 결심하기까지는 사흘이 더 걸렸다. 시간이 촉박했지만 우리는 나왓을 버려야겠다고 마음먹을 수가 없었다. 나는 두 가지 악 사이에서 고민해야 했다. 우리 아들을 그 여자에게 맡기느냐, 아니면 결심을 포기하느냐 사이에서 말이다. 이 상황은 아니에게는 고문이나 다름없었다. 아내는 자기도 떠나겠다고 했지만 끊임없이 울었다.

사흘째 되는 날, 더 안도할 수 있게끔 병원에 있는 나왓을 다시 찾아갔다. 아들을 보자마자 다시 마음이 들떴다. 훨씬 나아 보였다. 그 아이는 침대 가장자리에 걸터앉은 채 다리를 흔들고 있었다. 몇 주 동안 그렇게 활기찬 모습을 본 적이 없었다. 약간 지저분하기도 했는데, 그걸 깨닫자 부끄러워졌다. 우리가 병원에 왔을 때 나는 아이를 씻겨주지 않았고, 그 뒤로 아무도 걔를 씻기지 않았던 것이다. 내가 다가가자 옆 침대에 있던 여자가 고개를 들었다. "오, 돌아오셨군요." 그녀가 말했다. "얘는 나와 잘 지내고 있어요. 우린 서로 좋아하거든요. 그렇지, 나왓?"

아이는 고개를 끄덕이면서 웃어 보였다.

그녀는 계속 말했다. "봐요, 얘한테는 더 나은 옷이 필요해요. 내 아이들이 남긴 옷이 많아요. 강에서 좀 씻겨주는 게 어때요? 그리고 나면 내가 얘를 제대로 입혀둘게요."

나는 나왓의 손을 잡았고, 우리는 천천히 강으로 걸어갔다.

내가 옷을 벗기는 동안 그가 말했다. "'포욱', '메'는 어디 있어요? '메'는 어떤가요?"

'포욱'Pouk과 '메'Me는 농부들이 '아버지'와 '어머니'를 가리킬 때 쓰는 말이었고, 따라서 혁명 당국에 의해 승인되어 새로운 어휘로 편입되었다. '파파'Papa(아빠)와 '막'Mak(엄마)은 더 이상 용납되지 않았고, 부르주아의 잔재로 여겨져 금지되었다. 이념의 번개 같은 타격으로 제거된 다른 많은 단어처럼 말이다.

나왓이 엄마를 다시 볼 수 없으리라고 짐작했던 것일까? 나는 눈물과 번민하는 모습을 보이지 않으려고 무척이나 애쓰면서 아들에게 대답할 말을 찾아내려고 노력했다. "어머니는 몸이 좋지 않단다. 집에서 쉬는 중이야. 여기 오기에는 너무 지쳤거든. 어머니가 아프지만 않았어도 아버지와 함께 왔을 거란다."

우리가 떠난다는 사실, 그가 겪을 이별과 고독, 그의 앞에 놓은 괴로움에 대해 어떻게든 일러주고 싶었다. 하지만 직접적으로는 어떤 말도 할 수 없었다. 그건 우리 모두에게 너무 위험했다. 갈등은 견디기 힘들 만큼 괴로웠고, 눈물이 얼굴을 타고 흘러내리는 것을 깨달았다. 나는 적당한 말을 찾으려고 애쓰면서 나왓을 부드럽고 조심스럽게 씻기기 시작했고, 이제 됐다 싶을 때가 돼서야 말을 꺼냈다.

"사랑하는 아들아, 너는 우리가 어떤 고난을 겪었는지 알고 있어…. 우리에게 저주가 닥쳤단다…. 우리는 이 고통의 시기를 견녀내는 것밖에 할 수 있는 일이 없단다…. 네 조부모와 아저씨들, 아주머니들, 사촌들, 네 동생 스타웃과 형 수닷, 모두가 가버렸어. 그들은 다른 세상에 있단다. 그들은 이 악몽에서, 이 배고픔에서, 이 중노동에서 구원받은 거야. 그들은 이미 천국에 있단다. 하지만 너는 건강을 회복해야만 한다, 나왓. 너는 나아지려고 병원에 있는 거야. 네겐 새아주머니가 생겼어. 그분은 널 친자식처럼 사랑해주실 거다."

"예, 아버지. 어제 아주머니께서 제게 설탕을 주셨어요. 정말 맛있었어요."

"너도 알겠지? 그분을 존중하고 공손하게 대해라. 그 여자는 자식을 전부 잃었어. 어쩌면…, 어쩌면 그 여자가 우리 자리를 대신하게 될지도 모르겠구나. 너도 알다시피 네 엄마와 나, 우리는 무척 아프단다. 어쩌면 우린 그리 오래 살지 못할 수도 있어."

"많이 아프세요, 아버지?"

"그래, 애야. 아마 우리가 널 떠나야 할 날이 가까워진 것 같구나. 하지만 너, 너는 우리 가족 가운데 가장 강한 사람이다. 네가 살아남은 마지막 사람이야. 넌 살아남아서 대가 끊기지 않게 해야 한다. 네 새아주머니는 옷은 물론이고 어쩌면 금도 갖고 계실 수 있단다. 그분은 아마 여분의 쌀이나 물고기, 설탕도 구할 수 있을 거야. 넌 그분의 외아들이 될 거고, 우릴 사랑하듯이 그분을 사랑해야만 한다. 다시는 우리를 볼 수 없을 거다. 우린 더 이상 여기 올 수 없으니까. 네 아버지 이름인 '야싸이'와 어머니 이름 '아니'를 기억하거라. 야싸이와 아니, 이 두 이름을 절대 잊어버리지 말아라."

그러고 나서 나는 결혼반지를 뺐다. 크메르 루주도 관심을 두지 않을 단순한 합금제였다. 나는 그 반지를 곁의 강둑에 놓아둔 나왓의 바지 주머니에 미끄러뜨려 넣었다. "항상 이것을 잘 간직해라." 나는 말했다. "네가 더 크게 되거든 이걸 끼도록 해라." 그는 아직 그 반지를 낄 수 없었다. 손가락이 너무 가늘었던 것이다. "절대 잃어버리지 말아라." 나는 말을 계속했다. "이건 네가 일가로부터 받은 유일한 물건이다. 우릴 다시 볼 수 없게 되거든 우리를 찾지 마라. 앙카르의 명령을 따라라. 그들이 너한테 뭘 시키거든 불평하거나 반항하지 마라." 이제 아버지께서 해주신 충고를 아들에게 물려줄 때가 왔다. "무엇보다도 네 언행을 조심해라. 의견을 내지 마라. 항상 의심해라. 아무것도 모르는 척, 귀먹은 척, 벙어리인 척해라. 그게 살아남는 유일한 방법이야."

나왓은 말없이 고개를 끄덕이며 듣고 있었다. 눈에는 물기 한 점 없었고 표정은 진지했다. 사실 여섯 살 난 아이치고는 너무 진지했다. 하지만 나는 아들과 그가 지닌 용기가 자랑스러웠다. 그 아이는 나보다 훨씬 더 용감했다.

"너는 살아남아야 한다. 부처님과 선한 영혼들이 널 보살피시길 빈다. 기억해라. 살아남아라, 아들아."

갈 길은 정해졌다. 아니는 끊임없이 내게 질문을 퍼붓긴 했지만—"걔는 어때 보이던가요? 정말 더 나아진 것 같았나요? 당신은 걔한테 정확히 뭐라고 말했나요? 걔는 뭐라고 말했고요? 그 여자는 어때 보였나요? 그녀가 정말 좋은 엄마가 될 수 있을까요?"—안심했다. 우리는 가능한 한 빨리 출발하기로 결정했다.

그 무렵 우리는 너무 괴로운 나머지 명철하게 생각하기가 어려웠다. 나는 앞으로 쌀을 구하려 애쓸 필요가 없을 정도로 가진 것을 전부 교환하려면 일정을 늦출 수밖에 없으리라고 단순하게 생각했다. 이미 건어물 약간과 두 통 분량의 쌀을 구했지만 그걸로는 모자랐다. 어쨌든 우리는 며칠 더 지체했고, 그동안 모아둔 쌀 상당량을 소비했다. 그러고 나서야 출발한 지 하루이틀 안에 먹을 것을 찾아낼 방도가 있다면 식량을 많이 모아놓지 않아도 버틸 수 있으리란 생각이 떠올랐다. 불가능한 일은 아니었지만, 계획을 신중하게 짜야만 했다.

아니는 몸Mom이라는 젊은 여인을 알고 있었다. 그녀는 대략 스무 살쯤 되는 아가씨로, 용수로에서 작업하고 있었다. 그녀는 일하는 동안 레아치에서 온 사람들과 친해졌고, 그곳, 그러니까 레아치 지역 일대의 모든 마을에서는 사람들이 더 잘 먹었다는 사실을 알아냈다. 그녀 말로는 거기서는 하루에 평균 세 사람당 쌀 한 통이 배급된다는 것이었다.

아니는 몸과 나눈 얘기를 종종 들려주었지만, 그때까지는 별

관심을 두지 않았다. 갑자기 그녀가 지닌 지식이 우리에게 귀중한 것이 되었다. 나는 아니에게 몸을 만나서 우리가 가게 될 길에 대한 정보와 작업 장소의 이름을 알아 오라고 부탁했다. 그래야 여행에 쓸 서류를 위조할 수 있었으니까.

아니는 그날 늦게 식당에서 몸을 만나 우리 계획을 알려주었다. 그녀는 도와주겠다고 약속했을 뿐만 아니라 우리를 자기 친구들 쪽에 합류시키고 싶어 했다. 나는 곧바로 승낙했다. 그녀는 똑똑했을 뿐만 아니라 건강했고, 탈출할 열의가 가득했으며 혼자였다. 부모님을 잃은 지 얼마 되지 않았고, 유일하게 남은 혈육인 남동생은 다른 데 있는 청년조에 배치된 상태였다.

우리로서는 돈에이에서 멀지 않은 지점에 적당한 중간 지점을 둘 필요가 있었다. 몸은 즉시 그런 곳을 제안했다. 도로와 다리를 건설하는 데 쓸 돌을 캐내는 채석장이 있는데, 크메르 루주가 그곳에 사람들을 무리 지어 혹은 개별적으로 자주 보낸다는 것이었다. 그곳을 우리의 일차 목적지로 삼았다.

그곳과 그 너머까지 갈 목적으로, 나는 촌장의 서명을 본뜬 가짜 통행증을 작성했다. 위험부담이 있긴 했지만 심각한 정도는 아니었다. 어로 작업이나 쟁기질을 하러 갈 때 이런 문서를 발급받은 적이 몇 번 있었다. 나는 서식도 알고 있었고, 아직 종이 몇 장과 볼펜도 갖고 있었다. 볼펜은 조심스럽게 숨겨두고 있었는데, 크메르 루주는 펜류를 아주 좋아했고 자기네 지위와 지성을 과시할 목적으로 보란 듯이 가슴 주머니에 꽂아두곤 했기 때문이다. 신인민 사이에서는 종이와 펜 모두 희귀했다. 누구도 더 이상 뭘 쓸 생각을 하지 않았고, 이제 우편 제도도 존재하지 않았다.

나 역시 일 년 반 동안 뭘 써본 적이 없었지만, 크메르 루주 상당수는 간신히 읽고 쓸 줄 아는 수준이었기에 내 필체의 수준에 대해서는 걱정하지 않았다. 나는 실제로 통행증 두 세트를 작성했다. 남자와 여자는 함께 이동할 수 없게 되어 있었으므로 별개의 통행증이 필요했던 것이다. 첫 번째 세트는 우리가 따로따로 채석장에 가는 데 쓸 것이었다. 거기서 이 통행증 세트를 파기하고 나면 우리를 돈에이와 관련지을 것은 아무것도 없었다. 두 번째 세트는 우리가 레아치에 닿을 수 있게끔 해줄 물건이었다. 나는 나 자신에게 베알봉에서 대나무를 자르는 것과 두 여인에게 레아치에 있는 병원을 방문하는 것을 허락했다. 둘 다 채석장에서 오는 누구라도 완전히 납득할 만한 행선지였다.

우리는 탈출하기로 한 날 새벽에 마을을 떠났다. 내가 앞장을 섰고 두 여인이 뒤따랐다. 검게 물들인 셔츠를 입고 중국식 모자를 썼으며 호치민식 샌달을 신은 나는 멀리서 보면 구인민으로 착각할 법했다. 그렇다고는 해도 우리 계획에 큰 확신이 있었던 것은 아니다. 언제나 우리 생각 속에 있었던 나왓이 우리보다 더 많은 살아남을 가망이 많아 보였다. 우리는 추적당할 수 있었고, 서류 위조가 들통날 가능성도 있었다. 챙겨간 것도 얼마 되지 않앗다. 그리고 나는 레아치에 도착한 다음 어떻게 해야 할지 아직도 알지 못했다. 그 이상의 일에 대해서는 아무 생각도 없었다.

전날 밤에 내린 심한 폭우로 땅이 흠뻑 젖은 상태였다. 마치 얕은 호수를 건너가는 것 같았다. 우리는 채석장까지 하루에 10마일(약 16킬로미터)씩 이동할 작정이었으나, 발목까지 잠기는 진흙탕 속에서 걷자니 느리고 쉽게 지쳤다. 숨을 돌리고 기력을 회복하려면 자주 쉬어야만 했다. 나는 쉴 때마다 호기심에 찬 시선을 피하려고 쉴 때마다 숲속으로 들어가 혼자 웅크리고 앉아 있었다. 누가 날 놀라게 하면 볼일을 보고 있다고 말할 수 있도록 하기 위해서였다. 두 여인은 길가에 앉았다. 그들은 다시 길을 갈 수 있을 만큼 기력을 되찾으면 내게 손짓을 했고, 그러면 우린 다시 길을 나섰다. 날이 저물 무렵 우리는 목적지까지 아직 1~2마일 못 미치는 지점에 있었지만 근처에 마을이 있었다. 나는 두 여자가 따라잡길 기다린 다음 함께 논의한 끝에 거기서 먹고 자는 위험을 무릅쓰기로 결정했다.

우리는 조심스럽게 서로 간격을 유지한 채 공동식당에 있던 크메르 루주에게 다가갔다. 대장은 우리를 수상쩍다는 듯이 살펴보았다. "어디 가는 길이오, 동무?"

"채석장에 가라는 명령을 받았습니다." 나는 이렇게 말하면서 그에게 통행증을 건네주었다. 불안함을 숨기려고 애쓰면서 말이다. 바로 그때 아니와 몸이 뒤에서 나타났다. "아, 여기는 저와 함께 가도록 명령받은 사람들입니다."

"그럼 통행증을 보여주시오." 대장은 이렇게 말하면서 이 통행증에서 저 통행증으로 시선을 돌렸다. 물론 거기에도 똑같은 서명이 적혀 있었고, 이에 그는 우리를 믿었다.

"좋소, 여기서 쉬도록 하시오."

우리는 이튿날 새벽에 일어나 그 마을을 떠났다. 이번에는 여자들이 앞서 걸어갔고, 우리는 채석장을 그냥 지나쳤다. 한두 마일 더 나아간 다음 첫 번째 통행증을 파기하고는 계속 걸어갔다.

걷다 보니 아니가 너무 지쳐버려서 내 가방뿐만 아니라 아내의 것까지 함께 날라야 했다. 나는 두 여자를 앞서서 걷게 했다. 레아치에 다가가던 중에, 문득 이런 배치가 여자들에게 유리하리라는 생각이 스쳤다. 크메르 루주는 자루 없이 움직이는 사람에게는 주의를 두지 않았다. 그런 사람은 아마도 마을 주민일 것이라고 여겼기 때문이다. 하지만 나는 의심스러워 보일 수 있었다. 비록 검은 옷을 입고 있기는 했지만, 내 피부는 구인민들만큼 어둡지 않은데다 자루를 두 개나 갖고 있었으니 말이다.

우리가 마을에 거의 다다랐을 무렵, 소총을 어깨에 걸친 채 자전거를 탄 크메르 루주 하나가 내게 다가왔다. 그는 위협적인 표정을 지으면서 자전거에서 내렸고, 그 몇 초 동안 나는 어떻게 해야 할지 생각했다. 그는 다소 무례하게 물었다. "동무, 그 자루들 갖고 어디 가는 거요?"

나는 머뭇거리지 않고 말했다. "아! 그 친구 또 늦네!" 나는 화난 투로 말했다. "항상 늦는다니까, 그는…."

그가 말을 가로챘다. "어디 가는 길이냐고 묻지 않소, 동무?"

나는 그의 권위를 인정한다는 듯이 태도를 바꿨다. "베알봉에 대나무를 자르러 가던 중이었어요. 베알봉 어딘지 아시죠, 동무?" 그런 다음 그에게 의심을 굳힐 시간을 주지 않으려고 서둘러 말을 이었다. "우린 한 조를 이뤘는데 한 동무가 느려서 말이죠. 지금 서로 헤어진 참입니다. 그는 제 뒤 어딘가에 있고 다른 동무들은 모두 앞에 있는 것 같아요. 엊저녁이나 오늘 아침에 여길 지나간 사람들을 보셨나요?"

크메르 루주는 이 질문에 놀란 것 같았다. 그는 좀 더 정중하게 대답했다. "그런 사람들은 많소. 누가 당신네 사람들인지는 모르겠소."

나는 상대가 내 진짜 문제와는 아무 관련이 없다는 듯이 계속 태평하게 굴었다. "제가 어떤 곤경에 처했는지 아시겠죠. 저는 지금 자루가 두 개나 있고 벌써 늦었어요. 그가 왜 꾸물거리는지 알아요. 이 바보가 자기 자루를 갖고 있는데 왜 저를 따라잡으려고 하겠습니까? 어쨌든, 동무께서…." 나는 그 크메르 루주가 내 모자를 쳐다보고 있다는 것을 알아차리고 말을 끊었다. 그는 내 이야기보다 내 모자에 더 관심이 많아 보였다.

"모자 멋지구려." 그가 멍한 말투로 중얼거렸다.

믿을 수 없는 행운이었다. 나는 말했다. "아, 그래요! 참 멋진 모자 아닙니까? 바꿔드릴까요?" 그는 약간 경계했고 즉답을 피했다. 나는 재차 그를 안심시켰다. "기념으로 동무 모자를 갖고 싶어서 그럽니다." 나는 그에게 내 것을 넘겨주면서 말했다.

모자는 맞지 않았다. 그의 눈에 실망의 빛이 어린 것을 볼 수 있었다. "상관없소." 그는 슬픈 어조로 말했다. "잘 가시오, 동무. 고맙소." 그러고 나서 그는 자전거를 타고 가버렸다.

심호흡을 하고 계속 걸어갔다. 아니와 어머니가 날 기다리고 있었다. 그들에게 무슨 일이 있었는지 간단히 말해준 다음, 우리는 레아치를 향해 다시 나아갔다.

몸이 지인들을 찾으러 가 있는 동안, 아니와 나는 어떻게 해야 우리가 받아들여질 수 있을지 궁금해하면서 마을 밖에서 기다렸다. 아니의 마음은 다시금 나왓에게로 쏠렸다. "걔가 나에 대해 묻지 않던가요?" 아내는 눈물이 글썽한 채로 물었다. "내가 오지 않았다고 화를 내진 않았나요? 오, 싸이, 그가 정말 괜찮을까요?"

"그렇고말고, 내 사랑 아니. 걔를 놔두고 온 건 잘한 일이었소. 걔는 보살핌을 잘 받게 될 거요." 나는 전혀, 어떤 의심도 품지 않은 채 아들이 살아남으리라 믿었다. 우리가 죽는다 해도 말이다.

잠시 뒤에 몸이 돌아왔다. 그녀는 자기 친구들이 우리에게 합류할 것을 제안했다고 말해주었다. 결국 문제될 것은 없었다. 지도자 중 하나이자 레아치의 베이스캠프 한 곳의 대장은 뇌물을 기꺼이 받았다. 내가 할 일은 몸의 친구들을 중개인 삼아 1인당 금 1냥씩 주는 게 전부였고, 우리는 받아들여졌다. 이제 우리는 레아치의 '제1호 정착촌'에 무기한 머물 수 있게 되었다.

IX. 증오의 불을 키우면서

레아치에서 보낸 첫 두 달, 그러니까 1976년 11월과 12월 동안 우리는 베알봉에서 그랬듯이 암시장에서 쌀과 이따금 설탕, 과일, 생선을 사서 식량을 보충함으로써 살아갔다. 여분의 옷가지나 일가친척들에게서 물려받은 장신구는 거의 다 떨어졌지만 달러는 아직 남아 있었고, 레아치에서는 달러가 귀했다. 100달러로 쌀 열다섯 통을 살 수 있었다. 100달러짜리 지폐는 여기서도 기본 통화 단위로 통용되었다.

내가 맡은 일은 다른 남자들 100명과 함께 나무를 제거하는 것이었다. 우리의 첫 임무는 크메르 루주가 일을 처리하는 전형적인 방식대로 세운 계획과 관련되어 있었다. 우린 과일나무와 수풀이 점점이 흩어져 있는 논으로 행진해 갔다. 내겐 아주 비옥한 논으로 보였고, 아마 다른 대다수 논보다도 나았을 것이다. 거

기엔 과일나무도 더러 있었다. 그 대부분은 망고 아니면 타마린 드였다.[18]

우리 조 대장인 '룬Run 동무'는 눈에 띄게 거들먹거리면서 우리 임무에 대해 설명했다. 수확철이 되면 참새가 떼를 지어 몰려와 쌀을 쪼아댄다는 것이었다. 참새들은 과일나무에 둥지를 틀었다. 룬 동무는 진정한 혁명 정신을 과시하고 앙카르가 요구하는 자급 자족이라는 신성한 정신을 충족하고자 참새에 대한 공격을 계획했다. 어떻게? 둥지를 없애자는 거였다. 그건 또 어떻게? 과일나무를 베어버리면 된다는 것이었다. 1마일 떨어진 곳에서 사람들이 굶어 죽어가는 동안, 우리는 과일나무를 베어 쓰러뜨리고 있었다. 참새 떼가 입힌 손해는 우리가 레아치의 과일 수확량에 끼친 것에 비하면 아무것도 아니었다.

우리는 그렇게 두드러진 목표를 달성하고 나서, 숲에 흩어져 개간 작업을 했다. 우리는 열 개 그룹으로 나뉘었다. 나를 포함해 열두 명으로 이루어진 그룹은 최고의 일꾼들로 여겨졌으며, 따라서 '제1조'로 지정되었다. 우린 아침마다 열을 지어 작업 장소로 걸어갔다. 정오 무렵에는 점심 식사에 할당된 1시간짜리 휴식이 있었고, 그 다음에는 오후 6시까지 다시 일했다. 밤에는 달이 밝을 경우 오후 10~11시까지 일했다. 우리는 열흘째 되는 날마다 마을로 돌아가 휴식을 취했지만, 정치 집회에는 참석해야만 했다.

---

18) 콩의 일종으로, 아프리카 원산이지만 남아시아와 동남아시아에서 폭넓게 재배된다.

그러나 우리의 삶에는 비공식적인 측면도 있었다. 나를 포함한 세 명은 우리의 숲속 캠프 밖에다 다른 사람들과 좀 떨어져 해먹을 매달았다. 끊임없는 감시를 피해 약간의 평온함을 누리려는 희망에서였다. 이따금 동료들과 조장이 잠들고 나면, 우리는 한 번에 둘씩 슬그머니 자리를 떠 마을로 돌아가곤 했다. 세 번째 사람은 언제나 자기 해먹에 남았는데, 크메르 루주가 캐고들 경우 다른 둘은 숲속에 큰일을 보러 갔다고 말해주기 위해서였다.

이 과정에서 나는 레아치에 부속된 다른 캠프 몇 군데를 지나가곤 했다. 각 캠프는 길이가 8~10피트 되고 야자나무 잎으로 지붕을 이었으며 기둥 위에 세운 대나무 오두막으로 이루어져 있었다. 이는 내가 물물교환을 계속할 수 있는 기회이기도 했다. 나는 아니를 보러 집에 가는 길에 중개인(베알봉에서 그랬듯이, 이런 중개인들은 신인민에게 잘 알려져 있었다)과 거래해서 옷가지나 보석, 달러를 모았으며, 돌아오는 길에 여분의 쌀 몇 통을 들고 오곤 했다. 아니는 이런 활동의 핵심이었다. 아내를 보고 이야기하는 것이 내 유일한 기쁨이자 힘의 원천이었다. 우리는 서로에게 생명 그 자체이자 유일한 희망이었다.

여분의 식량을 지니는 것은 금지되었지만 우린 어떻게든 그렇게 했다. 밥을 짓는 건 허용되지 않지만 물은 끓일 수 있었고, 따라서 룬 대장이 오는 게 보이면 물통을 낚아채 불을 끈 다음 짓던 밥을 치워서 수풀에 숨겼다. 이리하여 마을에 돌아갈 순번이

올 때마다 아니에게 밥을 갖다줄 수 있었다. 날이 새서 사람들이 일어나기 전에 숲속 캠프로 돌아갔기 때문에 아무도 내가 자리를 비웠다는 것을 알지 못했다.

어느 휴일에 나는 정치 회합에 가는 대신 내 오두막에 남아 있기로 결심했다. 무모한 짓이긴 했지만 징 소리가 들릴 때까지 눈에 안 띄면 그만이었다. 그 소리는 아이들에게 식사 시간(어른들이 먹기 한 시간쯤 전)을 알리는 것이기도 했고 회합이 끝났다는 뜻도 되었다. 그 뒤로 사람들이 캠프로 돌아오는 데는 한 시간쯤 걸렸다. 공동 식사를 하러 때맞춰 돌아오는 것은 쉬워 보였다.

나는 떠날 때 스카프 속에 한 통 분량의 새로 산 생쌀을 담아 왔다. 그날 저녁에 그걸로 밥을 지을 생각이었다. 그러나 놀랍게도, 나는 캠프장에서 모두가 식사를 마쳤다는 것을 알아챘다. 회합 시간이 평소보다 짧아서 동료들이 일찍 돌아가 식사한 게 분명했다. 나는 잠시 동안 깜짝 놀랐고, 곧 굶주리게 되리라고 생각했다. 사람들이 나를 위해 조금 남겨둔 쌀을 봤을 때까지는 말이다. 감동적이었다. 이런 모진 환경에서 내가 기대했던 것 이상이었다. 나는 식욕에 얽매인 탓에 경솔하게도 쌀을 싸둔 스카프를 가장 가까운 해먹에다 놔둔 다음 20야드쯤 떨어진 곳에 앉아 먹으려고 했다.

바로 그때 해먹 주인이 돌아왔다. 초언Chorn이라는 이름을 지닌 내 친구였다. 그는 드러누우려고 해먹에 주저앉았다. 쌀 꾸러미 바로 위에 말이다. 그는 놀라서 펄쩍 뛰더니 스카프를 들쑤셨다. 그는 입을 딱 벌리고는 소스라친 목소리로 말했다. "쌀이다!" 여분의 쌀을 소지하는 것은 중대한 위반 행위였는데, 지금 그의 해먹에는 쌀 한 꾸러미가 있었던 것이다. 그는 당황해하며 스카프를 치켜들고 외쳤다. "하지만 이건 내 것이 아냐! 이 쌀은 내 것이 아니라고! 누가 내 해먹에 쌀을 놔둔 거야?"

누가 보면 그가 폭탄이라도 쥐고 있는 줄 알았을 것이다. 그의 주의를 끌려고 미친 듯이 손짓하고 입을 뻐끔거렸지만 너무 늦었다. 운영상의 전권을 쥔 캠프 소장이 이미 우리 쪽으로 오고 있었던 것이다. 그를 보자 초언은 더 큰 목소리로 항의했다. "이건 제 쌀이 아니에요! 이건 제 쌀이 아니라고요!" 그는 무슨 주문이라도 외는 것처럼 같은 말을 계속 되풀이했다.

"그럼 이건 누구 거요?" 캠프 소장이 물었다. "그리고 이건 누구 스카프요? 동무 것이 아닌 게 분명하오?"

"예! 제 해먹에 누웠을 때 아래 깔려 있던데요."

수용소 대장은 나머지 인원에게로 돌아섰다. "이거 누구 쌀이오?" 그는 물으면서 이 사람 저 사람에게로 시선을 옮겼다.

다들 그 스카프가 내 것이라는 걸 알고 있었다. 어차피 진실은 조만간 드러나게 돼 있었다.

나는 일어섰다. "동무, 그 쌀은 제 겁니다."

그러자 나의 직속 감독관이자 그룹 대장으로서 이 상황을 처리할 책임이 있는 인물인 룬은 앞으로 나섰다. 일반적인 상황이라면 그건 내 죽음으로 이어지는 전주곡일 터였다.

하지만 다행히도, 룬과 나는 완전히 무관한 사이가 아니었다.

■

2주 전에 룬이 완전히 낙담한 표정으로 자기 집 앞에 앉아 있는 것을 본 적이 있었다. 무슨 일이라도 있냐고 묻자 그가 말했다. "내 아내 말이오, 싸이, 무척 아프다오. 고통이 너무 심해서 이따금 제발 덜 아프게 해달라고 소리를 지른다오."

"약을 쓰지 않았나요?"

"우리가 가진 약을 써 봤지만, 효험이 없었소." 그는 분명 깊은 근심에 잠겨 있었다. 일개 크메르 루주로서 할 수 있는 것은 모두 시도해 봤던 것이다. 나는 여분의 쌀을 더 얻을 수 있는 기회라는 것을 즉각 알아차렸다. 항생제인 테트라사이클린을 구할 수 있는 사람을 알고 있었던 것이다. 여전히 우리를 위해 할 수 있는 일을 하는 의사들이 신인민 사이에 더러 있었다. 그들은 다들 그러듯이 식량이나 옷가지, 장신구, 손목시계 등을 주고 암시장에서 의약품을 사들였다. 테트라사이클린 한 알은 쌀 한 통의 가치가 있었다. 이런 때 나는 두 통을 요구하곤 했다. 한 통은 내 몫, 다른 한 통은 공급자 몫으로 말이다. 하지만 신중하게 굴어야 했다.

"동무, 외국 약은 써봤나요?" 해롭지 않은 제안 방식이었다.

그가 외국 약을 거부한들 내게 나쁠 것은 없었다. 하지만 그는 그 말에 얼른 덤벼들었다.

"동무, 그런 걸 가진 게 있소? 어디서 구할 수 있는지 알고 있소?"

"제겐 없습니다." 가슴에 손을 얹으면서 순진한 태도로 말했다. "불법적인 일에는 엮이고 싶지 않아요. 외국 약은 본 적도 없지만, 우리 캠프에 그런 게 있다는 얘긴 들었습니다." 그는 내가 죄를 지었는지 결백한 것인지 판단할 처지가 아니었다. 그가 원한 건 자기 아내가 고통에서 벗어나는 것뿐이었다. "날 위해 뭔가 좀 해주시오, 싸이! 아내가 온종일 울부짖고 있소. 뭘 해야 할지 모르겠소. 미칠 지경이라오."

나는 최선을 다하겠노라고 말했다.

다음날 나는 실제로는 아무것도 하지 않은 채로 그에게, 위험을 무릅쓰고 테트라사이클린 두 알을 갖고 있는 사람과 접촉했다고 말했다. 물론 그걸로 병이 확실하게 나을 거라는 보장은 없었다.

"어떻게 그걸 구할 수 있겠소?"

"그 사람은 약 한 알에 두 통 분량의 쌀을 원하더군요. 제가 동무를 위해 주선할 수 있을 겁니다."

"내일 다시 오시오. 내가 쌀을 구해보겠소. 날 실망시키지 마시오." 이렇게 해서 우리는 공범이 되었다. 나는 그에게 약을 구해주었고, 그는 내게 쌀을 주었다. 우리 둘은 비밀을 공유하게 된 것이다. 둘 중 하나가 약속을 어긴다면, 크메르 루주 당국의 눈으로 볼 때 우리 둘 다 유죄일 터였다.

■

지금 룬은 수용소 대장을 비롯한 전체 인원 앞에서 해야만 하는 질문들을 내게 폭탄처럼 퍼붓고 있었다. "그 쌀은 당신 것이오? 어디서 났소? 왜 동무는 그 쌀을 다른 동지의 해먹에다 놔둔 거요? 남들보다 더 많이 먹고 싶었소? 동무는 반혁명분자요, 맞소?"

나는 기로에 서 있었다. 룬은 나에 대한 생사여탈권을 쥐고 있었고, 나를 죽였다 해서 그를 비난할 사람은 아무도 없었다. 게다가 그에겐 그렇게 할 이유가 충분했다. 도둑질과 암거래는 가장 중요한 위법 행위였다. 게다가 그에겐 자기 자신을 비타협적인 지도자로 포장할 이유가 하나 더 있었다. 나를 죽임으로써 자신의 범죄에 대한 증인을 제거할 수 있었던 것이다. "누가 동무에게 쌀을 팔았소?" 그가 외쳤다. "동무는 쌀을 판 자를 고발해야만 하오!"

그렇게는 하고 싶지 않았다. 내가 할 수 있었던 유일한 일은 그럴싸한 핑계를 댄 다음 어떻게든 대화를 내게 유리한 쪽으로 몰고 가는 것이었다. "군인이었습니다." 나는 말했다. "자전거를 타고 지나가던 군인에게 바지 한 벌을 주고 쌀과 맞바꿨죠." 아니, 그의 이름은 몰랐다. 그를 전에 본 적도 없었다. "동무, 어쨌든 그 쌀은 날 위한 게 아니었어요."

룬은 깜짝 놀랐다. "이해할 수 없군. 그럼 왜 쌀을 이리로 가져온 거요?"

"교환해서 **내 아내를 위한 약**을 구하려고 했던 겁니다." 나는 그의 눈을 똑바로 들여다보면서 말했다.

아주 짧은 침묵이 흘렀다.

"아내는 계속 상태가 나빠졌습니다." 나는 말을 이어갔다. "앙카르의 약은 그녀에게 듣지 않았어요. 다른 약을 찾아야 했습니다. 그게 어떤 건지는 아시겠죠."

그는 알고 있는 게 분명했다.

"하지만 왜 쌀을 일터에 가져온 거요?"

"말씀드렸잖습니까, 우리 중 누군가가 약을 가지고 있을 수도 있다고 생각했어요."

"누가 말이오?"

"오! 특정인을 염두에 둔 건 아니었습니다, 동무. 전⋯." 이때 정착촌 대장이 말을 끊었다. "이건 중대한 범죄요, 동무들! 룬 동무, 싸이 동무를 어떻게 벌할지 정하는 것은 동무에게 달렸소."

룬은 내 두 팔꿈치를 등 뒤에서 묶은 다음 나를 끌고 갔다. 친구들의 겁에 질린 반응으로 보건대 그들은 내가 죽으러 간다고 여기는 게 분명했다.

룬은 다른 이들에게서 멀리 떨어진 곳에 있는 자신의 해먹 쪽으로 나를 밀치고는, 나더러 자기 앞에 쪼그려 앉으라고 말했다. 그는 앉아서 내게 훈계하기 시작했다. 나는 이보다 더 나은 상황을 기대하지 않았기에 고개를 숙인 채 내게 쏟아지는 의례적인 비난의 언사를 가만히 받아들이는 역할을 수행했다. "싸이 동무, 동무는 반혁명분자요…. 동무는 물물교환이라는 범죄를 저질렀소…. 동무는 개인주의 성향을 없애는 방법을 모르고 있소…. 동무는 우리들에게 오점을 남겼소…. 동무는 1년 반을 넘도록 재교육을 받았으면서도 아직도 반혁명분자로 남아 있소…." 이런 말들이 한 시간가량 계속되었다.

그가 말하는 동안, 그가 자기 권위를 내세울 필요성에 사로잡힌 나머지 내가 그에게 베푼 호의를 잊어버릴 위험에 처해 있는 것은 아닌가 하는 생각이 떠올랐다. 이런 식으로 계속했다가는 그에게는 나를 숲속에서 몽둥이로 때려죽이거나 재교육 캠프로 보내버리는 것밖에 다른 선택지가 남지 않게 될 터였다. 뭔가 행동을 취하는 것이 나아 보였다.

나는 그가 숨을 돌릴 때 목소리를 낮춰 말했다. "동무, 아픈 아내를 기억하십시오. 동무를 도우려고 내가 애썼다는 걸 기억하세요. 동무가 날 해치면, 난 동무를 고발할 겁니다." 나는 그를 올려다봤고, 내 진지함에는 의문의 여지가 없었다. "내가 죽으면, 동무도 죽는 거예요."

그의 눈이 커졌고, 얼굴에서 핏기가 빠져나갔다. 나는 기회가 왔음을 알았다. 그는 1~2초 만에 준엄하고 융통성 없는 지도자의 표정으로 돌아갔고, 그의 얼굴은 무표정해졌다. 그는 다시 15분에 걸쳐 점차 목소리를 높이면서 장광설을 늘어놓았다. 모든 사람, 특히 정착촌 대장이 들으라고 쇼를 하고 있다는 게 명백했다. 나는 그가 어떻게 체면을 잃지 않으면서 자신의 비난을 철회할 수 있을지 궁금해하면서 긴장을 풀기 시작했다.

그때 그는 여전히 큰 목소리로 나를 칭찬하기 시작했다. "싸이, 동무는 반혁명분자요. 하지만 운이 좋게도 동무는 훌륭한 일꾼이오. 나는 동무가 아침에 가장 먼저 일어날 뿐만 아니라 가장 일을 잘한다는 사실을 알고 있었소." 그리고 계속해서 어떻게 내가 모든 노력을 일하는 데 바쳤는지 이야기했다. 참으로 놀라운 연기였고, 나로서는 우리의 비밀스런 공모 관계가 발각되지 않으리라고 거의 믿을 수 없을 지경이었다. 가장 부지런한 크메르 루주, 지극히 완벽한 혁명가조차도 이런 찬사를 누린 적이 없었다. 한 시간 전에 나는 한낱 범죄자였는데, 이제 룬 동무는 내 장점을 정당화하려고 애를 먹고 있었다. 그는 이렇게 말을 끝마쳤다. "결론적으로, 이번만큼은, 이번 단 한 번만큼은 내가 대장에게 요청해서 동무가 스스로 정화할 수 있게끔 경고하도록 할 것이오. 그 경고는 엄중할 것이오, 싸이 동무. 다음번에 동무는 우리 논의 비료 신세가 될 것이오."

그다음에는 정착촌 대장이 내게 짤막하고 공식적인 경고를 내리는 일만이 남아 있었다. "다시는 그러지 마시오! 다음번에는 비료가 될 거요." 그렇게 해서 나는 목숨을 건졌다.

∎

레아치에서 1977년의 첫 분기를 보내는 동안 생활은 일정한 규칙성을 띠어갔다. 이 무렵 나는 크메르 루주의 체계와 이념을 더 잘 이해하게 되었다. 그 체계가 시간과 장소에 따라 다르고 내 정보가 한정적이라는 것은 알고 있었으나, 레아치에서는 그들이 자기네의 진정한 의도에 꽤 비슷하게 상응하는 체계를 구축한 것 같아 보였다.

마을 조직의 기본 단위는 지역 협력체였는데 레아치에는 세 개가 있었다. 하나의 지역 협력체는 규모에 따라 대개 서너 개의 정착촌으로 이루어졌으며, 50~100채의 집과 공동 부엌으로 구성되었다. 기동부대는 외곽 지역에 따로 야영지를 차렸다. 마을 위에는 지역 및 광역 행정을 맡은 기관들이 있었으나, 우리는 이런 추상적인 사안에는 깜깜한 채로 지냈다. 우리가 아는 것은 오직 세 가지뿐이었다. 정착촌과 지역 협력체, 마을이었다.

마을에는 식량을 수집하고 분배하는 다른 조직들도 몇 개 있었다. 병원 두 개를 거느린 중앙 보건 기관과 군영도 있었다. 레아치에서는 군인을 볼 기회가 좀처럼 없었다. 병사들은 변두리에 머물렀고―우리는 그게 어딘지 알지 못했다―그럼으로써 우리와 접촉하지 않고서도 신중하게 우리를 감시할 수 있었다.

각 조직은 의장과 부의장, 비서로 이루어진 3자 협의체가 운영했다. 마을 의장은 보안 담당 경찰인 '츨롭'의 도움을 받아 자기 관할하에 있는 모든 활동을 통제했다. 앙카르의 명령은 지역 및 구역 책임자들을 통해 구두로 전달되었고, 각 책임자는 촌장들을 소집해 명령을 전달했다. 대개는 아무것도 문서로 지시하지 않았다. 따라서 명령을 적용하는 것은 교육 수준과 명령을 기억하는 능력에 따라 각 지도자가 자신에게 부여한 해석에 달려 있었다.

중앙정부는 관보를 월간으로 발행했지만, 불규칙적으로 나타난 데다 캠프 지도자의 손을 벗어나지도 않았다. 어쨌든 크메르 루주의 대다수는 농민 출신이었고 독서에 관심이 없었다. 프놈펜 라디오는 사람들에게 주요한 정보원이 되어 주었지만 라디오 자체가 드물었다. 캠프 지도자가 하나 갖고 있는 경우도 있었고, 때로 그가 작업장에서 라디오를 들어서 다른 이들도 얻어듣는 혜택을 누리기도 했지만 말이다.

하지만 내가 정보를 얻을 수 없었고 미스터리에 뒤덮인 부분이 있었다. 누가 국방 정책이나 철도, 내가 몸담았던 공공사업국, 교통, 국가 안보를 관리했을까? 관리할 것이 별로 남지 않았을 수도 있었다. 많은 부분이 공백이었다. 확실한 것은, 학교도, 돈도, 연락 수단도, 책도, 법원도 없었다는 사실이다.

감옥도 없었다. 적어도 그 지역에서는 그랬다. 이것은 크메르 루주가 가장 떳떳하게 내세우는 자랑거리 가운데 하나였다. 처벌이 곧 노동력과 자원의 낭비로 이어지는 자본주의 사회와는 다르다는 것이다! 불교와는 또 얼마나 다른가! 불교의 관점에서는 처벌은 내세에 이루어지는 것이었다. 크메르 루주의 관점에서 보자면 이는 단죄를 무기한 연기함으로써 사람들이 다른 죄를 짓도록 부추기는 짓이었다. 혁명은 그 모든 것을 철폐했다. 중대한 범죄를 저지른 자는 즉각 처벌받았다. 유예란 없었다. 그것이야말로 진정한 정의였다. 혁명은 각 개인을 종교가 그랬던 것보다도 빠르게 '정화'했다.

집단 노동 체제에서는 작업과 노동자를 관리하는 일이 쌀 생산이라는 하나의 목적이 집중되어 있었다. 1977년 무렵, 적어도 레아치에서는 초창기에 제방이나 댐, 수로를 만들기 위해 인원을 대량으로 동원했던 일은 잊혔다. 이제 모든 것은 쌀을 재배하는 데 집중되었다. 각 작업 단계마다 담당 조가 있었고, 그들은 각각 물 대기, 쟁기질, 비료 주기, 모내기, 추수에 특화되어 있었다. 다른 조들은 땅을 정리하거나 오두막을 짓는 일을 맡았다.

사람들은 활동뿐만 아니라 나이에 따라서도 분류되었다. 남자와 여자 청소년은 이동조를 이루었다. 결혼해서 자식이 있는 사람들은 '노인조'라고 불렸다. 정말로 늙은 사람들은 힘든 육체노동을 할 수 없었다. 그 대신 노인 여성은 아이들을 돌봤고 노인 남성은 돗자리를 짜거나 대나무 광주리를 엮는 일을 했다.

앙카르에 따르면 5~9세의 아이들은 학교에 가야 했지만, 레아치에는 제대로 된 학교가 없었다. 아이들은 읽기와 쓰기를 배우게 되어 있었지만, 실제로는 한 시간 동안 혁명가를 배운 뒤에는 들판으로 가서 어른들이 나무 치우는 것을 도왔다.

감시는 끊임없이, 상호 간에 이루어졌다. 그래야 할 필요성은 정치 집회에서 발언하는 이들이 즐겨 다룬 주제 중 하나였다.

우리는 방심하지 말라는 경고와 친구들을 비난하라는 권유를 받았다. "우리 모두 개인주의적인 성향을 갖고 있소. 이 성향은 언제든지 튀어나올 수 있소. 동무들은 서로 감시함으로써 그런 성향을 감지하고, 우리가 동무들을 정화하도록 돕는 동시에 혁명을 뒷받침할 수 있도록 해야 하오." 우리 어른들은 그런 생각을 무시할 줄 알았다. 하지만 아이들은 여기에 무엇이 얽혀 있는지 이해하지 못했다. 상당수가 자기네 부모를 고발했다. 그저 그들을 '정화'하기 위해서 말이다. 아이들은 자신이 부모님과 앙카르를 위해 이렇게 하는 것이라고 믿고 있었다. 어른들은 아이가 있는 데서 자유롭게 얘기하는 것을 꺼리게 되었다.

마을 활동의 각 부문은 조별로 나뉘었다. 예를 들어 병원에서는 약을 나눠주고, 주사를 놓고, 요리하고, 낚시를 하는 조가 따로 있었다. 하지만 임무는 서로 바뀔 수 있었다. 의료진이 어느 날은 주사를 놓고 다음날엔 채소를 기르게 될 수도 있었다.

크메르 루주는 모든 수준에서 자급자족할 것을 고집했다. 각

캠프는 자체적으로 쌀과 채소를 재배하고 물을 공급하며 주택을 건설해야만 했다. '자급자족과 보편적 역량'을 획득하고자 하는 목표는 국가 정책을 반영한 것이었다. 라디오는 캄푸치아가 해외 원조를 받을 필요가 없다고 계속해서 주장했다. 따라서 외부 세계와의 모든 접촉은 거부되었고, 심지어 인도주의적 원조까지도 그랬다. 어떤 원조나 교역도 이론상 혁명 원칙에 대한 배반이자 반혁명의 시작으로 간주되었다.

그리고 이 모든 것은 평등이라는 이름 아래 이루어졌다. 머잖아 캄푸치아는 완벽한 공산국가가 될 것이었다. 우리가 여러 정치 집회에서 들은 바로는, 이는 세계 어디서도 실현된 적이 없는 일이었다. 이러한 유토피아적 사상에 따르면, 개인은 완벽한 혁명가로서만 살아갈 수 있었다.

완벽한 혁명가란 앙카르에 복종하는 존재였다. 그는 어떤 감정도 느끼지 않고, 배우자나 자식에 대해 생각하는 게 금지되었으며 사랑을 할 수도 없었다. 게다가 그는 모든 반동적인 믿음, 즉 종교를 거부해야만 했다. 1976년 1월에 제정된 신헌법하에서 종교는 금지되었다. (사실 그들의 법은 반동적인 종교를 제외하면 누구나 어떤 종교든 믿을 수 있다고 규정했다. 문제는 모든 종교가 반동적이라고 간주되었다는 것이다.)

흔히 들었던 크메르 루주 특유의 비유에서, 각 개인은 황소에 견주어졌다. "동무들, 저 황소를 보시오. 대단하지 않소! 저놈은 우리가 먹으라는 데서 풀을 뜯소. 우리가 저놈을 이쪽 들판에 풀어놓으면 이쪽에서 풀을 뜯소. 풀이 충분치 않은 다른 들판으로 데려간다 해도 마찬가지요. 그놈은 마음대로 움직이지 않소. 자신이 통제받고 있다는 것을 알기 때문이오. 우리가 쟁기를 끌라고 하면 끌고, 처자식 같은 건 생각지도 않소." 집회 도중에 크메르루주는 종종 '황소 동무'를 이상적인 혁명가로 언급했다. 우리가 울고 싶은 기분이 아니었던들 이런 비교를 들었을 때 웃고 말았을 것이다. 황소 동무는 일을 거부하는 적이 없다. 황소 동무는 순종적이다. 황소 동무는 불평하지 않는다. 황소 동무는 가족이 죽임을 당해도 반항하지 않는다.

우리는 종종 '자발성'을 보이라는 말을 들었다. 그러나 그것은 집단을 위한 것이어야만 했다. 진정한 자발성은 이기주의의 표현으로 간주되어 질책받았다. 자발적으로 채소를 기르는 것은 비난에 맞서는 수단이 될 수 있었다. 물론 그 채소가 공동체를 위해 심은 것이고 개인적으로 건드리지 않는다는 전제하에서 그렇다는 말이다.

화폐도 같은 이유로 금지되었다. 불평등을 조장하게 되리라는 것이었다. 앙카르가 동등한 봉급을 지급하도록 강제할 수 있다 한들, 어떻게 돈을 똑같이 쓰도록 강제할 수 있겠는가? 결국 불평등이 퍼져나갈 터였다.

이 모든 것은 정치 집회마다 우리에게 끊임없이 주입된 내용이었다. 크메르 루주는 우리를 꾸준히 날을 갈아 주어야만 하는 칼에 비유했다. 우리의 정치적 의식은 정치 교육이라는 숫돌로 끊임없이 갈아 주어야 할 대상이었다. 정치 의식과 이념적 확신만이 우리에게 필요한 전부였다. 전통적인 교육은 기껏해야 쓸모가 없었고, 우월성을 과시하는 수단에 불과했다. 전문직에 대한 크메르 루주의 태도는 확고부동했다. '그들을 살려두는 것은 아무짝에도 소용이 없다. 그들을 말살한다 해서 혁명에 해가 될 것은 하나도 없다.' 이렇게 식자층은 그저 제거해야 할 위협에 불과했다.

이 체제는 결코 제대로 작동하지 않았다. 현지에서 생산한 쌀이 반드시 현지에서 소비되라는 법은 없었다. 쌀은 중앙 창고로 사라진 다음 거기서 다른 지역으로 운송되었다. 자신의 노동이 거둔 빈약한 결실이 사라지는 것을 본 사람들은 속았다고 느꼈으며 노동 의욕을 상실했다. 자연히 수확량이 감소했다. 우리는 감시인이 돌아서자마자 쉴 궁리부터 했다. 수확철에는 도둑질이 생활 방편이 되었다. 이렇게 자급자족은 그 반대, 자불급자부족自不給自不足이라 해야 할 상태가 되어갔다.

결국 모든 신인민(그리고 적잖은 구인민)은 자신들이 종속되어 있는 체제의 적이 되었다. 자기네 가족이 죽어가는 모습을 목격한 사람이 그토록 많았는데 어떻게 그러지 않을 수 있었겠는가? 생각과 감정이 있는 사람으로서, 우리는 로봇이 될 수도 없었고 황소처럼 굴 수도 없었다. 크메르 루주는 그것을 알고 있었고,

우리를 '정화'함으로써 자기네가 잠재적인 적을 양산하고 있다는 것도 알고 있었다. 따라서 혁명의 원래 목적이 무엇이었든 간에, 신인민은 구인민이 될 자유를 절대 누릴 수 없었다. 크메르 루주의 관점에서 보면 우리는 언제까지나 노예로 남을 터였다.

반대 여론이 커져감에 따라, 크메르 루주로서는 폭압의 강도를 높이는 것밖에 다른 선택지가 없게 되었다. 그들은 그런 식으로 자기네 이념을 배신했다. 그들은 완벽한 정직을 강요하면서 자기네는 거짓 속에 살았다. 공식 선전은 민주 캄푸치아가 천국이라고 주장했다. 실제로는 지옥이었지만 말이다. 그들은 계급 없는 사회를 확립한다고 주장하면서 영속하는 두 계급을 만들어냈다. 그리고 두 계급 모두 제3자인 크메르 루주의 압제에 시달렸다.

동화가 이루어질 가능성은 없었다. 신인민은 혁명에 의해 '정화'되기는커녕 점차 더 불순한 존재가 되어갔다. 크메르 루주는 자기네가 등을 돌리거나 긴장을 풀면 사람들이 반란을 일으키리라고 생각했다.

그들은 옳았다. 무수한 음모가 조기에 발각되었다. 탈출하는 이들은 달마다 늘어갔다. 사람들이 이 체제를 더 이상 견뎌내지 못하고 있다는 증거가 도처에 널렸다. 그들은 순수함과 복종을 만들어내기는커녕 불순함과 증오를 양산하고 있었다.

이상은 공허했고 정책은 무용했으며 재교육은 신화에 불과했다. 왜 그랬을까? 크메르 루주에게는 지성과 도덕적 입지가 부족했던 것이다. 유능한 크메르 루주 관리는 드물었다. 관리의 지위까지 오른 구인민들은 대개 무식했고, 혁명 원칙을 논리 없이 아무렇게나 설명하고 적용했다. 그들은, 사망자와 탈영병의 명단을 갱신하지 않음으로써 자신들의 봉급을 훔친 장교들의 사례처럼 론 놀 일당이 저지른 부정부패에 반대한다고 주장했다. 하지만 내가 베알봉에서 본 바에 따르면 그들도 똑같은 짓을 했다. 억압받는 대신 부정부패와 개인주의적 성향이 장려되었다. 각 대장은 스스로 신으로 군림했다. 혁명은 역설이었다. 한 집단에 속한 사람들이 다른 집단을 착취했고, 둘 다 영원히 체제에 예속되었다. 목적이 수단을 정당화했다. 이상이 모든 범죄를 합법화했다. 절대 권력이 절대적으로 부패했다. 억압만이 유일하게 취할 수 있는 정책이었고, 경제 붕괴는 필연적인 결과였다. 유일한 해답은 반란이었다.

체제가 증오와 반항심을 키우고 있음을 보여주는 작은 드라마는 매주 일어났다. 크메르 루주와 성관계를 가졌다가 발각된 여성의 사례가 기억난다. 그녀의 아들은 얼마 전에 강제 이송되었고, 그녀는 전직 공화국군 중위였던 남편과 떨어져 살고 있었다. 그녀와 함께 붙잡힌 자는 그저 평범한 크메르 루주가 아니었다. 그는 제2호 캠프의 부의장이었다. 그녀는 심문받는 중에 애인이 둘 더 있다고 실토했다. 츨롭과 캠프 비서였다. 셋 다 숱한 범죄를 저지른 범죄자이자 고문자, 진정한 짐승으로 이름나 있었다.

넷, 그러니까 크메르 루주 셋과 젊은 여인 모두 숲으로 끌려가서 처형당했다. 우리 신인민들은 그녀를 수동적인 저항을 한 진정한 여전사로 우러러보았다. 그녀는 복수를, 우리 모두를 위해 반격을 한 것이었다.

■

나는 1977년 2월 중순부터 게릴라와 봉기 이야기를 점점 더 자주 하게 되었다. 예상치 못한 아군이 생긴 뒤로는 특히 더했다. 어느 날 아침에 일하러 가는 길에 인상적인 인물이 눈에 띄었다. 무척 마른 체격과 20대 후반의 풋풋한 얼굴을 한 청년이 사탕야자 아래 선 채로 친구가 나무 위에서 즙을 모으는 모습을 올려다보고 있었다.

순간 나는 그를 알아보았다. 그럴 만한 이유가 있었던 게, 그는 내 먼 친척이었던 데다 공공사업부 소속 근로자였기 때문이다.

"얀Yann? 맞지?" 나는 외쳤다. "얀!"

재회의 기쁨(두 배로 기뻤는데, 마시라고 사탕야자즙을 곧바로 한 통 받았기 때문이었다)을 나눈 뒤 그가 자기 이야기를 들려주었다. 그는 아내와 세 살 난 자식 그리고 늙은 장모님과 함께 근처 캠프에서 살고 있었다. 아마 그와 마주친 적이 몇 번 있었을 텐데도 더 빨리 알아차리지 못했다는 게 놀라웠다.

이후 우리는 정기적으로 만나기 시작했는데, 내가 아니와 나뉘먹을 수 있었던 야자즙 때문만은 아니었다. 오래지 않아 우리는 봉기를 개시하거나 참여할 수 있는 가능성에 대해 논의하기 시작했다.

소문이 무성했다. 레아치에서 푸르삿까지 자주 물자를 운송했던 크메르 루주 운전병이 우리에게 푸르삿이 습격을 받았고 크메르 루주가 다섯 명 살해되었다고 말해주었다. 신인민 열 명이 그 반역자들을 따라 숲으로 들어갔다고 했다.

그 뒤 오래잖아 등사한 전단이 길을 따라 뿌려진 게 보였다. 폭동을 촉구하는 내용을 담은 그 전단은 곧 손으로 베껴져 더 퍼졌다. '4월 17일은 크메르 루주 야만인들에게 심판의 날이 될 것이다. 1975년 4월 17일에 우리는 부패한 론 놀 일당에 맞서 봉기했다. 1977년 4월 17일은 폴 포트와 그의 "쓰밀" 일당에게 최후의 날이 될 것이다. 준비하라.' 그게 전부였다. 친구들의 말에 따르면, 그 전단은 다른 도로에서도 발견되었다고 한다.

갑자기 희망이 피어났다.

아니와 내가 가끔 떨어져 지내야 한다는 것은 알고 있었다. 결국 기근과 중노동은 우리 모두에게 닥칠 터였다. 하지만 그 무렵까지 나는 탈출은 곧 죽음으로 이어지리라고 믿고 있었다. 모든 탈출 시도는 실패로 끝났다. 적어도 크메르 루주의 말에 따르면 그랬다. 나중에, 아마도 다음 건기에는 시도해볼 수도 있었다. 곧 있을 봉기에 대한 소식은 내게 복지부동할 더 나은 이유가 되어

주었다. 탈출을 계획할 필요가 없었다. 가만히 있다 보면 반란에 참여할 수 있을 테니까. 그것이 일어나리라는 데는 의문의 여지가 없었다. 모두가 그것에 대해 알고 있었다. 때는 임박했고, 그래야만 했다. 그것을 확증하는 징후가 몇 가지 있었다.

내 친구 중 하나인 신인민이 내가 속한 정착촌에 있었는데, 그가 옷을 교환하고 싶어 하는 구인민의 방문을 받은 적이 있었다. 평상시와 달리 이 구인민은 색이 있는 옷을 원했고, 가격에는 신경쓰지 않았다. 이상한 제안이었다. 크메르 루주는 검은 옷만을 입었고, 색깔 있는 옷은 가치가 별로 없었다. 오직 검은 바지나 셔츠만 교환할 수 있었다. 그 요청에 흥미가 동한 친구는 내게 찾아와서 아직 여분의 색깔 있는 바지나 셔츠가 남아 있냐고 물었다. 나는 깜짝 놀랐다. 왜 구인민이 앙카르가 금지한 옷을 찾는단 말인가?

다음번에 구인민과 만났을 때 내 친구는 그에게 똑같은 질문을 했다. 처음에 그는 대답을 회피했지만 결국 이야기를 하기 시작했다. 그는 자신이 츨롭이라고 밝혔지만, 곧바로 그간 일어났던 모든 일에 대해 유감스러워한다고 덧붙였다.

"크메르 루주라고 다 같은 건 아니에요. 내 말 들어봐요. 나도 비참함과 중노동으로 얼룩진 이 사회를 믿지 않는다고요. 크메르 루주라고 다 비난해선 안 된다는 말입니다." 그가 그런 말을 했다니 충격이었다. 그는 말을 계속했다. "소문은 알고 계시겠지요. 이 체제는 그리 오래가지 못할 겁니다. 전단에 적힌 내용은 진짜예요. 우린 대비해야 합니다. 이제 우리가 색깔 있는 옷을 찾는 이유를 아시겠죠. 때가 되면, 색깔 있는 옷을 입은 사람들은 당신네 편이 될 겁니다. 그들은 신인민과 똑같은 존재가 될 거예요. 우리에겐 그들이 필요합니다."

그 무렵 우리에겐 색깔 있는 옷이 별로 남아 있지 않았다. 교환하거나 염색함으로써, 아니면 우리가 정말로 얼마나 가난했는지 보여주고자 일부러 손상함으로써 없애버렸던 것이다. 하지만 그 츨룹은 못 믿을 사람이 아니었다. 그는 내 친구에게 비밀 조직망에 참여하라고 권유했다. 내 친구는 경계심 때문에 참여하지 않으려 했지만, 그는 어쨌든 정보를 주겠다고 약속했다. "무슨 일이 벌어지면, 어떤 식으로든 연락을 드리죠."

3월에는 정찰기 한 대가 레아치 상공을 날아갔다. 프놈펜이 함락된 뒤로 비행기를 본 것은 그때가 처음이었다. 다들 일을 멈추고 이게 무슨 일이냐고 물었다. 크메르 루주의 선전을 위해 우리를 촬영하러 온 것일 수도 있었지만, 숲속의 게릴라를 찾아내려고 한 것이라고 볼 수도 있을 듯했다. 어쨌든 우리는 그렇게 믿었다. 그리고 그에 맞춰 계획을 세웠다.

봉기가 임박했다고 확신한 우리, 다시 말해 캠프마다 할 수 있는 일을 하기로 결심한 소수의 인원은 할 가치가 있다고 판단한 모든 것을 계획했다. 하지만 결국 할 수 있는 일은 아무것도 없었다. 식량도 없이 숲으로 도망칠 수는 없었다. 쌀 창고는 크메르 루주가 엄중히 지키고 있었다. 경비병을 죽이면 마을 근처에 진을 치고 있던 나머지 수비대를 모조리 끌어들이게 될 터였다. 우리가 기대할 수 있는 것은 게릴라가 공격을 감행할 때 거기에 가담하는 것뿐이었다. 우리는 가만히 소식을 기다렸다.

혁명기념일보다 일주일 앞선 4월 10일 무렵, 우리 팀의 대장은 일과에 변화가 있을 것이라고 공포했다. 매일 저녁에 통금 시각이 있을 것이며, 다들 30분 동안 씻은 뒤 자야만 한다고 했다. 봉기가 예정대로 일어날 것이라고 덧붙이기도 했다.

혁명기념일의 아침이 밝았다. 1년 전에는 혁명의 승리를 사흘 동안 경축했었다. 이제 휴일은 단 하루로 줄어들었다. 그리고 그것은 비참한 일이었다. 우리는 공터로 행진했고, 거기에는 크메르 루주 공산당을 선전하는 현수막이 걸려 있었다. 이것 자체가 신기한 일이었다. 전에는 앙카르가 공산주의자를 자처한 적이 없었던 것이다.

군인들이 에워싼 가운데 우리는 의장과 부의장, 비서관의 연설을 견뎌냈고, 혁명을 상징적으로 표현한 무용을 보았다. 캄보디아 민속문화에서 영감을 받았지만 동작 자체는 중국 무용을 모방한 춤이었다.

다음 이틀간, 즉 4월 18일과 19일 동안 우리는 불안감으로 긴장한 채 기다렸다.

아무 일도 없었다.

그때 새로운 소문이 퍼졌다. 게릴라 부대가 철수했다는 것이었다. 이유는 알 수 없었다. (당시 나라 전역에 걸친 봉기가 실제로 계획되었으나, 그 계획이 잔인하게 진압되었다는 것은 훗날에야 알게 되었다.) 추수는 막 끝난 상태였고, 행동을 취할 기회는 지나가고 있었다. 게릴라들이 식량으로 충당할 수 있는 벼가 곧 논에서 사라지게 될 터였다.

아니와 내게 정말로 한 해를 더 살아갈 여력이 있는지 의심스러웠다. 물물교환할 물건도 거의 남아 있지 않았다. 나는 날마다 발각될 위험을 무릅쓰고 있었다. 돈에이에서 그랬던 것처럼 말이다. 아직 건강은 비교적 양호했지만, 쓰러지는 것은 시간문제였다.

나는 행동하기로 결심했다.

X. 숲속으로

그때부터 나는 가능한 한 많은 시간을 우리의 탈출 계획을 짜는 데 보냈다. 사실상 아무것도 없었던 우리로서는 받을 수 있는 도움은 다 받아야 했다. 조직은 이미 구성되어 있었다. 일어날 수도 있는 봉기를 준비하는 과정에서 접촉했던 남자들과 여자들 말이다. 하지만 그런 사람은 너무 많았다. 탈출은 무장 폭동과는 전혀 다른 얘기였다.

나는 얀과 문제점을 토의했다. 서로 다른 수용소에 있기는 했지만, 그는 내 친척이었기에 내 말을 의심할 이유가 없었다. 얀은 우리 팀에 '랑Lang 대위'를 넣자고 제안했다. 좋은 선택이었다. 그는 마흔 살쯤 되는 강인하고 노련한 장교로, 내전에서 오른쪽 다리를 다치는 바람에 절뚝거리며 걸었다. 하지만 그의 용기와 인내력에는 의문의 여지가 없었다. 랑은 얀의 캠프에서 오두막을 짓는 일에 동원되고 있었다. 우린 단 한 번, 짧게 만났다. 우리 감방을 세우기 충분할 만큼이었다. 따라서 당시에는 그와 몇 마디 정도밖에 나누지 못했다. 우리의 연락책 역할을 한 것은 얀이었다.

첫 번째 문제는 팀을 꾸리는 것이었다. 결국 열두 명의 적임자를 정했다. 다들 동의할 만했다. 남자 여섯 명과 여자 세 명이 더 있었다. 여자는 아니 말고도 아니와 친한 동료였던 엥, 그리고 엥의 여동생이었다.

그러고 나서 우리는 각자에게 임무를 할당했다. 신입 인원 여섯 명은 군 주둔지의 위치 및 군인의 수를 파악하고 군인이나 크메르 루주 순찰대를 피할 수 있는 최적의 경로를 알아내는 일을 맡았다. 이외에도 태국 국경 쪽 70마일의 대부분을 차지하는 서쪽 산악지대에 대해서도 가능한 한 많은 정보를 모아야 했다. 랑이 총대장 역할을 했다.

내가 맡은 일은 식량을 모으는 것이었다. 팀 전원이 이 목적을 위해 내게 교환하고 싶은 물건을 모두 건네주었다. 나는 신중하게 물자를 교환해 어떤 의심도 사지 않으면서 많은 양의 쌀을 조달하는 일에 착수했다.

시간이 별로 없었다. 4월 말에 준비를 시작했지만 남은 시간은 고작 한 달이었다. 6월에는 비 때문에 숲이 우거진 산중을 다닐 수 없을 터였다. 우리에게 식량이 충분하다 하더라도 걷는 것 자체가 거의 불가능할 것인데, 해가 없는 구름 낀 하늘 아래서

X. 숲속으로

는 방향감각을 잃기가 십상이었다.

한번은 그 지역을 잘 아는 노인과 이야기를 나눈 적이 있었다. 무척 경험이 많은 사람이었기에 나는 그의 말을 전적으로 신뢰했다. 크메르 루주 순찰대 때문에 위험하지 않겠느냐고 묻자, 그는 이렇게 대답했다. "예전에 난 호랑이 사냥꾼이었네. 숲속엔 호랑이가 수백 마리나 있었고 호랑이 사냥꾼도 그만큼 많았지. 하지만 우린 어쩌다 하나를 봤을 뿐이었어. 그러니 크메르 루주가 자네들을 찾아낼 가능성도 그만큼 희박한 셈이지." 그는 자신이 내 나이였다면 주저하지 않고 떠났을 거라고 말했다. 숲에서 어려움을 겪을 수도 있지만 동시에 숲이 보호해 줄 수도 있다는 것이었다.

우리의 경우에는 확실히 숲이 은신처가 될 터였다. 탈주자가 태국으로 가기에 가장 좋은 길은 캄보디아 북서부, 바탐방과 시소폰Sisophon 인근 인구 밀집 지역을 가로질러 나 있었다. 운이 따른다면 크메르 루주는 그 일대를 주로 수색하고 카다멈 산맥 쪽에는 신경을 덜 쓸 가능성이 있었다.

하지만 가장 주된 어려움은 마을과 산 사이의, 크메르 루주가 득시글대는 지역을 건너가는 것이었다. 우리에겐 칼 말고 다른 무기가 없었다. 그들과 마주치지 않으려면 순전히 우리가 지닌 지혜와 용기에 의지할 수밖에 없었다.

랑은 우리가 입수한 정보에 의거해 한 사람에게 가능한 경로를 조사해보라고 지시했다. 그 사람은 농부 팀 소속이었다. 그는 소떼를 몰고 마을 경계를 넘나들곤 했다. 탈출하기로 결정한 지 2주 뒤인 5월 첫 주에, 우리의 농부는 의도적으로 가축들이 딴 길로 빠지게 방치했다. 그리고 나서 가축들을 숨긴 다음 안전한 곳에 가둬 두었다. 그는 돌아오는 길에 혼란에 빠진 척하면서 관청에 '잃어버린' 소들을 찾아봐도 되겠냐고 요청했다. 자신이 속한 그룹의 수장에게서 '혁명적인' 잔소리에 한참 시달린 뒤에, 통행증을 얻어 자기 그룹에서 벗어나 이동하면서 주변 지역을 정찰할 수 있었다. 이렇게 해서 그는 2~3마일 떨어진 곳에 있는 군 주둔지 몇 군데의 위치를 확인할 수 있었다. 남쪽으로는 길이 더 분명했다.

    출발 날짜에 대해서는 아직 결정을 내리지 못했다. 보안상의 이유로 우리가 정한 것은 5월 말까지는 떠나야 한다는 게 전부였다.

    이 결정은 나와 아니에게 새로운 힘을 주었다. 그게 가능한 유일한 길이었다. 우리는 살아남기 위해 일해야 했다. 우리 자신뿐만 아니라 나왓을 위해서도 말이다. 이제 아니는 그를 자주 언급하지 않았지만, 아내가 이따금 던지는 질문과 그렇게 묻는 태도(갑작스런 침묵이나 고민에 찬 눈빛)로 미루어 볼 때 우리 결정 때문에 내가 그랬던 것만큼이나 아내의 마음도 괴로웠다는 것을 알 수 있었다. "정말 어떻게 된 것이었는지 말해줘요, 내 사랑 싸이." 아니는 이렇게 애원하곤 했고, 그때마다 나는 침상이 어떻게 놓여 있었는지, 그 여인이 얼마나 다정한 눈빛을 보냈는지, 나왓의 건강이 얼마나 나아졌으며 얼마나 차분하고 감동적으로 상황을 받아들였는지, 우리가 어떻게 강으로 함께 걸어갔는지, 내가 아들을 씻기면서 어떤 말을 했는지 새로 살을 붙여가며 상세히 말해주었다. 나왓과 이별하는 데 대해 이야기할 때마다, 그리고 그 문제를 생각할 때마다 내 눈에서 눈물이 흐르곤 했다. 다음과 같은 말들이 내 기억에 새겨졌다. "우리에게 저주가 닥쳤다…. 우리 일가의 다른 사람들은 다른 세상에 있단다. 그들은 구원받은 거다…. 네가 살아남은 마지막 사람이다…. 넌 살아남아서 대가 끊기지 않게 해야 한다…. 건강을 회복하도록 해라…. 네겐 새아주머니가 생겼다…. 그녀를 존중하고 공손하게 대해라…. 우릴 더 이상 볼 수 없게 되거든 네 아버지 이름인 '야싸이'와 어머니 이름 '아니'를 기억하거라." 그리고 나서 아들에게 우리의 결혼반지를 주었다. 이 마지막 말과 함께. "살아남아라, 아들아."

"그게 다인가요, 내 사랑 싸이?"

"그래요. 다른 건 없었소."

나왓을 떠나기로 한 결정에 대해 이야기할 때마다, 우리는 서로에게 달리 행동할 방법이 없었으며 이것만이 유일한 길이라고 재삼재사 말하곤 했다. 이제 그 아이를 실망시키지 않는 것은 우리에게 달려 있었다. 우리는 탈출해야 했고, 그래서 살아남아 아들을 되찾음으로써 우리가 그 아이를 포기하지 않았으며 그를 사랑했기에 그 모든 일을 했다는 것을 보여주어야 했다.

내가 땅을 개간하는 동안 아니는 모내기를 했다. 나중에 아내는 추수 작업에 동원되었다. 아니는 제1호 정착촌에서 여러 가지 일을 맡았지만, 가장 중요한 것은 수확조 소속으로 하는 일이었다. 근처 마을에서 이삼일 간 일했다가 다른 조원들과 함께 다른 어딘가로 옮겨가야 했다. 아내가 정착촌을 떠나는 것은 체계적인 계획에 따른 것이 아니었다. 반면에 나는 외부 임무를 떠맡는 경우가 잦았다. 기다리는 동안 한 가지 큰 근심거리가 생겼다. 다른 임무를 맡아 마을을 떠나야 하는 일이 생기지 않을까 하는 것이었다. 교환을 마무리하고 출발 준비를 하려면 남아 있어야 했다. 하지만 우리 개간조는 이제 더 멀리까지 이동하게 될 참이었다. 우리가 출발할 준비를 마치기 전에 앙카르가 레아치에서 멀리 떨어진 곳에 새 일터를 배정할 가능성이 적지 않았다.

빨리 행동해야만 했다. 하지만 내가 뭘 할 수 있었을까?

돈에이에서 그랬듯이 나는 시스템에서 슬쩍 빠져나가기로 결심했다. 아마도 내가 속한 이동조 캠프와 레아치의 베이스캠프, 그리고 병원 모두 별개의 조직이라는 사실을 이용할 수 있을 듯했다. 각자가 내가 다른 데 있다고 생각한다면 나는 숨은 채로 있을 수 있고 아무도 알아차릴 수 없을 터였다. 그럴 경우 유일한 문제는 어디서 먹느냐 하는 것이었다.

한동안 나는 크메르 루주의 주의를 끌지 않으려고 황소처럼 일했다. 하지만 오래는 아니었다. 출발일이 되기 전에 기력을 소진할 생각은 아니었으니까. 밀림에서 오랫동안 걸으려면 가능한 한 건강해야 했다. 내가 속한 개간조의 규칙에 따르면 이틀 동안은 아플 수 있지만 사흘째에는 병원에 가야 했고, 그 결과로서 식량 배급의 감소와 전염병 감염이라는 위험을 모두 감당해야만 했다. 나는 이 규칙을 이용하기로 결심했다.

하루는 가슴이 쥐어뜯기는 것처럼 아프다고 말했다. 나무에 도끼질하는 충격은 실제로 가끔씩 몸이 쪼개지는 듯한 고통을 주었기 때문에 내 불평은 꽤 흔한 축에 속했다. 대장은 쉬어도 좋다고 허락했다.

사흘 뒤에 나는 똑같은 일로 다시 고통을 호소했다. 의심을 불러일으키지 않기 위해, 나는 그 속임수를 이틀간 참았다. 사흘째 되는 날에 나는 어떻게 해야 할지 파악하고 계속 신음 소리를 냈다. "아직도 아픕니다, 동무." 나는 개간조 조장에게 말했다. "하루만 더 쉬면 안 될까요? 규정상 작업 현장에서 쉴 수 있는 건 단 이틀뿐이라는 건 압니다만, 너무 아파서요. 내일이면 괜찮아질 겁니다."

"아니, 불가능하오! 동무는 병원에 가야 하오."

"대장, 딱 하루만…."

하지만 규칙은 규칙이었다. 나는 병원에 가도록 통행증을 받았다. 내가 바라던 게 그것이었다. 진짜로 아프다는 증거 말이다.

진짜 아파서 살아남을 수 있을 것 같지 않은 사람만이 병원에 가는 위험을 무릅쓰곤 했다.

의료진의 부드러운 자비심에 나 자신을 내맡길 생각은 추호도 없었다. 대신 나는 기지 대장한테 가서 노지에서는 잠을 잘 수 없었다고 이야기한 다음, 집에서 아니의 보살핌을 받으면서 밤을 보내도 좋다는 허가를 받아냈다. 어차피 낮에는 내가 근처에 없을 테니, 대장에게 문제될 것은 없었다. 나는 아침에 일어나 일하러 가는 것처럼 걸어갔다. 사실 난 내키는 대로 마을을 돌아다니면서 그룹의 다른 사람들과 접촉하고 교환을 할 수 있었다. 이동 캠프 대장은 내가 병원에 있다고 생각했고, 베이스캠프 대장은 내가 숲속에서 일하고 있는 줄 알았다. 개간조에서 일하는 동무를 만나게 되면, 가족을 만나러 병원에서 잠깐 나온 거라고 말할 수 있었다. 여전히 걸을 여력이 있는 사람은 그렇게 해도 되었던 것이다. 마주치고 싶지 않은 유일한 사람은 이동 캠프 대장들뿐이었다. 나는 그들이 마을을 드나드는 정규 경로를 피해 다녔다.

식량 문제는 쉽게 해결되었다. 나는 교환을 한 다음 동료 중 한 명에게 쌀을 가져갔고, 그에게 저장할 여분의 쌀을 조금 준 다음 하루 종일 그곳에 있었다. 거기서 기다리는 동안 사람들의 시선을 피해 밥을 조금 먹었다. 밤에 집에 돌아온 다음에도 아니와 함께 밥을 먹었다.

나는 쌀을 찾기 위해 많은 노력을 기울였다. 최고의 공급원 중 하나는 이웃 마을에 사는 구인민이었다. 한 마을에서 다른 마을로 가는 것은 위험을 무릅써야 하는 일이었지만, 나는 다시금 위조 기술에 의지했고(다행히도 내 소중한 볼펜은 여전히 작동했다), 정착촌 대장에게서 이동할 수 있도록 허락을 받아냈다. 레아치에서 2.5마일가량 떨어진 곳에 있는 이웃 마을에 도착하자마자, 나는 쌀을 갖고 있던 구인민과 접선했고 그와 일련의 거래를 했다. 쌀뿐만이 아니었다. 이런 접선 가운데 한번은 1피트(약 30센티미터) 길이의 훌륭한 양날 칼을 구할 수 있었는데, 이것은 우리가 하게 될 여행에 필수적인 추가물이었다.

나는 어깨 가방에 30통 분량의 쌀 한 포대를 통째로 넣은 채 돌아오곤 했다. 크메르 루주 순찰대를 속일 심산으로 나무 다발을 모으기도 했다. 크메르 루즈는 숲에서 나무를 베어내기 위해 많은 사람을 동원했던 것이다. 나무는 내 통행증 역할을 해줬고, 쌀의 무게를 속이는 데도 도움이 됐다. 나무는 아는 사람에게 들킬까 싶어 마을 근처에 버렸다.

결국 나는 개간조에서 일하게 되었다. 이런 식으로 300통의 분량에 상당하는 쌀 165파운드(약 75킬로그램)뿐만 아니라 약간의 설탕과 건어물 조금도 비축할 수 있었다. 이 모든 것은 동료들의 집에 있는 비밀창고에 숨겨두었다.

이렇게 많은 식량을 갖게 되자, 이번 달이 마지막인 것처럼 살던 아니와 나는 기력을 회복했다. 우린 프놈펜을 떠난 뒤로 그렇게 잘 먹어본 적이 없었다.

3주가 지나자, 우린 필요한 식량을 모두 구했다. 하지만 갈 준비가 다 된 것은 아니었다. 랑은 아직 우리의 정확한 이동 경로에 대한 확신이 없어서 출발 날짜를 정하지 못했다고 말했다. 내가 보기에 이런 식으로 우리 식량을 계속 소모할 필요는 없었다. 게다가 발각될까 봐 불안하기도 했다. 이 게임을 계속할수록 위험은 더 커져갔다. 나는 며칠 동안 시스템 속으로 재편입할 방법을 모색해야만 했다.

나는 개간조가 나를 병원으로 보냈다는 새로운 쪽지를 위조했다. 원본을 베꼈지만 날짜를 바꿨다. 이 서류로 무장한 채 아픈 척하면서 병원에 출두했다. 의료진은 내 가짜 명령서를 읽고 나서 나를 입원시키는 데 동의했다.

거기서 생각지도 않았던 행운을 만났다. 화장실 옆에 쌓인 휴지 더미(주로 붕대와 죽은 이들에게서 벗겨낸 낡은 옷이었다)에서 우연히 구겨진 종이 몇 장을 발견했는데, 그 가운데 일부가 지폐였던 것이다. 호기심에서 몇 장 집어든 다음 손에 두 종류의 지폐가 있다는 것을 깨닫고 깜짝 놀랐다. 프랑스 돈 500프랑과 태국 돈 20바트였다. 캄보디아에서는 쓸모가 없었기에 크메르 루주는 이 돈들을 그냥 내다 버렸다. 하지만 내가 가려는 곳에서는 이것들이 무척 쓸모가 있을 터였다. 나는 돈을 바지 주머니에 잔뜩 쑤셔넣은 채 침대로 돌아갔다.

이틀 동안 대나무 침대에 누워 이웃 환자들에게 이따금 말을 건네면서 억지로 아픈 척을 하다가 '기적적으로 회복'해 떠나야겠다고 말했다. 문제가 될 것은 없었다. 담당 간호사에게 돌아가도 좋다는 내용의 쪽지를 써달라고 했을 뿐이었다. 다만 개간조로 돌아가기 전에 집에서 며칠간 쉬었으면 좋겠다고 덧붙이기는 했다. 며칠 더 쉬는 것은 그녀에게는 별로 상관없는 일이었다. 나는 퇴원 증명서를 갖고 귀가했다.

그러는 동안 내가 속한 개간조는 레아치에서 더 멀리 떨어진 곳으로 작업장을 변경했다. 그게 어디인지는 정확히 몰랐지만, 어디건 간에 그쪽으로 합류하고 싶지는 않았다. 그랬다가는 우리의 탈출 계획을 망치게 될 터였다. 휴식 기간을 최대한 활용해 근처에 있는 작업조를 찾아내야만 했다.

나는 위험한 게임을 하고 있었다. 더 위험한 게임을 준비하기 위해서 말이다. 그 모든 것이 어떻게 될지 끊임없이 걱정됐다. 어느 날 집으로 가는 길에 자신감을 북돋울 심산에서 카드점을 칠 줄 아는 노파를 찾아갔다. 그녀는 우리 집에서 60야드쯤 떨어진 오두막에 혼자 살았다.

그녀가 나더러 자리에 앉으라고 손짓했을 때, 나는 이렇게 말했다. "예브(할머니), 앞으로 몇 달 동안 제가 어떻게 될지 알고 싶은데요."

노파는 카드 다발을 가져오더니 나더러 떼라고 한 다음 그것을 쭉 펼쳤다. 그런 다음 이 카드 저 카드를 골라내면서 중얼거리더니 내게 이렇게 말했다. "싸이, 넌 다음달부터 쭉 여행을 하게 되겠구나."

"하지만 그건 불가능한데요! 제가 어떻게 여행을 할 수 있겠어요?" 나는 누구에게도 계획을 발설하지 않았으므로, 그녀가 뭔가 들었을 가능성은 없었다. "우린 바로 옆 마을로도 갈 수 없잖아요."

"나한테 묻지 마라. 내 카드가 말해주는 건 네가 다음달부터 쭉 여행하게 될 거라는 게 전부야."

"그럼 그렇다 치고, 그 여행은 어떻게 끝나게 될까요?"

그녀는 내게 다시 카드를 떼라고 한 다음, 카드들을 다시 펼쳐 보였다. "아무것도 안 보이는구나. 그냥 똑같은 점괘야. 네가 계속 여행하게 될 거라는 거지."

계속이라! 그 말은 내게 자신감을 북돋아 주었다.

하지만, 우선 때가 왔을 때 적절한 장소에서 일하고 있을 수 있도록 확실히 해둬야 했다. 주변에 물어본 끝에, 비료조에 인원이 모자란다는 것을 알게 되었다. 비료조는 흰개미 둥지에서 흙을 모아 소똥과 섞은 뒤, 이 톡 쏘는 혼합물을 논에다 뿌리는 일을 했다. 나는 베이스캠프 대장에게 비료조에 배치해 달라고 요청했다. "동무, 제가 회복 중인 거 아시잖습니까. 제가 아픈 건 나무를 베어내는 일 때문이고 개간조는 멀리 떨어진 숲속에서 일하고 있습니다. 다시 그 일을 했다가는 병이 재발할 겁니다. 하지만 비료조에 속하게 된다면, 그리 멀지 않으니 집에서 잠을 잘 수 있겠죠."

그는 다섯 달 전 우리가 레아치에 처음 왔을 때 내가 금 3냥을 건네준 일을 기억하고 있는 게 분명했다. 그는 승낙하면서 한마디 덧붙였다. "하지만 나는 동무에게 더는 아무것도 보장할 수 없소. 당신네 개간조 조장이 동무더러 돌아오라고 고집한다면, 내가 동무에게 해줄 수 있는 것은 없다는 얘기요."

이리하여 나는 비료조에 합류했다. 이들은 1마일도 안 되는 곳에서 작업하고 있었다. 인원은 스무 명이었고, 각각 열 명씩으로 이루어진 두 조로 나뉘어 있었다. 나는 흰개미 둥지를 파내는 일을 도왔고, 다른 조는 비료를 섞은 다음 뿌리는 일을 했다. 내쪽 일이 상대적으로 쉬웠다. 나는 충분히 먹을 수 있었고 조장은 그리 엄격하지 않았으며 작업 스케줄은 유연했다. 우리 모두 잘 지냈고, 밤이 되면 나는 집에서 잠을 잤다.

몇 주간에 걸친 규칙적인 식사 외에도 이 상대적인 편안함은 나를 점점 더 유약하게 만들었다. 당시에는 눈치채지 못했지만, 탈출에 대한 내 의지는 잠식되고 있었다. 여기서 살아남는 것이 가능할지도 모른다, 더 행복한 때가 오면 국경을 넘어 도망치는 위험을 무릅쓰지 않고도 나왔을 찾아낼 수 있을 수도 있다는 생각이 들기 시작했다.

어느 날 저녁에 얀이 날 찾아왔다. 모든 게 준비됐다는 것이었다. 경로도 정해졌다. 랑과 내가 날짜를 합의하는 일만 남았다.

"잠깐, 기다려." 나는 말했다. "서두르지 말자고. 지금은 고작 5월 중순이잖아. 2주가 더 남았어. 5월 말에는 떠날 수 있을 거야." 그렇게 말하면서 나는 마음 한구석으로 연말까지 기다리게 되지는 않을까 자문하고 있었다.

하지만 그렇게 되지는 않았다. 비료조에서 일한 지 일주일이 넘었을 무렵, 마을로 가는 길에 내가 속했던 개간조의 세 지도자 중 하나인 비서와 마주쳤다. 그는 식량을 책임지고 있었고, 보급품을 얻으러 이따금 레아치에 오곤 했다.

"어디 가는 거요, 싸이 동무?" 그가 외쳤다. "동무는 병원에 있어야 하는 것 아니었소?"

나는 그를 보고 충격을 받았다. "아뇨, 동무. 병원에서 나와서 베이스캠프로 돌아갔습니다. 캠프 대장이 저를 비료조에 배정했어요."

비서는 짜증이 난 듯했고, 나는 그가 뭐라고 말하려는지 곧바로 알 수 있었다. "그건 불가능하오! 무슨 소릴 하는 거요? 그에겐 그럴 권한이 없소! 동무는 개간조에 있어야 하오. 조가 해체되거나 동무가 더 이상 필요치 않게 되지 않는 한 동무는 앙카르가 부과한 임무를 회피해서는 안 되오. 동무는 훌륭한 일꾼이오. 돌아가서 우릴 도와야 한단 말이오."

X. 숲속으로

나는 이 상황을 어떻게든 벗어나려고 최선을 다했다. 흉통이 있어서 노지에서 잠을 잘 수 없다고 말했고, 새로 비료조에 배치되었다고도 얘기했지만 모두 소용이 없었다.

우리는 함께 걸어갔다. 먼저 비료조 작업장에 갔는데, 조장은 제1호 정착촌의 대장이 나를 자기한테 보냈다고 말하면서 책임을 회피했다. 그다음에는 베이스캠프 대장에게 갔다. 그는 앞서 내게 경고했던 대로 내 편을 들어주려 하지 않았다.

"그럼 더 할 말이 없소! 나는 이 사람을 데리고 돌아가야겠소."

이제 나는 공포에 사로잡혔다. 작업장은 마을에서 8마일 떨어진 곳에 있었다. 여분의 먹을거리를 가져갈 수 있기에는 너무 먼 거리였다. 베이스캠프와 작업장 사이를 오가는 것은 생각할 수도 없었다. 거기 갔다가는 모든 게 수포가 될 터였다. 나는 다시 기력을 잃게 될 테고, 그럼 그걸로 끝장일 것이었다.

"우린 내일 아침에 떠날 거요, 싸이 동무. 준비하도록 하시오. 어깨에 메는 가방이랑 담요를 챙겨오시오. 어떤 것도 잊지 마시오. 8마일은 먼 길이오. 되돌아갈 시간 따위는 없소."

집으로 돌아오고 나서 더 차분하게 생각하려고 애썼다. 우리가 내일 곧바로 출발해야 한다는 데는 의문의 여지가 없었다. 하지만 어떻게? 그건 알지 못했다.

해질녘에 공동 식사가 끝나자마자, 나는 얀과 다른 몇 명에게 가서 탈출해야 할 때가 임박했다고 알렸다.

얀은 믿을 수 없다는 반응을 보였다. "왜 이렇게 서둘러요? 다른 사람들에게 알릴 시간도 모자라요."

나는 생각나는 대로 이유를 대면서 설명했다. 곧 우기가 된다. 밀고자들은 우리 프로젝트를 알아챌 시간이 없을 것이다. 어차피 겁쟁이들은 뒤에 남을 것이다. 결과적으로, 베알봉에서 있었던 나의 첫 번째 탈출 시도를 좌절시킨 것은 단 한 사람의 비겁함이었다.

나는 절박했기에 어떤 반대 의견도 용납하지 않았다. 어떤 사람이 사흘 전에 일가가 탈출 중에 총에 맞았다는 얘길 들었다면서 겁이 난다고 말했을 때도 나는 그의 말을 받아들이지 않았다.

"아, 그런 종류의 소문은 크메르 루주가 항상 퍼뜨리는 것이죠!" 나는 이렇게 말한 다음, 어떤 주장도 크메르 루주가 퍼뜨린 것으로 둘러대기로 굳게 마음먹고 즉흥적으로 마구 떠들어대기 시작했다. "왜 내가 지금 떠나고 싶은 건지 아십니까? 누가 말해줬는데 '미국의 소리' 방송에서 간밤에 세 가족이 태국에 도착하는 데 성공했다고 하더군요." 새빨간 거짓말이었다. 그저 순간적인 충동으로 지어낸 말에 불과했다. "그들이 해냈다면, 우리라고 왜 못 하겠습니까? 우리는 준비를 잘해놨고 모든 사항을 고려했어요. 이것 봐요! 세 가족입니다! 그리고 그 가운데 한 가족은 이 지역 출신이죠. 우리가 왜 실패하겠습니까? 우리에겐 아이도 없어요. 여자 세 명은 건강한 상태고…."

"알았어요! 알았다고요! 나도 갈게요!"

이렇게 해서 이야기는 돌아오지 못할 선을 넘었다. 우리는 다음날 저녁식사 후에 만나기로 했다.

이제는 성가신 비서를 처리하는 일만이 남았다. 그는 오전 6시 정각에 자기 집 앞에서 만나자고 내게 말했다. 내가 캠프까지 쌀을 날랐으면 한다는 것이었다. 나는 정해진 시각에 그리로 가는 대신 집에서 기다렸다. 그가 날 잡으러 오리라는 것은 이미 알고 있었다. 나는 아니에게 이렇게 일러두었다. "그가 오는 게 보이거든 아픈 것처럼 비명을 지르고 몸을 비비 꼬도록 해요. 끔찍한 복통에 시달리는 척하란 말이에요. 당신이 얼마나 괴로운지 잘 보여주도록 해요." 그러고 나서 나는 비서가 오는 모습을 흘끗 본 다음, 집 반대편으로 빠져나가 캠프를 빙 돌아서 그의 집무실 쪽으로 갔다.

아니의 연기는 훌륭했다. 비서가 나타나자, 아내는 괴로운 척하면서 비명을 지르기 시작했다. "아, 동무, 배가 아파요!" 아니는 끙끙댔다. "싸이가 방금 동무 집무실로 갔어요. 제게 약을 얻어주러 하루 더 있어도 될지 허락을 얻으려고요. 아이고, 배야!"

"불가능하오! 그는 마을에 머물 수 없소! 그는 오늘 나와 함께 떠나야 하오! 내가 가서 그를 찾아보겠소."

"그이는 동무 집무실에 갔는데요. 길이 엇갈렸나 보네요."

"알겠소!" 그는 분기탱천해서 말했다. "거기로 가서 그를 만나보겠소."

나는 계획했던 대로 길에서 그와 만났다. 그가 채 입을 열기도 전에 내 이야기를 주절대기 시작했다. 아니의 복통과 그의 허락을 구하러 길을 나선 것이며, 약이 필요하다는 것과 아내를 도울 사람이 아무도 없다는 것 등. "동무, 제 아내는 물을 끓일 장작을 모을 수조차 없습니다. 아내에겐 저밖에 없어요. 딱 하룹니다, 동무! 내일 반드시 캠프에 가겠습니다! 약속드립니다!" 어찌나 설득력 있게 말했던지 나 자신조차도 설득될 뻔했다. 나는 눈물까지 글썽거렸다. 내 감정이 말과 정확히 일치하지 않는다 해도, 내 감정 표현은 충분히 현실적이었다. 그가 거절하리라고는 생각지도 못 할 지경이었다. "내일도 아내가 나아지지 않는다면, 저는 아내를 병원에 데려가 앙카르에 맡기겠습니다. 제발 딱 하루만!"

경악스럽게도, 그는 고개를 저었다. "아니, 아니, 그건 불가능하오. 동무는 캠프에 가서 우리 의장에게 동무가 처한 상황을 설명할 수 있소. 동무 아내는 동무 아내지만, 동무는 우선 의장의 허락을 얻어야만 하오. 자, 이리 와서 내가 쌀 나르는 거나 도와주시오."

나는 비참한 마음으로 그를 따라가겠다고 동의했다. 달리 할 수 있는 일이 없었다.

그때 그는 내가 아무것도 가져오지 않았다는 것을 눈치챘다. 옷도, 해먹도, 담요도 없었던 것이다. "어깨에 메는 가방 가져오지 않았소?" 그는 놀라면서 물었다.

"안 가져왔습니다. 의장께 통행 허가를 요청할 생각이라서요."

"하지만 그가 거절한다면? 잠자리에 쓸 물건이 없다면 동무한테 좋지 않을 텐데."

우리는 그의 사무실에서 쌀이 든 가방을 그의 자전거 선반에 실었다. 그가 뒤에서 걸어오는 동안 나를 자전거를 몰았고, 우리는 캠프장으로 향했다. 나는 해결책을 찾기 위해 머리를 쥐어짰다. 만약 의장이 거부한다면? 그날 밤에 우리 열두 명 모두가 모이기로 되어 있었다. 내가 허락을 받아낸다면, 우리는 경보가 울리기 전에 추적자들보다 하룻밤 걸어갈 길이만큼 앞설 수 있었다. 그렇지 않다면 모든 게 끝장이었다.

우리가 걸어가는 동안, 나는 그가 손목시계를 차고 있다는 것을 알아차렸다. 인기 있는 일제 시계 중 하나인 시티즌[19]이었다. 암시장에서는 손목시계를 두 가지로 구분했다. 전자시계와 그렇지 않은 시계로. 전자시계에는 몇 가지 등급이 있었고 그 가운데 최상위는 오메가였다. 크메르 루주는 누구 할 것 없이 오메가 전자시계를 갖고 싶어 했다. 물론 그 시계는 무척 희귀했다. 우리가 3~4마일, 그러니까 절반쯤 길을 갔을 때 한 가지 생각이 머리를 스쳤다.

"동무, 실례합니다만 지금 몇 신가요?"

---

19) 일본의 시계 회사로, 일본 3대 시계 회사 중 하나이며 정확도가 높기로 유명하다.

"열 시요." 그는 내가 자기 계획을 바꾼 것 때문에 여전히 화가 난 상태였고 말을 하려 들지 않았다. "열 시라고! 동무 때문에 시간을 많이 지체했소! 우린 서둘러야 하오. 나는 다른 사람들이 먹을 수 있도록 밥도 지어야 한단 말이오."

"알겠습니다, 동무. 오, 당신 손목시계…. 이거 일제잖아요, 그렇죠? 시티즌이네요?"

"이거 이름이 그렇소?" 그가 되물었다.

"맞습니다. 시티즌이죠."

"아. 시티즌. 시티즌이라…."

"맞습니다. 꽤 좋은 시계죠. 하지만 왜 오메가를 차지 않으세요?"

'오메가'라는 단어가 그의 관심을 끌었다. "그러려고 했지만 구하기가 어려웠소."

"예, 동무. 그러셨겠죠. 제 친구 하나가 오메가를 갖고 있습니다. 무척 비쌌다고 하더군요. 하나 구하려면 쌀이 많이 있어야 한다네요."

"뭐, 쌀이야 좀 구할 수 있지만…."

나는 생각했다. '이거 해볼 만하겠는데.' 물론 크메르 루주라 해서 쌀을 합법적으로 얻을 수 있는 것은 아니었지만, 그가 애초에 시티즌 시계를 쌀을 주고 샀으리라는 것은 거의 확실했다.

나는 무심한 말투로 말했다. "마침 그 친구가 시계를 교환하고 싶어 하더군요. 이해하시겠지만 아들이 아파서 그런 거예요. 그는 매우 신중한 친구입니다. 동무가 쌀을 준다면, 그는 분명 자기 시계를 내줄 겁니다. 그 쌀로 약을 구할 수 있을 테니까요."

"그럼…, 얼마나 많은 양을 원한다는 거요?"

그는 걸려들었다.

"제 생각엔…, 한 쌀 60통 정도?"

"60통이라고! 비싸구먼."

"동무는 요리사 아닙니까. 그는 터무니없는 짓을 할 사람이 아니에요. 동무는 그에게 먼저 20통을 주고 나머지는 한 번에 10통씩 나눠서 줄 수 있습니다. 아마도 제가 그에게 그 문제를 말해주길 바라시겠지요. 빨리 해치워야지, 그렇지 않으면 다른 이가 먼저 채갈 테니까요."

잠시 뒤에 그가 말했다. "하지만 내겐 쌀이 그렇게 많지 않소."

"아…."

우린 다시 침묵에 빠졌다. 잠시 뒤에 나는 새로운 생각이 떠오르기나 한 것처럼 말했다. "말린 생선 좀 있으신가요?"

그는 그렇다고 말했다. 그의 오두막 근처에 코코넛 나무 몇 그루가 있는 걸 봤던 기억이 떠올랐다. "좋습니다, 동무. 30통 분량의 쌀과 코코넛 두 개, 말린 생선 약간이면 어떨까요."

"30통과 코코넛 하나로 합시다. 거기까지요."

"그에게 그렇게 전하겠습니다. 의장 허락만 받아낼 수 있다면 말이죠."

이제 공모자가 된 우리는 잠시 휴식을 취하면서 다른 이야기를 나눴다.

캠프에 도착하자마자 비서는 나를 의장에게 데려가서 어떻게 나와 만나게 되었는지 설명했다. 의장은 내가 훌륭한 일꾼이라는 것을 알고 있었기에 나를 다시 보게 된 것을 기뻐했다. "싸이 동무, 왜 우릴 그런 식으로 저버리려 했던 거요?" 그는 가벼운 말투로 물었다.

"동무, 그건 앙카르의 뜻이었습니다. 저는 그저 비료조에 재배치됐어요. 이유는 모릅니다."

"뭐, 동무가 돌아왔다는 게 중요한 일이지. 우린 동무가 다시 가게 놔두지 않을 거요."

"동무, 실례합니다만 잠자리에 쓸 물건을 하나도 가져오지 못했어요. 오늘 저녁에 집으로 돌아가도 될까요?"

"하, 동무는 항상 일에서 빠지려 든단 말이야!"

"아뇨, 저 때문에만 그러는 게 아닙니다. 아내가 아파요. 아내에게 약을 구해다 줘야 합니다. 회복되지 않으면 병원에 데려가야 하고요. 내일 아침 일찍 돌아오겠다고 약속드립니다."

"언제나 말은 그럴싸하지! 일단 일부터 하시오. 그런 다음에 두고 봅시다."

"하지만 동무, 이건 꾸며낸 얘기가 아닙니다. 비서한테 물어보

X. 숲속으로

세요. 제 아내 상태가 어떤지 말해줄 겁니다."

"이봐요, 싸이 동무. 당신 아내가 정말 아픈 건 아니지 않소, 안 그렇소?"

"비서한테 물어보시라니까요!"

의장은 비서에게 시선을 돌렸고, 비서는 고개를 끄덕였다. 그는 그녀가 어떤 상태인지 보았다. 게다가 오메가 시계를 얻을 기회를 잃고 싶지도 않았다.

"그럼, 가도 될까요?" 나는 간절한 말투로 물었다.

"일단 점심식사부터 하시오. 그다음에 얘기합시다."

"그럼, 가도 **될까요**?"

"좋소, 가시오!" 의장은 부루퉁한 얼굴로 말했다. "점심 먹고 나서 가시오. 하지만 내일은 아주 일찍 여기로 오시오. 이렇게 할 수 있는 건 이번이 마지막이오."

"일찍 일어나서 오전 여섯 시에 여기로 오겠습니다. 약속하겠습니다!" 나는 식사를 게 눈 감추듯 먹어 치운 다음 서둘러 자리를 떴다.

■

공동 저녁식사부터 해지기까지 몇 분은 의심을 사지 않고 움직이기에 이상적인 시간이었다. 야간 근무자들이 나타나 주간 근무자들과 섞이는 때였기 때문이다. 아니가 일터에서 돌아왔을 때, 우리는 재빨리 준비를 마쳤다. 나는 어깨걸이 자루(언제나 그랬듯이 바지 한 벌의 끝단을 묶은 것)에 준비물을 담았다. 밥과 생쌀, 라이터 두 개, 조리 도구, 요리하는 데 쓸 연유 깡통 하나, 소금과 설탕을 담은 플라스틱 상자, 건어물이 조금 든 작은 금속 상자, 물병과 작은 칼 하나씩이었다. 주머니에는 지도 조각과 볼펜, 외화 뭉치를 넣었다. 비가 올 경우를 대비해 아니와 나는 각자 갈아입을 옷도 마련했다.

우리는 천천히, 은밀하게 각각 네 명으로 이루어진 세 그룹으로 나뉘어 마을 어귀에 모였다. 날은 이미 저물어 맑고 별이 빛나는 밤이 되었다. 다른 두 탈주 지망자가 아니와 내게 합류했고, 우리는 숲속으로 천천히 걸어 들어갔다. 다음번 집합 장소는 우리 모두 알고 있는 어느 커다란 나무였다. 그때 얀과 랑, 엥 그리고 다른 사람들이 합류했고, 우리는 길을 따라 남쪽으로 출발했다. 한 줄로 서서 각자 앞서 움직이는 흐릿한 형체를 따라가면서 휘파람을 불거나 새소리를 흉내내면서 연락을 유지했다.

레아치에서 반 마일 떨어진 숲속 깊숙한 곳에 이르자 길이 끝났다. 이제 레아치에서 더 멀리 벗어나려면 원시림을 가로질러야 했다. 우리 동료 가운데 둘은 각각 전직 부관과 전직 하사였고 이 일대를 잘 알고 있었는데, 이들이 우리를 남쪽으로 이끌었다. 흥분과 긴장으로 가슴이 두근거렸다. 자유 아니면 죽음을! 머리는 맑았고 동료들은 믿음직했다.

우리는 계속 남쪽으로 방향을 잡아가면서 밤새 걸어갔다. 앞 사람이 부스럭거리거나 속삭이는 소리를 길잡이 삼아 엄청나게 신중한 태도로 발을 내딛으면서 어둠 속을 가로질렀다. 깜짝 놀라게 될 가능성이 항상 있었기 때문에 다들 가능한 한 침묵을 지켜야 했다. 우리가 이제 베알봉에서 몇 마일 떨어지지 않은 곳에 다다랐고 순찰대가 있을 수 있다는 생각이 들었다. 크메르 루주 군인들은 언제나 길로만 다니지는 않았고, 걸어서 혹은 이따금 코끼리를 타고 정글을 헤쳐 나가기도 했다. 그들은 이 지역을 잘 알고 있었을뿐더러 우리보다 더 빨리 움직일 수 있었다.

걷고 있노라니 거의 말라버린 강이 나왔다. 탁 트인 곳으로 나온 우리는 신중하게 경로를 정한 다음, 구불거리며 흘렀던 물은 흔적만 남다시피 한 딱딱한 강바닥을 조심스럽게 건넜다.

우리는 이튿날에도 대열을 정비하고 잠시 숨을 고르느라 잠깐씩 멈추는 것 외에는 점점 커져가는 피로를 무시한 채 온종일 걸어갔다. 특히 아니가 따라오기 힘들어했다. 하지만 엥이 아내와 함께했고, 나도 이따금 뒤로 처져 아니의 손을 잡아끌기도 했다. 아내는 불평하는 법이 없었고, 내가 격려의 말을 해줄 때마다 감사의 뜻으로 살짝 미소를 짓곤 했다.

날이 저물 무렵, 우리는 걸어온 거리가 15마일쯤 된다고 계산했다. 이제 서쪽으로 향할 때였다. 우리가 순찰대라는 위협에서 완전히 벗어나기 전에 넘어야 할 하나의 심각한 장애물이 남아 있었다. 전략 도로가 그것이었다. 우리는 오후가 끝나갈 무렵 도로에 다다랐고, 거기서 잠을 잔 다음 계속 가기로 결정했다. 높게 자란 풀과 나뭇잎으로 잘 은폐된 지점을 찾은 뒤, 우리는 이불을 둘둘 만 채 드러눕거나 낮게 드리운 가지에 해먹을 매달았다. 아니와 나는 프놈펜을 떠난 뒤 처음 누리는 자유의 밤에 바닥에 해먹을 깔고 누운 채 서로 꼭 껴안고 잠을 청했다.

"나왔은 괜찮겠죠, 싸이?" 아니가 내 귀에 속삭였다.

"그렇고말고. 두고 보면 알 거요." 나는 일이 이렇게까지 진척된 데에 고무돼 있었다.

"다른 사람들은요? 다른 사람들은 어떻게 될까요? 제 부모님은요? 아늉 언니는요?" 아내가 엄청난 그리움을 담아 한 말은 추억의 홍수를 불러일으켰다. 한때는 우는 것만이 유일한 반응이었다. 하지만 지금은, 여러 해 만에 처음으로 낙관적인 기분이었다. "그분들은 괜찮을 거요." 나는 말했다. "모든 게 끝나고 우리가 탈출에 성공하고 나면 알게 될 거요."

그리고 나서 우리는 거의 곧바로 기진맥진해진 채 잠에 빠져들었다. 참으로 다행히도 그곳에는 벌레가 없었다. 이곳의 숲 전체가 그랬다. 다만 아침에 아니의 해먹에서 끈이 달려 있던 가장자리가 잎꾼개미에게 쏠려나간 것을 확인한 것만은 예외였다. 이제 그 해먹은 담요로밖에 쓸 수가 없었다.

날이 밝았을 때, 정찰을 맡은 사람이 작은 언덕에 올라가 길을 살펴본 다음 아무 이상 없다는 수신호를 보냈다. 우리는 도로에서 1마일쯤 떨어진 곳에서 휴식을 취하기로 합의한 뒤 차례로 달려서 길을 건넜다. 나와 아니, 그녀의 친구 엥이 마지막이었다. 200~300미터쯤 앞에서 우리 일행 중 몇 명이 걸어가는 게 보였다.

우리가 작은 공터에 다가가고 있을 때 앞서서 가던 한두 명이 멈췄다. 우릴 기다리는 것이 분명했다. 우릴 기다리는 것 같았다.

하지만 갑자기, 대열의 끝에 있던 사람이 돌아서서 내가 알아볼 수 없는 신호를 보내기 시작했다. 그런 다음에 억눌린 경고의 속삭임이 들려왔다. 너무 멀리 떨어져 있어서 무슨 말을 하는지 알 수는 없었지만, 그의 급박한 신호로 보건대 뭔가 잘못된 게 분명했다. 우리는 제자리에 멈춰 섰다.

그때 앞쪽에서 갑작스럽게 공포에 질린 함성이 터져 나왔고, 이 함성은 여러 번 반복되었다. "흩어져! 흩어져! 흩어져!" 갑자기 앞에 있던 사람들이 숲속으로, 왼쪽을 향해 흩어지는 게 보였다. 숨으려는 것이었다.

그들은 사라졌다. 사방이 고요했다.

우리는 거의 숨 쉴 생각도 하지 못한 채 지켜보면서 기다렸다. 오직 한 가지로만 설명할 수 있었다. 분명 전방에 크메르 루주 순찰대가 있었을 것이다.

나는 아니와 엥에게 되돌아오라고 손짓했다. 우리는 커다란 바위 뒤 덤불 속에 숨은 다음, 크메르 루주가 우리 쪽으로 다가오고 있다고 상상하면서 두려움을 간신히 억누른 채 친구들이 '이상 없음'이라고 외치기만을 말없이 기다렸다.

시간이 지나자, 아버지 그리고 그분이 알려주신 주문이 생각났다.

도움이 필요한 순간이 있다면, 지금이 바로 그때였다. '네악 모 푸씨르 약. 메악 아욱, 메악 아욱, 메악 아욱.' 나는 입술을 움직이지 않은 채 주문을 외우면서 당신의 충고를 되새겼다. "이게 도움이 될 게다." **네악 모 푸씨르 약…**. "하지만 자만하지 않도록 해라!" **메악 아욱, 메악 아욱, 메악 아욱…**. "이건 네가 스스로를 돌볼 때만 도움이 될 게다."

네악 모 푸씨르 약…, 네악 모 푸씨르 약….

우리는 해가 바로 머리 위에 올 때까지 그 습한 곳에서 두 시간 넘게 기다렸다. 나는 이따금 우리가 있는 바위 주변을 둘러보았고, 주변의 덤불 속을 주시했다. 아무도 없었다. 아무것도 없었다. 벌레들이 붕붕거리는 소리, 새들이 지저귀는 소리, 머리 위에서 바람이 부는 소리 말고는 아무것도 들리지 않았다. 다들 어떻게 된 것일까? 수수께끼였다.

마침내 나는, 무슨 일이 벌어진 것인지 알아볼 테니 이 자리에 가만히 있으라고 두 여인에게 말했다. 나는 소리가 나지 않도록 주의하면서 조심스럽게 밀림을 돌아다니기 시작했고, 이 나무에서 저 나무로 천천히 움직인 끝에 동료들을 마지막으로 본 지점에 이르렀다. 어떤 흔적도, 심지어 발자국조차 없었다. 그들은 어디로 간 것일까?

알아낼 도리가 없었다. 거기에 크메르 루주가 있었다 해도, 그들 역시 흔적조차 없었다. 나는 20분 동안 여기저기 돌아다닌 끝에 외치기 시작했고, 이어서 고래고래 소리를 질렀다.

아무도 대답하지 않았다. 밀림은 텅 비어 있었다. 우리뿐이었다.

나는 무슨 일이 일어난 것인지 추측하려고 애썼다. 순찰대를 본 동료들이 계획한 경로를 포기한 게 분명했다. 어쩌면 서쪽으로 걸어가는 것을 단념하기로 합의했을 수도 있었다. 아니면 추적자들보다 앞서려고 애썼거나 그들 주위를 맴도는 것일 수도 있었다. 그런 경우에는 지금쯤이면 우리보다 두 시간 거리만큼 앞서 있을 터였다. 아니면 크메르 루주한테 잡혀간 것일 수도 있었다. 하지만 총 한 방도 안 쏘고? 있음 직하지 않은 일이었다. 어느 쪽인지 알아낼 방법이라고는 없었다.

나는 기진맥진한 채 라이터를 꺼내 불을 피웠다. 우리는 밥을 지어 먹은 다음 수색을 재개했지만, 아무 성과도 없었다. 서쪽으로, 해 지는 방향으로 쭉 나아가는 것밖에 방법이 없었다.

우리는 담요를 깔고 하룻밤을 보낸 뒤 다시 출발했다. 길을 나선 지 얼마 되지 않아 멀리서 총소리가 들려왔다. 나는 곧바로 일행에게 숨으라고 손짓했다. 이 일대에 순찰대가 있다는 얘기였다. 이제 확신이 들었다. 얀과 랑을 비롯한 다른 사람들은 잡히거나 죽었고, 이제 우리만이 남았다고.

밀림은 점점 더 빽빽해졌고, 언덕은 더 가팔라졌다. 우리는 해를 따라 서쪽으로, 언제나 서쪽으로만 걸어갔다.

우리는 사흘간 끊임없는 불안 속에서 묵묵히 걸어갔다. 짐승 소리라도 들릴라치면, 기껏해야 다람쥐나 사슴이었을 텐데도 우리는 수풀 속에 납작 엎드렸다. 해질녘에 머리 위를 뒤덮은 숲 속에서 더 나아갈 수 없게 되자 우리는 밤을 보내기 위해 멈춘 다음 작은 불을 피워 밥을 지었다. 다행히 소나기는 별로 내리지 않았고, 내리더라도 살짝만 내리고 그쳤다.

엥은 아니보다 두어 살 많았는데, 그녀가 한 번은 자기 여동생의 실종에 대해 언급한 적이 있었다. "걔가 길을 잃었을까요?" 그녀는 소심한 태도로 물었다. 그녀의 여동생은 그녀의 일가 가운데 살아남은 유일한 사람이었다.

"글쎄요, 그들이 도망쳤을 때 그녀는 랑과 함께 있었던 것 같습니다. 그녀는 괜찮을 거예요. 랑은 경험이 많은 사람이니까요."

더는 아무도 그 문제를 거론하지 않았다.

우리는 계속 걸어갔고, 날이 갈수록 덜 조심하게 되었다. 언덕을 오르내릴수록 지대가 계속 높아졌다. 가끔 강을 건널 때도 있었는데, 아직 우기가 시작하지 않아서 개울 수준이었다. 깨끗한 물을 찾기가 어려워서 고인 연못 물을 마셔야 했던 적도 몇 번 있었다. 아침에는 우리 그림자가 가야 할 길을 보여줬다. 한낮에는 발걸음을 멈추고 밥을 먹었다. 나는 땅바닥에 수직으로 칼을 꽂아 그림자가 길어지기를 기다렸다. 그런 다음 우리는 다시 서쪽으로 향했다.

아침은 거의 언제나 쾌청했지만, 오후에는 이따금 구름이 일어나 해를 가리곤 했다. 그런 경우 나는 외따로 떨어진 나무를 찾아서 줄기의 어느 쪽이 따뜻한지 확인한 뒤 어느 쪽이 서쪽인지 대충 가려내곤 했다. 그러고 나서 언덕이나 높게 자란 나무, 심지어 구름 같은 참조할 만한 지점을 찾아 이들을 표시 삼아 길을 갔다. 썩 믿음직하지는 않았지만 아무것도 없는 것보다는 나았다.

이런 식으로 한 주 동안 걸어갔다. 사람이라고는 흔적조차 보지 못했다.

그러는 동안 가진 쌀이 점차 줄어들었다. 열두 통 분량만이 남았을 뿐이었다. 7파운드(약 3.2킬로그램)가 채 안 되는 양이었다. 그것만으로 태국에 닿을 때까지 버텨야 했다. 그것과 약간의 소금 및 설탕이 전부였다. 계산해본 바로는 우리가 고작해야 2~3주 지탱할 분량이었다. 하지만 이 여정이 얼마나 오래 이어질지는 알 수 없었다. 나는 첫 주 동안 우리가 꽤 빨리 걷고 있다는 인상을 받았고, 그 속도를 유지하면 3주 이내에 70마일(약 112킬로미터)을 주파할 수 있으리라 예측했다.

그 계산은 지나친 낙관이었음이 드러났다. 지세와 밀림은 점점 더 나아가기 어려워졌다. 숲의 어떤 부분은 덩굴과 가시덤불이 빽

빽하게 엉켜 있어 뚫고 나아갈 수 없었다. 멀리 돌아가느라 시간과 기력을 낭비해야 할 때도 있었다. 산비탈이 너무 가파를 때는 되돌아가야 했다. 가장 많이 걸을 때는 하루에 6마일(약 9.6킬로미터)을 이동했는데, 언제나 올바른 방향이었던 것은 아니었다.

그리고 쌀은 내가 예상했던 것보다도 빠르게 줄어들었다. 우리는 하루에 반 통 정도씩 먹었다. 우리가 순찰대와 마주치거나 다른 이유로 흩어지게 된다면 어떻게 될까? 내가 보기에는 각자 혼자서도 살아갈 수단을 지니는 게 긴요했다. 우리는 남은 쌀을 나누어 가졌다.

대화는 거의 없었다. 우리는 불필요한 소음을 내는 것을 꺼린 데다 각자의 상념에 빠져 있었기 때문이다. 한낮과 저녁에 쉴 때만 서로 머리를 가까이한 채 이야기를 나누었다. 통제권을 지녀야 할 사람으로서, 나는 조금 고립된 기분을 느꼈다. 하지만 두 여자는 서로에게 좋은 길동무가 되어주었다. 탈출하고 나서 첫 주 동안 둘의 사기는 내내 높았다. 두 사람은 우리가 국경을 넘은 뒤에 어떻게 할지 즐겨 이야기하곤 했다. 엥은 자기와 여동생이 파리에 사는 친척들에게 갈 수도 있을 것이라고 말했다. 우리는 어떻게 될까?

"아, 우린 아직 잘 모르겠어요. 그렇죠, 싸이? 우리도 프랑스에 갈 수 있겠죠. 하지만 싸이는 캐나다에 친구들이 있어요. 아마 거기로 가게 될 것 같아요."

X. 숲속으로

두 사람의 낙관적인 태도는 나를 놀라게 했다. 그건 나 때문이었을 수도 있었다. 나는 두려움을 숨기려고 조심했기 때문이다.

"싸이." 어느 날 밤, 우리가 막 잠이 들려는 때 아니가 물었다. "정말 우리가 해낼 수 있을 거라고 생각하나요?"

"물론 우리는 해낼 거요. 그렇지 않다면 여기 있을 이유가 없잖소."

아내는 잠시 뒤에 또 물었다. "싸이, 우린 나왓을 다시 보게 되겠죠, 그렇죠?"

그것은 아니가 의혹 비슷한 것을 제기한 유일한 순간이었다. 우리가 캠프를 떠난 밤 이후로 아내는 과거를 더 이상 얘기하지 않았다. 지난 3년간의 공포도 언급하지 않았고, 나왓에 대한 질문도 하지 않았다. 나는 아니의 자신감이 완벽한 줄 믿고 있었다. 아내는 우리가 현재 처한 상황에 대해 두려움을 표현하지 않았다. 나는 이제야 그녀 역시 의심을 품고 있음을 알았다. 단지 그것을 드러내려 하지 않았을 뿐이었다. 내가 그랬듯이 말이다. 마치 우리의 낙관주의가 논의 때문에 위험에 처해서는 안 된다는 무언의 약속이라도 한 듯했다.

"물론 그렇게 될 거요." 나는 말했다. "내 모든 영혼을 걸고 약속하오."

하루하루가 지나갔다. 생활은 녹색의 우주가 되었다. 나뭇잎이 우리를 쓸었고, 윗도리 아랫도리 할 것 없이 찢어졌으며, 팔다리는 가시에 찔렸고, 어디 할 것 없이 높이 자란 풀과 울창한 초목이었다. 우리는 오르고 또 올랐고, 똑같은 지점을 헤매는가 하면 언제나 방향을 찾느라 고생했다. 원을 그리며 맴돌게 될 위험은 상존했고, 시냇물은 허리까지 차올랐으며, 바위 언덕은 올라가는 우리의 손바닥을 찢어댔다. 고마워할 것은 딱 한 가지였다. 숲에는 벌레가 없었다. 밀림 속에서는 위험한 짐승은 고사하고 동물 자체를 볼 일이 거의 없었다. 길을 가다 보면 가끔 대나무숲이나 뒤엉킨 나뭇가지들을 헤치고 나아가야 할 때도 있었다. 시간은 점점 줄어들었고, 우기가 다가오고 있었다.

며칠이 지나자, 침묵을 깨는 사람은 나밖에 없게 되었다. 두 여자에게는 더 이상 낙관적인 태도를 보일 힘이 없는 게 분명했다. 둘의 기운을 북돋는 것은 내가 할 일이 되었다.

어느 날 아침 두 사람이 암담한 기분에 사로잡혔을 때, 나는 일장 연설을 하기 시작했다. 이 연설은 혁명 정신에서 비롯한 것이었지만 우리 모두를 감금과 죽음이 아니라 자유와 생명 쪽으로 몰아가려고 한 것이었다. 이것은 효과가 있어 보였고, 점차 우리가 하루를 시작할 때마다 치르는 일종의 습관이자 의식이 되었다. 나는 두 사람에게 말했다. "우리는 크메르 루주처럼 경계 중이고 전시체제에 있어요. 열두 시간 동안 걷고, 밤이 되어야 밥을 먹지요. 우리 상태는 레아치에 있을 때보다 나쁘지 않고, 자유를 향해 걷고 있으며 하루하루 진정한 자유에 가까워지고 있어요." 걸고 있을 때 두 여자 중 한 명이라도 피로해 하는 기색을 보이면, 나는 두 사람을 격려하고 설득하고 칭찬하면서 계속 걷도록 채근했다.

시간과의 끊임없는 투쟁이었다. 우리가 진전을 이뤘다면 괜찮았다. 하지만 우리가 그러지 못했다면 쌀만 축낸 격이었다. 모래처럼 흘러나가는 시간은 또한 그동안 먹어 치운 쌀알로도 잴 수 있었다. 우리의 성공은 식량에 달려 있었고, 우리의 목숨도 마찬가지였다. 이런 식으로 에너지를 소모하다 보니 이를 줄일 방법이 없었다. 우리가 할 수 있었던 것은 쌀죽에다 이따금 버섯을 섞어서 양을 불리는 게 고작이었다. 과일은 무척 드물었거니와 그걸 찾겠다고 길에서 벗어날 시간도 없었다.

밀림 속에는 살아있는 게 거의 없는 듯했고, 우리가 붙잡을 수 있는 것은 확실히 아무것도 없었다. 새소리 외에는 거의 아무것도 듣지 못했다. 한두 번 요란한 소리를 듣긴 했는데, 아마 멧돼지가 낸 소리였을 것이다. 때로는 원숭이들이 머리 위에서 뛰어다니면서 소리를 지르기도 했다. 개울가에서 호랑이 발자국을 본 적도 한 번 있었다. 하지만 그게 전부였다.

우리는 노출될까 봐 끊임없이 의심하는 사냥감처럼 되어갔다. 계곡 밑바닥에 있을 때는 위에서 누가 내려다보지 않을까 두려웠다. 산비탈에 있을 때는 들리지 않도록 소리를 할 수 있는 한 작게 내려 애썼다. 평소와 다른 소리가 들리면, 우리는 아무 말 없이 신호를 주고받으면서 꼼짝도 않은 채 멈췄다. 작은 생명체를 놀라게 한 게 우리인지, 아니면 근처를 지나가던 순찰대인지 궁금해하면서 말이다. 그 소리가 반복될 경우, 나는 정체를 확인하기 위해 덤불 속을 기어가곤 했다. 하지만 뭔가 보게 되는 경우는 극히 드물었다.

여자들이 뒤처지게 되면 나는 앉아서 기다렸다. 결코 그들에게서 멀리 떨어지지 않았고, 그들이 당황하지 않도록 항상 시야 안에 머물렀다. 우리는 대낮에 한참 쉬었고, 저녁에는 멈춘 다음 팔다리를 뻗고 누울 만한 건조하고 평탄한 곳을 찾아 밤을 보내곤 했다.

■

어느 날, 아마도 출발한 지 아흐레쯤 되던 날에 우리는 산꼭대기에 다다랐다. 산을 오른 기간과 어려움으로 판단해 보건대 우리는 아마도 3,000피트(약 914미터)보다 더 위쪽에 있는 것 같았다. 우리는 일종의 돔 가장자리에 멈춰 섰다. 전방에 나무가 없어서 사방을 볼 수 있는 곳이었다. 아래쪽으로는 골짜기가 있었고, 그 너머로는 지대가 다시 가팔라져 역시 숲이 우거진 산맥으로 이어졌다. 우리는 얼마나 멀리까지 왔는지, 그동안 어떤 지형을 지나왔는지 알고 있었다. 이제 우리 앞에 어떤 어려움이 있는지 소름이 끼치도록 뚜렷이 느껴졌다. 능선이 지평선까지 끝없이 이어지는 것 같았다. 그 너머로는 얼마나 더 가야만 하는 걸까?

하지만 우리 앞쪽, 계곡 반대편에는 산비탈 거의 밑바닥의 층이 진 땅에 오두막 몇 채가 있는 게 보였다. 하도 멀어서 거의 알아볼 수 없을 지경이었지만, 거기서 연기가 피어오르는 것이 보였다. 그 한쪽에는 소박한 논이 있었다. 거기에는 군인들도 있을 가능성이 있었지만, 알아낼 도리는 없었다. 그들이 집 밖으로 나온다 해도 우리로서는 그들을 식별할 수 없었을 것이다. 그저 예의주시하면서 크메르 루주 순찰대에게 놀랐을 야생동물의 움직임에 더욱 주의를 기울이는 수밖에 없었다.

밤이 되었다. 우리는 거기서 잠을 자 다음날의 하산에 대비한 힘을 비축하기로 했다. 그곳은 좋은 야영지였다. 풀이 무성한 이 고원은 나무로 감싸여 있었으며, 커다란 바위도 숨는 데 도움이 되었다. 우리는 석양빛 속에서 보잘것없는 저녁식사를 준비하기 시작했다. 나는 바위 근처에서 잔가지와 마른 나무토막으로 작은 불을 피운 다음 엥에게 취사를 맡겼다. 그리 위험하지는 않았다. 연기는 우리 위로 높게 자란 나무들 사이로 사라졌으니까. 아니와 나는 잠자리를 준비했다.

우리가 일하는 중에도 바람이 세차게 불어 불티를 흩뿌렸다. 나는 엥에게 조심하라고, 갑자기 불길이 일어 마을 주민들 눈에 띄지 않게 젖은 나뭇잎으로 덮으라고 일렀다. 엥은 취사를 마친 뒤 나뭇가지로 불을 쳐서 껐고, 우리는 쌀죽을 꿀꺽 삼켰다.

우리가 막 누우려는 찰나, 불 주위의 마른 풀이 불꽃에 타들어 가는 게 보였다.

"으악! 불이다!" 나는 펄쩍 뛰면서 소리쳤다. 근처 덤불에서 잔가지 하나를 꺾어다가 불꽃을 내려치기 시작했지만, 바람이 불꽃을 부채질해 삽시간에 불이 풀밭을 가로질러 가장 가까이 있던 나무들 밑동까지 번졌다. 이미 통제할 수 없는 상황이었다. 나는 잔가지를 던져버린 다음, 무서움에 떨면서 지켜보고 있던 여자들에게 돌아갔다.

"빨리!" 나는 외쳤다. "물건 챙겨요! 여길 뜹시다!" 사실 불은 그렇게까지 무섭지는 않았다. 바람이 불꽃을 우리 반대편으로 나르고 있었던 것이다. 하지만 사방이 깜깜했기 때문에 마을 사람들 눈에 띌 가능성이 컸다. "크메르 루주가 여기 오기 전에 도망쳐야 해요! 서둘러요!"

우리는 사방에서 불어닥치는 연기 속에서 공황에 빠진 채 소지품을 모두 모아 자루에 집어넣고 이불을 걷었다. 그런 다음, 내가 길을 이끄는 가운데 다들 불길을 피해 산비탈을 가로질러 조금 내려가 거의 밤처럼 깜깜한 숲속으로 들어섰다. 깜빡이는 불길을 뒤로한 채 어둠 속을 더듬어 나아가고 있는데 엥이 뒤에서 따라오는 소리가 들렸다. 아니가 우리와 함께 있는지 확인하려고 주위를 돌아보았다. 그랬다, 그녀는 20~30야드쯤 뒤에서 그림자 같은 형체로 따라오고 있었다. "서둘러요!" 나는 소리친 다음 비틀거리며 걸어갔다.

200야드(약 183미터)쯤 갔을 때 아니가 부르짖었다. "깡통! 깡통을 잊고 있었어요!"

그녀가 말한 것은 우리가 밥을 지을 때 썼던 연유 깡통이었다. 조리 도구로서도 그렇지만 쌀도 조금 담아 두었기 때문에 무척 요긴한 물건이었다. 나는 돌아섰고, 아니가 황급히 불 쪽으로 되돌아가는 모습을 본 것 같았다. 멀리 타오르는 불빛을 배경으로 그림자가 희미하게 움직이는 모습을 말이다. 나는 아내에게 소리쳤다. "가지 마! 아니! 멈추면 안 돼! 돌아와요! 되돌아갈 시간이 없어!"

아니가 내 말을 들었는지 모르겠지만 대답은 없었다. 아내는 가버렸고, 몰려드는 어둠에 삼켜졌다.

나는 엥이 다가오자 그녀에게 말했다. "여기 앉아서 기다리죠." 그렇게까지 나쁜 상황은 아닐 듯했다. 불길은 우리에게서 멀어지고 있었다. 아니는 깡통을 찾아내 몇 분 내로 우리에게 돌아올 것이었다.

우리는 기다렸다.

시간이 지남에 따라 불안함이 더해갔다. 아니에게 무슨 일이 일어난 걸까? 아내가 돌아서면서 억지로 참는 비명을 질렀다는 사실이 떠올랐다. 나무 그루터기에 발이 챈 게 틀림없다고 생각했다. 다쳤을 수도 있었다.

우리는 계속 기다렸다. 여전히 아무 일도 일어나지 않았다. 시간이 더 흘렀다. 점점 걱정이 되기 시작했다. 마침내 나는 아내를 찾아봐야 한다는 것을 깨달았다. 엥에게 기다리고 있으라고 일러둔 뒤 이따금 멀리서 비치는 불빛을 길잡이 삼아 움직이기 시작했다. 사방이 칠흑같이 어두웠다. 나는 앞을 더듬어가면서 덤불을 젖히고 어린나무들을 어깨로 밀치며 나무 사이를 지그재그로 뛰어다닌 끝에 우리가 출발했던 지점에 다다라 어둠 속에서 주변을 바라보았다. 풀은 숲의 그림자처럼 새까맣게 타버렸다. 그 너머의 나무들은 화마에 휩쓸리지 않았고, 오직 그 아래 덤불들만 타고 있었으며 그나마도 이미 불길이 꺼져가고 있었다.

아니는 어디에도 없었다.

"아니!" 나는 마을 주민들이 듣지 않을까 걱정하면서 불렀고, 이어 더 큰 소리로 외쳤다.

"아니! 아니!"

응답은 없었다.

아내를 찾을 수 있게 도와달라고 온 세상에 요청하고픈 심경이었다. 나는 할 수 있는 한 크게 소리쳤다. 내 주변의 공간은 텅 비었다. 나는 어둠의 자궁 속에 있었다. 대답은 없었고, 메아리조차 들리지 않았다. 아무것도 보이지 않았다.

나는 점점 커져가는 황망함 속에서 내 발걸음을 되짚어 걸으면서, 아니가 갔던 길을 따라가고 했던 동작을 재현함으로써 아내에게 무슨 일이 일어난 것인지 이해하려고 애썼다. 아내를 부르고 또 불렀다. 아무 일도 일어나지 않았다. 덤불을 억지로 헤치고 나아가는 동안 옷은 잡아 뜯겼고 뿌리와 가시덩굴이 샌들에 끼었다. 나는 계속 넘어지고 비틀거렸다. 성이 나서 샌들을 잡아 뜯은 다음 던져버렸다. 그런 다음 절망에 빠져 우리 야영지를 둘러보면서 원을 그리며 돌아다니기 시작했다. 아니, 적어도 그렇게 하고 있다고 생각했다.

시간이 흘렀다. 나는 계속 외치면서 나뭇잎과 가지들을 마구 헤치며 나아갔고, 잔가지와 나를 찰싹 때려대는 이파리들이 엮어낸 악몽 같은 그물 속에서 허우적거렸다. 발끝에는 뿌리가 차였고, 나무들이 불쑥 솟아올라 내 어깨며 팔, 머리를 멍들게 했다. 아니의 흔적은 여전히 없었다. 최악의 상황이 떠오르기 시작했다. 크메르 루주에게 잡힌 걸까? 그랬을 것 같지는 않았다. 그랬다면 내가 부르는 소리를 듣고 곧바로 나도 잡았을 테니까. 아니, 받아들여야만 했다. 아니는 어둠 속에서, 미로 같은 숲속에서 길을 잃어버린 것이었다.

아마 아내는 나를 향해 가고 있다고 믿었을 것이고, 그러다가 나를 찾으리라는 희망을 잃어버렸을 것이다. 아니가 길을 잃어버렸다고 깨달았을 무렵에는 불길이 아내 뒤 어딘가에서 보이지 않게 잦아들고 있었을 것이고, 그녀는 엉뚱한 방향으로 더 멀리 나아갔을 터였다.

아침까지 기다리는 것밖에는 더 할 수 있는 일이 없었다. 나는 엥에게 돌아가기로 결심했다. 그녀는 분명 200야드도 채 안 되는 거리에 있었다.

하지만 어느 방향으로? 나는 소름이 끼치는 걸 느끼면서 발걸음을 멈췄다. 밀림이 얼마나 사람을 잘 속일 수 있는지 이제야 깨달았다.

왔다고 생각한 방향으로 다시 이동하면서 나무와 부딪치고 낮게 드리운 가지에 걸렸다. 아니와 엥을 외쳐 불렀지만 아무도 대답하지 않았다. 나는 숨을 참은 채 심장이 덜 두근대기를 바라면서 귀를 기울였지만, 아무것도 들리지 않았다. 짐승의 기척마저도 없었다.

길을 잃은 것이었다. 단번에, 몇 분 만에 나의 세상 전부가 사라졌다. 이렇게 고립된 적이 없었다. 나는 아니와 엥을 소리쳐 부르면서 세 시간가량 돌아다녔다. 그 자리에서, 밀림 속에서 잠을 자고 날이 새면 다시 수색을 재개하기로 작정했을 때까지 말이다. 아무것도 두렵지 않았다. 어둠이든, 크메르 루주든, 야생동물이든 뭐든 말이다. 내 유일한 걱정거리는 아니, 내 사랑 아니였다. 아니와 함께였기에 여태까지 살아남았고, 아니와 함께였기에 이 탈출을 준비할 수 있었다.

나는 슬픔과 탈진에서 벗어나 깊이 잠을 잤다.

이튿날 나는 동이 트기도 전에 일어났다. 해가 비치자마자 아니와 엥을 부르면서 찾아 나섰지만 아무 소리도 들리지 않았다. 나는 마치 악마라도 된 것처럼 소리질렀고, 목이 쉬도록 고함쳤다. 여전히 대답이 없었다. 다리가 무거워졌고, 나는 고통과 슬픔에만 의지해 정신을 차린 채 나아갔다. 새벽부터 한낮까지 이런 식으로 몇 마일을 걸었는지 모른다. 이렇게 터무니없이 아니를 잃었다는 사실에 체념할 수는 없었다. 나는 그 일대를 원을 그리며, 앞뒤로, 지그재그로 돌아다녔고, 더 이상 외칠 수 없게 될 때까지 소리를 질렀다.

결국 나는 슬픔 때문에 절망하고 이성을 잃은 채 공터에 주저앉아 모든 걸 그만두기로 결심했다. 아니와 엥을 숲속에 내버려둔 채로 말이다. 나는 희망을 잃었고, 절망에 굴복할 준비가 되어 있었다.

잠시 뒤에 배가 고파왔다. 아직 2주간 버틸 만큼의 쌀이 남아 있었지만, 조리 도구가 없었다. 건어물 조각을 넣어둔 작은 깡통이 고작이었다. 나는 깡통을 비운 다음 쌀로 채웠다. 건어물 조각은 기껏해야 한두 입 거리였다. 쉽지 않은 일이었지만 먹어야 했다. 나 자신에게 위안을 주는 동시에 더 명료하게 생각하기 위해서 말이다. 나는 라이터 두 개를 갖고 있었고, 그게 우리의 작은 그룹이 지닌 전부였다. 그 가운데 하나를 꺼내면서 잃어버린 두 여인을 생각했다. 두 사람은 라이터도, 성냥도 없었으니 불을 피워 몸을 녹이거나 요리할 수단이라고는 아무것도 없었다. 나는 잔가지를 모아 불을 피운 다음 밥을 지어 먹었다.

밥을 먹는 동안 한 가지 생각이 떠올랐다. 더 큰 불을 피우면 어떨까? 어쩌면 그들은 연기를 보고 방향을 잡아서 나를 찾아낼 수 있을지도 몰랐다. 근처 마을 사람들의 눈에 띌까 걱정하지는 않았다. 더 이상 위험이 두렵지 않았다.

불을 피운 다음 사방에 질렀다. 주변의 풀이 타들어가면서 근처의 덤불에 불꽃을 튀겼고, 이어 나무들까지도 불이 붙었다. 나는 뒤로 물러선 채 불길이 커져가는 모습을 지켜보고 있었다. 내 안에서 경고하는 목소리가 계속 들렸다. '숨어! 아니가 온다면, 넌 그녀를 보게 될 거야. 공터 한가운데에 있지 마. 크메르 루주한테 들키면 어쩌려고 그래? 그럼 넌 아무한테도 쓸모가 없게 될 텐데.'

그래서 난 공터 가장자리에 숨었다. 숲은 계속 타오르고 있었다.

아무도 오지 않았다.

한 시간, 두 시간이 지났고 숲의 상당 부분은 이미 불타버렸다. 나는 나무들이 통째로 성냥처럼 불타는 것을 지켜보았다. 엄청난 연기가 내 위에서 구름처럼 피어올랐다. 누가 보게 된다면 수 마일 밖에서도 볼 수 있었을 것이다.

아니는 여전히 모습을 보이지 않았다.

더는 움직이거나 걷고 싶지 않았다. 뭘 해야 할지 몰랐다. 그 순간, 삶은 내게 더 이상 아무것도 의미하지 않았다. 마치 백지가 된 듯했다. 이 최후의 끔찍한 일격이 모든 기억을 지워버린 것만 같았다.

나는 오후 내내 공터에서 불길을 바라보면서 기다렸다.

해가 지기 시작했을 때, 내면의 목소리가 나를 현실로 되돌려 났다. '왜 여기 계속 있는 거야?' 나는 나 자신에게 말했다. '넌 죽게 될 거야. 시간이 없어. 잃어버린 시간은 다시 찾을 수 없어. 아무도 오지 않잖아. 더는 할 수 있는 게 없어. 당장 여기를 떠.'

그 목소리는 나를 괴롭혔다. 여전히 망설여졌다. 갈 수 없었다. 아니를 포기할 수는 없었다. 하지만 내 목소리는 여기 머물러선 안 된다고 말했다. 여기서는 결국 죽게 될 게 뻔했으니까. 기회가 아무리 적다 한들, 움직이는 게 더 나았다. 움직이는 것만이 내가 생각한 전부였다. 앉아 있느니 움직이면서 죽음을 맞이하는 편이 나았다. 나는 더 이상 생존 문제를 생각하지 않았다. 나왓을 찾는 것은 말할 것도 없었다. 이런 가능성은 고려하기에는 너무나 먼 얘기였다.

어쨌든, 당시 나는 무엇으로 살아남아야 했던가? 어깨걸이 자루에는 입고 있던 바지와 셔츠 각 한 벌, 여분의 셔츠 한 벌, 세 통 분량의 쌀, 밥을 한 입 거리나 지을 수 있을 자그만 깡통 하나가 들어 있었다. 주머니에는 볼펜 한 자루, 라이터 두 개, 지도 조각, 외국 돈 한 뭉치가 있었다. 허리춤에는 물통과 양쪽으로 날이 잘 선 칼 한 자루가 달려 있었다. 살아남기에 적당하다고 생각하기엔 턱없이 모자란 갖춤새였다.

다시 한 시간이 지났고, 불은 여전히 200야드 떨어진 곳에서 천천히 탁탁 소리를 내면서 타들고 있었다. 이제 떠나야겠다고 결심했다.

나는 텅 비었다. 내 몸뚱이는 더 이상 존재하지 않았다. 나는 슬픔에 잠긴 채 세상에 대한 관심과 피로 및 질병에 대한 걱정은 물론 감각 자체를 잃어버렸다. 맨발인 데다 긁히고 멍들었지만, 고통도 더 이상 느껴지지 않았다.

나를 데려가려는 죽음에 맞서면서도 죽음이 찾아오면 기꺼이 맞아들이기로 결심하면서, 지상의 모든 속박에서 벗어나 내 일가와 다시 결합하기를 열망하면서, 나는 해 지는 쪽으로 돌아섰다.

XI. 혼자서

나는 텅 빈 껍데기가 된 채 나 자신의 목소리에 떠밀려 서쪽으로 향했다. 이상하게도 기분이 가벼웠다. 희망도 두려움도 사라진 느낌이었다. 한때는 야심과 자신감이 넘쳤던 내가 이제는 모든 것을 잃었다. 두 아이를 구하지 못했고, 마지막으로 남은 아이는 버려두었으며 이제는 아내까지 잃고 말았다. 두려워할 게 뭐가 남았단 말인가? 더 이상 파멸당할 것이 두렵지 않았기에, 나는 파멸시킬 수 없는 존재가 되어 있었다.

사흘 동안 기계적으로 걸었고, 밤에는 잠을 잤지만 뭘 먹지는 않았다. 발에 닿는 가시덤불과 날카로운 풀잎, 돌멩이 따위는 날 어쩌지 못했다. 고통도 없었다. 마치 몽유병자 같은 상태였다.

셋째 날 오후에 길이가 1피트쯤 되는 커다란 산거북과[20] 마주

---

20) 지은이는 '산거북'이라고 썼으나, 정확히는 아시아숲땅거북을 가리키는 것으로 추정된다.

쳤다. 그제야 내가 무척 굶주려 있었다는 것을 깨달았다. 배고픔이 나를 현실로 되돌렸다. 죽음이 여전히 날 기다리고 있더라도 나는 최소한 목표에 도달하려고 분투하다 죽을 생각이었다. 거북을 붙잡아 옆구리에 끼었다. 저녁으로 삼을 작정이었다.

요리하기 위해 불을 지폈다. 이제는 불길을 작게 유지하려고 노심초사하지도 않았다. 거북을 뒤집어 불 위에다 두었고, 따라서 그 등껍데기 자체가 일종의 그릇이 되었다. 잠시 뒤에 돌로 등껍데기를 부순 뒤 칼로 살을 파냈다. 고기는 썩 맛이 좋았고 연했다. 배불리 먹고도 다음날에 먹을 거북이 고기가 반이나 남았다. 나는 남은 살을 세 조각으로 나눈 뒤 가방과 바지 주머니에 넣었다.

이튿날 새벽에 길을 나섰다. 방향감각을 잃지 않도록 한낮에 멈출 생각이었다. 하지만 구운 고기 냄새가 하도 식욕을 돋우는 통에 일찌감치 발길을 멈추고 말았다. 개울 근처였던 그곳은 간단히 요기하면서 원기를 회복하기에 적당했다. 나는 시냇가에 몸을 쭉 펴고 누운 채 어깨에 서 가방을 내려 거북이 고기를 꺼낸 다음 씹었다. 잠시 쉰 다음 물을 좀 마시고 다시 길을 재촉했다.

갑자기 평소보다 몸 상태가 더 나아진 느낌이 들었다. 발걸음도 빨라진 듯했다. 나는 놀랐고, 태국을 향해 빨리 이동하고 있다는 사실에 기뻤다. 경쾌한 속도로 수백 야드를 나아가는 동안 낯선 느낌, 일종의 형용할 수 없는 불안함을 느꼈다. 내가 걷는 동안 느낀 편안함은 정상이 아니었다. 거북이 고기가 내게 힘을 준 게 아닐까 생각했다. 나는 꽤 가파른 비탈길을 헐떡이지도 않은 채 상당히 빠른 속도로 올라갔다.

그러다 갑자기 뭔가를 깨닫고 소름이 끼쳤다. 가방을 개울가에 놔두고 왔던 것이다. 잠깐 쉬는 동안 가방을 챙겨두지 않았고, 그래야겠다는 생각조차도 하지 않았다.

엄청난 재앙은 아니었다. 돌아가 되찾으면 그만이었다. 그 개울은 300야드(약 274미터) 정도밖에 떨어져 있지 않았다. 나는 발걸음을 되돌렸다.

해냈다고 생각했다. 길을 제대로 잡은 줄 알았다. 개울을 찾아내 따라 걷기까지 했다. 하지만 그건 다른 개울이었다. 내가 멈췄던 자리를 찾아낼 수 없었다. 방향을 셀 수 없을 만큼 틀었고, 큰 나무들을 셀 수 없을 만큼 지나쳤으며, 끝도 없이 오르내린 끝에 내가 어디 있는 건지 알아냈다고 생각했다. 내 직감이 틀렸음이 계속해서 드러났다. 300야드밖에 안 되는 길을 되짚을 수 없다는 것은 악몽과도 같았고, 믿을 수 없는 일이었다. 하지만 세 시간 뒤, 나는 가방을 잃어버렸다는 것을 인정할 수밖에 없었다.

이로써 나는 쌀과 여분의 옷가지, 깡통은 물론 베개로 쓰기에 딱 좋았던 가방마저도 잃어버렸다. 이제 내가 가졌던 거의 모든 것이 사라졌다. 남은 것이라고는 물병 하나, 라이터 두 개, 칼 한 자루, 셔츠, 바지, 속옷, 주머니에 든 볼펜과 남은 돈(100달러짜리 지폐 세 장, 500프랑짜리 지폐, 20바트), 스라마르레압에서 가져온 지도 조각, 마지막으로 남은 거북이 살 한 점뿐이었다.

내면의 목소리가 말했다. '넌 가방 없이 가야만 해, 그렇지 않으면 끝장이야! 어쨌든 가방이 없으니 더 빨리 움직일 수 있을 거야.'

그래서 나는 다시금 출발했다. 아무것도 생각지 않은 채 오후의 태양을 따라 무작정 걸어갔다.

저녁에 마지막 남은 거북이 고기를 먹었다. 그러고 나서 깊이 잠들었다.

이튿날 아침, 나는 밀림에 삶을 맡기기로 결심했다. 걷다 보니 버섯 몇 개가 눈에 띄었다. 조심스럽게 하나를 뽑았다. 베알봉에서 사람들이 버섯을 먹고 죽었던 일이 떠올랐다. 하지만 선택의 여지가 없었다. 게다가 여기엔 버섯이 많았다. 먹을 수만 있다면 하루 종일이라도 먹을 만한 분량이었다. 손에 쥔 것을 바라보다가 마치 보통의 식용버섯이기라도 한 것처럼 냄새를 맡았다. 맛도 보았다. 아마도 미친 짓이었겠지만 독버섯이 아니란 걸 확인할 방법이 달리 없었다. 괜찮은 것 같았다. 그 버섯을 전부 먹은 다음 나머지를 주머니에 넣었다.

이 체험은 기본 규칙을 세우는 계기가 되었다. 이후에는 눈에 띄는 야생 과일이나 채소는 어떤 것이든 조금씩 베어먹어 보았다. 그리고 위험을 무릅쓸 가치가 있게끔, 적잖은 양이 존재하는 것만 먹어보기로 했다. 처음 몇 분간 반응이 없다면 적어도 단기간 내에는 해롭지 않을 것이라고 간주했다. 내가 먹은 것이 장기적으로 어떤 효과를 미칠까 하는 문제로 고민하지는 않았다. 먼 장래의 일까지 생각할 겨를은 없었다.

이튿날, 커다란 잎과 부드러운 스펀지 같은 줄기를 지닌, 혐오스러운 모습을 한 식물들을 발견했다. 숲속에서 몇 번 보았던 식물이었다. 줄기 하나를 생으로 씹어보았다. 맛이 괜찮았다. 줄기들을 한 다발 모은 다음 저녁에 불에 구웠다. 줄기 가운데 일부는 다음날을 대비해 주머니에 넣었다. 그러던 도중에 쓰고 있던 라이터의 연료가 떨어졌다. 그 라이터를 던져버린 다음 바지 주머니에서 두 번째 것을 꺼냈다.

나는 운이 좋았던 것 같다. 불쾌한 경험을 했던 것은 딱 한 번, 며칠 뒤의 일이었다. 해롭지 않아 보이는 녹색 과일(배 비슷해 보였다)을 조금 깨물었더니 곧바로 누가 내 입에 대고 불을 내뿜은 것 같은 느낌이 드는 것이었다. 곧장 뱉어낸 다음 입을 뒤적여 찌꺼기까지 제거했지만 고통은 여전했다. 그런 맛은 한 번도 겪어본 적이 없었다. 후추나 고추 같은 매운맛이 아니라 훨씬 더 나빴다. 마치 산酸 같았다. 그날은 온종일 숨을 헐떡거리면서 입을 벌린 채 걸었다. 고통을 조금이라도 줄이기 위해서였다.

이 무렵 나는 불쌍해 보일 만큼 깡말라 있었다. 나는 오직 의지력만으로 걷고 있었다. 발걸음을 늦출 수 있는 암담한 생각을 일체 피하려고 일부러 머릿속을 텅 비웠다. 서쪽으로 계속 걸어가는 것, 이 단 한 가지만 생각했다. 다른 어떤 것도 문제가 되지 않았다. 나는 로봇이나 마찬가지였다.

과일을 딸 때도 몇 초 이상은 멈추지 않았다. 나는 걸어가면서 먹었다. 먹을 것을 구하는 데 시간을 들이고 싶지 않았다. 시간 낭비는 나를 지치게 할 터였고, 크메르 루주보다도 더 확실한 위협이 될 것이었다. 시간을 얻는 것은 죽음으로부터 삶을 빼앗는 것과 같았다.

기운을 북돋울 생각으로 나 자신을 동물과 비교해 보았다. 짐승들이 이 밀림에서 행복하게 평생을 보낼 수 있다면, 내 지능으로 한 달을 살아갈 수 없겠는가? 이 생각은 포기하지 않기로 마음을 굳히는 데 도움이 되었다. 마치 동물처럼, 내 생활도 일출과 일몰에 따라 규율되었다. 하지만 나는 조금씩 약해지고 있었다.

과연 해낼 수 있을지 의문이 들기 시작했다. 나는 저녁마다 그날 걸어갔다고 생각한 거리를 기록했다. 어느 날은 3마일, 이튿날은 6마일, 그다음 날은 아마도 4마일, 이런 식이었다. 그리고 날마다 내가 답파한 총 거리를 합산했다. 레아치를 떠난 지 18일, 아니가 사라진 지 9일이 지났을 때 나는 거의 100마일쯤 왔다고 계산했다. 이건 레아치부터 국경까지의 총 거리보다도 더 길었다. 그리고 나는 아직 태국에 닿지 못했다고 확신하고 있었다. 지그재그로 걸을 때가 많았고 땅은 계속 오르락내리락했으니, 걸어야 할 거리는 두 배나 세 배가 될 수도 있었다. 아직 국경 근처에 이르지 못한 것일 수도 있었다. 알 방법은 없었다.

아니를 잃은 지 아흐레째 되는 날 오후, 언덕을 내려와 나무와 덤불 사이를 헤집고 나가는 데 집중하고 있었는데 갑자기 햇빛이 쏟아졌다. 나는 자동차 바퀴 자국이 난, 단단하게 포장된 흙길 위에 서 있었다. 밀림 한복판에서 그런 것을 발견하게 되어 놀라웠다. 거의 3주 만에 처음으로 접한 인간 존재의 흔적이었던 것이다. 그 길은 남서쪽으로 향하고 있었다. 남서쪽으로 가는 것은 내 여정을 엄청나게 늘리는 짓이 될 터였다. 이런 생각이 들었다. '안 됐군.' 나는 그 길이 어디로 향하는지 확인하기 위해 한동안 따라 걸었고, 나뭇잎이나 가지에 방해받지 않으면서 딱딱한 땅바닥을 직선으로 쭉 걷는 사치를 누렸다.

게다가 잭프루트 씨앗 여섯 개를 모으기도 했다. 잭프루트는 크고 노란 과일로 섬유질이 있고 단맛이 나며, 씨에는 밀가루 비슷한 게 들어 있는데 익히면 먹을 수 있었다. 진짜 횡재였다. 이 씨앗을 더 모아야겠다는 생각은 내가 길 위에 더 머물 또 하나의 이유가 되어주었다.

길을 따라 걸어가면서, 내가 암담한 절망에서 벗어났다는 것을 깨달았다. 체력을 많이 소모했음에도 불구하고, 몸이 쇠약해져 있었음에도 불구하고, 아니를 잃어버렸음에도 불구하고 내 의기는 설명할 수 없을 정도로 높았다. 더 이상 잃을 것이 없어서 그렇다는 생각이 들었다. 살아남는다면 삶을 되찾을 수 있었다. 죽는

다면 가족들과 재회하게 될 것이었다. 어느 쪽이든 나로서는 잘된 일이었다. 나는 육체적 공포의 단계를 지나쳤다. 그것이 나를 살아있게 했다. 공포를 극복했다는 느낌 말이다. 나는 다시금 시간과의 싸움에 전념할 수 있었다. 몇 주 전에는 꿈조차도 꾸지 못했던 미지의 힘이 나를 계속 몰아갔고, 내게 생명력을 불어넣었다. 육체적으로는 쇠약하고 허수아비나 다름없었으며, 맨발에 다해진 바지와 찢어진 셔츠 차림이었지만, 내 상태는 내게 영향을 미치지 않았다. 날이 저문 뒤에는 길에서 조금 떨어진 곳으로 가서 잭프루트 씨앗을 구워 먹은 다음 잠을 잤다. 평소처럼 산중의 습한 공기 속에서 몸을 따뜻하게 말리기 위해 불을 피웠다.

이튿날 아침, 나는 아주 일찍부터 길을 나설 준비를 했고 도로를 향해 걸어갔다. 길을 따라 걷다가 위험에 처할 수 있다는 생각은 하지도 않았다. 쉬던 곳에서 100야드쯤 벗어나 도로에 가까워졌을 때 무슨 소리가 들렸다.

발소리였다.

누군가 가까이에, 도로 위에 있었다. 무릎을 꿇고 나뭇잎 사이로 내다보자, 크메르 루주 순찰대가 길을 따라 걸어가고 있는 모습이 보였다.

군인 여섯 명이 50야드쯤 떨어진 곳에 있었다. 대장은 머리를 숙인 채 담배에 불을 붙이고 있었다. 나는 뒤쪽 숲으로 조용히, 조심스럽고도 은밀하게 물러나 수풀 속에 몸을 숨긴 채 기다렸다.

그들이 나를 지나쳤을 때는 숨소리까지 들을 수 있을 정도로 가까웠다.

나는 행운에 감사하면서 몇 분 더 기다렸다. 몇 초만 일찍 도로에 닿았더라면 그들 바로 앞에 나서게 될 뻔했다. 그 길을 따라 걸어갈 수는 없었다. 그건 너무 위험했다. 계속 숲을 가로질러 이동해야만 했다.

나는 아침 해를 바라본 뒤, 그 반대편으로 방향을 잡았다. 이곳의 밀림은 울창하고 수종이 다양했으며, 가시나무나 대나무로 된 장벽이 자주 나타났다. 하지만 적어도 지대는 평탄했으며, 이로 미루어보건대 나는 평원이나 두 산맥 사이의 널따란 골짜기를 걷고 있는 듯했다. 길을 우회함으로써 시간 낭비를 하지 않으려면 그런 장벽을 뚫고 기어가야 할 때도 더러 있었다. 그런 것에는 개의치 않았지만, 산을 오르는 것은 점점 더 어려워져 갔다. 비탈길에서는 돌에 무릎을 치어서 넘어지는 일이 더 잦아졌다.

전에도 그랬듯이 나는 야생식물을 먹었다. 내 주머니는 곧 버섯과 각종 잎사귀로 가득 찼다. 그리고 다음 며칠 동안—정확히 며칠인지는 알 수 없다. 기억 속에서는 그날이 그날 같았고, 끝도 없이 걷는 도중에 드문드문 발생한 일들이기 때문이다—거북이 세 마리를 더 찾아냈고, 모르긴 하되 내가 목숨을 건진 것은 이 녀석들 때문이었을 것이다. 한 마리 찾아낼 때마다 매번 쓰러지기 직전이었으니까. 한번은 우연히 꿩을 발견한 적이 있었다. 녀석은 내게 곧장 날아왔다. 힐끗 내려다본 다음 깜짝 놀랐다. 녀석은 알을 낳고는 가버렸다. 당장 알을 깬 다음 내용물을 꿀꺽 삼켰다. 맛이 훌륭했다.

다른 한번은 윙윙거리는 소리가 들리기에 살펴봤더니 죽은 나무의 텅 빈 줄기 안에 말벌 떼가 있었다. 말벌이나 말벌집을 먹을 수는 없었지만, 그 안에는 애벌레가 있을 수 있었다. 나무줄기에 나뭇잎을 올려놓고 불을 지폈다. 불이 붙자 말벌들은 연기와 열기 때문에 달아났다. 불은 한 시간쯤 타오른 다음 꺼졌다. 불이 사윈 다음 숯이 된 나무를 잘라내고 재를 걷어내자 캐슈너트처럼 보이는 작고 구부러진 애벌레가 있었다. 바깥쪽에 있던 것들은 바삭하게 타버렸지만, 안쪽에 있던 수십 마리는 각각의 칸에 든 채 완벽하게 익었다. 나는 든든하게 먹었고, 나머지는 나중에 먹으려고 주머니에 넣었다.

며칠 더 지나는 사이에 비는 점점 더 자주 내리게 되었고, 나는 불을 피우기가 점점 더 어려워지고 있다는 사실을 깨달았다. 처음에는 잔가지의 축축한 거죽을 긁어내 그 아래의 건조한 부분에 불을 붙이거나, 댓잎을 말아서 불쏘시개처럼 사용할 수 있었다. 하지만 결국 우기가 본격적으로 시작되면서 모든 것이 흠뻑 젖어 불을 피울 수 없게 되었다. 어느 날 저녁에는 불을 지피려고 내 지도의 남은 부분 중 절반을 불태우기까지 했다. 나머지 절반은 내 여정을 기록하기 위해 남겨두었다. 어쨌든 그게 내가 지닌 연료의 마지막이었다. 나는 라이터를 던져버렸고, 드러누운 채 마지막 불로 할 수 있는 한 몸을 데우기 위해 애썼다.

이튿날 출발할 때 하늘을 올려다보자 내 위에서 맴돌고 있는 새들이 보였다. 아무래도 그리폰 독수리[21] 같았다. 총 세 마리였고, 짙은 갈색을 띤 덩치 큰 녀석들이었다. 한낮에 휴식을 취하고 있을 때 녀석들은 근처에 내려앉아 무심하고 흐릿한 눈으로 나를 주시했다. 마치 내가 죽기만 기다리고 있는 것 같았다. 개 짖는 것처럼 이상하게 불길한 울음소리를 냈기 때문에 녀석들을 무시할 수 없었다. 놈들은 죽으라고 저주하는 것처럼 나를 향해 울어댔고, 그날 밤에는 나를 감시했다. 동이 터서 젖은 나뭇잎 아래로 눈을 떴을 때, 녀석들은 근처의 나뭇가지에 앉아 있었다. 사실 그때까지는 녀석들이 방해가 되지는 않았다. 놈들을 길동무로 삼게 되어 반갑기까지 했다.

내 동반자는 그리폰 독수리만이 아니었다. 이쪽 숲에는 야생동물이 더 많이 사는 듯했다. 그곳이 골짜기였기 때문일 수도 있고 단지 사람이 사는 지역에서 멀리 떨어진 곳이기 때문일 수도 있었다. 원숭이가 점점 더 많이 보이기 시작했다. 하얀 가슴을 빼면 전체적으로 베이지색을 띤 조그만 녀석들이었다. 비틀거리며 걸어가는 내 존재는 그들의 시끄러운 서식지를 혼란에 빠뜨렸고, 녀석들을 이 나무 저 나무 뛰어다니게 했다. 놈들은 겁을 주려는

---

21) 유라시아에 분포하는 독수리의 일종. 다른 독수리와 마찬가지로 무리를 지어 움직이며 동물의 사체를 먹는다.

듯이 내게 죽은 나뭇가지를 던져댔다. 나는 어미와 아기들을 보면서 녀석들이 누리는 가정생활의 행복을 질투했다. 하지만 동시에, 새끼 원숭이가 한 마리라도 어미의 손에서 굴러 떨어진다면 기꺼이 날로 먹으리라는 생각도 지울 수 없었다.

한번은 멧돼지와 사실상 얼굴을 맞대는 지경까지 간 적이 있었다. 수풀을 헤치고 나왔더니 늙은 숫멧돼지 한 마리가 땅을 긁어대고 있었던 것이다. 혼자였고, 육중한 체구와 위험해 보이는 엄니를 지닌 놈이었다. 우리는 둘 다 놀라서 서로를 쳐다봤다. 그놈이 돌진하려는 것처럼 자세를 잡는 게 보였다. 나는 꼼짝도 하지 않음으로써 내가 느낀 공포심을 드러내지 않으려 애썼다. 길게 느껴진 몇 초가 지난 뒤, 그놈은 돌아서서 달아났다. 나뭇잎들이 흩날렸고, 멧돼지는 가버렸다. 내 의도치 않은 허세가 교훈이 되었다. 이제 큰 동물과 마주쳤을 때 어떻게 행동해야 할지 알게 된 것이다.

그러고 나서 평탄한 숲이 다시 산기슭에 자리를 내주기 시작했을 때, 들개 한 쌍이 겁에 질려 도망치는 모습이 보였다. 그 개들을 잡을 가능성은 전혀 없었다.

■

산기슭이 높아짐에 따라 내 운은 약간 바뀌었다. 바위틈에 고인 물에서 민물게 몇 마리와 작은 물고기 한 마리를 발견했다. 나는 양손을 오므려 그것들을 떠냈다.

잇새에 낀 작은 물고기 뼈를 빼내고 있는데 다른 거북이가 눈에 띄었다. 빨리 죽이고 싶었던 나는 칼로 등껍데기를 자르려고 애썼다. 쓸데없는 짓이었다. 그런 다음에는 머리를 자르거나 목을 따려고 했지만, 칼날은 껍데기 속으로 깊이 들어가지 않았다. 결국 나는 녀석을 바위에 내려쳤다. 대여섯 번 시도한 끝에 등껍데기가 호두처럼 부서졌다. 나는 거북이를 죽인 다음 잘라냈다. 살을 날로 먹은 다음 네 다리는 다음날 먹으려고 남겨두었다. 지금 돌이켜보면 산 생명한테 그런 짓을 하다니 끔찍한 일이었다. 하지만 당시에는 그 문제를 생각하지 않았다.

같은 날, 혹은 이튿날 오후에 뱀 한 마리를 죽이는 데 성공했다. 녹색을 띤 자그만 녀석으로 내 앞팔보다 길지 않았다. 밀림에는 뱀이 많을 게 분명했지만 내가 본 것은 이 녀석이 처음이었다. 나는 낮게 드리운 나뭇가지 사이를 헤집고 나아가는 것을 보고는, 주위를 둘러본 다음 죽은 나뭇가지를 찾아내 뒤에서 뱀의 대가리를 내리쳤다. 그런 다음 껍질을 벗겨서 살을 생으로 먹었다. 캄보디아에서 어떤 뱀들은 요리했을 때 진미로 여겨지며, 나 역시 돈에이에 있을 때 구운 뱀고기를 먹은 적이 있었다. 하지만 이 뱀에는 맛있다고 할 만한 구석이 전혀 없었다. 뱀의 날고기 맛에도 익숙해질 수 있다고 한다면, 그것은 결코 익숙해지고 싶지 않은 맛이었다.

독수리들은 일주일 동안 거슬리는 소리를 내면서 나를 따라다닌 끝에 내가 그리 손쉬운 먹잇감이 아니라고 판단하고 떠나갔다. 하지만 원숭이들은 산지에 이르기까지 이 근방의 밀림 전체에 퍼져 있었다. 녀석들은 놀라면 고함을 질렀고, 짖거나 뛰어다닐 때, 자기들끼리 싸우거나 놀 때도 마찬가지였다. 놈들의 태평한 생활은 놀라웠다. 내가 지옥에 있었던 동안에도 숲속의 짐승들은 줄곧 자기네만의 친숙하고도 안전한 세상에서 살고 있었다. 이 생각은 내 기분을 북돋아 주었고, 여기 야생 속에 있는 것이 민주 캄푸치아에 있는 것보다 더 안전하다는 사실을 새삼 일깨워 주었다.

태국에 아주 가까이 왔다는 느낌이 들기 시작한 것은 이 무렵이었다. 내 지도에 표시되어 있듯이, 국경은 '메툭'Me Tuk('어머니 물'이라는 뜻이다)이라 부르는 강에서 그리 멀지 않았다. 나는 이미 작은 강을 몇 차례 건넜고, 그때마다 지도와 돈이 젖지 않도록 물통 속에 집어넣은 채 물 위로 밀치면서 나아갔다. 바다 쪽에 가까워지고 있었기 때문에 건널 때마다 강은 더 커졌고, 비 때문에 수량도 더 많아졌다. 매번 이것이야말로 메툭강일 것이라고 생각했지만, 그다음 강과 마주칠 때도 똑같은 생각이 들었다.

다시 산악지대로 접어든 지 사나흘 뒤에(정확한 사건 순서를 기억하는 건 불가능하다), 강 근처에서 야영지의 흔적이 보였다. 재와 태우지 않은 나무들이었다. 처음에는 크메르 루주의 기지라고 생각했다. 다른 누가 이 변경지대에 진을 칠 거라고는 생각할 수 없었기 때문이다. 혹시 내가 태국에 도착한 것은 아닐까 의심스러웠다. 아니란 법도 없지 않은가? 어쩌면 부지불식간에 국경을 넘었을 수도 있었다. 확인해 보려고 주위를 둘러보자, 음료수 병이 흩어져 있는 게 눈에 띄었다. 그린 스팟 오렌지에이드와 코카콜라였다. 하지만 병에 붙은 스티커에 적힌 것은 크메르어(캄보디아어)였다. 혁명 이전에 생산된 물품인 게 분명했다. 병 하나를 집어들고 한 방울이라도 남아 있나 보려고 기울여 보았다. 그런 다음 사라진 시대의 맛을, 얼음처럼 차가운 액체가 치익 소리를 내면서 갈망하는 목을 타넘어 내려가기를 기대하면서 입술에 대고 고개를 젖혔다. 상상력과 추억에 사로잡힌 채 몇 초간 서 있었지만, 혀에 느껴진 것은 아무런 맛도 없는 물 단 한 방울뿐이었다. 나는 다른 병을 다른 것들 사이에 떨어뜨린 다음, 다시 주위의 밀림을 응시했다.

갈 길이 얼마나 남았을까? 나는 알지 못했다. 내가 아는 것이라고는 정신을 바짝 차려야 한다는 것뿐이었다. 이렇게까지 국경에 가까이 온 마당에 순찰대와 마주치고 싶지는 않았다.

매일 오후마다 그랬듯이 그날 오후에도 비가 내렸다. 몸이 떨릴 정도로 격렬한 폭우였다. 빗물이 떨어지는 하늘 아래에는 쉴

---

22) 그린 스팟(Green Spot)은 탄산과 카페인이 없는 오렌지 향의 음료수로, 1934년에 미국 캘리포니아에서 개발되었으나 현재는 태국과 베네수엘라에서 생산된다.

곳이 없었다. 나는 온기를 유지하기 위해 계속 걸었다. 결국 하늘이 다시 개었다.

땅거미가 질 무렵, 나는 기어오르고 있었다. 이 언덕 꼭대기에 이르면 지금 있는 곳이 어딘지 알 수 있을 것 같았다. 이제 하늘은 맑았고, 밤이 되자 달이 밝게 빛나면서 어렴풋이 나타나는 나무 둥치들 사이로 갈 길을 정할 수 있을 만큼 빛을 비춰주었다.

정상 근처에 이르렀을 때 기괴한 소리가 나를 덮쳤다. 웃음소리 같았던 그 소리는 희미했고 멀리서 들려왔지만, 너무나 놀랍고 끔찍해 목덜미에서 머리카락이 쭈뼛 설 정도였다. 마치 사람 목소리를 뒤튼 것 같은 그 소리는 한쪽에서, 나무 위에서 들려왔다. 선 채로 듣고 있자니 두려움보다는 호기심이 생겼다. 기이하고 설명할 수 없는 소리에는 익숙해 있었지만, 이런 소리는 들어본 적이 없었다. 소리가 나는 쪽으로 돌아서자 비명과 미친 듯한 웃음소리가 더 늘어났다. 마치 악마의 잔치에 초대받기라도 한 것 같았다. 그때 내 위로, 달 밝은 밤하늘을 배경으로 기괴한 모양의 그림자들이 뛰어다녔다. 그것들이 원숭이가 아니라는 것을, 적어도 내가 전에 봤던 원숭이는 아니라는 것을 알 수 있었다.

내가 멈추자 비명도 그쳤다. 다시 발걸음을 떼자 더 악마 같은 웃음소리가 들렸다. 이것은 전혀 우연이 아니라, 내 움직임에 반응해서 나는 소리였다. 괴담과 설화 모음집에서 읽은 기괴한 존재들이 떠올랐다. 보통의 상황이었다면 무서워서 온몸이 굳었을 것이다. 하지만 나는 위협을 직접 받고 있지는 않다는 것을 거의 단번에 깨달았다.

나는 방향을 바꾸기로 결심하고 왼쪽으로 걸어갔다. 어떤 비명도 나를 뒤쫓지 않았다. 모든 것이 갑자기 정상으로 돌아왔다. 달밤의 숲은 다시 고요해졌다.

삼사십 야드쯤 나아갔을 때 쓰러진 나무가 보였다. 아래에서 잠자기에 적당하고 엄폐도 잘된 곳이었다. 나는 조금 전에 겪었던 일 때문에 혼란스러워하며 잠들었다. 그 목소리들은 마치 내게 경고해 한 방향에서 벗어나 다른 쪽으로 가도록 이끌었던 것만 같았다.

■

나는 다음날 새벽에 일어나 오르막길과 내리막길을 계속 걸어갔고, 버려진 군대 야영지를 두 개 지나쳤다. 이것이야말로 내가 마침내 국경에 거의 다 왔다는 확실한 증거라고 생각했다. 첫 번째로, 버려진 지 오래된 옥수수가 한쪽으로 기운 채 자라고 있었다. 나는 옥수숫대 다섯 개를 거뒀다.

그리고 나서 다시 정글을 지나 또 다른 강가에 다다랐다. 전에 건넜던 어떤 강보다도 더 넓고 깊었다. 물살은 거셌고 정말 위험해 보였다. 섣불리 뛰어들었다가는 소용돌이에 휘말리거나 바위에 부딪쳐 죽을 가능성이 컸다. 나는 쇠약한 상태였지만 전부터 수영을 잘했기 때문에, 강가를 따라 상류 쪽으로 올라가서 돌이나 소용돌이가 없는 지점을 찾아보았다. 그런 다음 강으로 걸어 들어갔고, 물살에 휘말렸지만, 어느 순간 내가 맞은편 강가에 도달했다는 사실을 깨달았다.

바위 둑에 기어올라가 보니 최근에 버려진 듯한 두 번째 야영지가 있었다. 음식 찌꺼기들이 재와 타지 않은 나무 잔해들 사이에 흩어져 있었다. 아직 살이 조금 붙어있는 생선뼈와 발효된 쌀알 약간이 보였다. 나는 손을 오므려 개울에 쌀을 조심스럽게 씻었고, 생선뼈를 빤 다음 그곳을 떠났다.

아침 햇빛이 하늘에서 쏟아질 때마다 내 그림자에 시선을 못 박은 채 수풀을 헤치고 산을 올랐다. 다시 능선에 올랐을 때 우연히 오솔길을 발견했다. 처음에는 조심해야 할 이유를 찾지 못했다. 나는 될 수 있는 한 빨리 국경을 넘어야 한다는 최우선적 목표에 몰린 채 나 혼자만의 우주에 있는 것 같았다. 그런데 발자국과 뒤집힌 지 얼마 안 되는 나뭇잎들이 보였다. 경계심이 생겼다. 태국을 향해 도망치는 사람들과 그들을 추적하는 크메르 루주가 통과한 경로에 대한 증거를 보고 있다는 생각이 들었다. 그 오솔길이 태국으로 이어진다면, 나도 그 길로 가야 했다. 나는 몸을 돌려 그 길을 따라가기 시작했다. 무슨 소리라도 들릴라치면 대번에 옆으로 펄쩍 뛸 준비를 한 채로 말이다.

걸어가고 있으려니 자꾸 사타구니가 따끔거렸다. 나는 바지

위를 긁다가 혹 같은 게 만져지자 천을 통해 어떻게든 떼어내려고 애썼다. 바지 안에서 뭔가 떨어지는 게 느껴졌고, 발치를 보니 작고 까만데다 물컹거리는 튜브 같은 게 있었다. 거머리였다. 나는 놀라서 그놈을 들여다봤다. 전에도 거머리를 본 적이 있기는 했지만 물에 사는 것들만 봤었다. 쭉 도시에 살았던 나는 산거머리도 있다는 것을 몰랐다. 그러다가 왼발에 한 마리가 더 있는 것을 봤는데, 벌써 내 피를 한껏 빨아먹어 부풀어 있는 상태였다. 나는 비위에 거슬리는 것을 느끼면서 칼로 그놈을 떼어낸 다음 계속 걸어갔다.

얼마 가지도 않아 나는 그 숲에 거머리가 가득하다는 것을 깨닫고 욕지기를 느꼈다. 아마 지역 자체의 특성이거나 장마 때문이었을 것이다. 아니면 녀석들의 번식 주기 때문일 수도 있었다. 어쨌든 그놈들은 기회가 있을 때마다 나를 공격하기로 작당한 듯했다. 조심하지 않았다가는 피라는 피는 죄다 빨릴 판이었다. 거머리들은 발을 타고 올라와 바지 속으로 기어들어왔으며, 속옷 안으로, 사타구니 안으로 파고들었다. 한 시간쯤 지나고 나자, 몇 분마다 멈춰서 그놈들이 더 기어오르기 전에 내 다리나 발가락 사이에서 떼어내야만 할 지경이 되었다. 녀석들을 피하는 것은 불가능했다. 그것들은 어디에나, 풀에도, 나뭇잎 아래에도, 수풀 속에도 있었다. 게다가 무척 빨리, 단 몇 분 만에 커져서 새끼손가락만 한 크기까지 통통해졌고, 한 번에 여섯 마리가 발과 다리에 달라붙었다. 내가 할 수 있는 일이라고는 꾸준히 녀석들을 떼어 내거나 잘라낸 다음 밟아 으깨는 것뿐이었다. 날이 저물 무렵에는 혐오감도 사라졌고, 그 일은 그저 일상적인 것이 되었다.

땅거미가 내릴 무렵 길은 밀림으로 뒤덮인 정글로 이어졌고, 머잖아 앞이 탁 트이더니 풀이 무성하게 자라고 연못이 있는 개간지가 나왔다.

풀밭에서 덤불 쪽으로 움직이는데 갑자기 기침 소리가 들렸다. 고개를 들었다. 크메르 루주 병사 하나가 내게서 20야드쯤 떨어진 곳에, 나무 너머에 있었다.

나는 본능적으로 몸을 웅크렸고, 어떻게든 수풀 속에서 나 자신을 최대한 작게 만들려고 애썼다. 그 병사는 체크무늬 스카프를 두르고 검은 셔츠와 반바지를 입었으며, 중국제 기관총을 어깨에 걸쳐 메고 있었다. 그는 내 쪽으로 다가오고 있었다. 내 심장 뛰는 소리가 들렸다. 좀 가라앉았으면 좋으련만.

그 경비병은 내가 숨은 수풀 바로 옆, 내게서 1야드(약 91센티미터)쯤 떨어진 곳을 지나쳤다. 나뭇잎 사이로 그의 모습이 보였다. 젊지 않았지만-40~45세쯤 돼 보였다-거무스름하게 그을린 강인한 농부 같은 인상이었고, 건강 상태도 좋아 보였다. 어찌나 가까이 있었던지 손만 뻗으면 닿을 지경이었다. 가슴이 너무 뛰어서 그가 듣지나 않을까 걱정됐다. 하지만 그는 곧장 지나갔고 서쪽으로 향했다. 내가 가던 것과 같은 방향이었다.

나는 그가 사라지길 기다렸다가 소리 내지 않으려고 애쓰면서 내가 왔던 방향으로 살금살금 기어간 다음, 점점 깊어가는 어둠 속에서 남서쪽으로 빠져나갔다.

잎이 무성한 큰 나무에 이르렀고, 거기서 잠을 자기로 마음먹었다. 밤중에 그리 멀지 않은 데서 총성이 두 번 울려 잠에서 깨어났다. 달이 밝게 빛나고 있으니 크메르 루주가 추적에 나설 것이라고 생각했다. 내 은신처에서 이삼백 야드 떨어진 곳에 순찰대 야영지가 있을 가능성도 있었다. 계속 머무는 것은 위험했다. 동틀녘에 지나가는 순찰대에게 잡혀갈 가능성이 있었다. 나는 곧장 은신처를 떠나 한밤중에 다시 길을 나섰다. 엄청나게 천천히 움직이면서 달빛에 의지해 나뭇가지를 밟고 어린나무들 사이를 헤치고 걸어갔다.

나는 그날 밤의 나머지 시간과 다음날 내내 걸었다. 어떤 인기척도 보이거나 들리지 않았다. 아직 국경을 건너지 못했다는 것을 알고 있었지만, 크메르 루주가 우글대는 지역은 성공적으로 벗어난 것 같았다. 판단력보다는 운이 크게 작용했지만 말이다.

나는 살아남을 가능성을 예단하지 않기로 작정하고 숲속 생활에 전념하면서 이제는 잘 정립된 일상으로 돌아갔다. 거머리를 떼어내고, 낯선 소리에 끊임없이 경계하면서 먹을 것이 있을까 줄곧 사방을 둘러보는 일 말이다. 나뭇잎과 버섯에는 영양분이 그리 많지 않았겠지만, 그것들을 먹음으로써 최소한 버틸 수 있었다. 아마도 크메르 루주 아래서 보낸 2년 동안 내 몸이 단련되어 견딜 수 없는 것을 견뎌내는 법을 배운 것 같았다. 굶주림, 설사, 이질, 발열, 기생충 같은 것들 말이다. 적어도 나는 그렇게 믿었다. 그렇지 않았다면 내 위장이 그런 폭력을 받아들일 수 있었겠는가?

그날 오후에 검은 곰 두 마리를 보았다. 한 놈은 나무줄기에서 미끄러져 내려왔고, 다른 놈은 그 발치에서 기다리고 있었다. 내가 보았을 때 그놈들은 내게서 30야드(약 27미터)쯤 떨어진 곳에 있었다. 곰들과 나는 신장과 몸집이 대략 비슷했다. 내가 놈들을 놀랬을 때, 그놈들은 벌집을 찾고 있었다.

'꿀이다.'

그 생각이 머리를 스쳤다. 나는 더 생각할 것도 없이 두 짐승에게 곧장 다가갔다. 녀석들은 즉시 숲속으로 달아났다. 꿀을 좀 구할 수 있을까 하는 생각에 주위를 돌아다녔지만 운이 없었다. 벌집이 있었다 해도 곰들은 그것을 찾아내지 못했다.

그날 밤, 나는 잠을 잘 만한 은신처를 찾으려고 애썼다. 구름이 몰려오고 있었고, 곧 비가 내릴 것 같았다. 적당한 장소는 없어 보였다. 결국 나는 자포자기한 채 늘어진 나무 아래 드러누웠다.

쉬기에 적당한 곳이 아니었다. 날이 어두워진 지 한 시간쯤 뒤에 비가 내리자 땅이 물에 잠겼다. 나는 1~2분 동안 물이 꾸준히 흐르는 가운데 물에 빠진 생쥐 같은 몰골로 앉아 있었고, 머리 위의 나무에서는 빗물이 뚝뚝 떨어졌다. 거기에 더 머물 이유가 없었다. 나는 어디로 가는지도, 뭘 찾는 건지도 알지 못한 채 어둠 속에서 팔을 휘저으면서 이 나무에서 저 나무로 길을 더듬어 찾았다.

그때 놀랍게도 틈이 갈라진 나무줄기가 보였다. 마치 줄기가 벼락으로 쪼개지기라도 한 듯했다. 그 줄기는 여전히 곧게 서 있었고 단단해 보였으며, 구멍은 거의 내가 발을 들일 수 있을 만큼이나 컸다. 나는 칼을 꺼내서 썩어 부드러워진 나무를 파내기 시작했다. 몇 분 만에 구멍을 충분히 넓혀서 안으로 들어갈 수 있었다. 틈은 거의 정확히 나만 했고, 높이는 5피트 남짓, 폭은 1피트 남짓했다. 안에서 비를 피할 수 있게 되자 기분이 한결 나아졌다, 나는 좁은 틈바구니 안에서 몸을 꼿꼿이 세운 채 잠들었다. 서서 자는 것은 문제가 되지 않았다. 그 무렵 나는 어떤 자세로도 잘 수 있었다.

얼마나 시간이 지났을까, 갑자기 내 위쪽 나무 안에서 소리가 들려와 잠에서 깼다. 어떤 짐승이 빠져나가려고 애쓰고 있었다. 손을 뻗자 작은 발톱이 손가락을 긁어댔다. 손을 확 움켜잡았더니 뭔가 포동포동한 가죽 같은 게 잡혔다. 박쥐였다. 녀석을 손아귀에 꼭 움켜쥐고 매달린 자리에서 떼어내 목을 비튼 다음 주머니 속에 집어넣었다.

그 박쥐는 운이 좋아서 잡은 것이지만 더 있을 가능성이 있었다. 나는 이제 완전히 잠이 깬 채 다시 기회가 오길 기다렸다. 그러자 후두둑 떨어지는 빗줄기 사이로 날갯짓 소리가 들렸고, 나는 날아다니는 박쥐를 붙잡기를 바라면서 팔을 이리저리 흔들었다. 아무것도 느껴지지 않았다. 어리석은 생각이었다. 나는 스위치가 꺼지기라도 한 것처럼 곧바로 다시 잠들었다.

다시 깨어났을 때는 새벽이었다. 구멍에서 기어나와 박쥐를 주머니에서 꺼낸 다음, 날개를 떼어내고 가죽을 벗겨내 아침 삼아 날로 먹었다. 거북이 고기만큼이나 맛이 좋았다. 당시로서는 어떤 고기든 내게는 맛있었으리라고 생각한다. 그게 뱀이라 할지라도 말이다. 그 박쥐는 내게 하루나 이틀 더 버틸 힘을 줄 터였다.

내 기억으로 이튿날은 운수가 좋았다. 먼저 게를, 그다음에는 거북이를 잡았던 것이다. 게를 먹고 나서 거북이는 밤이 되어 바위 아래에 숨을 때까지 가지고 다녔다. 맹렬한 비바람 때문에 잠을 잘 수 없었고 몸이 심하게 떨렸던 터라 음식이 더 필요하다는 결론을 내렸다. 바위를 더듬어 찾은 뒤 거북이를 내려친 다음 촉감에 의지해 잘라내어 조금 먹었다. 배가 든든해진 나는 내일을 대비해 거북이 다리 네 개를 주머니에 넣은 채 아침까지 잠을 잤다.

음식 걱정이 없어진 나는 새벽에 일어나 걸음을 서둘렀다. 나를 몰아간 유일한 원동력은 굳세고 완강한 결의였다. 내 생존은 기본적인 것에 한정되었다. 식량, 시간, 기력, 탈출이 전부였다. 이런 식으로는 얼마 버티지 못하리라는 것과, 조만간 몸이 더 이상 말을 듣지 않게 되리라는 것을 알고 있었다. 내 몸은 이제 뼈와 가죽만 남았다.

이미 가파른 비탈길을 오를 수 없게 된 지 오래였다. 나는 속으로 카운트다운이 시작됐다고 계속해서 중얼거렸다. 내 뇌리에 새겨진 그 달밤의 기괴한 웃음소리는 피로의 결과가 아니었을까? 그날 무척 많이 걸었다는 게 생각났다. 그때 나는 평소처럼 해질 녘에 멈추지 않고 계속 걸었다. 그 현상은 피로로 죽기 직전에 겪게 되는 일이었을까? 아마도 끝이 가까워지면 다른 환각들이 내게 닥쳐올 것이다.

나는 거북이 다리 네 개로 무장한 채 바로 그날 태국에 도착해야겠다고 마음먹었다. 나는 살아남아 자유를 얻으리라는 희망에 매달렸고, 그 희망이 나를 몰아가도록 내버려두었다. 산등성이에 오를 때마다, 골짜기에 내려갈 때마다 이렇게 생각했다. '이게 끝이야, 마지막이라고.' 나는 강을 건넌 다음 높은 언덕에 올랐다. 꼭대기에서 바다를 보게 되길 바라면서.

하지만 내 눈앞에는 아직도 많은 산봉우리가, 올라가야 할 다른 산들이 있었고, 뒤로는 내가 쭉 지나왔던 나라, 밀림으로 뒤덮인 능선의 연속이 있었다. 그 모든 것을 극복해냈다는 것을 믿을 수 없었고, 더 해낼 일이 남아 있다는 것을 받아들일 수 없었다.

정상에서 그리 멀지 않은 곳에 버려진 크메르 루주 야영지가 또 보였다. 거기에는 액젓을 담은 병이 반쯤 찬 채 굴러다니고 있었다. 병에 입을 대고 한 모금 마셨다. 맛은 훌륭했고, 즉각적으로 진정한 자양강장제 역할을 했다. 내가 정말로 어디 있는지 파악하는 데 도움이 될 만한 물건이 있지 않을까 기대하면서 주위를 둘러보았다. 통조림 몇 개가 땅바닥에 흩어져 있었다. 주워서 라벨을 들여다보았다.

라벨은 태국 글자로 적혀 있었다.

태국 글자라니! 믿을 수 없을 지경이었다. 내가 마지막으로 건넜던 강은 메툭강이 틀림없었다. 나는 내가 발견한 것의 의미를 이해하려고 애쓰면서 거기에 서 있었다.

태국이다! 자유다! 나는 드디어 해냈다는 것을 깨달았고, 미소가 내 얼굴에 번졌다.

나는 환호성을 지르면서 깡통을 공중으로 던졌고, 깡통이 머리 위의 나뭇잎들 사이로 요란한 소리를 내며 떨어지자 여전히 웃는 채로 계속 걸어갔다. 금방이라도 인가를 발견하거나 태국 군인과 마주치게 될 것만 같았다.

다시 비가 내리기 시작했다. 나는 흠뻑 젖은 채 차가운 바람에 떨면서 얼어 있었다. 추위 때문에 몸이 나뭇잎처럼 떨렸다. 하지만 벅찬 가슴 덕분에 계속 걸어갈 수 있었다. 태국 사람들에게 내 정체를 어떻게 설명할 수 있을까? 국경 경비대원 가운데 캄보디아어를 말할 수 있는 사람이 있으리라고는 도저히 생각할 수 없었지만, 장교 가운데는 영어나 프랑스어를 할 줄 아는 사람이 있을 수도 있었다.

나무 아래서 몸을 웅크린 채 젖은 지도 조각을 펴고 그때까지 걸어간 거리를 다시 헤아려 보았다. 내가 답파한 거리는 144마일이었다. 레아치에서 국경까지 거리의 두 배였다.

확실했다. 나는 태국에 있었다.

나는 온 힘을 모아 마지막 노력을 기울였다. '계속 걸어가! 움직이라고!' 나는 스스로를 다그쳤다. 죽는 것은 무섭지 않았지만, 사실상 이미 자유로운 상태에서 쓰러지고 싶지는 않았다. 엎어지면 닿을 만큼 목표에 가까이 온 상태였다. 나는 그 경이로움을 기대하기 시작했다. 오직 굶주릴 때만 먹을 것을 얻는 기쁨을 실감하는 법이다. 사랑하는 사람을 잃은 고통이 사랑의 본모습을 드러내는 법이다. 속박당한 상태에서만 자유라는 행복을 잴 수 있는 법이다. 해야 할 일은 단 하나였다. 다른 것은 아무것도 생각하지 않은 채 걷고 또 걷는 것이었다.

하지만 여전히 딴생각이 떠올랐다. 자, 나는 자유였다. 곧 배불리 먹을 수 있을 터였다. 하지만 내가 자유와 먹을 것을 원했던 것은 결국 무엇 때문이었던가? 내 가족, 내 자식들, 내 아내와 헤어진 지금, 그게 다 무슨 소용이며 나는 무엇 때문에 움직이고 내 삶의 목적은 또 무엇이란 말인가? 그때 나는 살아야 할 이유가, 내 작은 관심사를 넘어서는 이유가 있다는 것을 깨달았다. 내가 살아야 했던 것은 나왔 때문만이 아니라 죽은 사람들을 위해서이기도 했다. 내 부모님, 아니, 다른 자식들 말이다. 내가 살아남아야만 그들의 삶도 계속해서 의미를 지니게 될 것이었다. 아버지께서는 이렇게 말씀하셨다. '살아남아라, 아들아.' 이제 나는 그 이유를 알았다. 내 안에서 당신은 계속 살아갔다. 이미 죽은 사람도 나를 통해서 계속 살아가게 되는 것이다.

살아야 할 이유는 또 있었다. 자유가 손에 잡힐 듯 가까워진 이 시점에, 나는 무슨 일이 있었는지 세상에 알리고 싶어졌다. 캄보디아에서 일어난 대학살을 증언하고, 우리가 겪었던 일을 묘사하고, 크메르 루주가 어떻게 수백만 명의 남자, 여자, 아이들의 죽음을 꾀했는지, 이 아름답고 부유했던 나라가 어떻게 파괴되고 가난과 고문의 늪에 빠졌는지 말하고 싶었다. 세계에 호소함으로써 생존자들이 완전한 몰살에서 벗어날 수 있도록 돕기 위해서라도 살고 싶었다.

내가 성공할 것이라고 점점 자신감에 차게 된 데는 이상한 이유가 있었다. 그날 아침에 왼쪽 눈꺼풀이 떨리기 시작했던 것이다. 미신을 믿는 일부 캄보디아 사람들은 눈이 떨리는 것은 길조를 뜻한다고 말한다. 이것은 내게 항상 들어맞았고, 직업적인 성공이나 우연한 만남 등을 예고했는데 다른 사람과는 흥미로운 차이가 있었다. 왼눈의 경련이 길조라면 오른눈의 경련은 더 큰 행운을 뜻했다. 내 오른눈은 여전히 잠잠했지만, 왼눈의 경련만으로도 나로서는 충분히 좋은 일이었다. '내가 있는 이곳은 태국이야.'

나는 생각했다. '오늘은 밥을 먹게 되겠지. 내 눈은 틀림이 없어.'

계속 이런 생각에 몰두해 있는데 새로운 장애물이 나왔다. 다소 폭이 넓고 빠르게 흐르는 강이었다. 바위가 너무 많지 않은 지점을 찾으려고 강가를 따라 상류 쪽으로 올라갔다. 나는 옷을 다 입은 채 헤엄치기보다는 옷을 벗는 쪽을 택했고, 평소에 하던 대로 지도와 돈을 물통에 밀어넣은 다음 속옷 차림으로 물에 뛰어들었다. 옷가지는 머리 위로 치켜든 채였다.

건너편 기슭에 오른 다음 다시 서쪽으로 향했다. 곧 첫 번째 태국 마을에 도착하게 될 터였다. 널따란 고원으로 이어지는 길이 보였다. 사람들이 자주 오간 탓에 고르게 나 있었다. 아마도 태국 나무꾼이나 삼림 관리인일 것이다. 걱정할 것은 전혀 없었다.

옷에서 물을 짜내고 있는데 갑자기 고함이 들렸다. 나는 주위를 둘러보았다. 15~16세를 넘어 보이지 않는 어린 군인 셋이 20야드 너머에서 내게 총을 겨누고 있었다. 그들은 검은 옷을 입고 있었다.

크메르 루주였다.

XI. 혼자서

XII. 해방

 이상하게도 무섭지 않았다. 그 대신 미소를 지었다. 이유는 모르겠지만, 웃음을 참을 수가 없었다.

 군인들은 내 반응을 보고 내가 매복 공격을 위한 미끼로 이용되고 있다고 판단한 게 분명했다. 다들 내게 총을 겨눈 채로 갑자기 물러나 덤불 속에 숨어 전투 자세로 쪼그려 앉았던 것이다.

 나는 혼자 있다고 말함으로써 그들을 안심시켰다.

 "꼼짝 마! 가만있어!" 셋 가운데 가장 나이 많은 아이가 명령했다. 그는 조심스럽게 내게 다가와 옷을 붙잡고 수색한 다음 칼과 물통을 가져갔다. 그는 물통에서 소리가 나는 걸 알아채고, 그 안에 뭐가 있냐고 물었다.

 "미국 돈이요."

 내 대답은 그의 호기심을 자극했다. 그는 물통에서 돌돌 만 지폐를 꺼냈다. 100달러짜리 석 장과 500프랑짜리 하나, 태국 돈 20바트 전부가 지도 한 장에 싸여 있었다. 그는 범죄에 사용된 게 분명한 그 지도를 쳐다보지도 않은 채 내버렸다. 나로서는 잘된 일이었다. 이제는 이야기를 마음대로 꾸며낼 수 있었다.

밀림을 가로질러 300야드가량 끌려가자 더 큰 강의 기슭이 나왔다. 경사면 아래로 넓게 트인 땅이 있었고, 그 안에 주둔지가 있었다. 일렬로 늘어선 나무들이 강과 주둔지 사이를 나누고 있었다. 주둔지가 들어선 지 좀 된 게 분명했다. 해먹들이 매달려 있었고, 합성수지 시트가 주위를 에워싸고 있었다. 다른 합성수지 시트들은 반 다스의 텐트를 급조하는 데 사용되었다. 25~30명가량이 들어갈 만해 보였다.

나는 주둔지 안으로 걸어갔다. 크메르 루주 병사 한 명은 내 곁에, 또 한 명은 뒤에 붙은 채였다. 나는 놀라울 정도로 조용하다고 느끼면서, 무슨 일이 일어날지 기다리며 잠시 서 있었다. 서른쯤 됨직한 남자가 텐트 밖으로 나와 나를 텐트 안으로 데려오라고 신호했다. 그 텐트 안에는 침대가 몇 개 있었는데, 말이 침대였지 대나무 장대로 만든 벤치에 지나지 않았다. 나는 한 침대에 앉았고, 장교처럼 보였던 인물은 맞은편 침대에 앉았다. 그가 물었다. "음, 동무는 태국에서 왔소?"

나를 국경을 넘나들며 활동하는 캄보디아 저항군 투사쯤으로 생각한 것 같았다.

"아닌데요, 동무, 태국은 내가 가려는 곳이고요. 난 캄보디아에서 왔어요." 나는 어떤 감정도 드러내지 않은 채 간단히 답했다. 어떻게 반응해야겠다는 생각도 없는 백지상태였다. 마치 나 자신이 어떻게 행동해야 한다는 신호나 지시를 기다리고 있기라도 한 것 같았다.

그는 고집스럽게 되풀이했다. "태국에서 온 게 아니란 말이오?"

"동무, 날 봐요. 내가 태국에서 왔다면 이렇게 비쩍 말랐겠어요? 뼈와 가죽뿐이잖아요. 내가 태국으로 가려는 건 거기가 예전 우리나라와 비슷하다고 들었기 때문이에요. 거기선 사람들이 자유와 행복을 누리고 있다고 들었거든요. 지금의 우리나라와는 다르게 말이죠."

이런 말은 자살행위나 다름없었지만, 나는 개의치 않았다. 어찌 됐건 곧 총살될 게 뻔했으니까. 하지만 기이하게도, 그는 내 반항적인 태도보다 솔직함에 더 깊은 인상을 받은 듯했다. 그는 정중했지만, 그 정중함은 거짓으로 안심시키고 경계를 늦추기 위한 것임을 알 수 있었다.

"동무는 캄보디아 어디서 오는 길이오?"

"우리가 처음 출발했을 때는 여자 셋과 남자 아홉, 모두 열두 명이었죠." 나는 얼버무리면서 말했다. 왠지는 모르겠지만, 레아치를 언급하고 싶지 않았다. "크라코르Krakor에서 왔어요. 톤레삽

호수 근처에 있는 마을이죠."

"거기선 편치 않았단 말이오? 먹을 것이 모자랐소? 그 지역에는 물고기가 많았을 텐데요?"

"아니요, 동무. 나는 잘 먹었어요. 하지만 가족들이 죽었기에 떠나기로 작정한 거예요." 그에게 밀림에서 나머지 일가를 잃어버린 일을 간단히 말해주었다. "그래서 나는 혼자 남아 숲에서 헤매게 되었어요. 완전히 길을 잃은 거죠. 나는 그 지역을 몰랐고, 태국으로 가는 방향이 어느 쪽인지도 몰랐어요." 나는 무의식중에 바보 노릇을 하고 있었다. 크메르 루주 앞에서 아는 척을 해서는 안 됐다. 그들은 건방지게 구는 것을 싫어했으니까. "밀림 속에서 혼자 정처 없이 걸었죠." 나는 지치고 체념한 말투로 이야기를 계속했다. "쌀 없이 3주 넘게 걸었어요. 뒤져봐도 좋아요. 찾아본 댓자 바지 주머니에 든 거북이 고기 조각이 전부일 테니까. 나는 거북이 생고기를 먹었어요."

이리하여 거북이 고기를 증거 삼아 내 여정에 대해 이야기하기 시작했고, 다음과 같이 마무리했다. "동무, 보다시피 나는 정말로 태국에 가고 싶어요. 하지만 여기가 어딘지 모르겠네요. 여긴 어디 근처인가요? 여기가 어디죠?" 이야기하는 동안 주둔지 옆을 흐르던 강이 떠올랐다. 내가 봐왔던 어떤 강보다도 더 컸고, 폭이 200야드쯤 되어 보였다. 메퉁강임이 분명했다. 하지만 나는 의심을 사지 않는 방식으로 확인해보고 싶었다. 나는 다시 물었다. "우린 지금 어디 있는 거죠?"

"여기가 어느 지역이냐고 했소?"

대장은 질문을 회피했다. "여긴 아무 데도 아니오. 우린 그저 이 자리를 지키라고 명령받았기 때문에 여기 있는 거요."

"하지만 저건 무슨 강이죠? 푸르삿강 아닌가요?"

"아니오, 아니오! 푸르삿강이면 저렇게 넓을 리가 없소. 저 강이 얼마나 넓은지 보이지 않소? 저건 메콩, '어머니 물'이오." 그는 마치 어린이한테 설명하듯이 참을성 있게 말했고, 그 강을 가리키는 지역 명칭을 사용했다. 지도 제작자들도 그 명칭을 채택하고 있다는 사실을 모르는 것 같았다.

그렇다면 강을 건너면 그리 멀리 가지 않아 태국에 이르게 된다는 얘기였다.

나는 계속해서 말했다. "어쨌든 난 이 길을 찾아내서 당신네 동무들을 만나게 된 겁니다. 이제 정말 기쁘군요. 먹을 수 있게 됐으니까요. 그다음에는 하고픈 대로 하세요. 날 쏘고 싶다면 쏘세요! 하지만 춥고 배고프니 먼저 먹을 걸 좀 주세요."

그는 내가 지적 장애인이라는 인상을 받은 게 분명했다. 그들은 나만큼 거리낌없이 구는 탈주자를 본 적이 없었을 터였다. 나는 크메르 루주의 행동방식에 대해서도, 국경 지역에 대해서도 아무것도 몰랐다. 크메르 루주 순찰대를 만나자 기뻐했다. 음식만 받는다면 무엇이든 받아들일 준비가 되어 있었다. 내가 입은 상처들도 기꺼이 보여주었다. 긁히고 베였거나 거머리에게 물린 상처들이었다. 그들은 내가 살아있다는 데 놀랐다. 나는 그들의 관심에 반응함으로써 그들을 안심시켰고, 내가 보이는 것만큼 약하지는 않다는 것과 내 한탄과 불평이 주었을 인상보다 확실히 더 튼튼하다는 사실을 숨겼다.

그들은 심문을 마친 다음 바나나를 조금 주었다. 나는 게걸스런 아이처럼 마구 집어삼키기 시작했다. 그들은 눈을 휘둥그렇게 뜬 채 날 쳐다보면서 천천히 먹으라고 타일렀다. 마치 내가 당장 땅에 쓰러져 죽기라도 할 것처럼 말이다. 먹는 와중에 다른 병사들이 왔다. 그들 중 하나가 나는 누구이며 어디서 왔는지 물었다. 나는 똑같은 이야기를 되풀이했다. 누군가가 감탄하며 외쳤다. "3주씩이나!"

나는 세 번째로 받은 바나나를 삼키고 나서 밥을 좀 달라고 청했다. 음식을 맛보고 나니 걸신에 들렸던 것이다. 하지만 운이 없었다. "아니, 안 되오! 밥은 없소. 우리가 다 먹었고, 지금은 오후 세 시요. 저녁식사까지 기다려야 하오. 그때까진 바나나 드시오." 남은 바나나를 전부 먹어치웠지만 아직도 배가 고팠다. 그들은 믿기 어려워하면서도 내게 풋바나나를 삶아주겠다고 했다.

그들은 불을 붙였다. 불이라! 2주 만에 처음 보는 것이었다. 나를 담당한 크메르 루주 병사가 바나나를 삶는 동안 나는 떨면서 불길을 지켜보았다. 그 곁에 있었으면 하면서 말이다. 그가 갑자기 물었다. "우리가 당신을 쏠 거라고 누가 그랬소?"

내 연기가 완벽하지 않았던 게 분명했다. 크메르 루주가 사람들을 쏜다는 사실을 알고 있었다면, 그들의 행동방식도 더 잘 알고 있었어야 했는데 지금까지는 잘 모르는 척했던 것이다.

"나는 내가 탈주자, 그러니까 반…, 반혁명분자라는 걸 알고 있습니다." 나는 시치미를 뗀 채 다른 사람들에게서 들은 말을 앵무새처럼 주워섬겼다. "내가 탈출하려 했으니, 당신네 동무들은 날 쏘겠죠." 내 행적을 감추려면 어떻게 연기하고 말해야 할지 생각하지 않아도 알고 있었다. 마치 내가 아버지의 기술, 이성의 힘을 덜 빌리고 본능적인 지혜에 매달리는 기술을 소환하기라도 한 것 같았다. 그들이 날 쏠 거라고 정말로 믿었고 이를 전혀 개의치 않았기 때문에 그랬을 것이다. 이런 식으로 드디어 가족들과 재회하게 될 터였다. 그때 내겐 단 하나의 바람이, 죽기 전에 배불리 먹고 싶다는 바람만이 있었다.

"하지만 동무, 민주 캄푸치아에서는 사람을 쏘지 않소. 우리에겐 일꾼이, 우리 조국의 재건을 도울 사람들이 모자란단 말이오. 당신이 나쁜 마음을 먹고 캄보디아를 떠나려 했다는 것은 알겠소. 하지만 당신은 국경이 어디 있는지조차 모르고 있소! 이런, 아직 이삼백 킬로미터는 더 가야 하오. 어느 방향인지는 모르겠지만 말이오. 당신을 쏜다고? 아니오, 아니오. 도대체 왜 그런 생각을 하게 된 거요?"

나는 놀란 기색 없이 그의 말을 믿는 척하면서 입을 벌린 채로 그를 바라보았다.

"그렇소, 우릴 만나다니 운이 좋은 거요. 우린 당신에게 음식을 줄 것이고 앙카르는 당신을 해치지 않을 거요. 우리가 탈주자를 쏜다는 얘기는 제국주의자들이 퍼뜨린 헛소문이오."

"정말요?" 그의 말은 놀랍지 않았다. 그 크메르 루주는 자기네가 저지른 학살이 목견된 바가 있으리라고는 전혀 생각지 않았다. 학살은 언제나 비밀리에 이루어졌다고 간주되었기 때문에, 그들 입장에서는 살인에 대한 소문은 제국주의자들이 퍼뜨린 것으로 치부하는 게 안전했다. "글쎄요, 나는 들은 대로 말씀드리는 겁니다. 다들 앙카르가 탈주자를 쏜다길래 그렇게 믿었죠."

"이해하오. 우린 당신을 쏘지 않을 거요. 내 말을 믿어도 좋소." 그는 이렇게 말하면서 내게 요리한 바나나를 건네주었다. "우리에겐 일꾼이 필요하오. 우리와 함께 일하겠다고 동의해야 하오. 그것뿐이오. 그게 동무의 복귀 조건이라는 말이오."

이성의 반발에도 불구하고 그의 말을 믿고 싶어졌다. 놀라운 일이었다. 크메르 루주의 약속에 어떤 가치가 있다는 환상은 공포에 떨며 지냈던 2년의 세월 동안 진작에 없어졌어야 했다. 그래도 그들은 내가 듣고 싶었던 말을 해줬고 내게 먹을 것을 주었다. 나는 잠시나마 안심한 채 바나나를 먹었고 불을 바라보았다. 여전히 무척 추웠고, 휴식이 절실했다. 그는 계속 떠들어대고 있었다. "당신은 캄보디아인이오. 우리에겐 당신이 필요하오. 당신은 우리 동무이자 형제요!" 내심 그의 말을 믿고 싶었다. 그는 정말로 나를 사람으로 대하는 것 같았다.

아마도 그 때문이었겠지만, 나는 일어서서 불 쪽으로 한 발짝 내디뎠다. 그의 장담을 듣고 나니, 그렇게 하는 것이 세상에서 가장 자연스러운 일 같았다. 하지만 내가 움직이자마자 뒤에서 총을 철컥하는 소리가 들렸다. 뒤를 돌아보자 병사 하나가 내게 총구를 겨누고 있는 게 보였다.

"어디 가는 거요?" 그는 무뚝뚝하게 물었다.

"동무, 불가에서 몸을 좀 녹일까 해서요."

"아니, 움직이지 마시오. 동무 잠자리로 돌아가 그 자리에 있으시오."

대장은 아무 말도 하지 않았다. 그는 이 일에 전혀 관심이 없는 듯했다. 병사의 말에 나는 날카롭게 현실로 되돌아왔다. 나는 동무나 형제가 아니라, 불가로 가서 얼어붙은 몸을 녹일 수조차 없는 죄수에 불과했다.

내가 바나나를 한 개 더 먹고 나자, 대장은 나를 쳐다보았다.

"동무 물통에 감춘 이게 뭐요?" 그는 지폐를 내게 흔들어 보이면서 차분하게 물었다.

"돈입니다. 미국 돈이죠. 100달러짜리 지폐요. 좀 젖긴 했지만 말릴 수 있을 겁니다."

"100달러라는 게 뭐요?"

"태국에서 전자시계 두 개를 살 수 있을 만한 돈이죠. 여기 300달러가 있으니 여섯 개를 살 수 있겠군요."

"그럼 여기, 이 얼굴은 누구요?"

"미국 대통령 아니면 전직 대통령 중 하나죠."

"대통령이라, 그게 뭐요?"

"왕 같은 겁니다. 왕만큼 중요한 사람이죠."

"아, 제국주의자로군! 그럼 이건, 이건 뭐요?"

"프랑스 돈입니다. 500프랑이죠."

"이건 누구요?"

"모르겠습니다. 아마 프랑스 왕이었던 사람이겠죠."

"아, 또 제국주의자로군. 그들은 아직도 계급을 나누고 있지. 상층민, 하층민으로 말이오. 그럼 이건?"

"태국 돈입니다. 그걸로 물건을 살 수 있죠. 음식 같은 것 말입니다. 프랑스 돈 500프랑이면 100달러쯤 되는 가치입니다."

"허, 이 큰 종잇조각이 이 작은 것만큼 가치가 있단 말이오?"

"그럼요. 어쨌든 그것들은 좋을 대로 하십시오. 이제 당신 겁니다."

대장은 다른 크메르 루주 경비병과 이야기를 나누려고 잠시 자리를 비웠다. 귓결에 '다른 대장'을 언급하는 말이 들렸다. 그 경비병은 이 주둔지에서 강 건너 몇 마일 떨어진 곳인 국경지대에서 임무를 수행하고 있는 지휘관에게 파견될 모양이었다. 나를 심문한 자는 그의 부관이었다.

심문이 끝난 뒤, 나는 플라스틱 시트로 덮인 다른 침대로 끌려갔다. 나는 대나무 침대에 드러누운 다음 황마로 만든 가방을 이불 삼아 덮었다. 내가 어디 있는 건지 알아내려고 주위를 둘러보았지만 헛수고였다. 하늘은 구름으로 뒤덮여 있었다. 메툭강은 우리 캠프에서 산비탈 너머 20야드 아래에 있었고, 점점이 흩어진 나무와 덤불이 강과 캠프 사이를 가르고 있었다. 강은 물살이 불어나고 있는 듯했고 흐름도 무척 빨랐다. 크메르 루주가 어떻게 건너가려나 궁금했다. 그때 나무 사이로 강을 가로지르는 나일론 밧줄과, 줄로 강가에 매어놓은 조그만 뗏목이 보였다. 경비병들은 강을 건너가려고 뗏목 위에 앉아 밧줄을 잡아당겼다. 위험천만한 일 같았다. 수위가 더 올라가고 물살이 더 거세지면 밧줄이 견뎌낼 수 있을지 알 수 없었다.

저녁이 되자 그들은 내게 더 많은 음식을 주었다. 이번에는 밥이었다. 밥을 못 먹은 지가 거의 3주나 되었다. 나는 밥에 달려들어 게걸스럽게 먹어댔고, 가능한 한 빨리 숟가락으로 퍼서 입에 쏴서넣었다. 내가 얼마나 굶주렸는지 알게 되자 크메르 루주는 내게 생선국을 주기까지 했고, 나는 그것도 똑같은 속도로 들이켰다. 그리고 나자 취사병이 다가와 전형적인 정중함을 띤 채 내가 음식을 맛있게 먹었는지 물었다. 그에게 감사하며 밥 한 그릇 더 달라고 청했다.

"오, 안 되오! 다른 이들을 보시오. 다들 각자 한 그릇씩만 갖고 있잖소."

"하지만 아직 배고픈데요."

나는 결국 부관의 허락을 받아 한 그릇을 더 받았다.

이렇게 삶이 나아진 것이 죽음으로 이어질 수도 있었지만, 일단은 만족하면서 침대에 누웠다.

밤이 되었다. 나는 캠프 대장이 어떤 사람인지 추측해 보았다. 내 목숨은 그의 태도와 성격에 달려 있었다. 부관의 나이만 놓고 본다면, 그는 군대 계급에서 꽤 높은 위치에 있을 것 같았다.

내가 누운 채 반쯤 잠들었을 때 젊은 크메르 루주 병사가 다가왔다. "동무, 당신을 밤 동안 묶어두어야겠소. 앙카르의 명령이오."

"왜죠? 도망치지 않을 건데요." 나는 항변했다. "왜 제가 도망치겠습니까? 여기서 잘 먹고 있는데다 밀림에서 길을 잃고 싶지도 않아요. 저를 묶을 필요가 없습니다."

"규칙은 규칙이오. 나는 규칙이 명하는 대로 해야만 하오. 볼일을 봐야겠다면 경비병 두 명에게 동행해 달라고 요청하도록 하시오."

"하지만 제가 왜 묶여야만 합니까?"

그는 차분하게 설명했다. "다 동무를 위해서요. 우리가 동무를 묶지 않으면, 동무는 보초에게 말하지 않은 채 화장실에 혼자 갈 것이고 광산에 발을 들이게 될 수도 있소. 이 근처에는 광산이 아주 많소. 동무가 우리 캠프에서 너무 멀리 떨어진 곳에 있게 되면 동무를 모르는 우리 보초들이 동무를 적으로 착각하게 될 거요. 내 말 알아듣겠소, 응?"

소동을 일으키는 것보다 고분고분해 보이는 게 나았다. "좋아요, 별일은 아니니까요." 나는 똑같이 차분한 말투로 대답했다. "저를 묶고 싶으시다면 그러시죠."

그 크메르 루주는 아직 내가 말하는 동안 이미 작업에 착수했다. 그는 내 뒤에서 팔꿈치를 잡아당겨 나일론 줄이 내 살을 파고들 정도로 묶은 다음, 팔꿈치 위로 등을 휘게 한 채 대나무 침대에 눕게 했다. 그는 나를 붙잡은 다음 밧줄 끝자락을 침대 아래로 늘어뜨렸고, 나를 침대 다리에 어찌나 꽉 묶었는지 팔의 온 신경이 비명을 지를 정도였다. 나는 채 1분도 안 되어 고깃덩어리처럼 묶여 움직일 수 없게 되었다. 오직 다리만이 자유로웠다.

두 경비병은 합성수지 시트를 깐 옆 침대에 함께 자리를 잡고 앉은 채로 내게 조심스럽게 말했다. 자기네는 **나를** 감시하는 게 아니라 캠프를 경비하는 것이라고. 너무 아파서 잠을 잘 수 없으니 줄을 느슨하게 해달라고 몇 차례 부탁했다. 그들의 태도는 정중함 그 자체였다. 둘 중 하나가 말하길, 자기네가 할 일은 감시하는 것이라고 했다. 줄을 묶고 푸는 것은 다른 동무가 맡은 임무라는 것이었다. 한 사람이 내 머리 밑에 내 물통을 받쳐서 베개 역할을 하게끔 해줬지만, 그들로서는 그밖에 달리 할 수 있는 일이 없었다. 나는 점점 커져가는 절망감 속에서 그들에게 고통을 누그러뜨려 달라고 애원했다. "아니, 아니오. 동무, 그것은 규칙에 어긋나는 일이오. 잠을 자도록 하시오. 내일 아침에 앙카르가 이 문제를 판단할 것이오."

길고 괴로웠던 그날 밤 동안, 나는 지난 삶 전체를 되돌아보았다. 친구들과 내가 사랑했던 모든 이가 내 머릿속에 나타났다. 아버지께서 찌푸린 얼굴로 속삭이는 모습이 눈에 선했다. "살아남아라, 아들아!" 내가 갖다 드린 설탕 덩어리를 드시면서 마지막으로 행복해하던 어머니의 모습이 보였다. 죽은 아이들, 수닷과 어린 스타웃의 얼굴이 보였다. 이어 내 여동생들, 남편을 지킬 때 빼고는 만사에 유순했던 켕과 타고난 상냥함을 숨기려고 무던히도 애썼던 부오치의 얼굴도 보였다. 그리고 운동가였으며 마지막에 너무나 빨리 죽었기에 아픈지조차 미처 몰랐던 쩽도 있었다. 가장 운이 좋았던 것은 스타웃이었다. 그는 가장 먼저 죽음으로써 가장 먼저 고통에서 벗어난데다 부모가 곁에 있을 때 자면서 죽을 수 있었다. 하지만 불쌍한 수닷은 부모와 억지로 헤어져 혼자 끌려가 끔찍한 여건하에 죽어갔다. 나왓은 병원에 혼자 남아 부모 없이 비참하게 살아가고 있었다. 그 아이가 살아있을 거라는 건 알고 있었다. 하지만 그를 저버렸다는 죄책감이 여전히 나를 괴롭히고 있었다. 그리고 숲속에서 길을 잃은 아니는 굶어 죽었을 수도, 야생동물에게 잡아먹혔을 수도 있었고 크메르 루주에게 죽었을 수도 있었다. 그녀가 어떤 끔찍한 죽음을 맞이했을지 누가 알겠는가. 내가 내린 결정도 생각했다. 아니의 동행을 거절했더라면 그녀는 나왓을 돌보면서 여전히 살아가고 있지 않았을까? 내 용감한 부모님은 당신들을 책임질 의무에서 나를 해방해 탈출에 집중할 수 있게끔 해주셨다. 두 분은 내가 살아갈 수 있도록 가진 것을 내게 내어주셨다. 두 분 모두 내게 삶이라는 선물을 물려주셨다.

이제는 모든 희망이 무위로 돌아갔다. 자유를 찾기 위해 몸부림치다가 죽는다는, 죽기 전에 뭔가 먹을 수 있었다는, 할 수 있는 것은 다 했다는 위안은 미진하나마 있었다. 하지만 이 무슨 헛짓거리란 말인가. 국경에 거의 다 왔는데. 국경을 건너고, 살아남아 나왓을 찾고, 죽어간 모든 사람을 위해 발언하고, 캄보디아에서 무슨 일이 일어났는지 증언하고 싶었다. 내 아이들을 위해, 아내를 위해, 부모님을 위해, 동생들을 위해, 죽어간 모든 동포를 위해.

나는 팔꿈치를 등 뒤로 한 채 결박당했고, 활처럼 휜 몸 위에 가방을 이불 삼아 덮고 머리에는 물통을 괸 채 경계심과 꿈 같은 기억들을 오가며 밤을 지새웠다. 경비병은 두 시간마다 바뀌었다. 그들은 대장의 손목시계를 갖고 있었고, 교대할 때마다 다음 근무자들에게 시계를 넘겨주었다. 이따금 담배 라이터 불빛이 비친 것을 제외하면 불은 보이지 않았다.

이튿날 아침에 날 감시하던 경비병 둘이 줄을 풀어주었다. 나는 일어나 앉았지만 거의 움직일 수 없었다. 두 팔 다 팔꿈치 아래가 무감각했고 핏기 없이 새하얬으며 차가웠다. 팔뚝에 혈색과 온기가 돌아오길 기다리고 있으려니 병사들이 멈춰서서 나를 쳐다보았다. 나는 대단한 구경거리였다. 그들은 이전에 사람을 사로잡아 본 적이 없는 것 같았다.

나는 아침을 맞이한 캠프의 분주함을 지나가는 사람 정도의 관심으로 지켜보았다. 병사 몇 명이 대나무 말뚝의 날을 세우고 있었다. 숲길에 거꾸로 박아 탈주자의 발을 다치게 하려는 것이었다. 그들 가운데 일부는 식사를 준비하고 있었다. 나머지는 총을 들고 군장을 멘 채 순찰을 떠났다. 십여 명이 강을 건너 태국 쪽으로 갔다. 마침내 부관이 내게 건너왔다.

"자, 몸은 좀 괜찮소? 잠은 잘 잤고?"

"이렇게 묶여 있는데 어떻게 잘 수 있을 거라고 생각하세요? 매듭이 너무 조여요. 보세요, 손이 다 저릴 정도입니다. 완전 얼음장이에요."

그는 쳐다보더니 내 불평을 알아들었다는 뜻으로 고개를 끄덕였지만, 아무 말도 하지 않은 채 다시 날 두고 가버렸다.

이상하게도 내 오른쪽 눈이 경련을 일으키기 시작했다. 그것을 감지하게 되자 그 증상은 한층 더 뚜렷해졌다. 눈꺼풀이 쉴 새 없이 깜빡였다. 왜일까? 좋은 징조가 아님은 분명했다. 아마도 모든 정상적인 가치가 역전되었기 때문에, 내 좋은 징조가 나쁜 것으로 바뀌었던 것이리라. 내 왼쪽 눈이 씰룩이는 것은 내가 곧 잡힐 것이라는 뜻이었고, 오른쪽 눈이 씰룩거리는 것은 내가 곧 처형될 것이라는 의미였다. 딱한 일이지만 그리될 터였다.

나는 아침 내내 앉아서 무표정하게 주변의 강과 밀림을 바라봤다. 내 운명에 대해 신경쓸 시간은 많았다. 나는 거의 무의식적으로 아버지께서 가르쳐주신 산스크리트어 주문을 읊조리는 나 자신을 발견했다. '네약 모 푸씨르 약. 메약 아욱, 메약 아욱, 메약 아욱.' 나는 아버지께서 일러주신 대로 이 어구를 마음속으로 일곱 번 되뇌었다.

하지만 내 눈이 내게 뭔가 말해주려고 하는 거라면? 한 가지 생각이 떠올랐다. 내 운수가 다했다면, 도망칠 시도를 하는 것은 어떨까? 그들이 날 죽인다 해도 시도할 가치는 있었다.

몇 시간이 지나가 갑자기 배가 끔찍하게 아파왔다. 그동안 먹어댄 밥과 바나나 때문이었다. 나는 경비병들에게 볼일을 봐야겠다고 얘기했고, 우리 모두를 위해 서둘러달라고 재촉했다. 그들은 재빨리 내게 삽 한 자루를 건네주고는 주둔지 밖으로 데리고 나온 다음 강에서 멀리 떨어진 쪽으로 비탈면을 오르게 했다. 밀림 속으로 몇 야드 채 들어가기도 전에 그들은 내게 멈추라는 신호를 보냈다.

"구멍을 파서 거기에 볼일을 보시오!"

탈출할 적기가 아닐까 싶었다. 탈출을 시도한다면 그 자리에서 사살되겠지만, 어쨌거나 죽은 목숨이기는 매한가지였다. 해볼까? 나는 얼굴을 찌푸리면서 땅을 팠고, 마구 날뛰는 내장을 통제하려고 애쓰는 동시에 숲을 위아래로 훑어보았다. 소총이 아직 장전된 게 아니라면, 여유가 몇 초 있을 터였다. 하지만 바로 그 순간에, 그들이 총을 장전하면서 개머리판이 철컥 울리는 소리가 들렸다. 게다가 그들은 내 바로 옆에 있었고, 내가 구멍 위에 쪼그리고 앉아 있는 동안 자리를 떠나지 않았다. 이래서는 10야드(약 9미터)조차도 갈 수 없을 터였다.

거기 있는 동안 군인 다섯이 무리지어 근처를 지나갔다. "쭈언Chuon동무, 좀 어때?" 나를 담당한 경비병 중 하나가 한 병사에게 명랑하게 물었다.

"난 괜찮아. 자넨 어때? 냄새 좋은데, 그렇지? 적의 똥을 보니까 좋아?" 그들은 함께 웃어댔다.

적이라고! 그 단어는 내게 충격을 주었다. 정치 집회에서 '적'은 언제나 죽여야 할 대상이었던 것이다. 이어진 말들은 내 두려움을 확증해 주었다.

"웃을 수 있을 때 웃으라고, 친구." 경비병은 농담조로 대꾸했다. "다음번에 그를 감시하는 건 자네 차례일 테니까."

"내 차례라고? 그럴 일은 없을걸! 대장은 오늘 저녁에 돌아와. 내일까지는 다 끝날걸."

나는 공포에 질렸다. 이제는 24시간 안에 죽으리라는 것을, 끔찍한 죽음을 맞이하게 되리라는 것을 알 수 있었다. 나는 서서 구덩이를 팠고, 두 경비병 사이에 있는 내 침대로 돌아갔다.

나중에, 점심으로 밥 한 그릇을 먹은 뒤에 내 심문관이 다시 내게 왔다. 나는 똑같은 얘기를 되풀이했다. '나는 태국이 어디 있는지 몰랐다. 125마일 너머라고? 방향을 잘못 잡아 걸었던 게 틀림없다. 여기 오게 되어 행복하다, 마침내 제대로 먹을 수 있게 되었으니까.'

그러고는 날이 저물 때까지 밀림을 둘러보았다. 죽음이 다가오는 와중에도 머릿속에는 여전히 음식 생각뿐이었다. 때때로 태국에 들어가는 데 성공했다면 뭘 할 수 있었을지에 대한 꿈을 꿨다. 하지만 대부분의 시간에는 마음껏 먹었으면 원이 없겠다는 생각밖에 없었다.

그날 저녁, 땅거미가 내리기 직전에 캠프 대장이 숲에서 나타났다. 그는 35세쯤 되는 건장한 남자로, 권위적인 태도로 가슴을 펴고 걸었으며 다른 병사 몇 명이 그를 뒤따랐다. 그가 가까이 다가오자 가슴 주머니에 볼펜 두 자루가 꽂혀 있는 게 보였다. 그의 지위를 보여주는 징표였다. 그는 내게 고개를 까닥해 보인 다음 불가에 앉아 부관이 나에 대해 설명하는 것을 들었다. 이따금 대장이 관심과 약간의 호의를 갖고 나를 건너다보았다. 내가 이곳의 첫 번째 죄수라는 인상이 다시금 들었다. 그의 말이 들렸다.

"저자를 주의 깊게 지켜보게. 그가 도망친다면 자네한테 불행이 닥칠 거야." 그런 다음 저녁 먹을 시간이 되었다. 밥 한 그릇과 기름기가 도는 생선국이었다. 진수성찬이었다. 아마도 내 최후의 만찬이 될 터였다.

어둑해질 무렵, 다른 경비병이 날 침대에 묶으러 왔다. 부관은 그에게 밧줄을 너무 꽉 묶지 말라고 말해뒀었다. 나는 조금이라도 움직일 수 있는 공간을 확보하려고 밧줄을 계속 밀어붙이면서 불평하기 시작했다.

나는 신음했다. "너무 세게 잡아당기지 마세요, 동무. 아파요."

그는 난폭하게 보이고 싶어 하지 않았다. "이건 괜찮소?" 그가 물었다.

"괜찮아지면 말해주시오."

그가 일을 마쳤을 때, 나는 전처럼 두 팔꿈치는 등 뒤에 둔 채 단단히 묶인 상태였다. 하지만 적어도 팔을 조금이나마 움직일 수 있었다. 나는 마법에라도 걸린 것처럼 곧바로 잠들었다. 모든 번민이 사라졌다. 나는 아이처럼, 떳떳한 사람이 잘 법한 잠을 잤다.

밤늦게 천둥소리에 깨어났다. 폭풍우가 몰아치고 있었다. 번개가 숲 위로 번쩍였다. 경비병 중 하나가 오후 열한 시라고 말하는 게 들렸다. 번개가 캠프 위로 번쩍이면서 내게 붙은 두 경비병과 합성수지 텐트 그리고 주변의 밀림을 비출 때 빼고는 아무것도 알아볼 수 없었다. 이따금 경비병 중 하나가 나를 확인하러 다가와 라이터 불빛을 비춰서 살펴보곤 했다. 하지만 나는 그들이 다른 때에는 굳이 나를 보려 하지 않는다는 것을 알아차렸다. 기침을 하고 몸을 꿈틀거리면서 편한 자세를 취하려고 애를 썼지만 그들은 주의를 기울이지 않았다. 그럴 이유도 없었다. 내가 어디에 누워 있는지뿐만 아니라 내가 할 수 있는 일이 달리 없다는 것도 알고 있었으니까.

갑자기 또 배에 경련이 일어났다. 그날 아침에 느꼈던 것과 똑같은 격통이었다. 배가 예고도 없이 순식간에 찢겨나가는 것만 같았다. 고통 속에 가슴을 무릎에 처박고 이를 악물었다. 괜히 경비병들을 귀찮게 하고 싶지 않았기에 아침까지는 상태가 좋아지기를 바라며 참았다. 나는 괴로움 속에 몸부림치면서 고통이 곧 가실 것이라고 나 자신에게 말했다.

하지만 그런 일은 일어나지 않았다. 바지에 싸기 전에 경비병들을 불러야만 했다.

"동무들! 배가 아파요. 빨리, 빨리요!"

"뭐요? 또? 오늘 아침에 볼일을 봤잖소."

"그래요, 동무들. 하지만 너무 아파요. 참을 수가 없다고요. 서두르지 않으면 바지에 지릴 겁니다."

"알았소. 기다리시오!"

천둥이 점점 더 가까이서 울렸고, 번개는 가끔씩 눈이 멀 것 같은 빛을 캠프에 던졌으며, 폭풍을 예고하는 바람이 밀림의 나뭇잎을 바스락거리게 했다. 그때 경비병 중 하나가 나를 침대에 묶어놓은 밧줄 끝을 풀었다. 팔꿈치는 풀지 않은 채였다. 그러는 동안 다른 경비병은 내 합성수지 텐트에서 3야드쯤 떨어진 곳에 구덩이를 파기 시작했다. 그의 동료는 내 밧줄을 잡은 채 내가 개라도 되는 것처럼 구덩이로 끌고 갔다. 하지만 그렇게 묶인 상태에서는 뭘 하기가 어려웠다.

"동무들, 내 팔을 조금만 풀어줄 수 없나요?" 나는 천둥이 울리는 가운데 소리쳤다. "바지를 벗을 수가 없어요."

그 병사는 밧줄을 살짝 풀어 내가 바지 단추에 손이 닿게 해줬고, 덕분에 나는 볼일을 볼 수 있었다.

바지 단추를 다시 잠그는 동안 바람이 몰아치더니 예고 없이 커다란 물방울이 몇 방울 떨어졌고, 이어 소나기가 폭포처럼 쏟아졌다. 우리 셋은 비를 피하려고 뛰어갔다. 하지만 우리는 그리 빠르지 않았다. 단 몇 초 만에 다들 흠뻑 젖었다.

경비병 하나가 등뒤에서 팔꿈치를 다시 묶고는 꽉 잡아당겼다. 나는 가능한 한 움직일 수 있는 여지를 남겨두려고 버텼다. 깜깜했기에 누구도 내 노력을 알아보지 못했다. 그리고 나서 그는 나를 다시 묶어두고 자루를 위에 덮어둔 다음, 느낌과 전보다 더 자주 내려치는 번개 불빛에 의지해 자기 자리로 돌아갔다. 나의 세계는 눈이 멀 것 같은 섬광과 귀가 먹을 듯한 소음으로 축소되었다. 천둥과 물이 내 위의 나뭇잎과 합성수지 시트를 거의 끊임없이 때려댔다.

나는 팔을 움직이려고 애썼다. 흥미롭게도, 나는 가슴을 가로질러 팔을 뻗어 팔꿈치께에 달린 매듭에 손가락이 닿게 할 수 있다는 것을 깨달았다. 나는 마음속에 특별한 계획을 두지 않은 채 끈기 있게, 쉬지 않고 밧줄을 긁어대기 시작했다. 밧줄은 비에 흠뻑 젖어 살짝 힘이 빠진 듯했다. 나는 마치 갇혀 있는 우리가 얼마나 튼튼한지 시험하는 짐승 같았다.

갑자기 왼팔의 매듭이 느슨해진 것 같았다. 가슴이 마구 뛰기 시작했다. 갑자기 이곳에 온 뒤 처음으로 짜릿한 흥분감을 느꼈다.

내 손가락은 천천히, 한층 체계적으로 밧줄을 계속 탐색했다. 밧줄의 끝을 감지했고, 매듭을 통해 추적하면서 여기저기 당긴 끝에, 무슨 일이 일어난 것인지 여전히 믿지 못하는 채로 왼팔이 풀려났다는 것을 깨달았다. 나머지 밧줄을 오른쪽 팔꿈치에서 벗겨내 완전히 자유로워졌다는 것을 확인하기까지는 고작 몇 초밖에 걸리지 않았다.

나는 가방 아래 누운 채 순수한 기쁨으로 미소를 지었다. 그 순간의 아름다움에, 자유를 암시하는 첫 번째 징표의 맛에 압도된 채로 말이다. 거의 곧바로 머리가 맑아졌다. 갑자기 무슨 수를 써서라도 보전해야 할 보물의 수호자라도 된 것 같았다. 경비병들이 다가올 경우를 대비해 재빨리 팔에 밧줄을 감은 채 등 뒤에 두었고, 자루 아래에 누워 등을 아치 모양으로 젖힌 채 생각했다. 나는 기침을 하고 약간씩 꿈틀거림으로써 일상적인 소음과 동작을 유지했다.

사실 그래봤자 경비병들은 듣지 못했을 것이다. 비는 계속해서 합성수지 시트 위에 쏟아졌다. 때때로-30분이 넘었을 리는 없지만, 내게는 무한히 긴 시간이었다-번개가 캠프 위로 번쩍여 침대 위에 책상다리를 하고 앉은 채로 억수로 내리는 비와 천둥 때문에 침묵에 잠긴 두 경비병의 모습을 보여주었다. 어디서도 불빛이 보이지 않았다. 캠프의 나머지 인원들은 깊이 잠들어 있었다.

나는 서두르지 않았다. 번개가 칠 때마다 고개를 이쪽저쪽으로 돌리면서 억수처럼 쏟아지는 빗줄기 사이로 흐릿한 형상을 파악하기 위해 주시했고, 텐트의 위치와 밀림으로 향하는 오르막, 나무에 뒤덮여 있지만 강으로 향하게 되어 있는 내리막, 캠프 아래쪽 가장자리를 표시하는 바위, 경비병들과 침대의 정확한 위치 등을 머릿속에 새겼다.

다음 번개가 언제 칠지 조바심을 내면서 기다리는 동안, 무엇을 가져가야 할지에 생각이 미쳤다. 쌀 조금과 덮어쓸 합성수지 시트 한 조각이면 어떨까? 아니, 너무 과했다. 베개 대용으로 썼던 물통만 가져가야 했다. 어쩌면 황마 자루를 사람 모양으로 꾸며서 시간을 벌 수 있을지도 몰랐다.

더 할 것도, 지체할 이유도 없었다.

눈이 부시게 하는 번개가 다시 치고 먹물 같은 어둠이 우리를 다시 에워싸자, 나는 급히 밧줄을 푼 다음 물통을 움켜쥔 채 이불 속에 다시 누우면서 다음번 섬광에 대비했다. 다시 어둠이 찾아왔을 때, 나는 침대에서 일어나 자루를 뭉쳐놓은 다음 침대보다 낮게 웅크리고 앉았다. 다시 섬광이 일었다. 경비병들은 여전히 서로 바라본 채 앉아 있었다. 아직 제자리에 있다는 것을 보여주려고 기침을 했다. 섬광이 한 번 더 번쩍였다. 그때 나는 자리를 빠져나가 강 쪽으로 내려갔다.

아니, 다른 생각이 떠올랐다. 더 나은 생각이었다. 나는 뒤돌아서 전날 걸었던 길을 되짚어 올라갔다. 다시 섬광이 터졌을 때, 나는 나무들 사이에 있었다. 흠뻑 젖은 진흙에 발자국을 남기면서 길 한가운데를 무거운 걸음으로 걸었다. 아침에 내 존재의 흔적이 뚜렷이 보일 수 있을 만큼 진흙 속에 손과 발을 쑤셔넣어 가면서 손과 무릎으로 기다시피 내려갔다.

그러고 나서 섬광이 한 번 더 번쩍여 불분명하게나마 길을 비춰주는 가운데, 나는 오솔길 가장자리의 썩어가는 나뭇잎과 물에 잠긴 풀 위로 걸어가다가 언덕 아래로 미끄러져 내려갔다. 빗살이 내가 지나간 흔적을 말끔히 지워주길 바라면서 말이다.

캠프의 이미지가 머릿속에 선명하게 떠올랐다. 다음번 불빛이 번쩍일 때, 나는 강변의 나무들 사이에 있었다. 더 이상 경비병 생각도 나지 않았고, 가능한 한 빨리 비탈길을 내려가야 한다는 생각밖에는 없었다. 비탈길은 점점 가팔라졌다. 나는 주저하지 않았고, 나무들 사이를 지나 강둑으로 미끄러지고 굴러떨어졌다.

이제 강기슭 사이에 걸쳐 있는 밧줄을 찾아낼 차례였다. 조금이라도 비칠까 싶어 번개가 치기만 기다렸다. 섬광이 번쩍이긴 했지만, 검고 어렴풋한 나무들과 사방을 에워싼 빗줄기, 마구 날뛰는 어두운 강 외에는 아무것도 볼 수 없었다. 번개가 치는 중에도 밧줄이 통 보이지 않았다. 나는 비틀거리면서 강둑 위로 올라갔다가 팔을 휘저어 가면서 다시 내려왔다. 아무것도 없었다. 나는 공황에 빠지기 시작했다. 그들이 내가 사라진 것을 알고 수색을 시작하면 끝장이었다. 마냥 기다릴 수는 없었다. 강을 따라 도망쳐야만 했다.

발걸음을 떼자마자 정강이가 뭔가에 부딪혔고, 나는 앞쪽으로 굴러 강가에 끌어올려 놓은 뗏목으로 곧장 엎어졌다. 몸을 추스른 다음 팔을 치켜들어 사방을 더듬었다. 바로 위에 굵은 밧줄이 있었다. 공황은 사라졌다. 나는 살았다.

뗏목을 사용해야 할까? 아니, 크메르 루주를 잘못된 길로 이끌어야 했다. 뗏목이 사라진 걸 보면 그들은 나를 추적할 수 있게 될 터였다. 어쨌거나 뗏목을 끄르는 일로 시간을 낭비하고 싶지는 않았다. 나는 밧줄에 매달려 강을 건너가기로 했다.

밧줄을 붙잡고 바짝 잡아당긴 다음 캄캄한 물속에 발을 내디뎠다. 한두 야드쯤 갔을 때 밑에서 발이 물살에 휩쓸렸다. 나는 물결이 가슴께에서 소용돌이치고 손가락이 저리는 것을 느끼면서 손을 번갈아 놀리며 강 한가운데로 나아가기 시작했다. 물살은 점점 더 거세졌다. 밧줄이 내 손아귀에서 마구 흔들렸다. 물이 나를 덮쳤고, 내 몸은 세찬 바람에 휘날리는 깃발처럼 하류 쪽으로 쏠렸다.

밧줄이 가장 느슨한 지점인 강 한복판에 이르자, 물이 머리 위에서 부딪쳐 쏟아지기 시작했다. 머리를 물 위로 바짝 치켜들어야 숨을 쉴 수 있었고, 내 손가락은 금방이라도 미끄러질 것 같았다. 나는 온 힘을 다해 밧줄을 겨드랑이께로 바짝 잡아당겼고, 그러고 나서야 이제 물살에 휩쓸리지 않으리라는 것을 알았다.

강을 완전히 건너는 데 시간이 얼마나 걸렸는지 모르겠지만, 끝이 없는 것 같았다. 마침내 기진맥진한 채 간신히 숨을 몰아쉬며 단단한 땅 위에 올라설 수 있었다. 물살이 완만해졌고, 나는 더 멀리 떨어진 강둑 위로 기어올랐다. 너무 기진맥진해서 설 수가 없었다. 나는 거의 자유로운 사람으로서 거기 누워 있었다. 자유를 눈앞에 둔 지금이라면 기꺼이 죽을 수 있을 것 같았다.

나는 맞은편 강가를 힐끗 돌아보았다. 이따금 밀림이 화려하고 새하얀 번갯불 속에 나타났다. 캠프는 나무 사이에 가려 보이지 않았다. 불빛도 비치지 않았다.

빗속에 숨을 고르며 누워있노라니 이런 생각이 들었다. 붙잡힌 게 정말로 천만다행이었다고. 그렇지 않았다면, 그들이 나를 발견했을 때처럼 굶주리고 쇠약한 상태에서, 밧줄도 없이 어떻게 강을 건널 수 있었겠는가? 지난 이틀간 받은 모든 음식과 강제 휴식 없이 어떻게 강을 건널 수 있었겠는가? 나는 행운아였다. 정말로 행운아였다.

15분쯤 지났을까, 나는 엉거주춤하게 서서 둑을 올라가 밀림 속으로 미끄러져 내려갔다. 비는 여전히 쏟아지고 있었고, 어둠 속에서는 발걸음이 느렸다. 번개조차도 도움이 되지 않았다. 하지만 비와 어둠은 나를 보호해 주는 역할도 했다.

내가 갈 수 있는 방향은 둘이었다. 서쪽과 남서쪽으로, 기복이 심하지만 초목이 그리 울창하지 않은 땅이 있었다. 캠프에서도 거기까지는 잘 보였다. 크메르 루주가 내가 강을 건넜다는 사실을 알게 된다면, 그들은 태국으로 가는 가장 짧고 편한 길인 그 길을 택할 것이라고 짐작할 터였다.

따라서 나는 북서쪽으로, 산중으로 향했다. 그들이 내가 이처럼 어려운 시도를 감행할 만큼 충분히 강하다고 믿을 것 같지는 않았다. 사실 어렵다는 것 자체가 그 길을 선택한 또 다른 이유였다. 평지에서는 밤중에 방향을 잡기가 어려울 터였지만, 산은 그 자체가 자연스러운 안내자였다. 밤에 내가 올라간다면 나는 제대로 가고 있는 것이었다. 아래로 내려간다면 방향을 잘못 잡은 거었다. 간단했다. 비와 어둠 속을 뚫고 길을 더듬어 나아가면서도 내가 자유를 등지고 있지 않다는 것을 스스로 확신할 수 있었다.

갑자기 감전이라도 된 듯 다시 흥분이 솟구쳤다. 이번에는 나를 억누를 수 있는 것이 아무것도 없었다. "자유다!" 나는 외쳤다. "자유다!" 나는 목청껏 노래를 부르기 시작했다. 혁명 이전에 캄보디아에서 유행했고 베알봉에서 심이 휘파람으로 불곤 했던 그 노래, '배를 저으며'였다. "나는 배를 젓는다네! 배를 젓는다네!" 노래하는 동안 천둥이 울렸고, 비가 내리면서 번개가 번쩍였다. "배를 저으면서 연꽃을 딸 서라네!" 나는 바위 위로 기어올랐고, 나뭇가지들이 때리고 긁어대는 가운데 이 노래의 의미 없는, 즐거운 후렴구를 있는 힘껏 외쳤다. "아에우! 아에위!" 나는 기쁨으로 폭발하면서 미친 사람처럼 고래고래 소리를 질러댔다.

■

밤새 어둠을 뚫고 기어올랐다. 편안하게 갈 길을 정해두기로 굳게 마음먹은 상태였다. 동틀녘에 능선 꼭대기에 다다랐다. 흥분은 사라진 지 오래였다. 무척 피곤했고, 숨쉬기도 힘들었다. 산꼭대기 바로 아래에 옆으로 튀어나온 바위 선반이 보였다. 나는 그 아래로 쓰러져 잠들었다.

나는 하루 종일, 그리고 다음날 밤이 될 때까지 잠을 잤다.

깨어났을 때도 여전히 비가 내리고 있었다. 나는 길을 나섰고,

내가 강과 산비탈에서 떨어져 커다란 고원 지대에 있음을 깨달았다. 이쪽은 나무가 덜 울창했지만, 하늘은 흐렸고 어느 방향으로 가야 할지 분간할 수 없었다. 막무가내로 갔다가는 길을 잃거나 제자리에서 빙빙 돌다가 자기도 모르는 새에 같은 곳에 되돌아오게 될 수 있었다. 하지만 기다린다고 해도 굶주림으로 약해지거나 붙잡힐 위험이 있었다.

소총 두 방을 쏘는 소리가 멀리서 들려와 꾸물거리지 말아야겠다는 생각이 들었다. 아직 비가 내리기는 했지만 하늘에 구름이 갈라진 틈이 생겨 내 탈출을 도왔다. 이제 다시 방향을 서쪽으로 잡을 수 있게 된 것이다. 한동안은 개울을 따라 위쪽으로 올라갔다. 걷기 쉽지는 않았지만, 이렇게 하면 발자취가 눈에 띄지 않을 터였다. 나는 조약돌 위에서 계속 미끄러졌고 한 번은 발을 베기까지 했지만, 그걸 신경쓸 겨를은 없었다. 머릿속에는 태국으로 건너갈 생각뿐이었다.

어쩌면 나는 이미 반대편에 있는 것일 수도 있었다. 캠프에서 처음 생각했던 것처럼, 결국 행운은 나를 버리지 않았다. 왼쪽 눈꺼풀의 경련은 휴식과 음식을 예고했고, 오른쪽 눈꺼풀의 경련은 탈주로 이어졌다. 하지만 나는 모험을 하지 않았고, 끊임없이 주위를 흘긋거리면서 앞을 향해 이 나무에서 저 나무로 움직였다.

곧 비가 그쳤다. 햇살이 빛났다. 나는 발걸음을 서둘렀고, 오직 해만을 길동무 삼아 앞으로, 서쪽으로 곧장 걸어갔다.

이제 여정의 끝에 다가가던 차에 이상하게도 불안해졌다. 탈출했다는 황홀감 이후에, 그리고 자유를 얻기 직전에 나를 엄습했던 느낌을 표현하기란 어렵다. 극도로 중요한 일이 벌어질 것 같다는 느낌이 점점 더 강해졌지만, 궁극적인 실패에 대한 불안감도 그에 상응해 커져만 갔다. 나는 기쁨과 고통을 똑같은 정도로 예견했고, 내 기분은 마구 흔들렸다.

이 굽이치는 풍경 속에서 산허리를 걸어 내려가고 있는데 갑자기 멀리서 소리가, 기계장치의 굉음이 들려왔다. 더 내려가자 그 소음은 사라졌다. 다시 올라가자 소리도 다시 들렸다. 높이 올라갈수록 소리는 더 뚜렷해졌다. 바로 정면에서, 서쪽에서 들려오는 것 같았다. 너무 지쳐서 환청이 들린 건 아닌지 의심스러웠다. 하지만 아니었다. 그 둔탁한 소음은 멀리서 꾸준히 들려왔고, 정말로 현실적이었다.

나무를 헤치고 나오자 갑자기 고원의 가장자리가 나왔다. 아름다운 광경이 눈앞에 펼쳐졌다. 너무나 오랫동안 꿈꿔왔던, 보고 싶어 학수고대하던 광경이었다. 3,000피트(약 914미터)보다 더 아래쪽에 숲 너머 산자락을 따라 차들이 굉음을 내며 지나가는 고속도로가 놓여 있었고, 들판 옆으로 장난감 같은 집들이 흩어져 있었다. 저 멀리 바다가 보였다.

태국이었다.

하지만 문제는 아직 끝나지 않았다. 마지막으로 내려가는 일이 남았다. 삼십 분쯤 내려갔을 때, 발 옆에 날카로운 통증이 느껴졌다. 멈춰서 내려다보자 잘려나간 대나무 둥치에 발날이 베인 게 보였다. 그 둥치가 발을 꿰뚫은 대신 발날을 베기만 한 것은 순전히 운이었다. 길 앞쪽에 죽은 나뭇잎들이 카펫처럼 깔린 게 보였고, 여기저기에 치명적인 흰색 둥치가 바람과 비 때문에 드러나 있었다. 아직 태국에 다다른 게 아니었다. 그곳은 의심할 바 없이 국경지대였다.

대나무 말뚝 밭이 내 앞에 비스듬하게 펼쳐져 있었다. 폭은 150야드(약 137미터)쯤 되었다. 일렬로 늘어선 말뚝 사이에 틈이 나올 때까지 쭉 따라가 볼까 하는 생각도 들었다. 아니, 다른 장애물이 있을 터였고, 그쪽이 더 위험할 수도 있었다. 가령 지뢰밭 같은 것 말이다. 나는 대나무 말뚝 밭을 가로지르기로 결심했다. 나는 무척 조심스럽게 대나무를 뽑아냈고, 발을 빈 자리에 놓았다. 그러고 나서 다른 말뚝을 뽑아 그 구멍에 발을 내딛는 식으로 나아갔다.

대밭 한가운데 들어서기까지 한 시간이 걸렸다. 지금 발각된다면 꼼짝없이 덫에 걸린 쥐 신세였다. 하지만 주위를 둘러본 뒤 남의 눈에 띌 일은 거의 없으리라는 결론을 내렸다. 사방에서 대나무가 장막처럼 나를 에워싸고 있었다. 누가 나를 보려면 내가 그랬던 만큼이나 잘린 둥치로 가득한 대밭을 헤치고 다가와야 했을 것이다. 나는 신중하게 돌아선 다음 몸을 굽혀 다음 말뚝을 찾았다.
 이 느리고도 피 마르는 과정을 한 시간 더 거치고 나자 앞쪽으로 길이 선명하게 드러났다. 나는 서서 조심스럽게 앞으로 나아간 다음 안심하고 성큼성큼 걸어갔다. 그와 거의 동시에 개울이 나타났다. 내리막길을 내려가 개울 속으로 들어선 다음, 바위에서 미끄러운 바위로 발걸음을 옮겼다. 다른 덫을 피하는 동시에 내 발자취를 감추기 위해서였다.
 두세 시간—너무 기진맥진한 나머지 시간이 얼마나 흘렀는지 헤아릴 수조차 없었다—더 걷고 나자 산의 급류는 느려졌고, 나는 산비탈에서 벗어났다. 드문드문 서 있는 나무 사이로 곧장 비틀거리며 걸어가 고무 농장을 지나친 다음 고속도로에 다가갔다. 그때 나는 마른 도랑으로 굴러떨어졌고, 맞은편으로 기어 올라가자 바로 눈앞에 고속도로가 있었다. 무릎으로 기어서 가까이 다가가자 차 한 대가 지나가는 것이 보였다. 트럭 한 대가 건너편에서 지나갔다.
 나는 쓰러졌고, 땅바닥에 등을 대고 벌렁 누웠다. 너무 지쳐 움직일 수 없는 상태로 머리만 도로 쪽으로 돌려 오토바이, 택시, 승용차, 트럭 등 온갖 교통수단이 왕래하는 마법 같은 광경을 지켜보았다. 다시 태어난 기분이었고, 낙원에 도착한 것처럼 행복했다.
 1977년 6월 22일이었다. 그날 나는 마침내 해방되었다.

XII. 해방

에필로그

잠시 동안은 누구도 내게 신경쓰지 않았다. 그러다가 자전거를 탄 두 태국 젊은이가 산송장 같은 내 몰골에 관심이 갔는지 내게 택시를 잡아주었다. 나는 2마일 떨어진 곳에 있는 행정 중심지인 마이룻Mai Rut으로 갔다. 미국인 선교사 로버트 스턴스Robert Stearns가 영어로 질문하면서 내가 크메르 루주가 아니라는 것을 확인한 것은 그곳에서였다.

이제 난민으로 받아들여지긴 했지만, 나는 여권을 소지하지 않은 채 불법적으로 국경을 넘었다는 점에서 여전히 범죄자였다. 명목상 1주일간의 구류 처분을 받았고, 경찰서에 있는 독방으로 옮겨져 난민수용소로 이송되기를 기다리게 되었다.

경찰서에서 지내는 동안 캄보디아 사람 세 명이 들어왔다. 그들은 국경에서 막 잡혀들어온 상태였고, 나는 통역자로서 그들의 이야기를 경찰관 중 한 명에게 영어로 옮겨서 전달했다. 놀랍게도 앞에 선 것은 내 친척 얀, 그리고 레아치에서 탈출한 다른 두 명이었다. 다들 비참한 몰골이었다. 얀 일행 역시 우리가 갑작스럽게 흩어진 원인에 대해서는 알지 못했다. 그들은 아니와 엥, 나만큼이나 빨리 다른 사람들의 자취를 잃어버렸고 그저 가던 길을 계속 갔다. 결국 그들은 크메르 루주 순찰대와 마주쳤다. 둘은 붙잡혔지만 얀과 두 친구는 도망칠 수 있었다.

나는 며칠 뒤에 마이룻에 있는 난민 수용소로 이송되었다. 거기서 언론인 몇 명이 날 찾아왔다. 내 이야기를 대중에 알리겠다는 목표가 이루어지기 시작했다. 1977년 10월 13일에는 파리에 가서 일련의 기자 회견을 가졌다. 민주 캄푸치아의 실제 상황에 대해 서구 언론인들에게 알리기 위해서였다. 1978년에는 파리와 브뤼셀, 제네바, 몬트리얼, 오타와, 워싱턴 D.C.에서 당시에 이미 완전히 자리잡은 상태였던 크메르 루주 체제에 대항해 서구가 행동을 취해야 한다고 역설했다.

하지만 서구 각국은 개입할 수단이 없었다. 결국 크메르 루주 스스로 몰락을 자초했다. 철통같은 억압을 늦출 수 없었고 사방을 적으로 간주했던 그들은 자기네가 친 덫에 걸리고 말았다. 그들이 지닌 해결책은 단 하나, 죽이고 또 죽이는 것이었다. 나중에는 구인민도, 최후에는 자기네 동료들까지도 대상이 되었다. 약 750만 명에 달하는 캄보디아 총인구 가운데 200만 명가량이 살해되거나 고문 혹은 기아, 질병으로 죽은 것으로 추정된다. 개인적인 의견으로는 1975~79년 사이에 죽은 사람은 캄보디아 전체 인구의 1/3가량이었을 것이다. 오직 객관적인 인구조사만이 이 대학살의 진정한 규모를 밝혀낼 수 있을 것이다.

캄보디아의 비극은 아직 끝나지 않았고 몇 세대가 지나도 끝나지 않을 것이다. 수백만 명이 죽었고, 전문 직업인이나 지식인 대부분이 여기에 포함되었다. 문화는 말살되다시피 했고 사회 시스템은 무너졌다. 그러한 비극의 결과는 헤아릴 수 없을 만큼 많았다. 오직 흑사병이나 유대인 홀로코스트, 스탈린 시대의 굴라그가 초래한 파괴와만 비교할 수 있을 것이다.

나는 운이 좋은 편이었다. 탈출한 뒤에 주임 기사로 다시 일하게 된 것이다. 처음에는 프랑스의 컨설팅 회사에서 일했고, 그 다음에는 8년간 마닐라에 있는 아시아 개발 은행Asian Development Bank에서 일했다. 1990년부터는 파리에 기반을 둔 프랑스 개발청French Development Agency에서 일했다. 레아치에서 만난 점쟁이 할머니가 말했듯이, 나는 지금까지도 '계속' 여행하고 있다. 재혼해서 다시 세 아들을 두기도 했다.

내 일가 중 일부도 마찬가지로 살아남았다. 코쏨에 남기로 한 둘째 동생 쓴은 자신의 일가, 즉 아내와 두 아이 및 처부모와 함께 탈출했다. 이들은 크메르 루주가 몰락한 뒤인 1982년에 다른 캄보디아 사람들 수천 명과 함께 태국으로 건너갔고, 나중에 오스트

레일리아로 이민했다. 아니의 언니인 아늉도 살아남아 프놈펜에 살고 있다.

내 일가친척 중 직접 죽음을 목격한 사람 외에 다른 이들도 상당수가 유명을 달리했다. 아니의 아버지와 오안은 실종되었다. 내 작은할아버지인 승왕 후엇 탓이 내가 사원을 떠난 지 불과 몇 시간 뒤에 체포되었고 나중에 살해되었다. 크메르 루주에 가담했던 수많은 친구들도 실종되거나 살해되었다. 모두가 지식인이었다. 베트남이 1979년에 침공한 뒤, 그들 가운데 상당수의 이름이 프놈펜의 뚜올쓸라엥Tuol Sleng 수용소의 희생자 명단에서 발견되었다. 그 수용소는 대략 16,000명에 달하는 남자와 여자, 아이들이 고문당하고 살해된 곳이었다. 다른 많은 사람도 죽어 캄보디아 전역에서 발견된 집단 무덤 중 어딘가에 묻혔을 것이다. 레아치만 해도 내가 떠난 지 몇 달 안에 어느 수준이든 교육을 받은 사람 모두가 '숲속으로' 끌려갔다. 그 가운데 상당수는 내 가까운 친구였다. 겉으로만 '기술자'였던 나 역시 남았더라면 똑같은 운명을 맞았을 것이다.

내 조국이 겪은 비극은 언제까지나 내게 아물지 않는 상처로 남을 것이다. 나는 지금도 내가 내린 결정들 때문에 번민하고 있다. 만약 아니에게 레아치에 남으라고 강권했다면 아내는 밀림에서 실종되지 않았을 것이다. 어쩌면 나왓과 함께 살아남았을 수도 있었다. 어쨌든 얀도 아내와 일가를 두고 떠났지만 그들은 살아남지 않았던가. 가끔은 더 암담한 생각에 사로잡힐 때도 있다. 아니의 실종은 우리가 나왓을 두고 떠난 데 대한 일종의 천벌이 아니었을까? 아니면 아내가 나를 따라오도록 허락했기 때문에 내게 내려진 벌이었을까? 아니가 죽었기에 내가 살아날 수 있었던 것은 아닐까? 답이 없는 문제이기에 그 질문들은 지금까지 날 떠나지 않았고, 앞으로도 그럴 것이다.

또 한 가지 괴로움이 사라지지 않은 채 남아 있었다. 나왓을 잃어버렸다는 사실 말이다. 아들이 아직 살아있으리라고 확신한다. 힘이 닿는 대로 모든 수단을(이산가족 찾기 광고, 국제적십자사로의 연락, 태국의 난민수용소와 캄보디아에서 살아남은 친척들에게 내 사진을 배포하는 것 등) 동원했지만 소용이 없었다.

언젠가는 나왓이 내 회고록을 읽고 내가 살아있다는 사실과 우리 조국의 피로 물든 역사를 알게 되기를, 또 우리가 서로 다시 만나게 되기를 기원한다.

살아남아라, 내 아들아

1판 1쇄　2024년 10월 25일
ISBN　979-11-92667-22-5

저자　　핀 야싸이
번역　　황진규
편집　　김효진
교정　　황진규
제작　　재영 P&B
디자인　우주상자
펴낸곳　마르코폴로
등록　　제2021-000005호
주소　　세종시 다솜1로9
이메일　laissez@gmail.com
페이스북　www.facebook.com/marco.polo.livre

책 값은 뒤표지에 있습니다. 잘못된 책은 교환하여 드립니다.